司法与社会研究丛书

U0956803

Court
in
the
Storm
Eye

暴风眼中的法庭

司法公共关系之
媒体素养与舆论引导

Judicial Public Relations,
Media Literacy
and
Public Opinion Guidance

李俊晔／著

人民法院出版社

图书在版编目（CIP）数据

暴风眼中的法庭：司法公共关系之媒体素养与舆论引导／李俊晔著．—北京：人民法院出版社，2018.9

（司法与社会研究丛书）

ISBN 978－7－5109－2197－1

Ⅰ.①暴…　Ⅱ.①李…　Ⅲ.①司法机关—互联网络—舆论—案例—中国

Ⅳ.①D926.12

中国版本图书馆 CIP 数据核字（2018）第 140968 号

暴风眼中的法庭：司法公共关系之媒体素养与舆论引导

李俊晔　著

责任编辑：李安尼　　执行编辑：赵芳慧

出版发行：人民法院出版社

地　　址：北京市东城区东交民巷 27 号（100745）

电　　话：（010）67550579（责任编辑）　67550558（发行部查询）

　　　　　65223677（读者服务部）

网　　址：http://www.courtbook.com.cn

E－mail：courtpress@sohu.com

印　　刷：三河市国英印务有限公司

经　　销：新华书店

开　　本：787×1092 毫米　1/16

字　　数：510 千字

印　　张：27.5

版　　次：2018 年 9 月第 1 版　2018 年 9 月第 1 次印刷

书　　号：ISBN 978－7－5109－2197－1

定　　价：88.00 元

编委会名单

总　序

党的十八大以来，以习近平同志为核心的党中央审时度势，高瞻远瞩，提出了全面依法治国的新理念新思想新战略，开辟了全面依法治国理论和实践的新境界，开启了中国特色社会主义法治的新时代。党的十九大确立了习近平新时代中国特色社会主义思想作为党的指导思想。习近平总书记关于建设中国特色社会主义法治国家的一系列重要论述，为进一步全面推进依法治国、建设社会主义法治国家指明了前进方向，提供了根本遵循。在谱写法治中国新篇章的时代征程中，人民法院正处在一个大有可为的历史机遇期。最高人民法院周强院长指出，要充分认识中国特色社会主义进入新时代、我国社会主要矛盾发生历史性变化对人民法院工作带来的影响，紧紧抓住人民群众日益增长的司法需求与人民法院工作发展不平衡、保障群众权益不充分之间的矛盾，切实满足人民群众多元司法需求，满足人民群众对美好生活的新期待。

习近平总书记指出，公正是法治的生命线，司法公正对社会公正具有重要引领作用，司法不公对社会公正具有致命破坏作用。司法唯有充分体现人民的意志和利益，人民才会理解司法、信赖司法、尊重司法，司法才能有公信力，司法权威才能树立。如果司法不能及时主动回应人民对公正的期待，司法就会丧失公信力，司法权威也就成为无本之木、无源之水。近年来的一些热点和争议案件一再证明，司法裁判过程从来不是单纯的概念演绎和形式推理，可能会融入政治、社会和文化等因素。人民法院在审理案件、适用法律的过程中，必须综合考虑各种社会环境因素才能充分发挥司法公正对社会公正的重要引领作用。在“王力军贩卖玉米案”“天津老太涉枪案”“于欢故意伤害案”“电梯劝阻吸烟案”等社会关注的案件中，相关法院积极回应社会关切，加强以案释法，既彰显了法律尺度，又体现了司法温度，实现了情理法的有机融合，收到了良好的法律效果、社会效果和政治效果。

周强院长要求，人民法院要解决司法实践中存在的突出问题，及时回应社会各界的高度关切。要有效回应社会关切，提升司法的社会认同度，解决反映到司法层面的各种社会矛盾，就必须考察司法现象与社会现象的关联，研究司法与社会之间的互动，揭示司法对于社会治理的重要功能。当前的法学研究包括应用法学研究，大都注重研究司法过程自身的规律性与合理性，对司法与社会的互动关注不足。司法要引领社会公正、服务保障经济社会发展，必须及时总结提炼人民法院有益的司法经验，包括总结人民法院审判执行工作中存在的教训和不足，形成司法公正与社会公正互动的观念。经报请周强院长同意，最高人民法院中国应用法学研究所组织开展了“司法与社会”研究项目，拟从司法的社会认同度的视角，围绕人民法院审判执行工作中的一些突出问题进行研究，为提升司法权威与司法公信力提供智力支持，发挥应用法学研究的特色和优势。这项研究不仅可以为人民法院提高司法公信力提供切实可行的理论指导，为深化司法体制改革提供参考依据，还能够彰显中国特色社会主义法治的理论逻辑和实践逻辑，为世界法治文明建设贡献中国经验和智慧。

“司法与社会”研究项目最重要的成果就是“司法与社会研究”丛书。习近平总书记强调：“努力让人民群众在每一个司法案件中感受到公平正义。”这是我们编纂这套丛书的指导思想。这套丛书以促进司法与社会的良性互动为宗旨，强化“人民法院的裁判怎样才能提升人民群众的满意度与获得感”这一问题导向，为解决司法实践中的突出问题提供经得起理论和实践检验的方案。

为确保丛书质量，理论界与实务界的专家学者组成了“司法与社会研究”丛书编委会，由我和胡云腾大法官共同主持。经过编委会的精心策划，“司法与社会研究”丛书推出了首批专著，这是“司法与社会”研究项目的开篇之作。我对此既充满欣喜，也满怀期盼。充满欣喜，是因为这套丛书终于能与读者见面了；满怀期盼，是因为我深知，能否在法学界树起“司法与社会”研究项目的品牌，最终要依靠丛书的质量说话。“司法与社会”研究项目是一个开放的平台，我衷心期盼理论界与实务界的有志之士能够积极投身这一项目，形成一个学术共同体，畅所欲言、集思广益，共商司法与社会研究的发展大计，为推进国家治理体系和治理能力现代化、建设公正高效权威的社会主义司法制度贡献智慧和力量。

是为序。

谨识于

2018 年 9 月

序 言

传媒和司法关系的话题历史悠久，国内外论著颇多。在传统媒体时代，对该话题的探讨局限在传媒与司法二元维度框架之内。进入二十一世纪以后，信息网络时代悄然来临，社会生活与人际交往发生深刻变革。在互联网技术支持下，信息实现即时传播、交互共享。新媒体异军突起，形成与传统媒体并驾齐驱之势，话语权不再被传统媒体垄断，社会舆论进入“人人都是麦克风”的自媒体时代。面对网络信息时代新媒体的冲击，传媒和司法二元维度逐步解构，二者关系发生深刻变化。新媒体使信息传播形态发生深刻变革，公共领域载体发生着由实体到虚拟的转变，打破了传媒与司法关系的二元框架，传统的研究范式与成果显然不足以应对近年来网络信息迅猛发展之势。

近十年来，司法工作的舆论阵地从报纸电视电台等传统媒体转向论坛、微博、微信等网络媒体，社情民意也从田间地头、街头巷里转向互联网空间。伴随互联网信息传播速度、范围和烈度呈几何级数增长，司法机关舆情应对难度空前加大，互联网公共关系成为迫在眉睫的新难题。互联网空间提供了无限的公共领域，社会公众取得了网络舆论的话语权，促使司法工作走向公开、阳光。与此同时，在一些社会关注度高的司法案件中，众声喧嚣的舆论场对公正司法带来很大冲击，“媒体审判”这个颇具争议的命题在互联网时代具有更强挑战性。党的十八届四中全会作出的《中共中央关于全面推进依法治国若干重大问题的决定》明确提出：“司法机关要回应社会关切；规范媒体对案件的报道，防止舆论影响司法公正。”处理好互联网时代的司法公共关系，实现公正司法与言论自由的良性互动，既是国内外理论探索的薄弱领域，又是全面推进依法治国亟待解决的前沿课题。

信息网络时代的传媒与司法关系这个研究主题具有高度的前沿性、敏感性、紧迫性、实践性，以实证研究为路径难度系数非常大，具有很强的挑战性。但研究难度大的同时，研究成果的价值也大。目前，在“互联网+”背景下专门研究新传媒与司法的关系的著作和论文非常稀少，而且目前没有在扎实的实证分析基础上的研究成果。本书以新媒体时代提升司法能力为旨归，通过典型司法领域重大敏感案（事）件网络舆情类型化实证研究，探索规律与对策。本书立意特色鲜明，问题意识非常突出，进行了大量真正的实证研究，研究方式具有创新性。作者将舆论学、网络传播学、社会心理学等法学以外的理论方法与实践问题熔为一炉、灵活运用，拓展和夯实了实证研究的理论基础。研究报告深入研究了二十个案例样本，这些案例都是近年来具有重大社会影响、具有典型意义的涉警涉法舆情案例。著者能够深入剖析这些案例，总结其中的经验与问题，并提出了解决办法，使研究报告具有很强的实践价值。

面对当前网络舆论影响司法的现状，司法机关的应对手段有限，公共关系能力不足。本书在实证研究的基础上提出了司法机关信息公开与媒体报告、网络传播和规范指引，还创造性地提出了禁口令、藐视法庭罪、封闭审理等制度设计，针对中国问题，体现中国特色，具有前瞻性和重要的实践价值，是解决当前舆论影响司法公正问题的有效办法。著者还尝试提出将商业领域广泛应用的AI机器人引入司法舆情、实现“AI+VR”“AI+AR”人机交互实践演习的构想，符合中央关于提高政法干警媒体素养和主动拥抱现代互联网科技的时代要求，也是运用信息化和大数据手段提升政法干警媒体素养、建设智慧法院、智慧检察和智慧公安的很好建议。

本书研究报告问题导向鲜明，实证分析切中要害，对策研判准确深入，规范指引具有针对性和可操作性。对中国的司法实践和新闻实践来说，著者倾注的心血做出了实实在在的贡献，同时也在理论界大大推进了传媒与司法关系问题的研究水平。

蒋惠岭

2018年9月

目 录

观景台

沉思录

象牙塔

度量衡

兵法书

余音 望远镜

观景台

观景台

第一章　网络舆论敏感案（事）件基本问题

第一节　网络舆论敏感案（事）件的内涵

第二节　网络舆论敏感案（事）件类型化

第三节　网络舆论敏感案（事）件形成机理

第二章　中国互联网发展与网民需求侧实证观察

第一节　中国网民规模和结构分析

第二节　新媒体用户平台分析

第三节　微信涉法信息的传播方式和特点

第四节　涉法涉警社会舆情特点分析

第三章　司法机关敏感案（事）件供给侧舆情风险分析

第一节　司法机关舆情风险概要

第二节　敏感案（事）件舆情风险点类型

第三节　敏感案（事）件舆情涉事主体

第四节　敏感案（事）件舆情风险环节

第五节　敏感案（事）件舆情干预和应对情况

第四章　涉法网络谣言舆情风险分析

第一节　涉法网络谣言的典型案例

第二节　涉法网络谣言的类型分析

第三节　涉法谣言治理难的关键因素

第四节　关于当前形势下治理涉法网络谣言的建议

第一章 网络舆论敏感案（事）件基本问题

第一节 网络舆论敏感案（事）件的内涵

一、敏感案（事）件的传媒视角

以传媒视角关注司法问题，主要问题集中于敏感案（事）件。敏感案（事）件是相对于非敏感案（事）件而言的特殊案件，其特殊之处简而言之在于一个“敏”字。敏感案（事）件之所以敏感，是因为受到社会公众的关注。

从敏感案（事）件涉“敏”视角来看，敏感案（事）件虽为法律案件，但非法律视角。敏感案（事）件的判断标准不是案件事实复杂，亦非适用法律疑难；而是能否为社会公众所关注。其视角并非内生于法院内部，而是外生于法院外部的各个阶层。敏感案（事）件的视角是多重的，有来自于普通百姓的，有来自于某一特殊群体的，有来自于特定的组织机构的……不论来自何处，可能成为敏感案（事）件的，只能是那些能够产生一定影响力的案件，这些案件也就是新闻媒体最为关注的事件。可以说，敏感案（事）件的敏感性基本上可以与新闻性相等同。一般来说，敏感程度越高的案件越具有新闻价值。

从敏感案（事）件涉“敏”思维来看，敏感案（事）件虽为法律案件，但非法律思维。关注敏感案（事）件的主体大多情况下并非具有专门的法律知识和法律素养，在一些情况下又是非理性的，夹杂着情感因素。敏感案（事）件的关注者往往不关注在法律上如何认定事实、如何适用法律等纯司法问题，其专注焦点也往往不属于案件的争议焦点。因此，对待敏感案（事）件的看法往往不是法律问题，而是法律以外的具有新闻价值的观点。

综上，敏感案（事）件的识别与对待，均归于传媒视角，而非法律视角。反过来说，传媒视角中的司法问题，也就是审判实务中遇到的敏感案（事）件问题。

二、如何定义敏感案（事）件

认清了敏感案（事）件的关注和分析视角，也就基本上解决了敏感案（事）件的定义。敏感案（事）件，可以定义为指案件本身或者其案件的处理过程和结果可能与案件以外其他因素相互影响的案件。对于影响较大的，可以定义为重大敏感案（事）件。重大敏感案（事）件是社会关注的焦点，同时也是司法活动应当着重应对的重点。

与敏感案（事）件相对应的是非敏感案（事）件。非敏感案（事）件不存在影响社会其他方面的因素，受到较小的案件因素的关注和影响，其处理结果也只体现在对案件自身当事人的权利义务的影响上。敏感案（事）件与非敏感案（事）件的划分标准就在于案件的影响范围，即是否涉及案外因素，是否与案外因素相互影响。

三、客观方面：敏感案（事）件的敏感要素

敏感案（事）件一般表现为该案件至少存在一个敏感要素。大部分案件具有一个敏感要素，在一些情况下可能复合多个敏感要素。敏感要素就像一座桥梁，将法律世界与生活世界连接起来；又像一扇大门，将法律的围城内外沟通起来；更像一扇窗，让司法工作人员开窗看外面的景色，看看多少双眼睛在通过窗口注视着窗内的一切。

敏感要素不一定是案件本身的争议焦点，与标的额大小也没有直接的关系。有的案件标的额高达几亿元，但是没有人愿意关注。有的案件争议数额虽小或者是无标的数额案件，但是由于案情中关联到某个敏感的社会问题或者舆论议题，就会对社会产生深远影响。例如，从法律专业角度看，南京彭宇案本来就是由一个很小的事情引发的普通民事案件，却演变为“社会道德滑坡”的标志性案件。总体来看，敏感要素的特点有：第一，敏感要素社会关注程度高；第二，敏感要素可能体现在案件的任何关联因素上；第三，敏感要素可能影响到某些公共政策；第四，敏感要素往往与社会矛盾相关。

四、主观方面：敏感案（事）件的发酵原素

敏感要素是敏感案（事）件的导火索，是蕴藏在案件中的客观因素。敏感案（事）件的发酵需要有一个主观性的起因；如果敏感要素没有被人利用，那么就会沉睡。客观性的敏感要素仅仅是发酵敏感案（事）件的基础，主观性的发酵原素决定了敏感案（事）件的未来走向。发酵原素有多个维度：

一是中心化与散点化。传统的大众传媒基本上呈现中心化特点，司法舆情易于控制。在信息化时代，自媒体中的司法舆情呈现“处处是中心，

无处是边缘”点状分布状况，散点化的发酵原素难于控制，而且发酵出来的舆情更具有侵犯性，给司法公正带来很大挑战。散点化的发酵原素通过“羊群效应”具有中心化的趋势。一旦形成了对司法不利的先入为主的声音，司法机关会非常被动。

二是理性与非理性。较为理性、客观的发酵原素来源于积极参与法治建设的动机，会促使司法舆情朝着正常的路径演变，司法机关往往能够通过司法公开和法治引导加以解决，甚至还是转危为机的好机遇。非理性的发酵原素程度不同，对司法的影响不同。如果仅仅是情绪化、感性化的发酵原素，是可以正确引导和合理控制的；如果已经达到粗俗偏激甚至情绪宣泄的程度，就已经对司法公正产生了破坏性，超出了一般的监督司法的界限。

三是自益性与公益性。有些发酵原素与案件本身没有直接的利益关联性，并不具有影响敏感案（事）件处理结果的主观意愿。但是有的发酵原素就是源自案件当事人，舆论扮演了利益代言的角色。当事人可能假监督之名行侵蚀司法之实，通过制造舆论实现干扰司法中立的目的。网络水军、网络推手往往受到案件当事人或利害关系人的指使，一些网络谣言往往利益化倾向非常明显。

第二节　网络舆论敏感案（事）件类型化

一、社会逆反型敏感案（事）件

在一些案件中，敏感因素相互交织，一些心理受到压抑的社会群体产生了仇富仇官心理而引发了对社会的逆反倾向。此类型敏感案（事）件是近年来特别突出的一个类型。在目前社会贫富差距不断拉大的情况下，弱势群体感觉生活艰难、投诉无门之时，普通民众会更加仇视滥用权力、中饱私囊的官员，敌视一夜暴富、挥金如土的新贵，蔑视巧舌如簧、发改革财的学者。一些案件一旦涉及所谓的“富二代”“官二代”等特殊群体，可能涉及官员徇私、贪腐、滥权等情况，涉及以钱买刑、官商勾结等词语，往往会火速成为媒体关注焦点，进而成为敏感案（事）件。处于社会较低阶层的群体就会借个别案件或者事件发泄不满。此类案件就成为大众宣泄情绪的“撒气桶”，一旦处理不妥，还会演变为引发更尖锐的社会矛盾的“火药桶”。此类案件有如下特点：

首先，案件以“富二代”“官二代”等敏感因素为首要特点。杭州飙车案、李某案（“我爸是李刚”）等案件之所以由一起普通的司法案件发展成为社会舆论强烈关注的公共事件，并就定罪问题（对肇事者定危害公共安全罪还是定交通肇事罪）引起广泛争论，很大程度上都是因为肇事者被贴上了“富二代”“官二代”的标签，引发了社会公众仇官仇富的民粹主义情绪。这种情绪有其深刻的社会心理根源，是社会转型期突显出的社会矛盾的心理投射。在这个心理基础的作用下，网民对社会分配不均、贫富分化、为官不廉、为富不仁等社会现象极其敏感。在药家鑫故意杀人案中，被害人代理律师网曝药家鑫的“富二代”“官二代”“军二代”等身份也是激起民众愤怒的重要原因，但事后证明，药家鑫并不具有这些“X 二代”的身份。回头想想，当时对于药家鑫的义愤填膺的情绪，更多的是来自于对其身份的愤恨。李某某案之所以受到社会公众的广泛关注，引发巨大的社会情绪，也是因为李某某身上贴有“星二代”的标签。因此，一些从案情来看相对普通的案件，被媒体和公众加入“富二代”“官二代”“星二代”等炒作因素，民众的热情瞬间高涨。

其次，案件突显社会转型时期的社会矛盾及社会矛盾引发的逆反心理。近年来，社会逆反心理在网络上盛行，普通民众对官员和富人的仇视心态不再仅仅指向官员和富人中某个个体，而是指向整个群体，形成社会阶层之间的情绪对立。各社会阶层之间的仇视与对立日益显化，这种社会心理折射了真实的社会矛盾，而且进一步加深了这些社会矛盾，使得各阶层之间相互不信任、加深情感裂痕。这些心理以语言文字的方式表达出来就是标签化现象。在社会公众眼中，只要是富人，就会被贴上为富不仁、骄奢淫逸、飞扬跋扈的标签；只要是公务员，就被贴上以权谋私、待遇优厚、灰色收入、贪污腐化的标签。与此相伴，嫌贫爱富的心理也同时存在，社会底层民众的形象也被标签化、妖魔化了。在很多社会公众眼里，说到养猪的都是注水和用激素瘦肉精的黑心农民，谈到饭馆老板都用地沟油的黑心商贩……由于农民工在城市中处于弱势地位又偶有违法犯罪发生，一些社会公众存在对外地务工农民的歧视心态。如此，社会阶层之间不信任的隔阂愈发严重，进而演化为互相仇视和对立的社会情绪。

再次，案件中媒体报道对司法活动具有重要影响，“媒体审判”现象严重。“媒体审判”正如非理性的民意绑架司法一样，对司法的影响呈现愈演愈烈之势，但是司法机关如何应对“媒体审判”却还处于摸索阶段。一方面，媒体对司法案件的报道具有很强的舆论导向作用，对法官的独立审理和裁判形成巨大的舆论压力。例如张金柱案，原郑州市某公安分局局长张金柱交通肇事，因情节极为恶劣被判处死刑，对于这一判决结果是否受到了舆论的影响，至今仍然争议不断；再如药家鑫，在网民的疯狂舆论浪潮中被推上断头台，引发了网民的舆论狂欢。另一方面，新闻媒体的网络舆论不属实、不公正的报道和言论，直接给未经司法裁判定罪定性的当事人披上了情绪化的评论外衣，在未经法院审判定罪之前就被扣上了倾向性舆论意见，对司法活动造成了极大压力。

综上，这一类型的敏感案（事）件涉及民众社会心理的转变、仇富仇官等逆反心理，会将与案件争议无关的细枝末节不可估量地放大。新闻媒体对于事件背景、司法过程高度关注。在互联网日益发达的时代，此类案件的敏感度显然更加提高。

二、情理法冲突型敏感案（事）件

情理法之间的关系一直以来都是法理学、法哲学研究的重要课题。作为社会调整的手段，法律和道德之间、法律和社会习俗之间既有融合也有冲突。法律的顺利运行固然需要道德作为支持，但是法律的普遍适用性要求在一定范围内的法律的绝对适用性，而不能以道德等其他判断标准来牺牲法律的权威。道德毕竟不能等同于法律，在一些特殊情况下，道德评价与法律评价会发生冲突，进行导致人们对依法作出的判决持有不满，如方舟子遇袭案。习俗可以被理解为民间规范，具有地域性和民族性的特征，不具有普遍适用性。习俗与法律之间的冲突在所难免。此类案件有如下特征：

首先，案件涉及法律与道德等其他社会规范的竞合。法律的运行需要道德作为支撑，但法律和道德并不完全一致。在两者相交地带发生的案件，如果依照法律处理后，可能无法满足社会的道德需求，但如果满足了民众的道德需求，又可能违反法律。南京彭宇案是最为突出的例证。其关涉的道德观念在于救死扶伤，而法律问题是彭宇是真的救死扶伤还是在伤害他人之后的补救行为，由于案件事实的不可回溯性，法院在审理时只能根据证据和推理进行判决，但是在民众眼中，彭宇“救死扶伤”却反被诬告所导致的不良后果是没有人再敢去管倒在路边的陌生人，谁也不想惹祸上身，这是社会道德观念的一种倒退。

其次，由于道德因素的介入，法律判断存在难度。此类案件往往处于法律和道德的交织地带，因此在判断当事人行为的正当性和合法性上会存在一定的难度。而法律本身的滞后性和无法完全覆盖所有关系领域的属性也必然导致对某些模棱两可的行为存在认定的困难。总的来说，在法律与道德发生竞合的情况下，法律效果与社会效果和谐统一的难度非常大。

再次，与法律问题相冲突的道德标准往往较高。在南京彭宇案发生之前，救死扶伤一直是中华民族的传统美德，但彭宇案发生后，媒体曝光过多起街边老人倒地但无人敢扶，最终老人因无人及时救助而伤亡的事件。这恐怕是司法机关在处理彭宇案时没有想到的。在法律和道德之间，法律是“最低限度的道德”，而道德更多的是对人内心的要求，标准一般较高，所以法律才没有以高层次的道德要求作为约束公民行为的底线。但是在法律与道德形成冲突的敏感案（事）件中，法律的“低层次”恰好与民众对道德的“高要求”发生碰撞，进而引发社会对于此类案件的广泛关注。

最后，诉讼证明与道德评价的认知错位。很多敏感案（事）件中显现出来的法律与道德的冲突，并不一定就是法律规范与道德规范两种规范层面的交锋。冷静分析法律与道德的分歧点，大多情况下是认知的错误，即不在一个层面上认识和评价相关问题。这种情况少见于法律适用问题上，多见于事实认知层面。例如彭宇案，案件审理的疑难问题在于证据证明和事实认定，而这个诉讼程序中的关键问题却不是广大公众关注的问题。普通民众并不关心证据如何采信、事实如何认定，而是对于案件所关联的“扶老”话题的道德议论。在几千年尊老敬老的道德统治下，“扶老反被讹”的话题点燃了公众反道德、反常态的猎奇心，而“扶老反被讹”的事实真伪已经不重要了。在网络空间，彭宇已经化身为反道德、反常态下的“落难英雄”形象。这个形象不能用现实的法律程序来鉴别，而是与法律认识不同层面的虚拟的道德形象。这个道德形象说到底，其心理基础还是来源于勒庞所描述的人类所共有的最朴素的道德感情。

三、涉众群体型敏感案（事）件

群体纠纷暴发，在正常司法案件发生的法律因素中，一定隐藏着一条点燃群体共有的情绪情感的导火索。因此，研究敏感案（事）件，首推涉众型群体案件。涉及人数越多，敏感性越为倍增。如果敏感案（事）件涉及弱势群体时，可能更为受到社会的关注。一般来说，弱势群体的概念，是指社会中一些由于生活困难、收入不高、能力有限而被边缘化并受到社会主流排斥的散落人群。弱势群体的外延非常广泛，包括儿童、老年人、残疾人、精神病患者、失业者、贫困者、下岗职工、灾难中的求助者、农民工、非正规就业者以及在劳动关系中处于弱势地位的人。例如，在一些劳务纠纷或者建设工程纠纷中涉及农民工群体利益时，会出现农民工的利益一旦无法直接或者间接实现，则将产生集体上访的隐患；与农民工利益相关一方有时会通过农民工人数众多来向法庭施压，或者以此作为舆论炒作的筹码，案件往往变得非常敏感。此类案件具有明显的特点：

首先，案件一方当事人人数众多，或者一方当事人与某一群体利益相关。因为利益涉众，案件就不是一个个别利益调整的问题了。在农民工等弱势群体提出的诉讼中，诉讼主体更受关注。例如，在农民工开胸验肺劳动仲裁案中，本来一起劳动仲裁不会引发多大的社会关注，但是因为其具备了两项要件，一是农民工接受劳动仲裁，二是农民工证明其要求合理性的做法是开胸验肺，这两项要素使得农民工权益的问题再次引起社会重视，相应地，民众对司法裁判的合理性与正当性自然会有较高的要求。

其次，案件双方当事人实力不对等，地位有差距，利益冲突明显对立。在由群体性诉讼触发的社会敏感案（事）件中，诉讼主体一方的特殊性是导致其成为敏感案（事）件的重要因素之一，还有非常重要的一点在于事件主体双方在身份和地位上一般会存在较大差距，而且经常是存在利益冲突的双方。以小贩崔英杰杀害城管人员案为例，小贩和城管，历来是极易发生冲突的一对主体。在小贩和城管之间发生矛盾时，民众不自觉地会将天平偏向小贩一方。舆论会一边倒地表达对小贩的同情、对城管野蛮执法的痛恨，这些心理走向和舆论报导会潜移默化地影响民众对社会事件的心理评价，也存在对案件裁判产生影响的可能。因此，诉讼主体双方身份地位上差距悬殊，导致群众非理性评价，形成对审判的巨大舆论压力。

最后，案件裁判结果和事件的处置结果关系到社会的和谐稳定。很多涉众型群体性案件直接关系到社会中某个阶层、某个地区、某个领域、某个职业的社会成员在社会转型时期的利益分配格局。此类案件由于涉及群体利益，其中的社会舆论议题涉及面广，很容易引发大规模的社会舆论关注，容易由此产生连锁反应和聚集效应。案件审理的程序和舆情应对措施稍有不慎，就有可能酿成剧烈的社会冲突。例如近年来屡屡发生的电信诈骗、金融诈骗、非法集资案件等涉及上百万千万计的群体。像北京锋锐律师事务所周世锋颠覆国家政权案、辽宁抚顺望花区人民法院迟夙生事件等敏感案（事）件虽然不是涉及普遍的社会群体，但关乎律师群体的利益，在舆论引导中一定要避免将群体泛化，将个别律师与整个律师群体进行舆论上的切割。由此可见，司法机关在法律问题之外，还应当全面考虑社会各个阶层和利益群体的心理状态，尤其在法律判断与舆论导向相冲突时慎重处理。

四、错案违纪型敏感案（事）件

前面的几类敏感案（事）件的敏感因素均来自于人民法院的外部，而法院内部也可能产生引发社会关注的敏感因素。从涉事主体来看，来自于法院内部的敏感因素主要有三类：一是来自于案件的敏感因素，例如，一些冤假错案一旦被曝光就被很容易推向社会关注的风口浪尖。二是有来自于某个法院的敏感因素，例如深圳某法院判决书出现“人民币法院”的负面影响不止于以此为笑柄，引发对廉洁司法的质疑；三是来自于某个法院工作人员个人的敏感因素，例如湖北十堰法院的书记员殴打医院的医护人员一时成为社会的关注焦点。

从舆论议题的类型上可以分为以下三类：一是违法违纪型敏感案（事）件，既有周永康、黄松有、奚晓明等高级政法干部的违法违纪问题，也有大量基层政法干警的违法违纪问题，而且基层政法干警的违法违纪问题对社会公正的影响更直接。二是冤假错案型敏感案（事）件，错案、疑案本身就是敏感的因素。近年来，佘祥林、赵作海、聂树斌、呼格吉勒图等案件，都引发了很大的舆情。三是执法争议型敏感案（事）件，社会公众对执行程序、执法手段发生争议、质疑并引发舆论关注，例如庆安枪击案因民警开枪的合法性受到质疑，李昌奎案对法院量刑发生争议。2016 年影响最大的社会舆情莫过于雷洋案，主要的舆论争议焦点就是民警执法手段。对这些案件原因解析，可以发现如下突出特点：

首先，司法人员司法能力的良莠不齐是引发敏感案（事）件的直接原因。司法人员的司法能力是影响司法公信的重要因素。在河南天价过路费案中，初审和再审所认定的过路费数额存在天壤之别，在云南白邑法庭血案中司法机关对外发布的信息多次出现矛盾之处。另外，除了上述引发司法信任危机的考验司法能力的案件外，还有一些同样是考验司法能力的案件，因其案情的重大复杂、对司法人员的业务水平要求较高从而成为社会关注的敏感案（事）件。

其次，体制因素也是此类敏感案（事）件的重要原因。在成文法的语境下，法律具有滞后性。法律的规则是由人来设定的，这使得法律存在漏洞是不可避免之事，但是法律存在漏洞不等同于纵容冤案的发生。佘祥林案、赵作海案、杜培武案、聂树斌案等之所以会发生，并非因为法律中缺乏相应的规定、存在严重漏洞，而是因为执法者在适用法律的过程中钻体制的空子、没有严格依照法律规定进行，才导致冤案的发生。归根结底，还是司法人员的司法能力因素在起作用。还有一个更深层次的体制性障碍，就是“以审判为中心”的诉讼机制建立之前，“侦查为中心”的法律程序思维与“有罪推定”的法律实体思维在公安机关和检察机关仍然存在。公安机关一破案，不等到法院审理发布“盖棺定论”的案件信息，就开始媒体宣传。

再次，案件的敏感因素可能推动相关司法体制改革。在孙志刚被收容致死的案件发生后，马上就有很多新闻媒体详细报道了这一事件，还有一些与孙志刚案同一类型的其他案件也借此被曝光出来。从而，这些事件引发了全社会对收容遣送制度的大讨论、大批判。社会舆论的推动下，时任国务院总理温家宝于 2003 年 6 月 20 日签署了国务院令，发布了《城市生活无着的流浪乞讨人员救助管理办法》。该办法颁布实施以来，原先的《城市流浪乞讨人员收容遣送办法》宣告废止。再如 2006 年邱兴华杀人案，在邱兴华被执行死刑之后，舆论转向对邱兴华案被害人的关注。该事件促使最高人民法院开始研究建立刑事被害人国家救助制度。还有，在佘祥林、赵作海等案件中，刑讯逼供是导致冤案发生的重要原因，在 2012 年新修正的

《刑事诉讼法》及其司法解释中，对于非法证据排除的证据规则有了新规定，这一问题至今还是刑法学界热议的问题。除了佘祥林案、赵作海案，加上近年来再审的呼格吉勒图案、聂树斌案等，以审判为中心的诉讼制度改革成为本轮司法改革的重点之一。

五、政策诉求型敏感案（事）件

前文述及，互联网给广大公众提供了一个突破时空瓶颈的“公共领域”。在这个“公共领域”的网络空间内，网民对于一些涉及公共政策的议题不仅仅是发表自己的看法，还会通过舆论表达一种利益诉求，而一些利益诉求指向公共政策。网民对公共政策的诉求，是“公共领域”的本质属性。政策参与型敏感案（事）件就是群体性案件衍生出来的特殊类型。当某一群体从简单的利益诉求上升为以构建、变更或抨击一定的政策或制度等规则为目的时，普通的涉众案件就演变为政策诉求型敏感案（事）件。此类案件被视为敏感案（事）件的重要原因在于此类案件往往牵涉公民个人对公共政策的利益诉求，这种利益诉求不是一时的利益得失，而在于利益分配的根本问题。此类案件一般通过单个人或少数人的诉讼行为来实现创立、改革和抨击相关政策的目的。政策诉求型敏感案（事）件一般具有如下特点：

首先，利益诉求一般与特定的制度规范、政策方针相关联。由于人民群众社会生活利益需求的多样性，相关的政策规范亦涉及方方面面，可能涉及经济政策、政治政策、教育政策、卫生政策、文体政策及社会管理政策等多个领域。同时，政策呈现多层次。上至国家内政外交政策，下至一张小小的火车票，都可能被牵连到诉讼中。如2.5元火车票退票费案、火车票暗含强制保险费案以及站票与坐票同价不同待遇案等。一张火车票会引发一场诉讼的原因就是火车票的相关政策是公共政策的体现。

其次，案件以小见大，涉及公众群体或特殊群体。以诉讼方式提出政策诉求的少数人背后一般会有特定群体作为“后盾”。这个“后盾”可能是普通的社会公众，也可能是与诉求都具有利益相关性的特定群体。例如，在著名的乙肝歧视案中，高某所代表的并非是其个人，而是和他具有同样病情的乙肝病毒携带者。

再次，案件针对相关规则“不合时宜”或者“有待完善”。此类诉讼的重要特点之一就是少数当事人试图通过诉讼行为对已有的政策规范产生影响。而之所以要对现有政策产生影响，原因在于对现有规则不满意，或者认为相关政策规范已经过时，需要改变；或者认为相关政策规范尚不成熟，有待完善。例如，乙肝病毒携带者的入学和就业问题一直是我国的一大难题。乙肝病毒携带者因就业歧视而将教育局、用人单位告上法庭的案件近年来就有数起。这些案件的诉因皆在于我国对于乙肝病毒携带者的就业政策不够明确，未能有效保护广大乙肝病毒携带者的就业权和生存发展权，因而，权益受到损害的个人希望通过个案诉讼实现国家对于相关就业政策的调整与完善。一旦政策法规完善了，这类案件就不存在了，例如我国保护残疾人的相关法律法规相对完善，此类政策诉求型案件就鲜有发生。

政策诉求型敏感案（事）件有时会推动一些政策法规的制定和修改。例如近日某律师因云南国家赔偿案件到最高人民法院立案未果，在微信上写了“周强院长：立案困难……”，最高人民法院在及时妥善处理舆情的同时，也加快了立案登记制的实施步伐。

六、政治关联型敏感案（事）件

政治与经济不是相互封闭的两个方面，私益与公益也不是泾渭分明的两个领域。在一些案件中，容易引发问题的敏感点就在于政治因素。一些带有政治因素的案件以及一些关涉国民经济社会生活的热点事件不再局限于案件本身，在网络与媒体的双重推动下，具有极大的案外张力，如果处理不慎，就容易触发不稳定因素，影响社会和谐。识别案件中的政治因素，首先就要牢固树立“四个意识”，尤其是政治意识，特别注意下面几个方面的问题。

首先，此类敏感案（事）件常常与社会热点议题、重大政治事件、焦点政治人物、历史遗留问题相关联。社会热点不局限于法律问题，涉及领域非常广泛，经济、文化、教育、卫生等都可能成为社会热点。这样一来，社会热点涉及的领域就会相当广泛。随着网络时代的传媒日益发达，公民的政治生活也日趋丰富，很多政治事件也成为民众关心的焦点话题，如重庆薄熙来打黑，薄谷开来、张晓军故意杀人案等。

其次，涉案焦点人物被媒体推上风口浪尖。除了政治敏感人物，案件还可能关涉与政治问题存在关联的社会热点人物和关系国计民生的知名企业或个人。在薄熙来之后，刘汉、刘维兄弟又进入人们的视野；余波未平，周永康又被推上了审判台。关乎国计民生的经济问题也同样具有政治意义。近些年来，食品安全问题已经成为政治问题，关系国计民生的根本，而知名企业在媒体的曝光中先后落马让民众的食品安全的信心跌落谷底。

再次，通过个案向政治经济改革、社会管理创新等方面广泛辐射。如陕西安康冯建梅事件引发大范围舆情。事件中的受害人冯建梅怀孕六个月，被当地计生办强制引产。此事被曝光后引发全民一片哗然。之后，陕西省安康市向社会通报对镇坪县冯建梅强制引产事件的调查结果及处理决定，认定该事件属于一起强行实施引产的违规责任事件，同时对事件相关责任人进行了处理。该案是国家尊重和保障人权的原则被写进宪法后的首例受到社会广泛关注报道的计划生育行政管理领域违法案例，借助互联网时代舆论传播成为一起舆情事件，对之后的计划生育行政管理制度改革产生了深远影响。

最后，涉及政治敏感因素的案件有时会涉及意识形态问题。互联网为信息传播提供方便的同时，也为境外反华势力的意识形态渗透提供了方便。互联网是意识形态斗争的新阵地。一些貌似倡导民主、自由、人权的言论，是以一些抽象化的社会价值为幌子，旨在攻击我国政治制度和司法制度、破坏社会主义核心价值观、颠覆国家政治和动摇我党执政地位。例如周世锋颠覆国家政权案，还有民事侵权中的邱少云案、狼牙山五壮士案等都展现了司法案件背后意识形态领域隐蔽又激烈的舆论战。

第三节　网络舆论敏感案（事）件形成机理

一、PESTEL 模型解析——敏感案（事）件的形成原因

近些年来，随着互联网技术的发展和互联网使用的普及，传媒对司法的影响日益深化，加之我国当前处于社会转型时期，社会矛盾多发、激化，敏感案（事）件在数量上呈持续增长趋势，类型呈现多样化趋势，引起社会各界关注程度和范围不断扩大，对相关制度革新的影响力不断深入。探知敏感案（事）件的形成原因，可以借助 PESTEL 分析模型分解因素，进行大环境分析。从政治因素（Political）、经济因素（Economic）、社会因素（Social）、技术要素（Technological）、环境因素（Environmental）和法律因素（Legal）六个层面，解构如下：

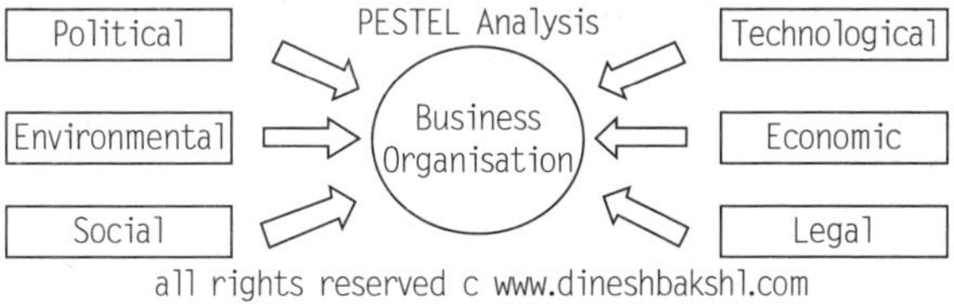

图 1.1：PESTEL 分析模型

（一）政治因素（Political）：民主、法治意识逐渐觉醒

随着民主、法治社会建设的发展，公众权利意识的觉醒。虽然司法案件本身只涉及当事人自身的权利义务，但是由于制度的普遍适用性，以及社会经济生活的不断活跃，每个人都在潜意识中把自己作为相关制度的潜

在当事人，在权利保护意识不断增强的情况下，民众自然而然地关注相关案件，并积极发表自己的观点，以期使案件结果有利于自己的潜在利益。

（二）经济因素（Economic）：不当利益驱动诱发炒作

随着信息技术与媒体技术日益发达，相关配套规范尚未健全，人为制造敏感案（事）件具有现实的利益驱动机制。一方面，媒体本身就追求新闻效应和广告效益；另一方面，案件当事人需要追求利益最大化。一旦当事人的不当利益追求与新闻传播相结合，就成为一种炒作动力，人为制造敏感案（事）件并增加其影响力。

（三）社会因素（Social）：社会转型时期矛盾突显

社会存在决定社会意识，敏感案（事）件是社会状况的时代缩影。敏感案（事）件中反映出来的各方面矛盾根源于社会矛盾。我国目前处于黄金发展期和社会转型时期，来自于经济、政治、社会、文化、生态等方方面面的矛盾在数量、类型、程度上均有突显。在此背景下，可能诱发敏感案（事）件的因素普遍存在又复杂尖锐。

（四）技术因素（Technological）：信息技术发展便利传播

信息技术的发展，尤其是互联网技术和手机终端技术的发展，为敏感案（事）件的发展提供了传播上的便利。敏感案（事）件是指社会公众对案件敏感，因此传播技术成为敏感案（事）件快速发展的必要条件。当前互联网技术的迅速发展，尤其是自媒体的出现，使信息传播呈现出前所未有的迅速、便捷，传播主体从媒体扩张到几乎每一个人，这是人类历史上的一种新的现象。敏感案（事）件被置于信息网络以后，其扩张力不可估量。

（五）环境因素（Environmental）：社会浮躁心理制造敏感

社会转型时期的矛盾状态映射到公众内心，体现出社会浮躁心理，进而滋生出急功近利、缺乏诚信、唯利是图等负面心态。由于社会负面心态而人为制造敏感案（事）件成为重要因素。有的是为了让案件引起社会的关注，造成舆论压力；有的律师是为了造势出名；有的弱势群体为了对抗强势一方；有的通过制造敏感案（事）件获取不当利益……

（六）法律因素（Legal）：制度政策规则不合时宜

根据生产力与生产关系、经济基础与上层建筑的适应性要求，在社会飞速发展时期，相关社会制度、政策就需要随之及时调整。但是制度的变革与完善有时难以及时完成，出现一些制度、政策与社会相脱节的现象在所难免。当一个案件涉及某些政策可能存在的问题时，与该制度、政策相关的群体就会关注案件的处理结果。

二、公共关系沉思——敏感案（事）件司法信息的供求关系

敏感案（事）件能够成为司法舆情的内容，是因为其中有社会公众喜欢的“料”。“爆料”的过程就是司法公开与信息发布的过程。司法公开，是司法信息的公开，本质上是司法机关与社会公众的公共关系问题。面对网络信息时代新媒体的冲击，传媒和司法二元维度解构，公共领域突显，二者关系发生深刻变化。公开不是简单地敞开法律之门，而是司法与媒体、司法与公众的互动沟通，实现司法信息的双向交流。

在这个司法公开与信息交互的过程中，隐含着一个信息产中供求的规律。在网络信息时代，信息即时传播、交互共享，新媒体异军突起，为公众需求表达提供了开放的公共领域。这个网络公共空间不属于任何人，也难以受控于任何力量，是一个高度开放的舆论场。在这里，公众对司法信息的知情需求无法被抑制。在这个供求关系中，司法机关是供给侧，媒体与公众是需求侧，“公共领域”是信息供求交换的“舆论市场”。

信息供求揭示了司法机关与社会公众在互联网构建的“公共领域”中公共关系的本质。如何“爆料”？如何“传料”？要从供给侧与需求侧两个方面分别解析、统筹观察。

三、机遇与挑战并存的历史洪流

司法，在古代是人治，法不可知，威不可测，司法是森严的壁垒；在现代是法治，法从民意，普世共享，司法是民主的殿堂。历史的洪流已经打开法律之门，司法围城已随时空变幻灰飞烟灭，司法公开是不可逆转的时代潮流。党的十八届四中全会决定提出，“要构建开放、动态、透明、便民的阳光司法机制，推进审判公开，依法及时公开执法司法依据、程序、流程、结果和生效法律文书”。“四五改革纲要”在此基础上描绘了以审判流程公开、裁判文书公开和执行信息公开三大平台为核心的司法公开蓝图。

近年来，我们感受到了司法公开春风扑面而来。庭审现场直播了，裁判文书上网了，审判流程透明了，执行信息可查了，老赖名单公示了，法院微博发声了，司法公号活跃了……在司法的阳光照进寻常百姓家的过程中，司法也时常被公众舆论的汹涌波涛推上风口浪尖。负面舆论、危机舆情此起彼伏，为司法公开的春风抹上一层倒春寒。我们是否需要冷静思考一下，什么都公开就一定好吗？公开得越多就越好吗？公开得越快就越好吗？笔者并非忤逆历史潮流，而是反思。在当前的历史条件下，剖析个案情形、研判具体策略，司法公开是否需要是与否、多与少、快与慢辩证思维？

第二章　中国互联网发展与网民需求侧实证观察

第一节　中国网民规模和结构分析

一、中国网民信息需求侧的最大需要对象

中国互联网络信息中心①（CNNIC）于2017年7月发布了《第40次中国互联网络发展状况统计报告》。该报告显示：截至2017年6月，我国网民规模已经超过全国总人口半数，达到了7.51亿；与《第39次中国互联网络发展状况统计报告》统计时点相比，半年新增网民共计1992万人。近年来互联网普及率持续增长，已经达到54.3%，相比2016年底提升了1.1个百分点。

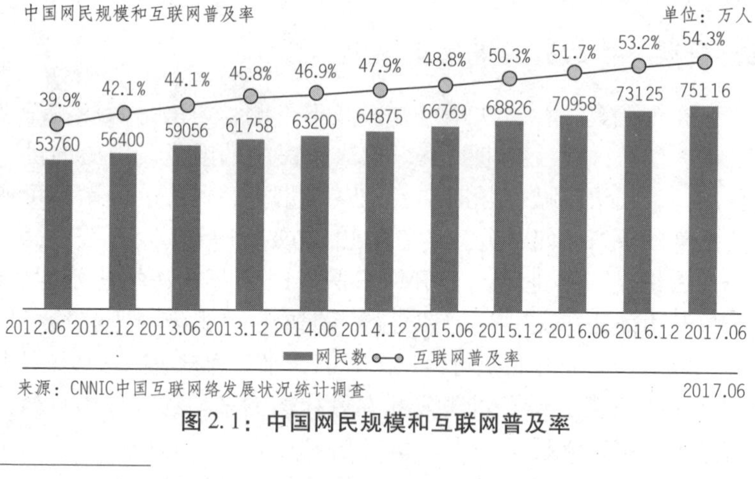

图2.1：中国网民规模和互联网普及率

① 中国互联网络信息中心（China Internet Network Information Center，简称CNNIC），于1997年6月3日组建成立，现为中央网络安全和信息化领导小组办公室（国家互联网信息办公室）的直属事业单位，行使国家互联网络信息中心的职责。中国互联网络信息中心（CNNIC）是中国信息社会重要基础设施的建设者、运行者和管理者，负责国家互联网基础资源的运行管理服务，承担国家互联网基础资源的技术研发和安全保障，开展互联网发展研究并提供咨询，促进全球互联网开放合作和技术交流。来源于中国互联网络信息中心（CNNIC）官方网站，网址：http：//www.cnnic.cn/gywm/CNNICjs/jj/，最后访问日期：2016年10月3日。

从中国网民规模和互联网普及率来看，我们已经真正进入了网络信息时代。互联网实现信息交互共享、即时传播，催生网络新媒体异军突起，形成了与传统媒体并驾齐驱之势。在“人人都是麦克风”的自媒体时代，话语权体系发生重大变革，不再掌控在少数传统媒体手中。互联网空间的话语权体系草根化、平民化，互联网话语权由全体网民共同分享，任何网民都可能成为一场舆论的“领头羊”。网络舆情是当前舆情危机的主要矛盾。在这个时代，司法公开中信息需求侧的最大需要对象是谁？是网民。我们需要认真剖析一下需求侧的现状。

中国网民互联网普及率超过半数仅仅不到两年。从《第27次中国互联网络发展状况统计报告》来看，回溯10年，当时的互联网普及率仅仅10%的规模；回溯15年，互联网普及率还不到5%。可以说，进入二十一世纪后的第一个十年是一个非凡的十年，互联网技术飞速发展，互联网普及率高速增长。

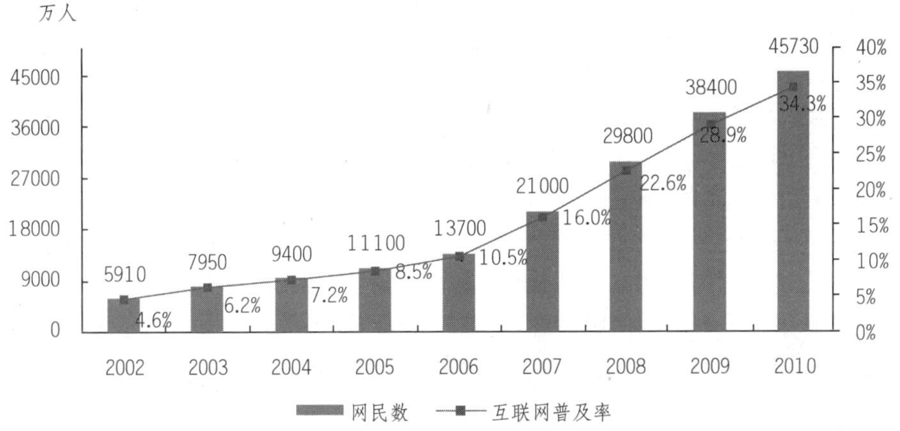

图2.2：中国网民规模和互联网普及率

这些变化是我们能够切身感受到的。伴随近年来互联网普及率所发生的革命性变化，传播方式发生了重大变革。涉法舆情也从报纸走向网站，从网站走向论坛，再走向当今的传统媒体、网站、论坛、互动社区、即时会话等全媒体时代。经过十几年的变革，网络舆情已经成为舆情战争的主阵地。

二、手机网民占绝对优势，信息即时性、交互性增强

近些年来网民群体也悄悄地发生着结构性变化。截至2017年6月，我国网民中的手机网民规模已经达到了7.24亿，相比于2016年底，半年之间增加了2830万人。从上网设备看，网民中使用手机进行移动上网的比例也

由2016年底的95.1%提升到了96.3%。从近几年来的趋势上看，手机网民规模与占比每年都有一个质的飞跃。需求侧主体的需求媒介变化对司法公开的影响不可小视。我们在大街上可以看到，“低头族”越来越多，信息交互即时性强化，舆情暴发时间大大缩短，“黄金N小时”的理论需要重构。

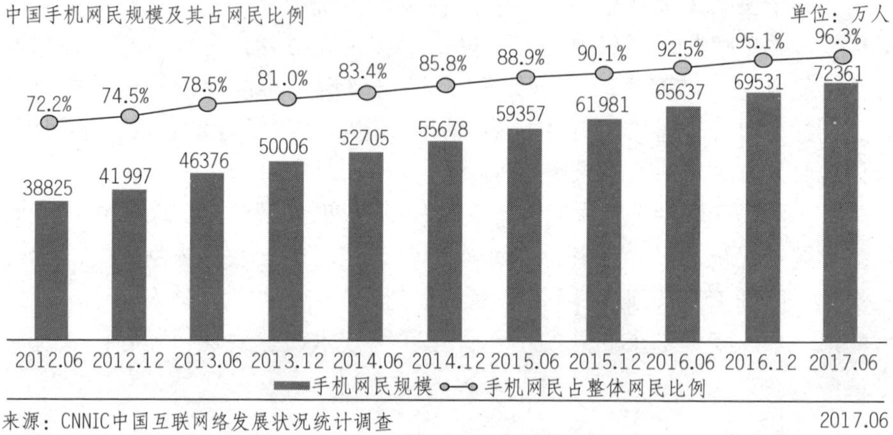

图2.3：中国手机网民规模及其占网民比例

“低头族”占中国网民主体仅仅是近五年发生的趋势，“低头族”的数量超越“键盘侠”发生在2012年。观察网民的上网设备，可以从CNNIC历次发布的中国互联网络发展状况统计报告对比来看，第30次之前的统计报告显示，台式电脑一直是网民上网设备的主流。随着智能手机的普及，台式电脑上网率逐年下降，手机上网率逐年上升。《第30次中国互联网络发展状况统计报告》显示，使用手机上网的“低头族”在2012年首次逆转超过使用台式电脑上网的“键盘侠”，在之后的几年逐渐成为网民中的绝对主流。

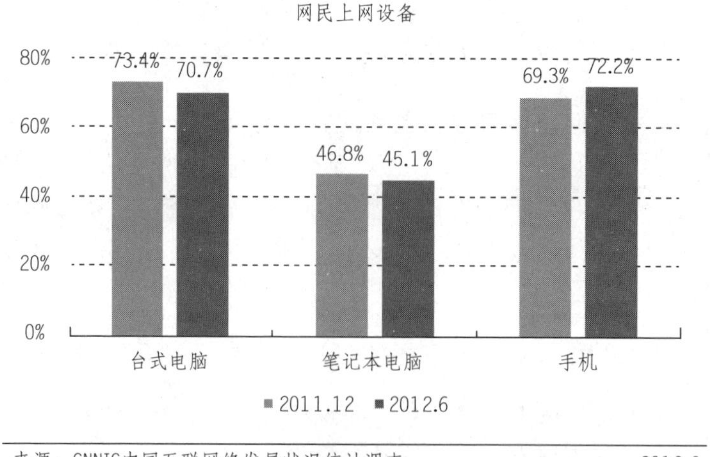

图2.4：中国手机网民上网设备

“低头族”取代“键盘侠”走上统治地位，不是简单的上网设备变革问题，而是带来了一场传播方式的变革。“低头族”从“键盘侠”空间限制的枷锁中解脱出来，可以更加便捷地做到随时随地上网。硬件设备的更迭引发了软件的更迭，中国网民的上网习惯在这个过程中发生了巨大变化，从过去的网站及网站中的论坛逐渐跳出，进入了微信、APP 时代。网民上网习惯也大大改变了信息传播方式，信息传播的模式中大众传播属性减弱，人际传播属性增加。政法干警必须细心关注这些微妙的变化，并预判未来的趋势，改变新闻舆论工作方式。在这个趋势下，政法干警必须深入到网民中去，以一个网民的身份用人际传播的方式进行舆论引导，传统的信息发布的效果已经开始减弱。

三、网民年龄结构年轻化，二十岁的青年是网民主力军

CNNIC 发布的《第 40 次中国互联网络发展状况统计报告》显示了我国网民群体的年龄结构：截至 2017 年 6 月，我国网民群体仍以 10 岁至 39 岁年龄段的年轻网民为主，占到网民总数的 72. 1%。其中，20 岁至 29 岁年龄段的网民所占比例最高，几乎达到三成。10 岁至 19 岁年龄段的网民占比也接近二成，30 岁至 39 岁年龄段的网民占比接近四分之一。与 2016 年底相比，40 岁及以上中高龄网民群体占比增长了 1. 7 个百分点，其中 40 岁至 49 岁、50 岁至 59 岁、60 岁以上的年龄段也均有增长，互联网继续向中老年群体渗透。

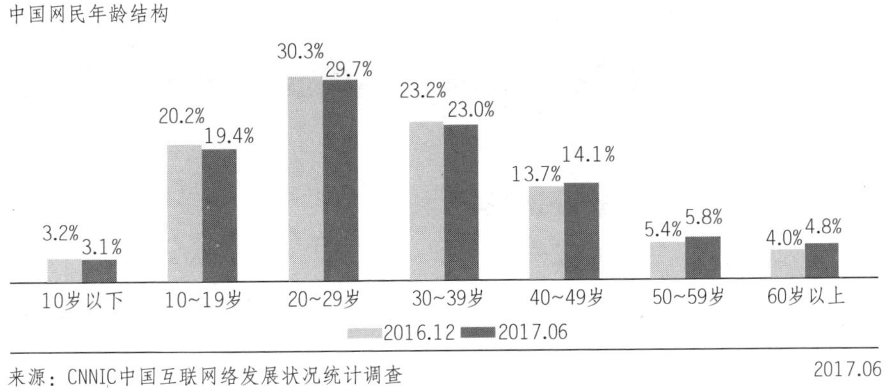

图 2. 5：中国网民年龄结构

从中国网民年龄结构可以看出，二十多岁的青年人是网民大军的主力。加上三十多岁和十几岁的群体，可以说，互联网是年经人的阵地。因此，政法工作应该关注年轻人想什么、需要什么。在分析涉法舆情的网民意见时，也应该结合这个年龄段的特点看待他们的想法和意见。年轻人血气方

刚，这使得本来具有非理性、易冲动的网民群体心理特点更加突显。在应对涉法舆论、处理舆论危机时，要学会和年轻人打交道。而且年轻人可塑性强、接受能力强，还要注意在舆情应对过程中向年轻人群体传递社会主义核心价值观。

与此同时，网民结构向40岁以上的群体渗透，这也是一个需要持续观察的新趋势，会给未来的舆情引导工作带来新的变化。

四、网民职业结构自由化，以学生和自由职业者为主

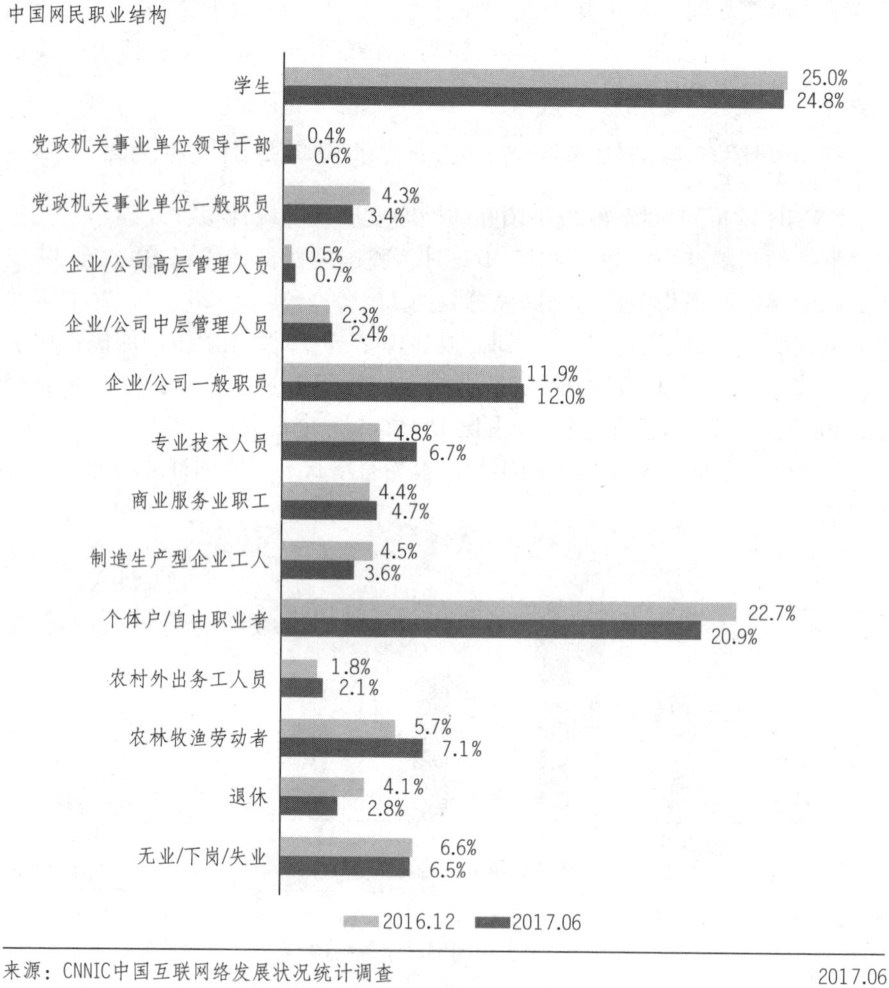

图2.6：中国网民职业结构

CNNIC发布的《第40次中国互联网络发展状况统计报告》统计了网民的职业结构特点：截至2017年6月，在中国网民群体中，学生这一群体占

比高达四分之一，仍然是所有职业群体中占比最高的。其次就是个体工商户和自由职业者，所占比例也超过了五分之一。企业（公司）管理人员及一般职员这个群体占比合计达 15.1%。中国网民职业结构统计情况说明，网民以学生和自由职业者为主，他们的时间相对较为充裕，有时间上网。随着前述分析中所见“低头族”取代“键盘侠”走上统治地位，而且“低头族”手机上网率已经接近 100%，手机给这个时间充裕又自由的群体提供了更大方便。由于他们时间充裕自由，上网方便，会使得网络舆情持续性增加、舆情变化更多更快。未来进行舆情分析和引导工作难度加大，需要更敏锐的眼光、更及时的回应、更强大的耐心。

五、网民的学历结构低层化

根据 CNNIC 发布的《第 40 次中国互联网络发展状况统计报告》，可以看出中国网民的学历结构总体偏低。截至 2017 年 6 月，中国网民仍然以中等学历群体为主。其中，初中学历的网民所占比例为 37.9%，高中、中专、技校学历的网民所占比例超过四分之一。从这个数据统计结果可以看出，网民中具备中等教育程度的群体规模最大，初、高学历网民总占比达到 60% 以上，而且学历结构呈现低层化趋势，网民中受过高等教育的不到四成。

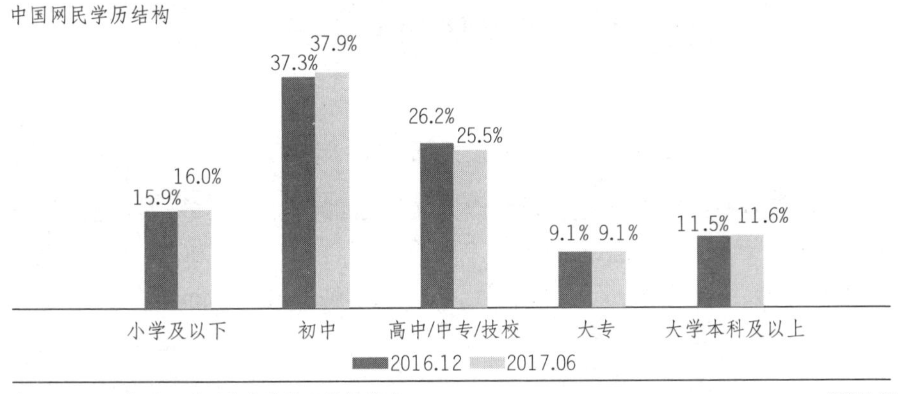

图 2.7：中国网民学历结构

结合前面网民职业结构来分析，学生和自由职业两个群体是网民的主力军。其中，一部分学生因还未到高等教育阶段，学历不高。因此，不能得出网民最高学历普遍偏低的结论。

不论网民最终学历能够到达何种程度，现实的问题就是网民现有的学历层次不高，他们进行理性思维的程度就会打折扣，网民意见非理性的特点会更加突出。因此，在进行舆情应对时，就要注意避免单纯的专业分析和道德说教；要注意使用最朴素的语言和最接地气的方式与网民进行沟通。

六、中国网民需求侧现状的启示

从网民规模和结构实证观察来看，中国网民规模和网络普及率急剧增长。网民呈现移动化、低年龄、低学历、时间充裕四个突出特点。这四个特点就是我们需要正确认识的需求侧现状。推进司法公开，就要和这样的群体打交道，做好公关与沟通工作。深刻认识网民的这些特点，我们会发现之前的一些做法是不妥当的。司法公开的是与否、多与少、快与慢，以何种形式和方式供给司法信息，不取决于司法机关的一厢情愿，而是取决于需求侧。

知己知彼，百战不殆，舆论场亦然。网民手机媒体移动化、时间充裕，决定了司法公开必须快速反应，及时应对；必须有耐心应对打破砂锅问到底，打好局部的持久战。网民低年龄、低学历，决定了司法公开必须坚持喜闻乐见的形式：多一些小碎片、“小清新”，少一些长文章；多一些分时分段的不断供给，少一些急于求成和急功近利；多一些生动引导，少一些深奥理论；多一些情感共鸣，少一些理性说教。

第二节　新媒体用户平台分析

一、网络舆论传播中“两微一端”作用增强

从新媒体平台应用范围来看，微博、微信都已经超出单一社交应用范畴，成为平台级入口。腾讯 2016 年三季度财报显示，微信和 Wechat 的合并月活跃账户数约 8.46 亿个，微信早已从一个单纯的社交 App 升级为一个移动互联网的入口级应用平台。平台化的“两微”已经成为信息分发的主渠道，任何一家传统媒体和其他自媒体均无法企及。2016 年国办文件《关于在政务公开工作中进一步做好政务舆情回应的通知》，也把政务微博、政务微信和政府客户端作为政务公开和信息发布的标配。[①]

二、“广场”人散去，“茶馆”闹喧嚣

近年来，在新媒体平台中，各种媒体形式发生着此消彼长的微妙变化。论坛/bbs、微博走向衰落，微信渐成舆论传播主流。传统的论坛/bbs、微博

① 人民网舆情监测室《2016 年中国互联网舆情分析报告》。

人际交往功能远远不如微信，随着微信的兴起，二者开始衰退。网络应用使用情况，也发生了如下变化：

第一，论坛偃旗息鼓，失去舆论传播阵地。十年前，论坛/bbs 是网络舆论发酵的主阵地，也是70后、80后最活跃的网络平台。根据 CNNIC 发布的《第38次中国互联网络发展状况统计报告》以及在此之后发布的统计报告来看，2012年以来，论坛/bbs 使用率开始呈现负增长趋势，到《第40次中国互联网络发展状况统计报告》统计节点2017年6月仅为15.6%。

第二，微博使用率和活跃度大幅下降。2013年之前，微博是最火爆的舆论阵地。根据 CNNIC 发布的《第33次中国互联网络发展状况统计报告》中关于媒体用户的统计情况看，我国微博用户的规模和使用率均大幅下降，微博用户使用率从2012年的54.7%跌落到2013年的45.5%。该报告认为主要原因包括：一是一些用户因认为浪费时间而减少使用；二是网民转向微信等替代性媒体，在减少使用微博的网民中，有37.4%转向微信；三是长期间使用后丧失新鲜感；四是因微博媒体属性高于社交属性，朋友互动减少，社会黏性降低。

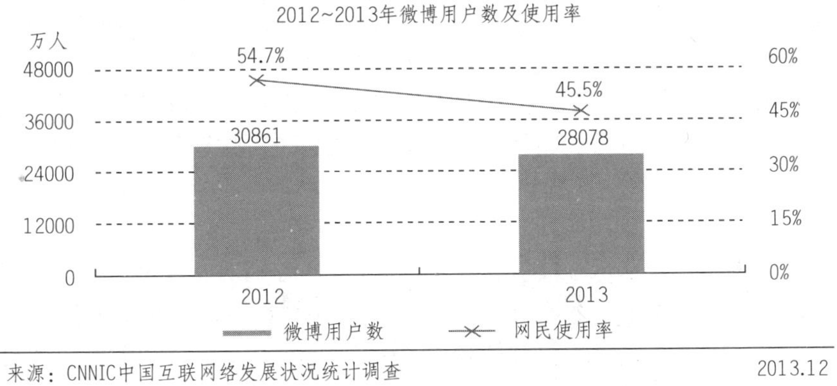

图2.8：2012～2013年中国微博用户数及网民使用率

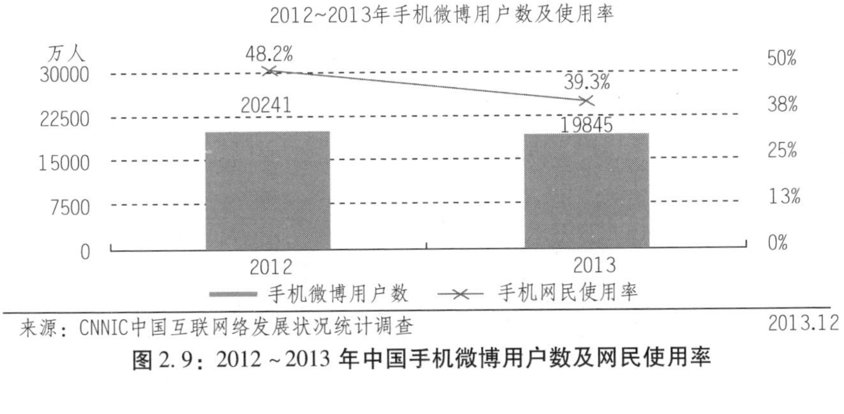

图2.9：2012～2013年中国手机微博用户数及网民使用率

第三，微博用户出现迭代现象，舆论传播力下降。新一代微博用户中，演艺界话题走俏，娱乐心态凸显，使微博使用率开始复苏。根据人民网舆情监测室发布的历年互联网舆情分析报告分析，报告对参与每年热度最高的20件网络舆情事件讨论的320万微博用户样本进行了分析，从中可以发现一个微博网民迭代现象，即关注新闻热点话题的微博网民发生了代际交替。微博用户代际之间的更替，使得微博的新闻时政类话题关注度有明显的下降。在微博平台上，用户阅读量最高的垂直领域中，“明星”已经明显超过了“媒体”。[①] 经过代际更替复苏后的微博表现出明显娱乐化倾向，逐渐退出了社会舆论传播的主阵地。

第四，微信为龙头的即时通信强势崛起，无线移动舆论场兴盛。根据CNNIC最新发布的《第40次中国互联网络发展状况统计报告》，即时通信用户截至2017年6月规模已经达到6.92亿，相比2016年底增长了2535万，占到网民总数的92.1%。其中，手机即时通信用户数量达到6.68亿，相比2016年底增长了2981万，占到手机网民总数的92.3%。

网络应用使用情况的变化，导致舆论传播方式也发生了巨大变化，可以概括为：“广场”人散去，“茶馆”闹喧嚣。论坛/bbs、微博公共性、开放性更强，更像在“广场”上进行讨论。而微信更像“茶馆”，通过一个一个的小圈子进行人际传播。“广场”风平浪静不一定就能高枕无忧，随着“茶馆”内日益喧嚣，需要仔细体察“茶馆式舆论”中暗藏的潜流以及反映出来的线下社会问题。

国家网信办于2017年9月7日发布了《互联网群组信息服务管理规定》与《互联网用户公众账号信息服务管理规定》，分别对互联网群组以及公众号进行了详细的规定，上述两规定均于今年10月8日起施行。其中，《互联网群组信息服务管理规定》首次对于“群主”作为“茶馆掌柜”的责任进行明确，引起公众关注。

三、微信朋友圈独占鳌头

根据CNNIC最新发布的《第40次中国互联网络发展状况统计报告》，截至2017年6月的统计数据显示，使用率排名前三的社交应用均属于综合类社交应用。微信朋友圈、QQ空间作为即时通信工具所衍生出来的社交服务，用户使用率分别为84.3%和65.8%。微博作为社交媒体，由于名人明星、网红及媒体内容生态的建立与不断强化以及在短视频和移动直播上的深入布局，用户使用率才得以回升，达38.7%，较2016年12月上升1.6个百分点。但回升后发生了用户迭代，娱乐化明显，其舆论传播功能已经不能同日而语。

---

① 人民网舆情监测室《2016年中国互联网舆情分析报告》。

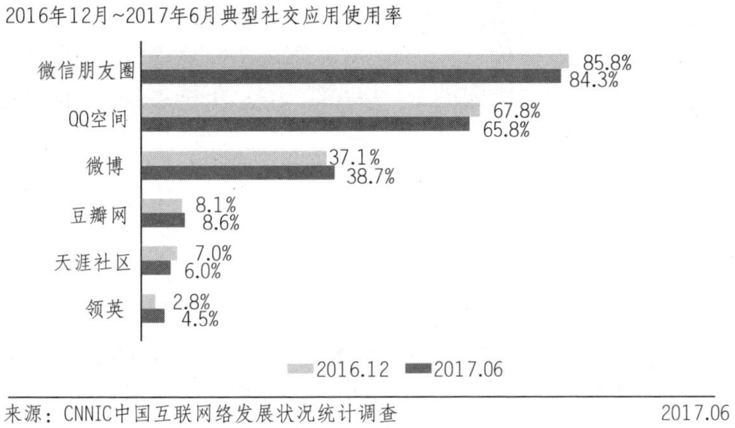

图 2.10：典型社交应用使用率

根据前述网民年龄结构分析，90 后、80 后和部分 70 后人群是网民中的最大群体，从他们使用社交工具的倾向上看，微信和 QQ 占据前两位，而新浪微博随着代际更迭，地位逐渐衰落。

表 2.1：不同社交工具的搜索量排序

序号	90 后	80 后	70 后
1	QQ	微信	微信
2	微信	QQ	QQ
3	QQ 空间	淘宝	新浪微博
4	淘宝网	新浪微博	淘宝
5	新浪微博	QQ 浏览器	60 手机卫士
6	腾讯手机管家	腾讯手机管家	QQ 浏览器
7	QQ 浏览器	360 手机卫士	腾讯手机管家
8	优酷视频	QQ 空间	腾讯新闻
9	UC 浏览器	搜狗手机输入法	搜狗手机输入法
10	搜狗手机输入法	腾讯新闻	QQ 空间

微信作为社会媒体中的新贵，表现出来与微博、论坛/bbs 不同的传播方式和传播机理：

（一）移动互联网的基因与生俱来

微博诞生于 PC 端，在移动互联网兴起以后开始衰落。微信作为与移动互联网相伴生的新型即时通讯产品开始兴起。微博在初始阶段的主要功能就是浏览网页，具有更鲜明的媒体属性；相比之下，微信一开始就是一款社交工具，初始的语音传输、摇一摇等功能私密性更强。微信在很短的时间内就迅速占据了移动互联网的第一入口，在近几年来活跃的微信公众号和微信朋友圈等功能使微信具备了一定程度上的媒体属性，而微信具有的个性化、便捷性和社交化等特点使之更加适应移动互联网的基因。

（二）熟人网络人际传播

微信以熟人网络为主要传播场域，以点对点的传播方式为主，具有很强的人际传播属性，而不是媒体属性。微信最基本的关系网络以线下真实的社会关系为基础，以血缘、亲缘、同学、同事、朋友关系为纽带。微信上的朋友圈与线下生活中的朋友圈基本重合。这种传播方式弱化了网络交往的虚拟性，信息传播的信任程度比较高，符合社会个体的基本人际交往习惯和特征。

（三）私密性信息传播与相对封闭性信息共享

从信息传播方式上看，如果说微博是个大“广场”，那么微信可称之为“小茶馆”。微信用户所发布的信息，只能被信息发布者自己的好友看到，其他没有加好友的用户是看不到的。微信是在个人社交通讯工具基础上发展起来的，信息主要在熟人网络之间进行人际传播。虽然公众号具备了一定的媒体功能，但只有订阅用户才能接收信息推送。从个人信息传播渠道来看，私密性仍为其主要特点；而微博的传播没有界限，开放性更强，媒体的大众传播属性更显著。我们看一看公交、地铁中的“低头族”，他们除了看视频，很多人都在刷微信、聊微信。可见，与微博相比，微信具有更强黏性和更好的交流体验。

（四）传播方式多元化

信息以点对点传播的人际传播方式为主，但也可以进行有图、有音、有画面、有视频的立体全媒体传播。其人际传播的传播方式中传播对象大多来自于手机通讯录、QQ 好友，传通效率高。朋友圈具有了一定的媒体广播功能，但其范围局限在人际传播的范围内，其本质上还是属于以群体传播形式表现出来的人际传播。朋友圈属于私密性的圈群，所有的信息只有是好友才可见。微信公众号更接近于传统的大众传播模式，但微信用户根据自己的爱好选择性关注公众号，公众号推送的信息更加个性化和精准化。

（五）用户实名化认证

注册微博账号，只要有一个电子邮箱账号就可以了。虽然后来也推行了微博实名认证，但收效并不明显。微信关联手机通讯录，好友主要来源于真实社交圈，由此形成了典型的准实名特性。微信引导用户将微信号绑定手机号，同时也鼓励实名加好友，通过名片扫描等功能插件以及个人信息完善等方式鼓励微信用户实名化。从实际情况看，微信也主要应用于真实的社交领域。微信实名化以后，有效避免了网络舆论匿名性的一些弊端，减少了网络舆论的非理性因素。

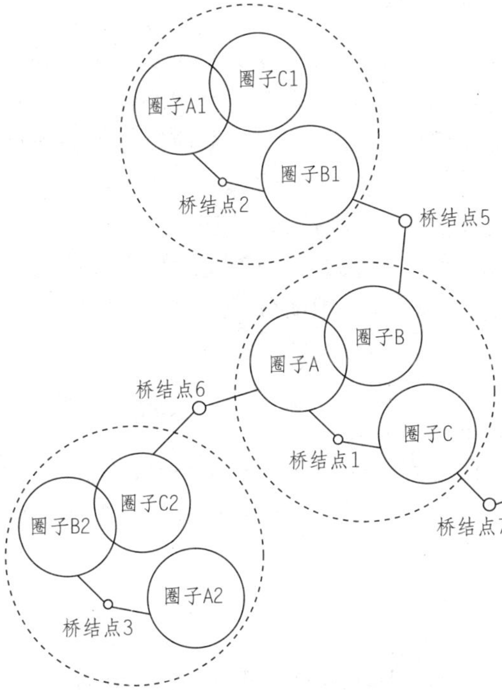

图 2.11：微信的传播模式（核心—边缘结构）示意图①

微信上述特征，不仅满足了社会个体人际交往的需求，还使信息传播与人际交往发生部落化。作为社会属性的人，都必须在一个个的社会关系网中生存。人与人之间通过社会关系网络交往互动，如此形成的人际交往是人类最基本的社会活动。如果说微博将线下的熟人关系网转变成线上陌生人的交互网络，那么微信作为社交媒体，又将现实中原子化的社会成员个体重新圈群化、部落化，又通过部落圈群将人类社会重新网络化，重建熟人间社交网络。而且我们看到，微信最近几年发展和普及速度惊人，从最初的信息发送到今天能够通过声音、图像、视频、定位等全媒体方式最大限度缩短社会个体之间交往距离，使得网络社交不再陌生化、匿名化、

① 喻国明主编：《中国社会年度舆情报告（2014）》，人民日报出版社 2014 年版，第 6 页。

虚拟化，情感由非理性发泄状态回归到群体情感归属。

第三节　微信涉法信息的传播方式和特点

一、微信账号类型及信息传播方式

最近一两年来，微信在涉法信息传播中日益扮演重要角色，其舆论发酵能力与舆论传播能力形成超越微博之势。关于微信涉法舆情的特点也需要及时关注。微信在账号类型、信息发布要求、信息传播方式等方面都与微博均存在很大差异。由于上述提到的微信属于熟人网络人际传播，私密性和封闭相对较强，使得微信信息的来源查找和管控难度较大。

目前总体来说，微信账号主要有两大类：一类是微信个人账号；另一类是微信公众号。微信公众号基于用户及用途分类，可以分为订阅号、服务号、企业号等，三类公众号的信息发布和接收模式基本相同。

微信个人账号类似于QQ等即时通讯工具，只能在互为好友的账号之间以“点对点”方式发送信息，非常类似于手机短信。附加于微信个人账号的朋友圈功能是个相对封闭的信息发布平台，只有账号互加的好友才能阅读相关信息。微信个人账号可以建立微信群，只有加入微信群的账号才能发布和接收群内信息。不论是朋友圈还是微信群，私密性和封闭仍然相对较强，以熟人网络人际传播的方式传播信息，不具备微博类媒体“广场式”传播的特点。

微信公众号类似于微博账号，可被订阅用户浏览、评论和转发。目前，涉法微信公众号的运营主体具有鲜明的多元化特点：一是政法机关运营的官方微信，如最高人民法院官方微信；二是政法干警运营的微信订阅号，如“法影斑斓”微信订阅号为最高人民法院司改办规划处处长何帆运营，“法官之家”微信订阅号为贵州省高级人民法院办公室李亮同志运营，“法律读品”微信公众号为福建省平潭县人民检察院检察官陈锦运营；三是法学教授、律师、律所运营的微信订阅号，如“天同诉讼圈”微信订阅号为北京市天同律师事务所运营，“诗性正义”微信订阅号为北京理工大学法学教授徐昕运营。

二、微信涉法信息基本特点

（一）可读性高

微信涉法信息多具有很强的可读性和感染力，其中一些文章内容较为专业。微信公众号所推送信息在微信中的阅读和转发量是对其评价的重要依据，因此，微信公众号在推送信息时非常注重信息的可读性。

（二）感染力强

微信对于信息发布没有字数要求，有利于信息发布者展开论述。从整体来看，无论立场和内容对错，在微信圈里广泛传播的涉法信息大多观点鲜明，可读性强，具有很强的感染力。

（三）信息黏性大

我们在乘坐地铁、公交时可以明显地发现一大片“低头族”，其中除了看视频的，很多人都在刷微信。随着微信传播力越来越强，人们对微信的依赖度也在提升，使得微信的信息传播表现出很高的黏性。

（四）封闭性强，难以查明发布者身份

发布者身份多元，真实身份查实难度较大。在传播方式上，与微博的开放性不同，微信具有相对封闭性，发布者真实身份不易查实，管理难度更大：第一，注册微信个人账号无认证要求，微信用户可以选择公开或隐藏自己的真实身份。第二，微信账号的昵称允许重复，并可随时修改；同时，一人可以注册多个微信账号。第三，微信添加好友必须经过对方同意，并且可以限制对方的阅读权限；第四，目前我国的主流搜索引擎百度在搜索结果上不显示微信中的相关信息内容，只有搜狗搜索中有微信搜索的功能。

因此，仅凭微信前台显示的信息难以查实相关微信个人账号或微信公众号的真实身份。例如，推送《尴尬的法院——你只不过是个漂亮的小妾，知道吗?》的微信公众号“法律读品”，因关联实名认证的腾讯微博，可以查出其发布者为福建省平潭县人民检察院的检察官陈锦；而推送此文的另一公众号“法眼观察”则无法直接查证其发布者；该文作者的微信昵称为“上里巴人”，也无法直接查证其身份。

第四节　涉法涉警社会舆情特点分析

一、司法机关在社会舆情事件关涉主体中居首

社会舆情事件中除了网民和当事人本身，都有一个主要的利益相关主

体。喻国明教授在《2014 年中国社会舆情总报告》① 中对网络舆情事件关涉主体的大致分类和集中情况进行了统计分析。

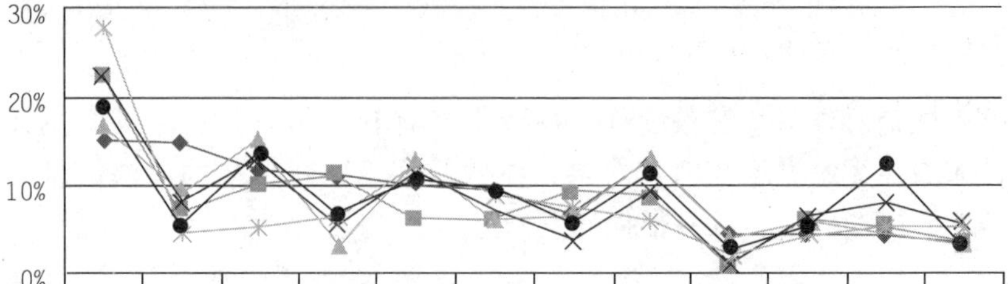

	公检法	市级官员	职能部委	县级及以下政府	明星	县级官员及以下	中央	市级政府	省级官员	央企等企业	外国	省直辖市政府
2014年	15.3%	14.9%	11.8%	11.1%	10.1%	9.4%	6.3%	4.9%	4.5%	4.2%	4.2%	3.5%
2013年	22.7%	7.5%	10.4%	11.5%	6.7%	6.4%	9.6%	8.8%	0.8%	6.4%	5.6%	3.7%
2012年	17.0%	9.4%	15.1%	2.8%	13.2%	5.7%	6.6%	13.2%	3.8%	5.7%	4.7%	2.8%
2011年	22.5%	8.6%	12.7%	5.1%	11.4%	7.0%	3.5%	9.2%	0.6%	6.4%	7.9%	5.1%
2010年	28.1%	5.2%	5.6%	6.5%	12.6%	9.1%	7.8%	6.5%	2.6%	4.8%	5.6%	5.6%
2009年	19.0%	5.4%	14.2%	6.8%	6.3%	9.3%	5.4%	11.2%	2.4%	4.9%	12.2%	2.9%

图 2.12：2009～2014 年社会舆情事件关涉主体分布②

从统计分析情况来看，近几年的社会舆情事件关涉的主体中，公检法机关一直占有很高比重，此外还有市级官员以及职能部委等群体。在各类群体中，公检法等司法机关一直在社会舆情事件关涉主体中高居首位。司法机关代表社会公平正义的最后防线，是社会公正的最终维护者和保障者。历年来，司法机关一直都是最主要的社会舆情关涉主体，这使得司法机关的社会舆情应对压力处于高压状态，而且这种高压态势呈长期持续性。

二、全民关注热点案件，紧盯司法机关官微“找料”

根据人民网舆情监测室发布的《2016 年中国互联网舆情分析报告》分析，最高人民法院自 2016 年 7 月 1 日起，要求所有公开开庭的庭审活动原则上都要通过互联网进行庭审直播。司法体制改革迅速推进，聂树斌等疑案得到重审，还有一些冤假错案得以平反，获得了社会舆论的广泛好评。对于网民关注多年的聂树斌案，最高人民法院在 2016 年 6 月决定依法提审，由胡云腾专委挂帅主审，按照审判监督程序重新审判。天津非法维权律师审判案，给“法律人共同体”带来一定冲击，但案件的全程微博图文直播，

① 喻国明主编：《中国社会年度舆情报告（2015）》，人民日报出版社 2015 年版，第二章。
② 喻国明主编：《中国社会年度舆情报告（2015）》，人民日报出版社 2015 年版，第 39 页。

使国内舆论场上正面的声音起到覆盖作用。外媒记者从一开始的“不相信有料”，变为主动紧盯官微“找料”。2016年初，时任中央政法委书记孟建柱在广州与新闻媒体座谈时，提出司法机关要与媒体形成良性互动的关系，共同建设法治社会的命运共同体。以微信公众号“@长安剑”为代表的政法新媒体，提供权威信息源，推动了舆论场理性监督政法热点事件；从而避免互联网发动情绪化的“舆论审判”，进而为网络舆情“拨云见日”，告别“煽风点火”。

在热点敏感案件“爆料”来源上，网民开始从网络大V转向官微。根据中国人民大学舆论研究所的数据监测结果观察，到2013年10月24日，官方微博发布的微博总数首次超过了网络意见领袖（俗称“网络大V”，即网络加V个人用户）。[①] 这是一个非常有意义的拐点，主流舆论场向民间舆论场渗透，官微的沟通能力和网民吸附能力增强，在网络舆论场的话语权开始占主导地位。

三、社会舆情事件集中于社会民生话题

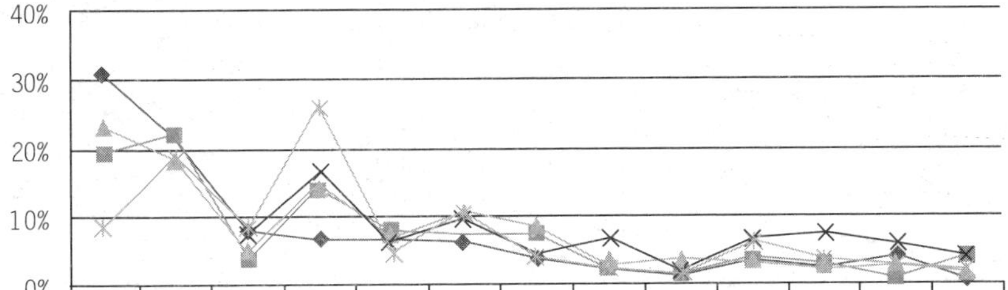

	民生领域	官员违法乱纪等行为	政府出台的政策	政府行为不当	官员等不当言论	明星事件	社会公平、贫富分化事件	重大突发事件	涉及国家利益事件	网络文化潮流事件	国际事件	网络商业事件	涉及垄断特权的央企等
2014年	30.9	21.6	7.8%	6.8%	6.8%	6.3%	4.0%	3.5%	3.5%	3.3%	3.0%	2.0%	0.5%
2013年	19.3	22.1	4.9%	14.2	8.1%	7.4%	7.4%	2.8%	2.0%	3.6%	3.3%	0.8%	4.1%
2012年	23.0	18.3	4.0%	15.1	6.4%	10.3	8.7%	1.6%	1.6%	4.0%	2.4%	4.0%	0.8%
2011年	8.5%	18.5	6.9%	16.3	5.3%	9.1%	4.4%	6.3%	1.9%	6.6%	7.2%	5.3%	3.8%
2010年	8.5%	19.1	8.5%	25.8	4.7%	10.6	4.2%	2.5%	1.7%	5.9%	3.8%	2.5%	2.1%

图2.13：2010～2014年所有舆情事件的集中领域分布[②]

党的十八大以后，以习近平同志为核心的党中央切实加强反腐力度，持续呈现“苍蝇老虎一起打”的高压态势；而且，治国理政、施政纲领惠

① 参见喻国明主编：《中国社会年度舆情报告（2014）》，人民日报出版社2014年版，第11页。

② 喻国明主编：《中国社会年度舆情报告（2015）》，人民日报出版社2015年版，第37页。

及民生。在十八大前后，社会舆情事实关注点发生了明显的变化。从 2012 年开始，社会民生、官员违法乱纪行为成为整个社会关注的主要核心领域。2014 年出现了一个重大拐点，社会民生领域话题超过此前一直雄踞民众关注最高的官员腐败问题。在社会民生领域，网络舆论议题主要集中在住房、医疗、教育、保险等广大社会公众普遍关注的社会焦点问题。这些社会问题同样也是司法案件中典型的敏感因素。

四、移动互联网已成主要社会舆论场和舆情首发主体

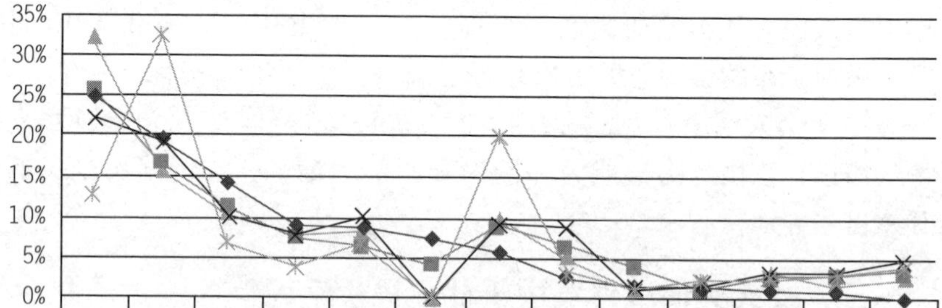

	微博	都市报	通讯社	中央大报	广播电视台	微信	综合性论坛	地方论坛	境外媒体	门户网站论坛	贴吧	视频网站	财经类报纸
2014年	24.9%	19.7%	14.2%	8.9%	8.3%	7.4%	5.8%	2.5%	1.5%	1.2%	0.9%	0.6%	0.0%
2013年	25.7%	16.6%	11.3%	7.2%	6.5%	4.1%	8.8%	6.4%	3.7%	1.2%	2.7%	2.7%	3.1%
2012年	32.1%	15.7%	10.3%	8.1%	8.3%	0.0%	9.8%	5.2%	1.1%	2.2%	3.1%	1.7%	2.4%
2011年	22.0%	19.1%	9.8%	7.7%	9.8%	0.0%	8.9%	8.6%	0.9%	2.4%	3.0%	3.3%	4.5%
2010年	12.7%	32.3%	6.9%	3.7%	6.5%	0.0%	20.0%	3.3%	1.2%	2.0%	2.5%	2.9%	3.7%

图 2.14：2010～2014 年社会舆情事件的首发媒体分布①

从 2014 年的社会舆情事件首发媒体来看，微博依然是引发社会舆情的首要信息源，比重占到所有信息源的四分之一。但受到微博用户规模和活跃度下降的影响，2014 年微博作为信息源的分布比例已经比 2013 年和 2012 年有所下降。值得关注的是，微信在 2012 年之前一直没有成为社会舆论的信息源。微信在 2013 年成为社会舆情信息源以后就快速增长，影响力不断提升。在可预见的未来几年内，随着微信强势崛起，人际传播功能不断强化，微信将在未来的社会舆论场中成为重要的信息源。微信朋友圈这个新的舆论策源地应当得到足够的关注。

① 喻国明主编：《中国社会年度舆情报告（2015）》，人民日报出版社 2015 年版，第 43 页。

第三章 司法机关敏感案（事）件供给侧舆情风险分析

第一节 司法机关舆情风险概要

一、舆情事件总体走向

根据上海交通大学舆情研究实验室的研究报告，2012～2014 年期间引起公众广泛关注的涉司法机关舆情事件数量呈先下降后上升的趋势。2012 年、2013 年、2014 年分别为 100 件、69 件、80 件。

单位:%

年度	数量	百分比
2012	100	40.2
2013	69	27.7
2014	80	32.1
合计	249	100.0

图 3.1：2012～2014 年影响较大的涉警涉法舆情事件数量分布①

2014 年，党的十八届四中全会通过《中共中央关于全面推进依法治国若干重大问题的决定》。从此，依法治国成为了我国政府和社会关注的重点，法治成为治国理政的基本方式。从此，国家整治贪污腐败力度进一步加大，社会公众也越来越关注反腐话题，并且积极利用互联网和新媒体参与到政法工作的监督活动中。在网络舆论的推动下，呼格吉勒图重审案、云南高院法官打保安事件、湖南男子“睡觉死”事件等在极短的时间内就

① 谢耘耕主编：《中国社会舆情与危机管理报告（2015）》，社会科学文献出版社 2015 年版，第 211 页。

发酵成社会热点舆情事件。

二、舆情事件分布情况

按东、中、西部来划分，在2012年至2014年全国涉及司法机关的舆情事件中，东部地区几乎接近一半，高达49.8%。东、中、西部相比，东部地区人口密集、经济发达，与舆情事件发生成正相关。但是，东部地区舆情事件所占比重呈逐年下降趋势，从2012年的57.6%下降到2013年的52.2%，再到2014年的37.7%。相比之下，中部与西部的舆情事件比例显著提升，如云南高院法官打保安事件、重庆多名警察涉刑讯逼供案件等影响较大。

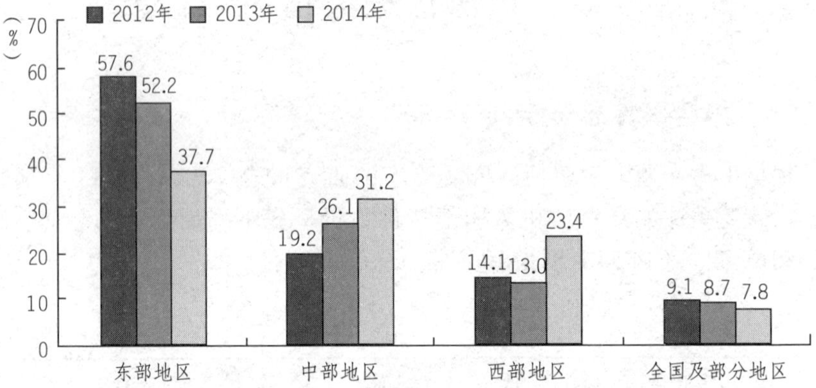

图3.2：2012~2014年影响较大的涉警涉法事件东、中、西部占比分布①

三、网络新媒体是舆情事件主要信息源

考察涉及司法机关的舆情事件的信息源，网络新媒体近年来一直是最主要的首曝媒介。虽然2014年首曝媒介为网络新闻的舆情事件所占比例有所下降，但网络新媒体仍然发挥着强有力的传播影响力。值得注意的是，2014年报纸等传统媒体凭借其较高的权威与公信力，所占比例呈现回升态势。官方网站虽然占比不高，但上升趋势明显，这与近年来政法机关加快官网和两微一端建设有很大关系。官方媒体需要参与到媒体竞争中去，不断提升在信息源和传播渠道上的影响力、传播力。

① 谢耘耕主编：《中国社会舆情与危机管理报告（2015）》，社会科学文献出版社2015年版，第212页。

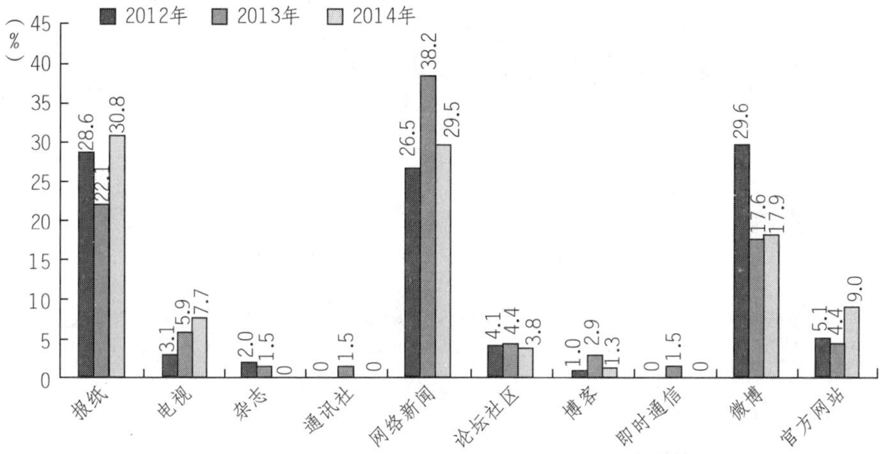

图 3.3：2012～2014 年影响较大的涉警涉法事件首曝媒介类型占比分布①

四、舆情事件曝光时间短，传播时效高

从涉及司法机关的舆情事件自发生到曝光的时段来看，涉警涉法舆情事件总体上曝光时间比较短，传播时效比较高。从统计分析来看，曝光时间差在 1 天之内的舆情事件超过六成，比重最高的是半天之内就曝光；在网络新媒体的推动下，一些舆情事件发生几小时就被曝光。由此，当前形势对司法机关舆情监测水平和反应应对速度提出了越来越高的要求。

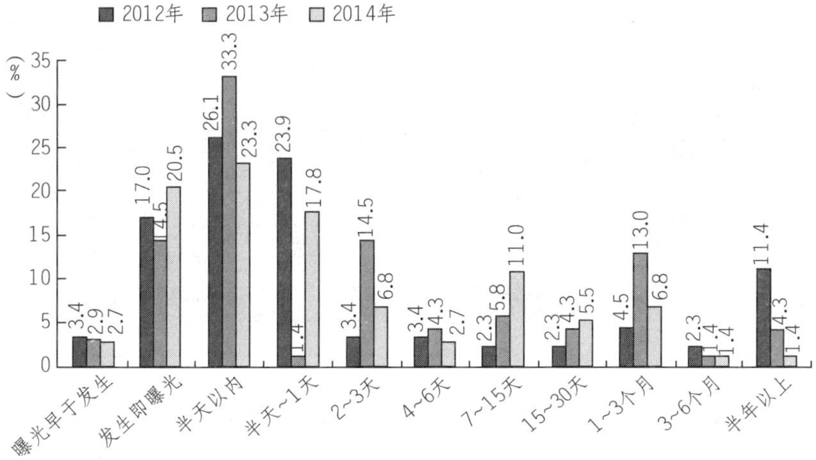

图 3.4：2012～2014 年影响较大的涉警涉法事件曝光时间差占比分布②

---

① 谢耘耕主编：《中国社会舆情与危机管理报告（2015）》，社会科学文献出版社 2015 年版，第 216 页。

② 谢耘耕主编：《中国社会舆情与危机管理报告（2015）》，社会科学文献出版社 2015 年版，第 217 页。

五、舆情事件持续时间以一周内为主

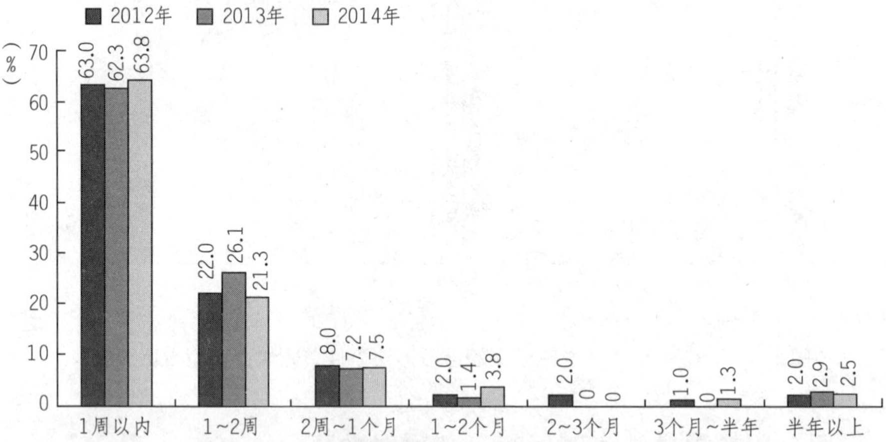

图 3.5.1：2012～2014 年影响较大的涉警涉法事件持续时间占比分布①

根据上海交通大学舆情研究实验室的统计分析，舆情持续时间分布情况较为稳定，没有大起大落。其中，持续时间在 1 周以内的一直在六成以上，持续时间在 2 周以内的舆情事件超过八成，这一时间分布情况与舆论学中舆论持续时间基本一致，未见特殊性。另一研究报告也对涉检舆情事件持续时间进行统计分析，总体情况大致相似。

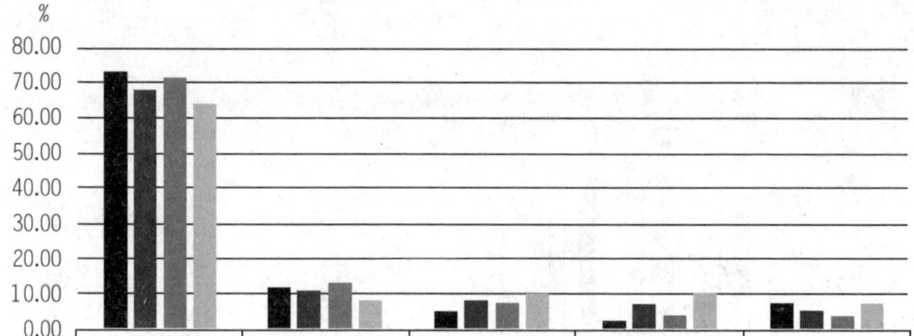

	1~15天	16~30天	31~45天	45~60天	60天以上
■2014年	73.13	11.69	5.19	2.60	7.39
■2013年	68.18	10.91	8.18	7.27	5.45
■2012年	71.70	13.21	7.55	3.77	3.77
■2011年	64.35	8.14	9.71	10.29	7.51

图 3.5.2：2011～2014 年涉检舆情回应时效分析②

① 谢耘耕主编：《中国社会舆情与危机管理报告（2015）》，社会科学文献出版社 2015 年版，第 217 页。

② 王一俊等：《涉法舆情引导研究》，法律出版社 2015 年版，第 110 页。

第二节 敏感案（事）件舆情风险点类型

一、舆情风险点类型总体分布情况

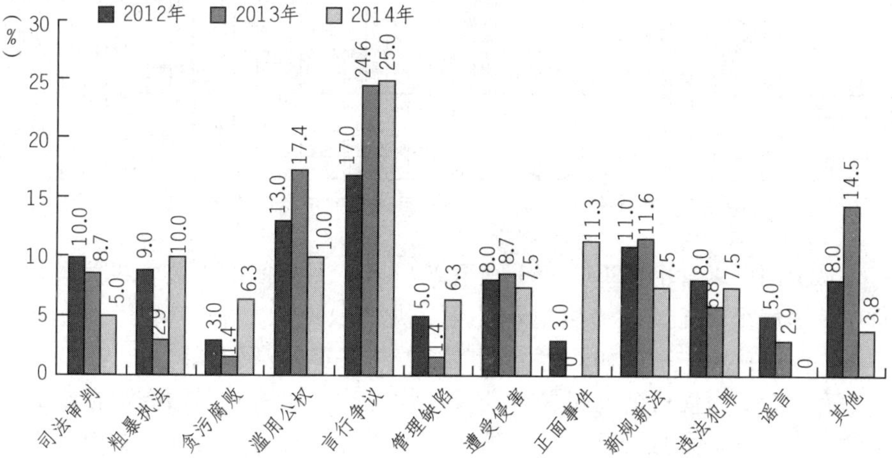

图 3.6：2012～2014 年影响较大的涉警涉法事件类型分布①

从上海交通大学舆情研究实验室数据统计结果看，2012～2014 年涉及司法机关的舆情事件中，言行争议类事件总数所占比重最高，三年共计 54 件，占比为 21.7%；而且按年度看，此类事件每年所占比重也是最高，并且呈逐年上升趋势，到 2014 年已经占到四分之一了。其中原因，一方面可归因于十八大以后的政治形势，反腐力度空前，公职人员的言行成为万众瞩目的焦点；另一方面归因于十八大以后互联网技术推动下，中国网民数量与规模大幅上升，公职人员言行相关事件更容易通过网络曝光和传播。

二、公安机关舆情风险点类型

将 2011 年 1 月至 2014 年 6 月涉及公安机关的舆情案例中涉及的 36 个方面的风险点分析如下：

① 谢耘耕主编：《中国社会舆情与危机管理报告（2015）》，社会科学文献出版社 2015 年版，第 215 页。

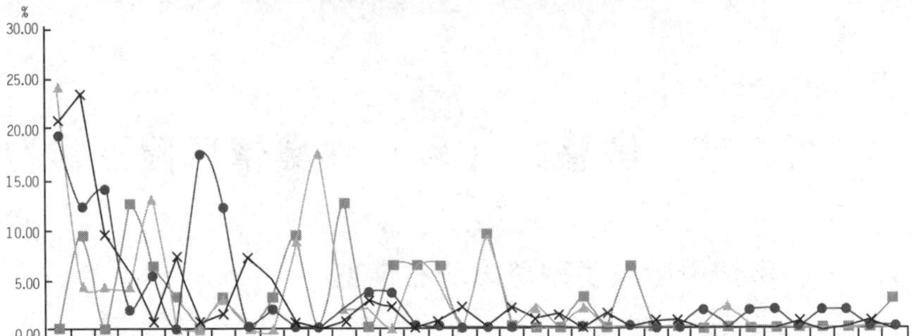

	违反组织纪律	违法犯罪	公正执法	工作创新	言行争议	贪污受贿	案件办理	事实认定	工作方式方法	工作作风质疑	刑讯逼供	违法劳教	狱内伤亡	工作生活	程序异议	暴力执法
2011年	0.0	9.3	0.0	12	6.2	3.1	0.0	3.1	0.0	3.1	9.3	0.0	12	0.0	6.2	6.2
2012年	23	4.3	4.3	4.3	13	0.0	0.0	2.1	0.0	0.0	8.7	17	2.1	2.1	0.0	6.5
2013年	18	12	13	1.7	5.1	0.0	17	12	0.0	1.7	0.0	0.0	1.7	3.4	3.4	0.0
2014年上半年	20	23	9.4	5.8	0.7	7.3	0.7	1.4	7.3	5.1	0.7	0.0	0.7	2.9	2.1	0.0

	执法犯罪	规章制度	徇私枉法	违法违纪	滥用职权	工作部署	权力弱势	组织宣传	工作态度	更换工作	诽谤造谣	新法新规	刑事侦查	勇于纠错	纪律要求	冤假错案	队伍建设	信息公开	严重违纪	数据泄露
2011年	6.2	0.0	9.3	0.0	0.0	0.0	3.1	0.0	6.2	0.0	0.0	0.0	0.0	0.0	0.0	0.0	0.0	0.0	0.0	3.1
2012年	4.3	0.0	0.0	0.0	2.1	0.0	2.1	0.0	0.0	0.0	0.0	0.0	2.1	0.0	0.0	0.0	0.0	0.0	0.0	0.0
2013年	0.0	0.0	0.0	0.0	0.0	0.0	0.0	0.0	0.0	0.0	0.0	1.7	0.0	1.7	1.7	0.0	1.7	1.7	0.0	0.0
2014年上半年	0.7	2.1	0.0	2.1	0.7	1.4	0.0	1.4	0.0	0.7	0.7	0.0	0.0	0.0	0.0	0.7	0.0	0.0	0.7	0.0

图 3.7：2011 年 1 月 ~2014 年 6 月涉公安机关舆情风险点①

从上图可以看出，2011 年 1 月至 2014 年 6 月期间的涉公安机关舆情案件中，违反组织纪律、违法犯罪、公正执法、工作创新、言行争议、案件办理、事实认定、狱内伤亡等方面是公安机关舆情高发风险点。十八大以来，有两个因素使得公安机关因违反组织纪律、违法犯罪两方面被查处的案例数量急剧攀升且居高不下：第一个因素是十八大以后党中央对反腐持续增压，长期处于高压态势，公安机关在违法犯罪方面案例数量增加、级别提高。2014 年上半年，包括原公安部副部长李东生案在内多起公安机关领导干部和普通干警查处案件占到上半年案例总数的近四分之一。第二个因素是十八大以来，互联网技术迅速发展，前述涉及中国网民数量、规模大幅增长，尤其是移动互联网发展迅速，事件容易曝光，又为公民监督提供了方便渠道，如女友晒男友开警车泡温泉案、网民爆料景德镇公安局从驾校报账案等通过网络曝光的案件。上述两个因素仅仅是催化剂，最根本的原因在于“打铁还须自身硬”。此类案件本来敏感度极高，这些案件中暴露出部分公安干警个人纪律要求不严、媒体素养不高的问题，也反映出公安机关内部纪律要求和纪检工作存在漏洞和弱化。

三、检察院舆情风险点类型

将 2011 年 1 月至 2014 年 6 月涉及检察院的舆情案例中涉及的 25 个方面的风险点分析如下：

① 王一俊等：《涉法舆情引导研究》，法律出版社 2015 年版，第 98 页。

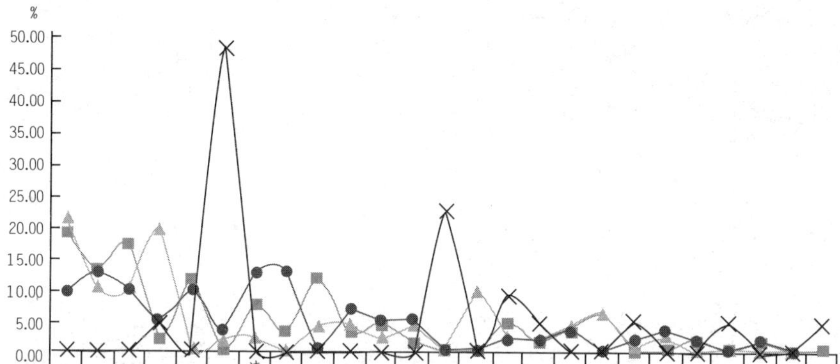

	工作创新	程序异议	事实认定	案件办理	帮助当事人	违法犯罪	违反组织纪律	言行争议	逼供诱供	贪污受贿	招摇撞骗	便民措施	工作部署	公正执法	新规新法	涉访涉诉	热心公益	工作态度	纪律要求	诬陷造谣	信息公开	见义勇为	勇于纠错	量刑幅度	严重违纪
2011年	18	12	16	1.6	11	0.0	7.0	2.8	11	2.8	4.2	1.4	0.0	0.0	4.2	1.4	2.8	0.0	0.0	0.0	1.4	0.0	0.0	0.0	0.0
2012年	10	9.4	9.4	18	0.0	1.8	1.8	0.0	3.7	3.7	1.8	3.7	0.0	9.4	1.8	1.8	3.7	5.6	0.0	1.8	0.0	0.0	0.0	0.0	0.0
2013年	9.0	12	9.0	4.5	9.0	3.0	12	12	0.0	6.0	4.5	4.5	0.0	0.0	1.5	1.5	3.0	0.0	1.5	3.0	1.5	0.0	1.5	0.0	0.0
2014年	0.0	0.0	0.0	4.3	0.0	47.	0.0	0.0	0.0	0.0	0.0	0.0	21.	0.0	8.7	4.3	0.0	0.0	4.3	0.0	0.0	4.3	0.0	0.0	4.3

图 3.8：2011 年 1 月 ~2014 年 6 月涉检察机关舆情风险点①

2011 年 12 月 14 日，广东省人民检察院邀请了 25 名微博网友走进省检察院，参加检察开放日活动。这是检察机关首次举办的面对微博网友的专场检察开放日活动，受到了社会各界的肯定和赞扬。党的十八大以后，检察机关利用新媒体、自媒体进行改革创新的举措较多，开始探索舆情监测和媒体互动机制建设。2011 年至 2013 年期间，检察机关在事实认定、程序异议等几个占比较高的方面的舆情风险起伏不大。2013 年后违法犯罪类案件急剧上升，2014 年上半年，违法犯罪案件数占比接近一半。除了党的十八大以后反腐力度增强和互联网蓬勃发展的因素，还有中央八项规定和六项禁令贯彻实施对检察机关公职人员不当行为的冲击。例如，被查处的违法犯罪和违反组织纪律的案例急速上升。2013 年 9 月，山西省芮城检察院副检察长豪华嫁女被免职。2014 年 6 月，山西省某检察院副局长被曝妻儿均持双户口。网民参与到关注政府机关公职人员言行监督的积极性提升，检察机关工作人员言行引发争议或质疑的案件上升幅度也较快。此类案件例如青海省玉树藏族自治州人民检察院副检察长私用警车前往山西探亲，山西省检察院副检察长因参加奢靡娱乐被撤职等。

四、法院舆情风险点类型

将 2011 年 1 月至 2014 年 6 月涉及审判机关的舆情案例中涉及的 20 个

① 王一俊等：《涉法舆情引导研究》，法律出版社 2015 年版，第 110 页。

方面的风险点分析如下：

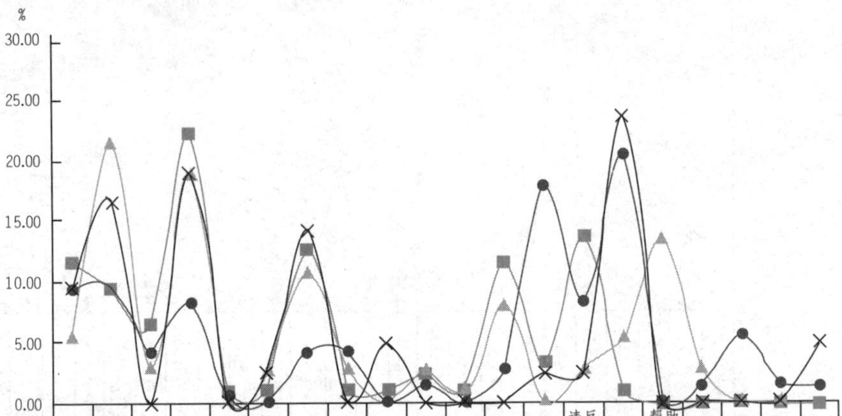

	程序异议	工作创新	工作生活	公正执法	民事纠纷	铺张浪费	事实认定	释法说理	司法建议	司法解释	司法协助	贪污受贿	违法犯罪	违反组织纪律	冤假错案	帮助弱势群体	执法质疑	案件本身	规章制度	言辞争议
2011年	11.7	9.57	6.38	22.3	1.06	1.06	12.7	1.06	1.06	2.13	1.06	11.7	3.19	13.8	1.06	0.00	0.00	0.00	0.00	0.00
2012年	5.41	21.6	2.70	18.9	0.00	2.70	10.8	2.70	0.00	2.70	0.00	8.11	0.00	2.70	5.41	13.5	2.70	0.00	0.00	0.00
2013年	9.59	9.59	4.11	8.22	0.00	0.00	4.11	4.11	0.00	1.37	0.00	2.74	17.8	8.22	20.5	0.00	1.37	5.48	1.37	1.37
2014年	9.52	16.6	0.00	19.0	0.00	2.38	14.2	0.00	4.76	0.00	0.00	0.00	2.38	2.38	23.8	0.00	0.00	0.00	0.00	4.76

图 3.9：2011 年 1 月 ~2014 年 6 月涉法院舆情风险点①

从 2011 年 1 月到 2014 年 6 月期间，涉及法院的舆情事件主要发生于工作创新、公正执法、事实认定、冤假错案等议题领域。

（一）工作创新

近年来，各级法院不断进行工作创新，开启司法体制改革的步伐。2013 年 8 月，薄熙来案全程直播庭审开创庭审公开直播的先例。2014 年 3 月，广东珠海横琴法院进行司法体制改革，率先取消审判庭建制，引发广泛关注，引领了一拨取消审判庭、建立审判团队的司法改革浪潮。如此，这一措施被人民法院组织法征求意见稿吸纳。这些改革措施和创新做法受到了舆论的普遍关注，也收到了良好的实践效果，属于正面舆情，有助于法院司法公信力和司法权威的提升。

（二）公正执法

此类议题的舆情事件，占比持续较高，上半年占到一半以上。其中比较有名气的有李阳家暴案、高晓松酒驾案、秦火火网络传谣案，还有最高人民法院规定法院领导不得随意过问案件、最高人民法院公布征地强拆通知要求慎用强制手段等司法政策、法院规定等。还有一些涉及名人的案件，

① 王一俊等：《涉法舆情引导研究》，法律出版社 2015 年版，第 98 页。

容易吸引广大民众的关注。这些案件从立案到审理，每个程序都置于广大群众的目光中。

（三）事实认定

有关法院事实认定的问题也会引发舆情。2011 年和 2012 年此类受关注的案件数量较大，经过 2013 年回落，2014 年又再回升，占上半年案例总数的 14.29%。公众对案件办理程序非常关注，对案件办理过程中的各个节点发表意见、提出质疑。例如“药家鑫故意杀人案”“河南天价过路费案件”都曾一度引发舆情风暴。

（四）错案

近年来，随着一些错案被平反，此类案件的社会关注度持续升温。2013 年此类案件占比为 20.55%，到 2014 年上半年上升到 23.81%。错案高发，表面上看是与公、检、法办案人员素质有关，但是更深层次的原因在于司法体制的深层矛盾。2013 年 8 月，中央政法委发布《中央政法委关于切实防止冤假错案的规定》（中政委［2013］27 号），是全国首个关于防止错案的政策文件。该规定第 8 条载明：“人民法院、人民检察院、公安机关办理刑事案件，必须以事实为依据，以法律为准绳，不能因为舆论炒作、当事人及其亲属上访闹访和‘限时破案’、地方‘维稳’等压力，作出违反法律规定的裁判和决定。”该规定第 14 条载明：“建立健全科学合理、符合司法规律的办案绩效考评制度，不能片面追求破案率、批捕率、起诉率、定罪率等指标。”更深层的制度性障碍在于诉讼制度中公、检、法三机关之间的在诉讼程序之间的分工协作关系。长期以来以侦查为中心的理念埋下了错案的隐患。为此，党的十八届四中全会作出的《中共中央关于全面推进依法治国若干重大问题的决定》中特别提出，“推进以审判为中心的诉讼制度改革，确保侦查、起诉的案件事实证据经得起法律的检验。全面贯彻证据裁判规则，严格依法收集、固定、保存、审查、运用证据，完善证人、鉴定人出庭制度，保证庭审在查明事实、认定证据、保护诉权、公正裁判中发挥决定性作用。”此后，最高人民法院、最高人民检察院、公安部、国家安全部、司法部于 2016 年 10 月 11 日联合发布了《关于推进以审判为中心的刑事诉讼制度改革的意见》；最高人民法院于 2017 年 2 月 17 日发布了《关于全面推进以审判为中心的刑事诉讼制度改革的实施意见》。两个文件均明确提出要以审判为中心进行刑事诉讼制度改革，进一步推进法律职业共同体建设，促进司法改革，维护司法公正，捍卫公平正义。

五、司法行政机关舆情风险点类型

将2011年1月至2014年6月涉及司法行政机关的舆情案例中涉及的18个方面的风险点分析如下：

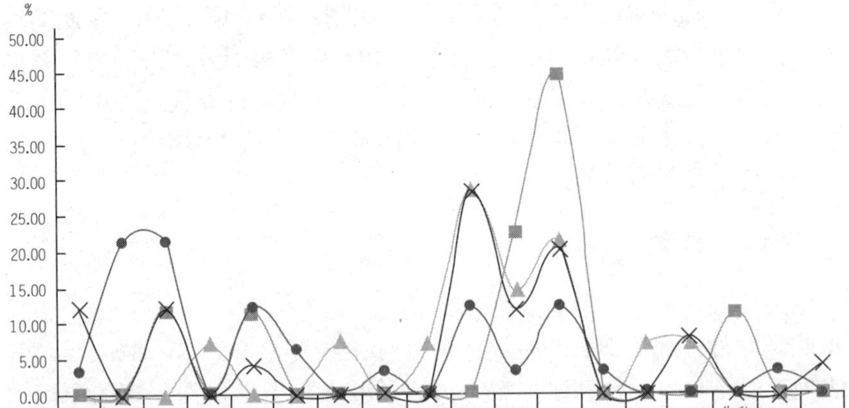

	帮助弱势群体	废除劳教	工作创新	工作作风质疑	公正执法	权力弱势	涉访涉诉	释法说理	司法协助	贪污受贿	违法犯罪	违反组织纪律	诬陷造谣	新法新规	信息公开	徇私舞弊（渎职）	狱内伤亡	招摇撞骗
2011年	0.00	0.00	11.11	0.00	11.11	0.00	0.00	0.00	0.00	0.00	22.22	44.44	0.00	0.00	0.00	11.11	0.00	0.00
2012年	0.00	0.00	0.00	7.14	0.00	0.00	7.14	0.00	7.14	28.57	14.29	21.43	0.00	7.14	7.14	0.00	0.00	0.00
2013年	3.03	21.21	21.21	0.00	12.12	6.06	0.00	3.03	0.00	12.12	3.03	12.12	3.03	0.00	0.00	0.00	3.03	0.00
2014年	12.00	0.00	12.00	0.00	4.00	0.00	0.00	0.00	0.00	28.00	12.00	20.00	0.00	0.00	8.00	0.00	0.00	4.00

图3.10：2011年1月~2014年6月涉司法行政机关舆情风险点①

在工作创新方面，司法行政机关实施了一系列新的改革措施，例如河南某监狱发挥落马广电官员智慧自办电视台。又如安徽某监狱建立心理矫治中心，安徽监狱服刑人员网购等。这些做法收到了良好的效果，也吸引了媒体和社会公众的广泛关注和普遍好评。

关于负面舆情，从2011年1月到2014年6月期间，涉及法院的舆情事件主要发生于违反组织纪律、贪污受贿、违法犯罪、工作创新等等议题领域。其中，违反组织纪律和违法犯罪两个领域的舆情事件数量持续下滑，舆情态势总体向好。贪污受贿类事件从数量上看，也是司法舆情的高发风险点，比较有影响的有2012年湖南监狱管理局原局长落马拖出灰色腐败链条案、2012年北京延庆某司法所所长贪污拆迁款后假退赃被判处有期徒刑案、2014年西安司法局原副局长和劳教所原所长被开除党籍、2014年山东淄博民政局原局长赵希成与司法局原副局长郑建业被依法处理等案件和事件。

① 王一俊等：《涉法舆情引导研究》，法律出版社2015年版，第98页。

第三节 敏感案（事）件舆情涉事主体

一、舆情风险主体方面总体分布情况

（一）舆情事件主体

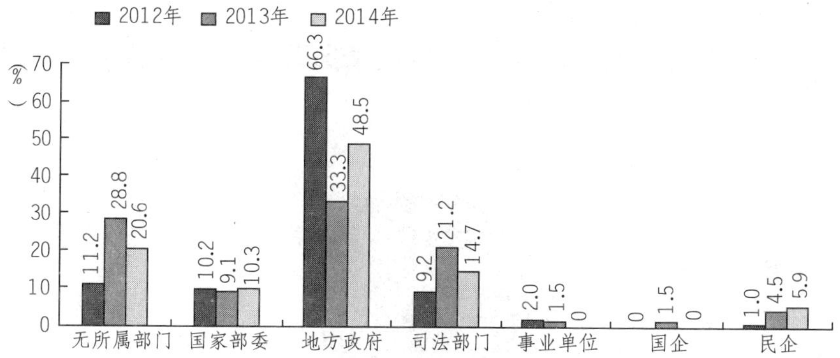

图 3.11：2012～2014 年影响较大的涉警涉法舆情事件主体所属部门占比分布①

从上海交通大学舆情研究实验室数据统计结果看，从 2012～2014 年，地方政府在涉警涉法类舆情事件主体中所占比例最高，在 2013 年下降后又于 2014 年上升。2014 年引起涉警涉法舆情事件中舆情事件主体为地方政府的有上海两名 90 后消防员坠楼牺牲事件、重庆几名警察涉刑讯逼供案及天津公安局长武长顺落马案等。舆情事件主体为司法部门的占比居其次，在 2013 年超过五分之一。

（二）舆情涉事主体

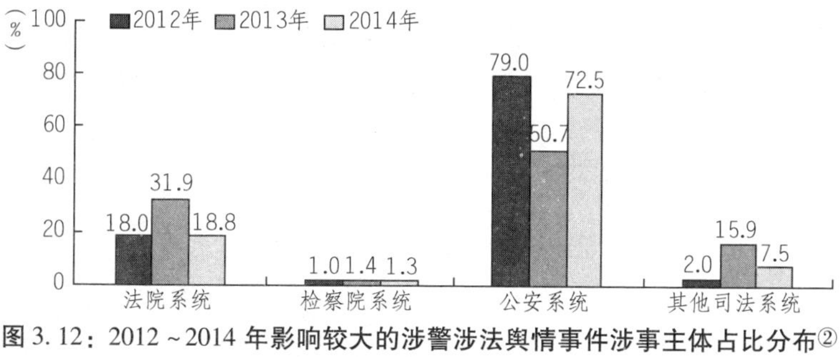

图 3.12：2012～2014 年影响较大的涉警涉法舆情事件涉事主体占比分布②

① 谢耘耕主编：《中国社会舆情与危机管理报告（2015）》，社会科学文献出版社 2015 年版，第 213 页。
② 谢耘耕主编：《中国社会舆情与危机管理报告（2015）》，社会科学文献出版社 2015 年版，第 214 页。

将涉及司法机关的舆情事件涉事主体分为法院系统、检察院系统、公安系统和其他司法机关。从2012年至2014年，公安机关在影响较大的涉警涉法舆情事件的涉事主体中所占比例最高，2012年占79%，2013年占50.7%，2014年占72.5%，呈先降后升趋势。其中，天津公安局长武长顺落马案，刘汉、刘维兄弟涉黑案等具有相当大的社会影响。涉事主体为法院系统的占比居其次，在2013年超过三成，但又于2014年回落到二成以下。

二、公安机关敏感案（事）件舆情风险涉事主体分析

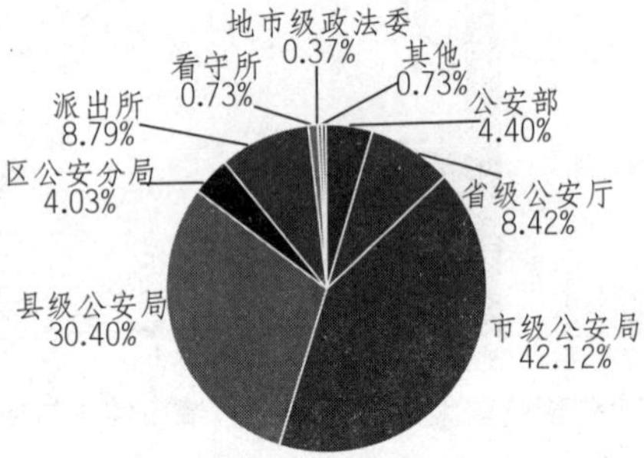

图3.13：2011～2014年公安机关舆情事件主体分布①

从上海交通大学舆情研究实验室数据统计结果看，公安机关舆情涉事主体中，市、县（区）公安局和派出所的案（事）件数占比达到八成以上。这是非常正常的现象，基层公安机关深入一线与社会公众直接接触，容易因执行行为处置不当引发公众质疑。比较有影响的案（事）件有2012年8月网络曝光陕西某警车出现在云南景区，2013年8月安徽两警察目睹少女被杀事件等。2015年最有名的事件莫过于“雷洋案”，影响力基本上占据所有社会舆情之首。此外，部分公安干警由于自我约束力差、道德素质低引发负面舆情事件，例如2014年2月李东生涉嫌严重违法违纪被免去公安部副部长职务，2014年6月四川乐至公安大队长涉嫌强奸协警事件等影响力较大。

① 王一俊等：《涉法舆情引导研究》，法律出版社2015年版，第101页。

三、检察机关敏感案（事）件舆情风险涉事主体分析

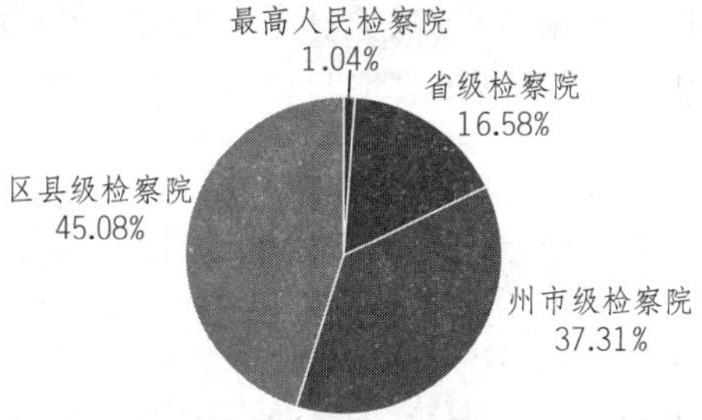

图3.14：2011～2014年检察机关舆情事件主体分布①

涉检舆情事件涉及主体为区县级检察院的占比为45.08%，将近一半。其中原因，一部分是因为大部分的案件都由区县级基层检察院办理，同时也存在区县级基层检察院部分干警的工作作风、工作方式简单粗暴的问题。例如2011年湖南某村支书猝死检察院案，该村支书被祁东县检察院带走后当晚死于检察院，家属质疑检察院有刑讯逼供行为，祁东县检察院迅速成为舆情焦点。

四、法院敏感案（事）件舆情风险涉事主体分析

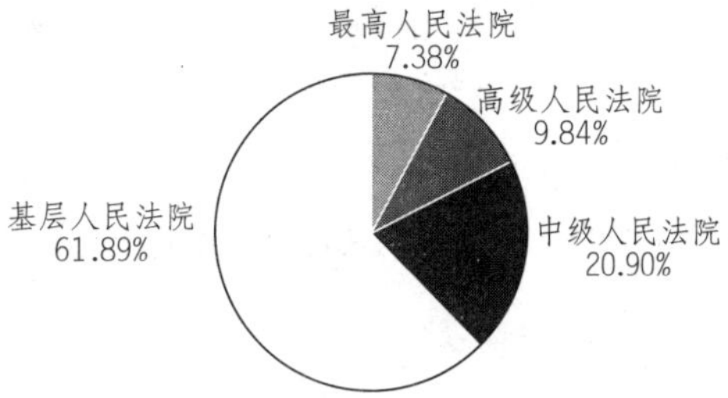

图3.15：2011～2014年法院舆情事件主体分布②

根据上海交通大学舆情研究实验室数据统计结果，以法院为舆情事件主体的案（事）件，基层人民法院占绝对比重，超过了六成；加上中级人民法院，中、基层人民法院合计占比超过八成。其中基本的因素为，大部的案件都是由基层人民法院办理，这些案件的二审在中级人民法院。中、基层人民法院与民众直接接触最多，也是最容易发生舆情的环节，例如南京彭宇案主审法官被调离法院，又如2017年非常热的“于欢案”的基层人民法院和中级人民法院都成为舆论的焦点。

① 王一俊等：《涉法舆情引导研究》，法律出版社2015年版，第112页。

② 王一俊等：《涉法舆情引导研究》，法律出版社2015年版，第106页。

此外，中、基层法院工作人员违法违纪、基层法官流失严重等问题也是热点舆情问题，造成中、基层法院成为舆论涉事主体。例如，某法官开设的微信公众号发布一篇题为《法官走出酸甜苦辣》的调研文章，其中“受访法官中认真考虑过想要离开法院竟有一半多（57.37%）”被多个媒体广为传播，引发舆论热潮。

五、司法行政机关敏感案（事）件舆情风险涉事主体分析

根据上海交通大学舆情研究实验室数据统计结果，以司法行政机关为舆情事件主体的案（事）件，监狱管理局占绝对比重，超过四成。其次是县级司法局，占比达到近四分之一。其中，基层司法行政机关直接接触社会群众，舆情风险最高，舆情中反映出个别司法干警贪污受贿、以权谋私等工作作风问题以及在执法管理过程中行为不当问题。

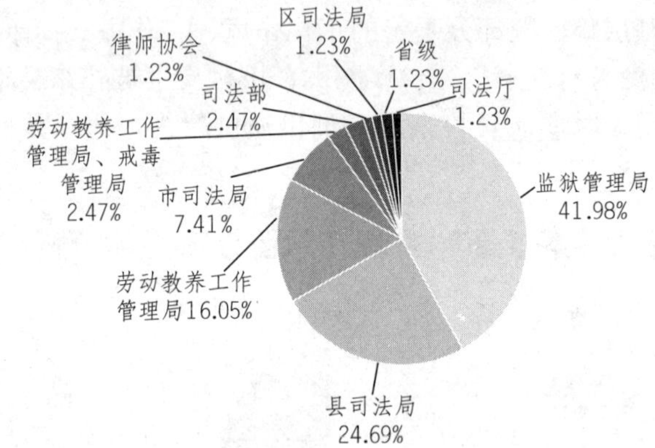

图 3.16：2011 ~2014 年司法行政舆情事件主体分布①

① 王一俊等：《涉法舆情引导研究》，法律出版社 2015 年版，第 116 页。

第四节　敏感案（事）件舆情风险环节

一、公安机关敏感案（事）件舆情风险环节

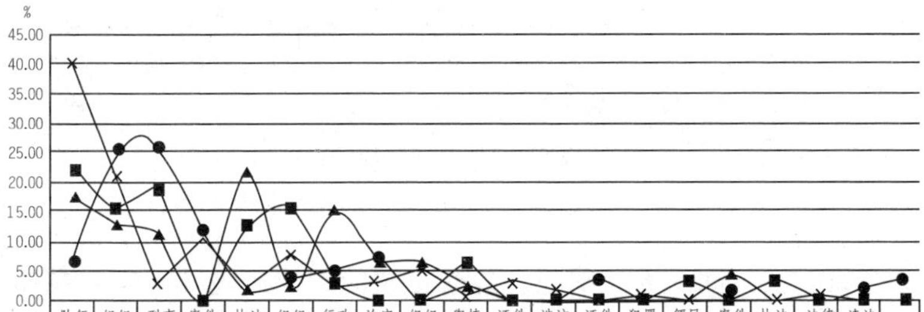

	队伍建设	组织纪律	刑事侦查	案件办理	执法管理	组织宣传	行政管理	治安管理	组织管理	舆情应对	证件管理	涉访涉诉	证件办理	犯罪预防	便民服务	案件审理	执法规范	法律适用	违法违纪	其他
—■—2011年	21.8	15.6	18.7	0.00	12.4	15.6	3.13	0.00	0.00	6.25	0.00	0.00	0.00	0.00	3.13	0.00	3.13	0.00	0.00	0.00
—▲—2012年	17.3	13.0	10.8	0.00	21.7	2.17	15.2	6.52	6.52	2.17	0.00	0.00	0.00	0.00	0.00	4.35	0.00	0.00	0.00	0.00
—●—2013年	6.90	25.8	25.8	12.0	1.72	3.45	5.17	6.90	0.00	1.72	0.00	0.00	3.45	0.00	0.00	1.72	0.00	0.00	1.72	3.45
—×—2014年上半年	40.1	21.1	2.19	10.2	2.19	7.30	2.19	2.92	5.11	0.73	2.92	1.46	0.00	0.73	0.00	0.00	0.00	0.73	0.00	0.00

图 3.17：2011 ~2014 年公安机关舆情风险环节分布①

在 2011 年至 2014 年期间，公安机关容易发生舆情的风险环节主要集中在队伍建设、组织纪律、刑事侦查等环节。2014 年上半年，队伍建设环节负面舆情高发，远远超过前几年的水平。由于中央反腐力度持续加强，出现了一批如李东生被免去公安部副部长职务、郑州公安局副局长等 8 人因涉会所组织卖淫案被双规、北京公安局交管局原局长宋建国接受组织调查等具有广泛社会舆论影响的大要案。

组织纪律环节相关的舆情案（事）件占比也相当高，比较有影响力的有安徽两警察目睹少女被杀事件、宁夏海原公安局交警打人事件等。此类事件敏感度高，民愤较大，对公安机关的形象造成恶劣影响。

① 王一俊等：《涉法舆情引导研究》，法律出版社 2015 年版，第 103 页。

二、检察机关敏感案（事）件舆情风险环节

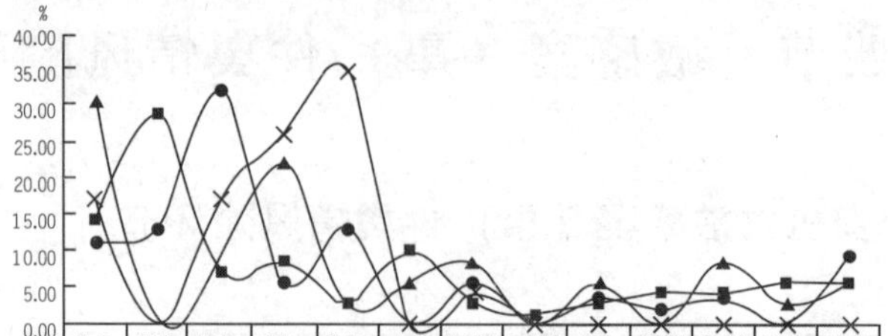

	侦查环节	起诉环节	组织纪律	组织宣传	队伍建设	公益活动	抗诉申诉环节	民事监督环节	批捕环节	审查逮捕环节	受理接待环节	议事议案	舆情应对
2011年	14.49	28.99	7.25	8.69	2.90	10.13	2.90	1.45	2.90	4.35	4.35	5.80	5.80
2012年	30.56	0.00	8.33	22.21	2.78	5.56	8.33	0.00	5.56	0.00	8.33	2.78	5.56
2013年	11.32	13.21	32.08	5.66	13.21	0.00	5.66	0.00	3.77	1.89	3.77	0.00	9.43
2014年	17.39	0.00	17.39	26.09	34.78	0.00	4.35	0.00	0.00	0.00	0.00	0.00	0.00

图 3.18：2011～2014 年检察机关舆情风险环节分布①

在2011年至2014年期间，检察机关的舆情风险环节集中在侦查、起诉阶段及组织纪律、组织宣传、队伍建设方面。侦查、起诉两个办案阶段舆情风险有下降趋势，而组织宣传和队伍建设热度有所上升。在自媒体舆论传播力日益增强的趋势下，组宣队建等政治工作面临更大考验。

三、法院敏感案（事）件舆情风险环节

在2011年至2014年期间，检察机关容易发生舆情的风险环节非常明显，案例办理环节所占比重在各个年份基本都超过了一半，而且呈现逐年递增趋势，内容上基本都是负面舆情。办案环节是与当事人利益最直接相关的环节，敏感因素比较集中，当事人身份标签化信息、案件涉及的社会热点问题、新的法律及司法解释等等都容易成为点燃舆情的导火索。其次，案件执行、队伍建设和组织纪律几个环节占比也较高。

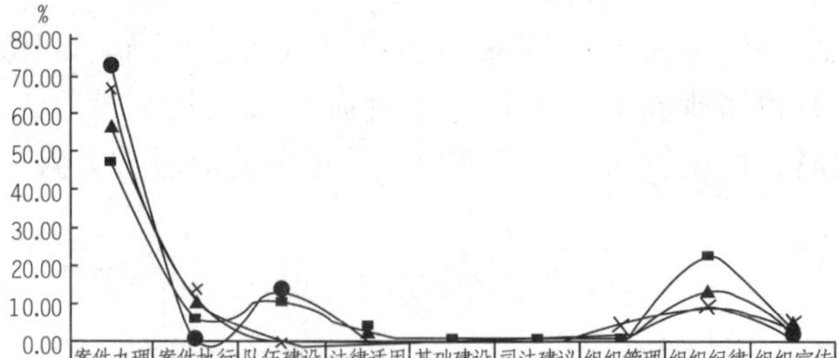

	案件办理	案件执行	队伍建设	法律适用	基础建设	司法建议	组织管理	组织纪律	组织宣传
2011年	47.87	6.38	12.77	4.26	1.06	1.06	1.06	22.34	3.19
2012年	56.76	10.81	10.81	2.70	0.00	0.00	0.00	13.51	5.41
2013年	72.60	1.37	13.70	1.37	0.00	0.00	0.00	9.59	1.37
2014年	66.67	14.29	0.00	0.00	0.00	0.00	4.76	9.52	4.76

图 3.19：2011～2014 年法院舆情风险环节分布②

① 王一俊等：《涉法舆情引导研究》，法律出版社2015年版，第113页。
② 王一俊等：《涉法舆情引导研究》，法律出版社2015年版，第108页。

四、司法行政机关敏感案（事）件舆情风险环节

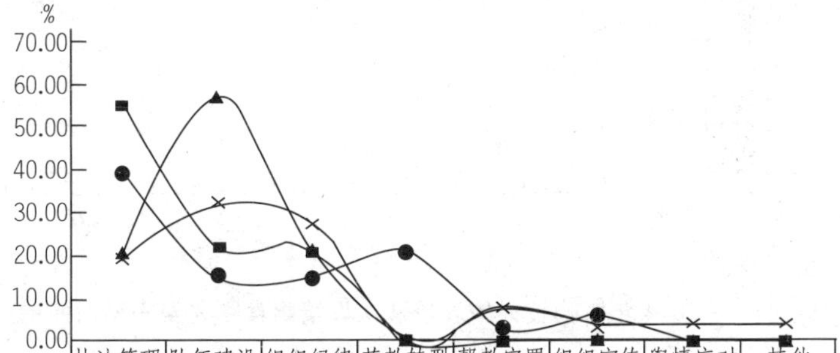

	执法管理	队伍建设	组织纪律	劳教转型	帮教安置	组织宣传	舆情应对	其他
2011年	55.56	22.22	22.22	0.00	0.00	0.00	0.00	0.00
2012年	21.43	57.14	21.43	0.00	0.00	0.00	0.00	0.00
2013年	39.39	15.15	15.15	21.21	3.03	6.06	0.00	0.00
2014年	20.00	32.00	28.00	0.00	8.00	4.00	4.00	4.00

图 3.20：2011～2014 年司法行政机关舆情风险环节分布①

在 2011 年至 2014 年期间，司法行政机关容易发生舆情的风险环节主要集中在执法管理、队伍建设、组织纪律环节。执法管理环节出现的舆情事件中，正面舆情、中性舆情和负面舆情均存在。涉及工作创新、公正执法、信息公开等方面的基本上是正面舆情。负面舆情基本上发生在监狱，例如深圳监狱八成囚犯有手机，管理混乱；2013 年铁岭监狱内部冰毒交易、贩卖白酒多种乱象等。关于劳动转型议题，在 2013 年具有一定热度，原因是我国 2012 年年底取消劳教制度，到 2013 年劳教所开始转型。

第五节　敏感案（事）件舆情干预和应对情况

一、舆情事件曝光前干预为主

根据上海交通大学舆情研究实验室统计，2012～2014 年期间，涉事司法机关在舆情事件曝光前采取干预手段的比例基本上均在半数以上。在事后干预的舆情案（事）件中，从舆情事件曝光至涉事主体采取干预措施的时间差逐渐缩短，尤其是舆情事件曝光后半天至一天内涉事主体采取干预措施的比重明显上升。这反映出政法干警舆情素养提升，基本形势向好。

① 王一俊等：《涉法舆情引导研究》，法律出版社 2015 年版，第 113 页。

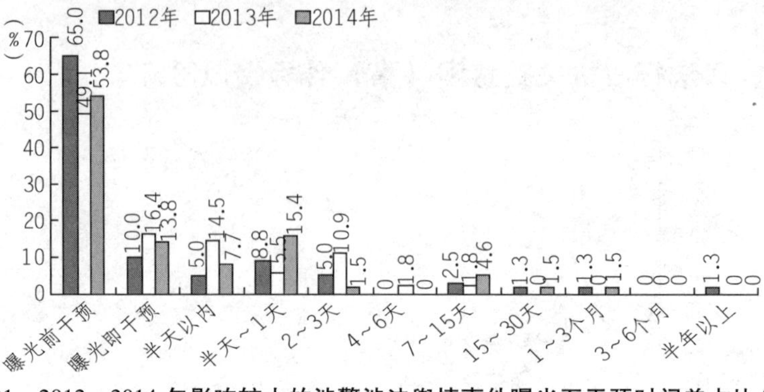

图 3.21：2012～2014 年影响较大的涉警涉法舆情事件曝光至干预时间差占比分布①

二、借助互联网和新媒体发布信息比重提升

根据上海交通大学舆情研究实验室统计，2012～2014 年期间，涉事司法机关信息发布方式仍以接受媒体采访为主，均在六成以上。舆情事件相关信息由政法机关和纪检部门官方网站发布的比例大幅上升，到 2014 年到达三分之一。像天津公安局长武长顺案、深圳权色女局长再被收监案等比较有影响的案件，都是通过官方网站发布信息和最终解决结果。值得关注的是，利用微博、博客或论坛等新媒体进行信息发布和舆情回应的比例也相当高，达到三成左右。

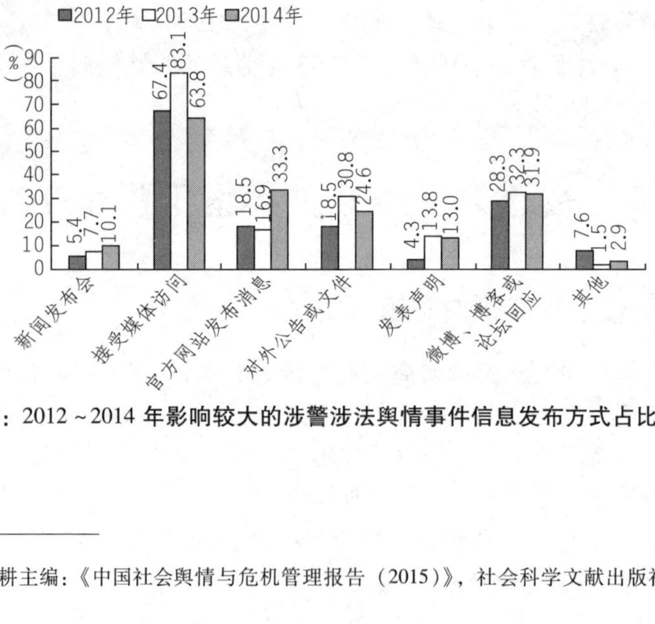

图 3.22：2012～2014 年影响较大的涉警涉法舆情事件信息发布方式占比分布②

① 谢耘耕主编：《中国社会舆情与危机管理报告（2015）》，社会科学文献出版社 2015 年版，第 219 页。

② 谢耘耕主编：《中国社会舆情与危机管理报告（2015）》，社会科学文献出版社 2015 年版，第 220 页。

三、舆情回应效果正面评价逐渐增多

根据上海交通大学舆情研究实验室统计，2012～2014年期间，对官方回应的评价以肯定和中立居多，其中得到广泛肯定的呈逐年大幅上升趋势，到2014年超过三成，“塔西佗陷阱风险”逐渐减弱。相比之下，广泛质疑的声音一直没有超过一成，且到2014年下降到5%以下。

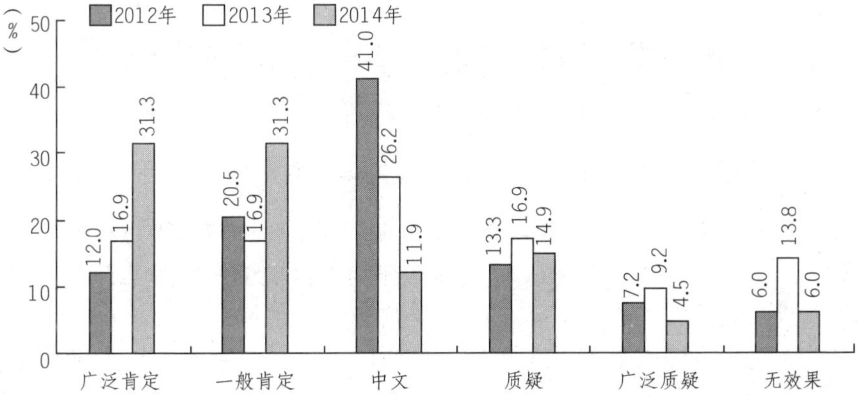

图3.23：2012～2014年影响较大的涉警涉法舆情事件回应公众评价占比分布①

① 谢耘耕主编：《中国社会舆情与危机管理报告（2015）》，社会科学文献出版社2015年版，第220页。

第四章　涉法网络谣言舆情风险分析

第一节　涉法网络谣言的典型案例

一、南京“李芊非法行医案”谣言事件

2014 年 6 月 27 日，首先在微信中出现了关于“李芊非法行医案”的网帖转发。该帖文的主要内容是：“北京大学第三医院的医师李芊，在一趟列车上帮助一名乘客产妇生下孩子；这个孩子出生后不久出现羊水吸入性肺炎症状；随后，经南京市雨花台区人民法院一审、南京市中级人民法院二审，最终判决见义勇为救人的李芊赔偿孕妇和新生儿人民币 14361. 59 元。”该网帖在微信朋友圈、论坛和微博迅速传播，并引发舆论对法院判决公正性的广泛质疑。

江苏省相关法院在第一时间查明该网帖为谣言，通过官方渠道进行了辟谣；此后，江苏省相关法院与江苏、河南公安机关协调配合，查明造谣者的身份。造谣者尚某辉，男，44 岁，时任河南新乡市妇幼保健院院长助理、新乡市政协委员、民盟会员。尚某辉承认该谣言是其本人用家中的电脑编写的，之后发到微信朋友圈。关于编造谣言的目的，尚某辉称他认为《中华人民共和国职业医师法》对医生约束多、权益少，医生紧急情况下的救助行为难以得到法律保障，因而由于心存不满就编造这样的谣言。在相关法院和有关部门的共同努力下，该谣言的传播在当时得到有效控制。

但是这起谣言后又不断沉渣泛起。从 2015 年 1 月 19 日开始，“幸福之家”等微信公众号又发布了上述谣言，并增加了配图。该谣言又迅速在微信和微博平台被转发，阅读数超过 10 万条次。至今仍有很多网民不明真相，把谣言当真相。

二、河南洛阳“弱女子不配合强奸被判刑 3 年”谣言事件

该谣言事件是由 2010 年 3 月的网上帖文引发。有网友发帖讲述：河南省洛阳市洛龙区关林镇有一女青年宋某，因为长得漂亮，遭遇歹人强奸。

由于宋某在遭到被强奸过程中反抗不配合，导致施暴者的生殖器官意外折断，后因失血过多死亡。事件发生后，河南省洛阳市洛龙区人民法院判决宋某构成过失致人死亡罪、缓刑3年执行，在附带民事部分判决其赔偿被害人江某家属经济损失共计8.8万元。

谣言传播后，河南省洛阳市洛龙区人民法院与河南省洛阳市洛龙区人民检察院于2010年3月29日联合发布声明，辟谣称："广大网民朋友关注的关于宋某被江某强奸一案，经核实，该案并不存在。洛龙区人民检察院、洛龙区人民法院从未受理此案，纯属别有用心的人凭空捏造杜撰的案情和细节，是对洛龙区人民检察院、洛龙区人民法院名誉的恶意诋毁和诽谤。"

2014年6月28日，该谣言又死灰复燃，在微信朋友圈和微博上又出现了"弱女子不配合公务员强奸被判刑3年"的帖子，该帖子在微信朋友圈和微博迅速转发并引发网友的热议。该帖子的内容与2010年的谣言的内容基本相同，仍然指向河南省洛阳市洛龙区人民法院。2014年7月9日，洛阳市中级人民法院再次通过其官方微博发表声明称：该院及所辖基层法院从未受理过被告人宋某因"不主动配合强奸，导致强奸者生殖器官折断，因失血过多而身亡"的案件。

目前，该谣言的传播仍然没有完全停止，相关文章至今仍在百度贴吧、天涯社区等论坛社区及微信朋友圈中时有出现。

三、河北高院副院长意外身亡后四个老婆抢尸体谣言事件

该谣言事件是由大河论坛的一条帖文引发。2010年6月22日，一条名为《高院副院长意外死亡四个老婆抢尸体》的帖文出现在大河论坛中并迅速传播。相关帖文称："河北省高级人民法院一名名为刘宏的副院长猝死，一下子跳出四个女人来抢其遗体，四个女人都持有与该名副院长的结婚证。"

2011年9月29日，河北省高级人民法院召开新闻通气会。针对记者的提问，河北省高级人民法院的新闻发言人在通气会上明确答复：河北省高级人民法院没有刘宏这名工作人员，更没有名叫刘宏的副院长。有媒体记者也针对该起事件进行了调查，并证实了河北高院新闻发言人在通气会上的答复是真实的。但仍然有大量网帖在网上转发，有的转发网文甚至增加了分析河北高院答复不真实的内容。这起谣言的生命力仍然很强，在多年以后，相关网帖通过网络搜索工具还是可以找到。

在这一谣言事件中，造谣者虚构出河北高院副院长刘宏这一涉事主人公。河北高院进行了正式回应辟谣，也有媒体记者随后进行了深度调查，但是该谣言从产生至今一直在网络上存在并时有传播。

第二节　涉法网络谣言的类型分析

互联网传播已经不断向全媒体过渡。全媒体传播以其优势特点为司法机关提供了便利的信息发布平台，为广大网民提供了丰富的意见表达方式，同时也为谣言的捏造和传播提供了便利通道。近年来，涉法网络谣言时有发生，不仅损害司法权威、抹黑司法形象，其后果更是损害了国家形象、破坏了法治建设。根据涉法网络谣言的具体内容，可分为三种类型：一是“对事型”谣言，即涉及具体司法案件的网络谣言；二是“对人型”谣言，即涉及法院领导或法官个人的网络谣言；三是“莫须有型”谣言，即凭空捏造虚假案件的网络谣言。

一、“对事型”谣言：涉及具体司法案件的网络谣言

此类网络谣言比较多见，其基本形式是：在具体案件的审理过程中或判决后，在网络论坛或微博中针对具体案件虚构案件事实，或者编造案件审判情况并声称法院徇私枉法，企图干扰和影响具体案件的审理和结果；在案件已经终审的情况下，企图制造舆论以推动案件再审，进而推翻原判决结果。造谣者一般都是具体案件的当事人或利害关系人。

在这类网络谣言中，值得注意的一种情况是，一些案件的代理律师通过微博炒作案件，在案件审理过程中制造法警打人等危言耸听的言论在微博发布，向法院施压。而采取这种方式的一些律师在网络上被称为“死磕派”律师，由于律师的专业身份，他们的言论比一般当事人更具有煽动性和迷惑性，而且很多自称“死磕派”的律师在微博上相互呼应，引发网络舆情的可能性更大，对人民法院正常的案件审判工作干扰也更大。

从影响范围来看，这类谣言在大多数情况下由自媒体平台发布，包括论坛/BBS、博客、微博、微信及视频和直播网站等。这些谣言多数影响范围并不大，但由于其具有极强的针对性，而且一些网帖的内容真假参半，容易引起误解，也极易引起人们对人民法院的猜测和质疑，这类造谣者所希望达到的目的——干扰人民法院的正常案件审判工作——并不难实现。由于审判工作要求保持中立性，人民法院很难在案件审理过程中对于这类谣言做出有针对性的回应。而一些谣言制造者又以法院或法官没有回应为理由声称自己的主张是正确的，进一步向法院或法官施加压力。如何有效惩治这类谣言，直接关系到法官职业保障和司法权威的维护。

有些谣言因具有新闻性，引发媒体跟进炒作，造成全国性影响，致使社会公众对某一具体案件事实产生错误认识，对司法形象和司法权威造成

极大损害，而且损害一经造成就很难消除。例如，近年来被媒体网络广泛关注的南京彭宇案、“唐慧女儿”案等，都是此类情况。南京彭宇案被网络舆论塑造成我国道德滑坡的标志性事件，导致“社会道德滑坡30年”，彭宇这个“落难英雄”的形象、“好心没好报”的反道德观念已经深入人心并影响至今。子虚乌有、完全捏造的南京“李芊非法行医”谣言的广泛传播，与南京彭宇案对南京法院公正形象的破坏不无关系。正是彭宇案塑造了一个道德滑坡的社会心理基础，才使得“李芊非法行医”得取了滋生和传染的温床。南京彭宇案多年之后真相大白，彭宇曾亲自向新华社记者承认了他与徐寿兰老人相撞这一事实；南京市政法委书记也曾于2012年1月在媒体上证实了这一情况，但是在很多媒体和网络上，一旦提及做好事被诬陷，彭宇案常常会被列出作为例证。这就体现出“后真相时代”的舆论特点，人们宁愿相信他们塑造出来的“落难英雄”这个“真相”。彭宇案也引发了一系列的效仿者，天津许云鹤案、浙江吴俊东案等均是案件当事人效仿彭宇案进行网络炒作以图逃避法律责任的案件。这些案件交织在一起，引发了“老人扶不起”的社会话题，对社会诚信造成的负面影响一直未能消除。直到现在，仍有250余篇关于彭宇案的负面文章在网上传播。

二、“对人型”谣言：涉及法院领导或法官个人的网络谣言

这类网络谣言的形式多为在网络论坛或微博中，声称某法院领导或者法官存在贪腐问题，有的进而质疑我国的司法公正和法治建设。在很多情况下，造谣者在针对具体案件制造网络谣言时，往往会同时编造针对案件承办法官的谣言；针对法院领导个人的网络谣言也不在少数。

由于这类谣言与在反腐败斗争中发布的贪腐人员查处情况信息具有很大的相似性，因此具有很强的欺骗性，常常在被证实为完全虚假的情况下，仍在网上传播。近年来，较为典型的有河北高院副院长意外身亡后四个老婆抢尸体谣言等事件。

三、“莫须有型”谣言，即凭空捏造虚假案件的网络谣言

这类网络谣言的形式多为在网络论坛、微博和微信中，通过直接编造完全不存在的案件来质疑司法工作。从内容上看，这些编造出来的案件往往具有较强的故事性，文字具有很强的煽动性，虽然很快被证实为凭空捏造，却仍在网上传播。这类网络谣言虽然在涉法网络谣言中只占有很小的比例，但由于具有很强的传播性，有时产生了谣言相互印证的情况，其危害不容忽视。

近年来较为典型的此类网络谣言有南京“李芊非法行医案”谣言事件

和河南洛阳“弱女子不配合强奸被判刑3年”谣言事件。南京“李芊非法行医案”的谣言与南京彭宇案造成的社会公众对南京法院的不信任相契合，使社会公众更倾向于相信这些谣言。而且，这两个谣言虽经辟谣，却在网上多次传播，影响非常不好。

第三节 涉法谣言治理难的关键因素

在我国全面推进依法治国的大背景下，如何有效治理包括涉法院谣言在内的网络谣言，是我国法治建设的必然要求，是维护社会公平正义的应有之义。一些涉法网络谣言在相关人民法院正式辟谣、记者深度调查证伪的情况下，仍一再传播，难以进行有效治理，原因是多方面的，其中以下几个方面需要引起重视：

一、个别传统媒体和网络媒体无视新闻媒体职业道德底线

在全媒体的背景下，每个人都有可能成为信息发布者，这虽然为谣言的制造和传播提供了便利，但如果所有媒体均坚持新闻从业底线，很多谣言并不难戳穿。但是，目前有的传统和网络媒体无视新闻从业底线，过分追求公众的专注和经济利益，无视或忽视对信息真实性的查证，为网络谣言的制造和传播提供了空间。如要查明南京“李芊非法行医案”谣言的真实情况非常简单：在百度搜索关于“李芊”的网页，第一页上就有新华网等媒体澄清此谣言的文章。但在近期此谣言的再次传播中，“幸福之家”“热点关注”“绝密参考”等微信公众号完全无视此信息为谣言，推送关于此谣言的相关文章，导致谣言再次传播。可以说，没有媒体对新闻从业底线的坚守，就无法从根本上整治网络谣言。

二、目前打击司法谣言的法律手段不足

近年来，人民法院大力推进司法公开，畅通接受新闻媒体和社会公众的监督渠道，在有效应对涉法网络谣言方面发挥了非常积极的作用。上文提及的李芊非法行医谣言等一些涉法网络谣言在发酵之初，相关人民法院即在公安等有关部门的协调配合下查明事实真相，并在第一时间进行辟谣，相关谣言因此在一定时间得到有效控制。

但是，根据我国目前的法律规定，人民法院并没有对诽谤法院的造谣者直接进行责任追究的法律手段，这使造谣的法律成本很低，常常是经过一段时间后，基于该网络谣言的网络舆情再次出现，并且再次引起网民关

注和转发，相关法院再次辟谣以澄清真相，形成了“造谣—法院澄清—谣言又传播—法院再澄清”的怪圈。如，在河南洛阳“弱女子不配合强奸被判刑3年”谣言事件中，河南相关法院在2010年3月29日和2014年7月9日两次通过官方途径辟谣，但是仍无法有效消除该网络谣言的负面影响。目前，涉及该谣言的文章仍在百度贴吧、天涯社区等互联网社区平台及微信朋友圈中时有传播，网上相关文章仍有上百篇。对此，相关法院除了澄清事实和协调相关部门采取措施外，很难采取其他法律上的有效措施。

虽然最高人民法院、最高人民检察院在2013年联合发布《关于办理利用信息网络实施诽谤等刑事案件适用法律若干问题的解释》，但是仅仅局限于利用信息网络实施诽谤等刑事案件，对于上述利用信息网络编造谣言抹黑司法机关及司法机关工作人员的行为尚欠缺相应的制度规定。

三、相关机关对涉法谣言危害性认识严重不足

根据我国《刑法》和有关司法解释的规定，“利用信息网络诽谤他人，同一诽谤信息实际被点击、浏览次数达到5000次以上，或者被转发次数达到500次以上的，可以构成诽谤罪”。秦火火等一批网络造谣者也被依法惩处。按照我国目前的法律规定，对涉嫌犯罪的造谣者依法进行惩处涉及公安、检察和法院三个机关；而构成行政处罚的行为亦需要公安采取相应措施，可以说，只有公安机关积极参与，依法惩处网络谣言才有可能。

从目前的情况看，在涉法网络谣言的危害性上，一些相关机关存在认识不足的问题，造成对造谣者和传谣者处罚力度不够的情况。如在后期再次传播的南京“李芊非法行医案”谣言事件中，江苏相关法院与公安机关协调配合，查明造谣者尚某辉，男，时任河南省新乡市妇幼保健院院长助理，兼任新乡市政协委员、民盟会员。尚某辉造谣行为的性质已很严重并造成了严重的负面影响，已涉嫌刑事犯罪，但新乡市公安局当时仅给予了尚某辉罚款500元的行政处罚。虽然这一行政处罚与尚某辉所造成的社会危害相比已明显过轻，但在2014年底新乡市公安局经复核仍觉得对尚某辉处罚过重，把500元罚款退还尚某辉。民盟中央对尚某辉的造谣行为进行调查后，认为尚某辉编这个信息的原因和目的，主要是呼吁加强对医生紧急情况下救助行为的法律保障，并做出了不再做组织处理的建议。在这种思想认识下，针对人民法院的造谣者违法成本很低，涉法网络谣言也就难以治理。

第四节　关于当前形势下治理涉法网络谣言的建议

治理涉法网络谣言不仅是人民法院需要面对的工作，更需要各相关部门从依法治国的高度共同参与。只有多措并举，使造谣传谣者依法受到制裁，使网络谣言失去生存空间，才有可能从根本上惩治各种网络谣言，为我国法治建设营造良好的网络环境。

一、进一步完善网络谣言治理方面的立法

从我国目前的法律规定来看，刑法上有关网络谣言惩治方面的罪名主要包括诽谤罪、敲诈勒索罪、寻衅滋事罪和非法经营罪。其中，诽谤罪涉及较多，其构成要件之一，是诽谤对象为自然人；寻衅滋事罪，需存在辱骂、恐吓、起哄闹事情形之一；敲诈勒索罪，需要存在索取公私财物的行为作为构成要件；非法经营罪，需要以“有偿”为要件。因此，针对政府和司法机关的网络谣言，即使转发量很高，造成恶劣社会影响，也大多被作为治安违法行为处理，很难被追究刑事责任。而在行政处罚方面，造谣者能否受到处罚则依赖于公安机关的判断。也就是说，我国目前的刑法规定对于惩处针对国家机关的网络谣言存在空白区域，致使一些造谣者即使造成了非常恶劣的社会影响，如尚某辉编造的李芊非法行医谣言已经两次在网络上大规模传播，却难以受到应有的法律惩处。

在全媒体的大背景下，立法机关应当及时修订相关立法，如修订我国刑法中寻衅滋事罪的构成要件，将故意编造谣言造成恶劣影响的行为纳入寻衅滋事罪，为惩治网络谣言提供法律依据。

二、进一步完善保障审判权依法独立行使方面的立法

涉法网络谣言从一定意义来讲，就是试图通过编造谣言来影响舆论，进而对审判工作造成影响，是一种试图影响审判权依法独立行使的行为，这类行为在国外亦不鲜见。因此，为了保障审判权的依法独立行使，保障司法秩序和权威，国外很多国家都设立了藐视法庭罪、伪证罪等，用以惩治那些针对司法机关制造谣言或者在司法程序中编造谎言的人，并且，为确保法律追究有效开展，在很多国家，藐视法庭罪的追究是由法院来直接启动的。我国目前虽然也规定了扰乱法庭罪、伪证罪等，但对行为的规定过于狭窄，而且一些涉嫌犯罪的行为需要公安机关立案才能启动刑事追究程序，致使很多造成恶劣影响的违法行为难以得到有效严惩。一些案件当

事人或代理律师之所以敢于针对具体案件或其承办法官编造谣言，正是利用这一点。

通过完善立法惩治涉法院谣言，是保障审判权依法独立行使的应有之义，应当通过立法给予法院对于一些专门针对司法的犯罪行为直接追究责任的权力，如设立藐视司法罪，并赋予法院启动追究此罪程序的权力，以维护司法权威，推进我国法治建设。一些学者担心设立藐视司法罪可能会造成法院滥用职权，从目前的社会舆论环境和司法公开的力度看，如果我国在立法上设立藐视司法罪，在司法全面公开和舆论广泛监督的情况下，人民法院滥用藐视司法罪的可能性微乎其微。

三、各相关部门加强沟通协调，依法惩处造谣传谣行为

我国目前法律对于惩处造谣传谣行为的相关规定无法落到实处，与有关机关对涉法网络谣言危害性认识不足有很大关系，甚至有的机关把针对法院的造谣传谣行为混淆为舆论监督的一种形式。

公检法司以及其他相关部门应当加强沟通协调，对各种网络谣言的危害性形成统一认识，共同依法惩处造谣传谣行为：对于构成行政或刑事责任的行为，应当依法给予行政或刑事处罚；对于就具体案件进行恶意炒作的个别律师，相关主管部门应当依法给予必要处罚；对于故意造谣和故意传谣者，应当将其故意造谣传谣的行为作为不良事项纳入其个人征信记录。

四、加强对各类媒体和信息网络平台的管理，努力提升其法治意识

法治的进步需要媒体和公众的监督，但这种监督应当是依法监督。就媒体和记者而言，在新闻采访和发布过程中，应当牢固树立法治意识，坚持新闻从业底线，要注重对信息真实性的查证，要坚持客观中立的立场，对于违反新闻从业规定的媒体和记者，目前亦有不少受到追究和处分，但一些媒体和记者一犯再犯的情况说明新闻主管部门仍需加大依法惩处的力度，尤其是对故意制造和传播谣言者，应当依法取消其新闻从业资格。造谣行为违反相关法律法规的，应当依法严肃追究其行政责任和刑事责任。

就信息网络平台而言，要树立社会责任意识，及时删除已被证实为谣言的信息，对于违反法律规定为谣言传播提供网络平台者，尤其是明知为谣言仍提供传播网络平台者，互联网管理部门依法给予行政处罚甚至刑事处罚。依法严肃惩处媒体和信息网络平台违法行为，使其树立法治意识。

五、各机关严肃风纪监督，杜绝机关干部参与网络造谣传谣行为

随着互联网技术的不断普及，很多机关部门开通了官方微博、微信等，不少机关干部开通了实名认证的微博、微信公众号等新媒体账号，有些账号已经在网络上形成了一定的影响力，在传播正能量和澄清网络谣言方面发挥了重要作用；同时，也存在部分账号推送、转发未经证实的言论，造成了不良影响。

各机关部门应当加强在新媒体方面的风纪监督检查，严肃纪律，确保机关及各部门的官方“两微一端”、机关干部开通的博客、微博、微信及微信公众号不得推送、不得转发未经证实的相关信息和言论。对于通过微博、微信或微信公众号参与造谣传谣的干部，应当依法依纪严肃处理。

沉思录

沉思录

- 第五章　社会逆反类敏感案（事）件典型舆情案例
  - 第一节　李某某强奸案——公开过度，信息泄漏，标签化报道
  - 第二节　我爸是李刚案——标签化谣言，宜疏不宜堵
  - 第三节　药家鑫案——网络审判侵蚀司法公正
- 第六章　情理法冲突型敏感案（事）件典型舆情案例
  - 第一节　南京彭宇案——公开失时又露怯，众口铄金掩真相
  - 第二节　于欢案——利用新媒体形成良性互动
  - 第三节　邓玉娇案——舆论的非理性与司法机关的不专业
- 第七章　群体型敏感案（事）件典型舆情案例
  - 第一节　吴英非法集资案——司法机关成为边缘信息源
  - 第二节　瓮安事件——一拖二堵激发恶性群体性事件
  - 第三节　周世锋案——涉及律师群体的意识形态案件
- 第八章　执法争议敏感案（事）件典型舆情案例
  - 第一节　雷洋案——来自“新新媒体”舆情，引发警民对立
  - 第二节　庆安枪击案——舆论倒逼真相
  - 第三节　李昌奎案——舆论监督抑或舆论审判的“公众狂欢”
  - 第四节　豫北监狱越狱事件——信息不透明引谣言四起
- 第九章　伤害法官类敏感案（事）件典型舆情案例
  - 第一节　马彩云事件——情感共鸣处，道德制高点
  - 第二节　周龙事件——“基本解决执行难”决心不改
  - 第三节　傅明生事件——推动司法人员履职保障机制的完善
  - 第四节　伤害法官类案件综合分析——莫让法官流血又流泪
- 第十章　违法违纪类敏感案（事）件典型舆情案例
  - 第一节　上海高院法官集体招嫖事件——及时回应，雷厉风行
  - 第二节　铁岭监狱事件——快速反应，切割毒瘤
- 第十一章　司法公开与信息发布问题解析
  - 第一节　开启“互联网+司法公共关系”新时代
  - 第二节　敏感案（事）件信息发布问题反思
  - 第三节　敏感案（事）件信息发布经验回顾
  - 第四节　敏感案（事）件媒体报道问题反思
  - 第五节　敏感案（事）件网络传播问题反思

第五章 社会逆反类敏感案（事）件典型舆情案例

第一节 李某某强奸案——公开过度，信息泄漏，标签化报道

一、镜头回放

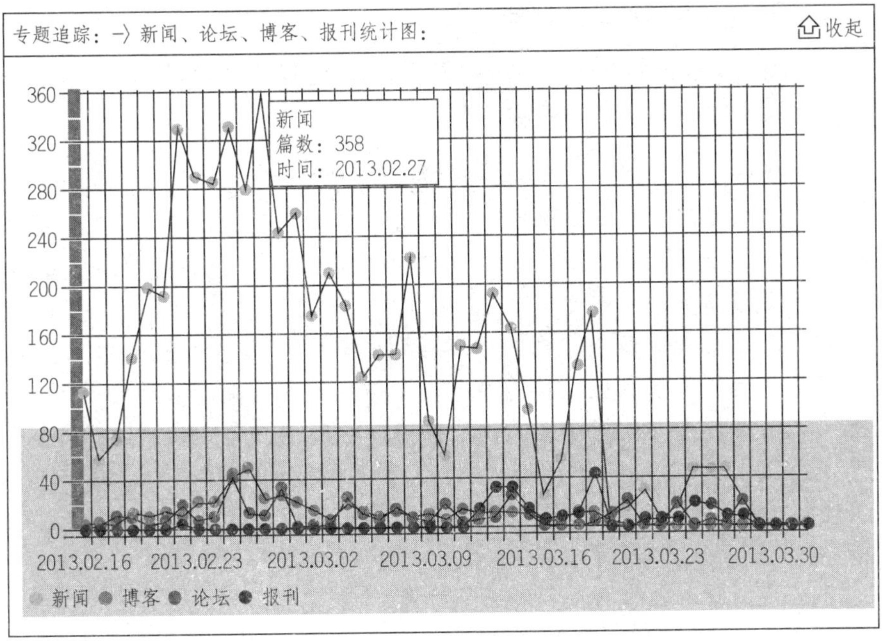

图 5.1：李某某案话题网络媒体关注度（来源于中国警察网）

（一）舆论起始阶段：香港网友微博率先曝光，海淀警方通报案情

2013 年 2 月 22 日，微博实名认证为“香港《南华早报》网站编辑”的

“王丰－SCMP”在新浪微博爆料：昨天晚上北京海淀分局以涉嫌轮奸刑事拘留了一名叫做“李某丰”的年轻男子。该网友同时附上李某江之子李某某的网页链接，称名字虽改了，但还是有人认出来他真正是谁。自此，李某某身份和案情开始进入广大公众视野。

上述消息很快得到北京警方证实。2013年2月22日下午，北京市海淀公安分局通报：2013年2月19日，海淀分局接到报警称，2月17日晚一女子被带至一宾馆内轮奸。20日涉案人员李某丰等五人被控制。

当日，海淀分局通过央视通报该案的具体细节，引发舆情大幅增长。警方透露：2月19日，北京海淀分局接到一女事主报警述说，2月17日晚，其在北京海淀区一酒吧内与李某某等人喝酒后，被带进一家宾馆内轮奸；接到报案后，北京海淀分局立即开展工作，于2月20日，将涉案人员李某某等五人抓获，后五人因涉嫌强奸罪被刑事拘留。

杨某于2月23日通过微博发表言论称，当初“劳教一年对一个因为冲动打人的未成年人来说是否惩罚过重？被贴上标签的孩子很容易就破罐破摔了”。此言论引起了广大网友争议，认为杨某言论有替李某某推卸责任之嫌。杨某随后又在微博公开道歉。

（二）舆论发展阶段：李某某等人被批捕，其年龄引发媒体关注，辩护律师倍感压力请辞

3月7日，李某某等人因涉嫌轮奸已被依法批捕。当日，央视第一时间指名道姓通报全国《李某某涉嫌强奸罪被检察机关批捕》。3月8日，新华网报道：“从北京市检方获悉，李某江之子李某某等人因涉嫌轮奸已被批捕，李某某确定为未成年人。”

随后李某某之母委托律师为李某某进行辩护。该律师发出律师声明，对部分媒体和网民不实报道和传播进行严厉斥责，强调李某某已被证实为未成年人，在侦查中获得相应的司法保护，希望相关媒体和网民遵守《未成年人保护法》，对自身不实的言论进行自查并尽快消除影响，保护未成年人的合法权益。同日，新浪网报道《李某某年龄成谜团试用赠与房产解决强奸案》。李某某涉嫌轮奸案被批捕后，李某某年龄究竟有多大一直是媒体关注的焦点。对于之前曝光李某某年龄为17岁，有媒体质疑并称李某某可能已满19岁。在这期间，李某某案也引起了外媒的关注：西班牙《国家报》报道《逍遥法外的红色“小王子”》。

4月24日，中国新闻网报道《点评李某某案媒体报道：不够专业法治观念滞后》，认为媒体在报道中法律层面的报道有漏洞、法制观念滞后导致有罪推定、在处理官方消息源与法律明文禁止规定时媒体过度披露他们的身份和犯罪信息。

6月，李某某的律师告诉记者，因为案情发展需要，根据双方协商结果已请辞，退出对李某某案的代理。6月27日，荆楚网—楚天都市报报道《李某某案代理律师“不干了”》。6月28日，山东聊城晚报刊登《李某某他妈的要求高，律师不干了》，引得无数网友围观。

（三）舆论高潮阶段：案件进入审判程序，案情跌宕引发公众和媒体关注

7月8日，北京市海淀区人民检察院依法对李某某等人涉嫌强奸罪一案向北京市海淀区人民法院提起公诉。7月19日，李某某案的律师称将为李某某做无罪辩护，公开指责媒体和公众对这起“涉及名人子女的普通刑事案件”关注过度，侵犯当事人隐私权。

7月25日，李某某同案犯的代理律师首次向社会公布了案件的两个重要细节：一是有视频证据显示，受害人在醉酒情况下被酒吧经理搀扶进李某某等涉案人员车辆，酒吧经理与五名犯罪嫌疑人对此事实无异议；李某某等五人此前已与酒吧经理商量好“小姐出台价格”；二是在“轮流发生性行为”过程中，确实存在殴打被害者杨女士的行为；但根据李某某等人的供述，暴力行为并非为了性侵害，而是杨女士在性交易过程中的某些行为惹怒了他们，脾气暴躁的李某某动手打人。

7月30日，被告人李某某的辩护人向北京市海淀区人民法院提交李某某之母署名的《关于公开审理的申请》。北京市海淀区人民法院依法当场驳回该申请。

8月28日，海淀法院在第17法庭正式开庭审理李某某等人涉嫌强奸罪一案。8月31日，李某某之母再度接受媒体访问时道歉称：5个孩子“淡定、懂事、内心干净”，“我的儿子本质是忠厚、善良、热情、爱劳动、爱学习的孩子”。对此，一些网文认为，李某某之母是将儿子送上法庭的关键人物，是溺爱害了李某某。

9月26日，海淀法院一审宣判，以强奸罪判处被告人李某某有期徒刑10年。

（四）舆论衰退阶段：二审维持原判，案件盖棺定论，议题热度减弱形成舆论长尾

10月31日，北京市第一中级人民法院依法不公开审理李某某等五人强奸上诉一案。

11月27日，北京一中院对李某某案依法公开宣判，裁定驳回上诉人上诉，维持原判。中国政法大学某教授对该案宣判结果发表意见，“我国法院注重法律效果与社会效果的统一，在这种情况下，舆论对审判结果的影响

是客观存在的，有时舆论甚至决定了审判结果”。

被公众讨论长达近一年之久的李某某案在二审定论后逐渐淡出公众视野。但该案唯一成年被告人王某的律师始终认为案件审判不公平，两个月期间持续在微博爆料案件细节。

二、敏感因素与舆情特点

本案属于典型的社会逆反型敏感案件，涉事主体被贴上“富二代”“星二代”的标签，被公众描述为一个为富不仁的恶霸公子形象。在这个主题下，网民主要关注点为“强奸”“未成年”“警方”“辩护”等与案件司法公正与社会公平相关的关键词。公众表达的意见中，有两个重要方面：一方面是负面情绪的发泄，敏感因素激发了广大公众对以“富二代”“星二代”胡作非为的不满情绪和仇官仇富的民粹主义情绪；李某某事件成为广大公众压抑情绪的爆发口，在这种强烈的负面情绪之下，未成年人保护的价值理念被打压下去。另一方面，舆情反映出广大社会公众对司法公正以及由司法公正实现的社会公正的强烈期待，对“李某某案”的审判结果是否存在对“官二代”“富二代”特殊化处理的问题持热切观望；在社会公众心中一直期待人民法院扮演一个惩恶扬善的“青天”形象。

热门报道关键字			
律师	法院	一案	强奸
未成年人	涉嫌		
警方	网友	海淀	
案件	辩护	舆论	媒体
相关	被告人		

图 5.2：李某某案报道关键词

三、公安机关问题反思

（一）消息源为公安机关内部人员爆料，法律意识与保密意识不够

香港《南华早报》网站编辑最先通过微博曝光案件，将这起强奸案的涉事人李某某身份和案情带入公众视野，随后引来名人、学者、律师、公众等纷纷关注此事。而爆料人“料”从何来？正是公安机关内部人员为爆料人提供了“小道消息”，而且爆料内容涉及很多未成年人的隐私信息。这

暴露出公安机关个别人员法律意识与保密意识不够，为迎合媒体不当的关注不惜违反办案纪律，侵害案件当事人的合法权益。

（二）公安机关急于通报，致未成年人身份曝光

关于如何办理未成年人案件问题，早在1995年就有《公安机关办理未成年人违法犯罪案件的规定》明确规定，“办理未成年人违法犯罪案件，应当保护未成年人的名誉，不得公开披露涉案未成年人的姓名、住所和影像”。虽然公安机关内部工作人员并非公开披露案件信息，但是私下传递“小道消息”给爆料人，由爆料人公开披露并广泛传播，亦是难辞其咎。

（三）进行有罪推定的信息发布

公安机关缺乏“无罪推定”的理念，在案情信息通报过程中直接将案件定性为“轮奸”，涉及“有罪推定”之嫌。公安机关在侦查环节就发布大量定罪定性的事实，未经审判就对案件事实下结论，误导公众。

（四）公安机关被动应对，不当回应助燃舆情

在李某某作为未成年犯罪嫌疑人身份曝光后，公安机关在应对社会舆论时又相当被动，面对汹涌的舆论和种种揣测，只能不断出来辟谣灭火，被舆论牵着鼻子走，多次就本案中“撤诉”“年龄”“取保候审”“改名”等问题向媒体证实或辟谣，而且从始至终就没有一个统一的信息发布平台。信息发布内容草率，“轮流发生性关系”等不当回应助燃舆情。

四、法院审理问题反思

李某某是未成年人，依法应当不公开审理。对于不公开审理的案件，法院不宜主动发声，在判决作出后才能主动且有限地发声。但在李某某案中，各方在未宣判前各执一词，都急于向公众发布手上的证据，暴露部分庭审、事实信息，甚至不惜泄露当事人隐私，如李某某一方曝出“法医物证鉴定没有检测到李某某的精斑”“酒吧监控录像没有监测李某某打人”“受害女子处女膜破裂造假”等。未经证实的信息，让案情扑朔迷离，但基于未成年人案件性质，不可能完全向公众展示事件全貌，因此无法让公众完全接受庭审结果。对于受到强大社会关注的未公开审判案件，如何约束当事人双方的行为，应当有相应的预案处理。在案件审理过程中，当事人的隐私信息通过当事人和律师不断被曝光，法院应对手段有限。这也是律师肆无忌惮披露当事人隐私侵害当事人合法权益的重要因素之一。在我们没有“禁口令”制度保障的情况下，也暴露出法院在处理类似问题时应对手段捉襟见肘的问题。

五、新闻媒体问题反思

（一）案件报道娱乐化、低俗化，追求眼球效应和八卦新闻

对于此案的报道，起初是由香港某网站编辑发布了消息并在互联网上广泛传播，随后各大媒体开始跟进，更多的是由媒体的娱乐记者前去采访报道。诚然，李某某作为“星二代”的身份的确具有一定娱乐价值，但是，他作为涉嫌强奸犯罪的未成年人，媒体对此事件的报道理应受法律、伦理及新闻专业标准的严格规范。媒体在报道这样一起广受关注的刑事案件时没有秉持严肃认真的态度，部分媒体在报道本案时派出娱乐记者进行采访，将有关本案的消息置于娱乐版块，报道内容大肆渲染情绪，“扒”个人信息，侵害当事人合法权益。报道语言低俗化，不论是线上还是线下，都有关于本案的低俗报道，如 2013 年 6 月 28 日山东《聊城晚报》刊载题为《李某某他妈的要求高，律师不干了》的新闻报道，又如 2013 年 9 月上海《新民周刊》刊载题为《李某某他妈的舆论战》的封面报道。

（二）谣言与假新闻泛滥，且被广泛传播

有关李某某的虚假消息层出不穷，被广泛传播且在新闻报道中占据相当大的分量。2013 年 2 月 22 日，某网站转载参考消息《曝李某某强暴女教师照片蹂躏近 24 小时》等。多家视频网站曝出李某某强奸女老师写真原创视频等。这些假新闻未经核实便得到公众的大量传播和热议，将李某某塑造成轮奸惯犯，进行人身攻击。2013 年 7 月 28 日，某报记者发表新闻《李某某涉轮奸案全程案情曝光诸多细节获核实》，后经多家媒体转载。通篇描述案情经过如小说，如“吃完饭，张服务生委托李某某把杨女士送回家(此时张服务生完全没想到李某某一伙儿兽性大发!)，李某某一伙儿把杨女士架到车上，便动手动脚。此时，杨女士已开始清醒反抗，其间遭毒打”。这都体现了该案中某些新闻媒体的职业素养缺失，违背法治报道精神。法院通过新闻播报、网民互动等形式解答民众关于此事件的疑问，一定程度上避免了谣言的产生和传播。

（三）媒体法治观念淡漠，进行“有罪推定”

对未成年犯罪嫌疑人坚持“少捕”“慎捕”是我国的一项基本刑事政策，也是对未成年犯罪嫌疑人的特殊司法保护。无论是传统媒体还是网络媒体，在李某某案件的报道中，大量定罪定刑期的预判不绝于耳。在司法机关尚未作出最终判决之时，媒体上针对李某某该判几年刑期进行了讨论。类似“李某某最迟下周被批捕”的新闻被大量转载报道，完全排除了不批

捕的可能性。未经司法程序的认定，媒体就报道出此类信息，显然是“有罪推定”的观念使然。

（四）充当违规律师帮手，背离客观中立的新闻职业标准

代理律师选择在微博上将己方掌握的材料进行公布，而没有在法庭上公布这些材料。这些材料全部来自律师方面的说辞，未得到任何司法机关证据佐证，明显不合法律程序，扰乱了公众视听。然而，多数媒体对待律师的爆料没有持审慎、严谨的态度，而是对于律师微博内容有料必报。然而，一些律师的庭外言论明显违背了法律对不公开审理的规定，媒体毫无警惕地跟风报道，披露未经证实的信息，赚足了公众眼球，无形中也帮助案件的一方当事人误导公众。

（五）组织网络投票，“舆论审判”干预司法

针对李某某案件，某网站发表评论《李某某或改判三至十年，李某某该判多少年》等。不少网站组织网友进行投票，认为法院应该怎么判。在汹涌的舆情背景下，这样的投票中不会有太多的理智判断，更多的是情绪化表达。暂且不论投票议题设置的专业性，投票结果能否真实表达民意?这种严重裹挟情绪的舆论将对一个正在审理的犯罪嫌疑人的网络审判和法院的公正司法造成巨大压力和严重干扰。

六、当事人和律师问题反思

（一）隐私信息通过当事人和律师不断曝光

虽然案件进行不公开审理，法院并未主动披露案件相关事实性信息。但是当事人和律师漠视法律程序，漠视对未成年人的权利保护，漠视当事人隐私权，大量隐私信息通过当事人和律师不断曝光。而在案件审理过程中，律师和有关人员泄露受害人、未成年被告人相关信息，以及将庭前会议内容和辩护词在网上公布等情况，相当于将不公开审理的案件向社会公开，已经严重违反了不公开审理的相关规定。李某某案一审开庭的第一天上午，在庭审还没有进行到辩论阶段，一份署名为律师王某的李某某无罪辩护词被上网公开。该辩护词中不仅有律师为李某某进行无罪辩护的辩护观点，还包括受害人杨女士就读的学校、是否是处女的体检报告等等隐私内容以及涉案酒吧领班张某的一些情况。在本案二审结束后，被告之一王某的辩护律师公开向媒体展示受害人的妇科检查材料，之后更是在微博上公开发布鉴定意见、监控视频等，既泄露了当事人隐私，也属于不当披露案情。

（二）庭外热议不断，制造舆论压力

在案件审理过程中，一些律师和当事人在庭外故意制造话题，给法院施加舆论压力，试图干扰法庭正常办案。在网络上晒出大量法庭上没有出示的材料，制造“独家爆料”，进行单方评论，企图通过误导公众而得到广大网民的支持，从而与法院进行舆论战，借舆论对法院进行施压。

（三）律师违反职业道德，搅乱法庭秩序，故意爆料保密信息

案件终审判决后，被告之一王某的辩护律师，在法庭教育阶段情绪失控，无视职业道德，拒不接受审判长的规劝，被依法强行带出法庭。在离开法院后情绪激动，向聚集在法院外面的人员介绍庭审情况，发表个人意见和感受，出示该案证据材料，表达对法院审理工作的不满。该律师在庭审过程中违反法庭纪律及在法院外面对公众情绪失控等行为，完全有悖于律师的专业素养和职业道德。

王某的辩护律师始终认为案件审判不公平，两个月期间持续在微博爆料案件细节。周某某律师在二审结束后曝光“李某某案现场勘验报告”“王某受到刑讯逼供”的手书、“案发当天视频证据”和“两审的判决书”，并在微博上坚称被告被诬陷。虽然该律师对于案件的判决结果不满，但这种不通过正规渠道去申诉，相反在微博上不断曝光案件证据的行为很难说不是为了误导舆论。

第二节　我爸是李刚案——标签化谣言，宜疏不宜堵

一、镜头回放

（一）舆情发酵阶段

2010年10月16日21时许，河北大学校园内发生一起交通肇事案，肇事司机李某醉酒后在位于保定市的河北大学校园内驾车撞倒两名女生后继续驱车，返回途中被学生和保安拦下。此案致使被撞女生一死一伤。“我爸是李刚，有本事你们告去”，网络上这句未经证实的传言随后爆炸性传播，引发了全社会声讨“官二代”的滔天巨浪。一起交通肇事案迅即演变成关注度极高的公共事件。

2010年10月18日，猫扑网友描述李刚之子校园撞人的帖子引爆了网络，至2010年10月18日傍晚点击量就已达143万。帖子称："当时车速很快，时速大约80~100公里。被撞女生被撞飞，而且这辆车撞人后并没有减速，后轮竟从一名女生的身上碾过。""在撞到人后，他竟然继续行进，想从大门口逃跑，后被学生及保安拦下。下车后，肇事者未表现出丝毫的歉意，他竟然说：'看把我（的）车（给）刮的！你知道我爸是谁吗？我爸是李刚！有本事你们告去！'"帖子中描述的李刚之子的态度，引起了网友的极大关注与强烈愤慨。随着事件舆论热度的不断升温，网友们由愤怒变为冷嘲热讽。猫扑网最先发起了以"'我爸是李刚'为名的造句大赛"活动，参与者迅速超万人。微博上也有网友发起此项活动，不少人也借此编写名言名句来嘲讽，以表达自己的愤怒之情。

2010年10月18日，多家主流门户网站纷纷以《"官二代"河北大学内撞两女生一死一伤叫嚣"我爸是李刚"》为题报道了此新闻。媒体报道中均提到"据目击者陈述：肇事司机撞人后，依然若无其事开车至教学楼接女友，后被保安和追赶而来的众多学生拦下，并被警方控制。当保安和学生勒令肇事司机下车时，肇事者口出狂言：'有本事你们告去，我爸爸是李刚'"。

2010年10月18日，河北省公安厅和保定市公安局，分别在网上公开通报：两女生在河北大学校园生活区内被撞案件，肇事者李某已经被当地警方刑事拘留。保定市公安局通报称，引起网友们关注和热议的河北大学"校园车祸"一案，事故调查处理工作正在紧张进行中，涉嫌交通肇事犯罪的李某已于17日晚被警方依法刑事拘留。警方新闻发言人表示，将严格依法予以惩处。

（二）舆情爆发阶段

2010年10月18日，中新网发文《河北官二代大学内撞飞2名学生后接女友（组图）》。2010年10月19日，新快报发文《"官二代"校园撞死学生"亮出爹"：我爸是李刚》。有网友称：肇事后不抢救伤者，选择肇事逃逸，如此行为，是检验"李刚"能力的关键时候了。另有网友称：在惩治肇事者的同时，也要追究学校的责任！在河大新区，快速行驶的车辆随处可见，大门门卫就像空气一样，什么作用也不起。目前学校限制学生讨论此事，希望可以引起大家的关注，不能让此事不了了之。因为学校有着不可推卸的责任。

（三）舆情发展阶段

2010年10月21日下午，河北大学校园交通肇事案犯罪嫌疑人李某的父亲李刚在接受央视独家采访中，多次哽咽，不能自已，诚恳地向受害人及家属表示道歉，并深深鞠躬。

央视网、中新网报道称：车祸案肇事者李某及其父亲李刚日前面对镜头时均失声痛哭，李某表达了悔意，李刚起身长时间向受害者及其家属鞠躬表达歉意，并表示将依法处理绝不袒护。

保定市公安局官方微博也发布消息：21 日下午，河大校园交通肇事案犯罪嫌疑人李某的父亲李刚接受央视独家采访时，向受害人及家属深深鞠躬，表示诚恳道歉。采访时李刚曾多次哽咽，不能自已。

2010 年 10 月 24 日，新华社报道《河北大学车祸案将异地审判官方邀师生听审》，报道指出，犯罪嫌疑人李某因涉嫌交通肇事犯罪，被望都县人民检察院依法批准逮捕。报道还指出，警方调查确认肇事者李某为醉酒驾驶，保定市公安局新闻发言人表示，法律面前人人平等，无论是谁，只要触犯法律，将严格依法予以惩处。保定市司法部门有关人士表示，由于犯罪嫌疑人李某的父亲李刚系李某肇事地所在的保定市公安局北市区分局副局长，为加大此次案件审判工作的公开度和透明度，对此案，保定市公安局采取异地审判的方式，届时将邀请法学界专家和河北大学部分师生听审。

（四）舆情回落阶段

2011 年 1 月 27 日，新华社发布新闻《河北大学校园车祸案肇事者认罪将择日宣判》。有网友称：如果不是被网络报导传播，这事情的结局会是这样吗？网络的力量是无穷大的。

2011 年 1 月 30 日，新华社发布新闻《河北保定李某交通肇事案今日一审被判六年》。同日，该新闻被京华时报、腾讯、搜狐、网易等主流媒体和各门户网站纷纷转载。上述报道指出：在本案中，被告人李某违反交通法规醉酒驾车，过于相信自己的驾驶技术，在他人善意提醒其慢速行驶时，怀侥幸心理称“没事”，过度相信能够避免危害后果的发生，属于过度自信的过失。但是，李某肇事后，亦无出于逃逸等目的，不顾及道路上行驶的其他车辆及行人安全，继续驾车冲撞，造成更为严重后果的行为，应认定为交通肇事罪。现有证据不能证明李某对其驾车撞倒被害人陈某某、张某某的结果持希望或者放任的态度。因此，李某的行为不符合以危险方法危害公共安全罪的情形，对其行为应认定为交通肇事罪。

（五）舆情反弹阶段

2011 年 3 月 28 日，河北法制报发表《“我爸是李刚”是怎么炒起来的?》。网友 A：一些网帖和媒体将未经查实或缺少证据支持的传言作为论据，而自身站在道德的制高点慷慨激昂地批判、声讨，人们的正义感就这样被煽情、被发酵、被利用、被操纵，各种传言像病毒一样不断感染、演绎，真相则被完全掩盖……不只是李刚一案。

2011 年 4 月 4 日，保定日报发表《官方回应“李刚逼供案”：“严肃追责决不袒护”》，匿名网友：要想真相大白吗？可能吗？强盗有强盗的逻辑，小偷有小偷的理论，骗子有骗人的骗术。

（六）舆情复燃阶段

2015 年 10 月 13 日，北京青年报发布《“我爸是李刚”的李刚被指办假案河北高院受理》的新闻报道，指出 2006 年河北保定的王某被认定为一桩抢劫案凶手却“没有作案时间”，此案曾被河北高院发回重审，几经周折，2011 年，保定中院终审维持原判，认定王某犯抢劫罪，被判入狱 13 年。其后四年，该案先后经历 10 次裁决，王某近日再提起申诉，被河北高院正式受理。

2015 年 10 月 14 日，界面新闻报道了题为《“我爸是李刚”的李刚从公安离职传其子提前出狱》的新闻。文中称，记者电话证实李刚已经不再是保定市公安局北市区分局副局长。针对李刚是否对王某有过刑讯逼供，《法制日报》在 2011 年 9 月采访了保定市北市区公安分局原专案组的侦查员，他们称，李刚虽是主办此案的负责人，但他并未直接审讯过王某，当然也不存在他刑讯逼供王某的事。对于李某，2013 年 9 月，曾有微博传言，李某提前出狱了，河北省监狱管理局在回应《北京青年报》时称，这是谣言，李某仍在服刑。类似的传言在当年 5 月就传出过，也被河北省监狱管理局辟谣了。

二、舆论传播和信息发布特点

（一）标签化严重

“我爸是李刚”这句话成为舆情的导火索。在“富二代”“官二代”“星二代”和“拼爹”等现象被贴上标签的社会舆论环境中，“我爸是李刚”迅速成为网络仇富仇官心态和焦虑情绪的宣泄口。在巨大负面社会情绪的推动下，舆论的力量大大超越了法治的边界，千夫所指，众口铄金。纵观整个事件，其演进过程可以概括为：似是而非的报道→语焉不详的传言→新闻媒体集体声讨→新的传言→新的媒体声讨。

（二）后真相时代“真实”失真

事件先由校内网传播，蔓延到天涯、猫扑社区等等。新闻事件的话题性极强，网络论坛的舆论环境偏向情绪化、先入为主、盲目的自我意识。

人们倾向于相信自己愿意相信的事实，群情激奋之下形成认知壁垒，容易出现舆论审判，并且以段子化、娱乐化的表现形式爆炸式传播。

（三）鸵鸟心态导致“有害信息”丛生

当地官方及校方对突如其来的舆论风暴，没有足够的舆情处置经验，而是为了降低社会影响，对事故调查处理过程一语带过，对网络上热议的细节问题缄口不言，给全国各地来访的记者纷纷发放闭门羹。据事发地河北大学工商学院学生说，多个目击者的班主任分别对其谈话，被网友称为“封口令”。

广大网民的信息需要无法被压抑，反而更加热烈，就像饥饿的人群更加向往美食。官方信息发布的迟滞，校方的缄默，导致新闻媒体的采访大量引用普通人的观点和感受，并且对于旁枝末节的采访、调查和报道越来越多，越来越深入。校园车祸案意外扯出了“河大校长抄袭门”。

（四）“堵”而非“疏”，官方失声导致情势被动

一起案件对当地政治生态的伤害，很大程度上取决于是否在舆论上具有话题热度和全社会的关注度。“我爸是李刚”事件无疑掀起了舆论风暴，话题热度和社会关注度都达到极值，远远超出一起严重交通肇事的影响。而官方对舆论采取“堵”而非“疏”，缺失了最有力的官方结论，任由媒体和网络上各路消息甚嚣尘上，波及面不断扩大，最终形成了较为恶劣的社会影响。

三、舆情应对得失反思

（一）“我爸是李刚”真实性无人澄清

“我爸是李刚”这句话到底有没有说？如果说了，是在什么情境下说的？这句话的传播力和杀伤力非常大。铺天盖地的舆论通过这句话刻画了一个嚣张跋扈、无法无天的“官二代”形象，但是之后记者对40多位目击学生进行走访，均未有人表示亲耳听到此话。官方对此没有任何应对，而是仅有一些零星网帖中有所澄清。其中一位自称是肇事者表妹的网友称，肇事者李某当时被很多大学生追赶，害怕被打，慌忙之际求助校园保安，说“叔，求求你们别让人打我，我爸爸是李刚”。同样的一句话，却是不同的语气和性质。然而，这样的网帖很快销声匿迹，个别对李刚父子的不同见解也被网络上的口水淹没。

在调查中，对当事人心理和自述进行报道，有助于减少网络戾气、回归理性讨论。李刚父子在央视鞠躬道歉，但被指表演痕迹严重。通过和媒

体的沟通，对于引发舆情的关键细节进行挖掘和报道，有助于与现有偏激观点形成舆论对冲，发挥得好也能够起到事半功倍的效果。

（二）关于李刚背景关系的谣言满天飞无舆论对冲

由于案件肇事者是一个被放大的“官二代”形象，其父李刚也在舆论中被夸张为拥有五套房产，岳父是河北省副省长，才得以获得央视那么长时间的镜头，去做危机公关。记者通过深度调查证实上述说法为谣言，而李刚在央视道歉实是迫于市一级组织的压力。河北法制报曾于2011年3月28日发表长篇报道《“我爸是李刚”是怎样炒起来的?》对这些谣言进行深度澄清，但此时整个舆情最焦灼的阶段已经落幕，舆情开始减退，这时澄清为时已晚。

据记者了解，保定市公安局曾先后四次召开新闻发布会介绍案件进展，并组织民警专门针对网上的传言调查真相，但所有的调查结果却未向媒体和社会公布。这样就没有对谣言进行舆论对冲，网络成为被谣言占领的“公地悲剧”。在沉默螺旋效应下，保定市相关部门一定感到澄清事件会面临巨大的舆论压力，会招致更猛烈的嘲讽和谩骂。但是，“不回应”的鸵鸟政策，应付的态度助力谣言的传播，谣言就会被媒体和公众认定为事实。因此，从这个事件中可以看出，建立一套全方位立体化的信息发布渠道，打通官方与媒体的信息壁垒，是澄清谣言的必要条件。

（三）定罪问题被舆论夸张为“阴谋论”

关于罪名问题，是定交通肇事罪还是定危害公共安全罪，在网络舆论中已经不再是一个单纯的法律问题，而是涉及是否偏袒“官二代”的“阴谋论”。“阴谋论”在舆论中非常盛行，由于信息不对称，公众质疑司法公正，怀疑司法机关对案件处理进行暗箱操作。由于当事人李某被贴上“官二代”的标签，因此当李某被认定为交通肇事罪之后，舆论的质疑非常强烈。新华社报道指出：在本案中，被告人李某违反交通法规醉酒驾车，在他人善意提醒其慢速行驶时，过于相信自己的驾驶技术，怀侥幸心理称“没事”，轻信能够避免危害后果的发生，属于过度自信的过失；现有证据不足以证明李某对其驾车撞倒被害人陈某某、张某某的结果持希望或者放任的态度；李某肇事后，亦没有出于逃逸等目的，不顾道路上行驶的其他车辆及其行人安全，继续驾车冲撞，造成更为严重后果的行为；因此，李某的行为不符合以危险方法危害公共安全罪的情形，对其行为应认定为交通肇事罪。

面对如潮水般的舆论给司法公正带来的巨大压力，释法说理要通过媒体和网络让更多的受众所了解，否则就会陷入“阴谋论”。当地司法机关没有做好网络回应。除此之外，也可以邀请法学家对相应法律法规进行释疑，利用专家解释引导网络舆论。

第三节　药家鑫案——网络审判侵蚀司法公正

一、镜头回放

2010 年 10 月 20 日深夜，西安音乐学院学生药家鑫，驾车撞伤被害人张某后又将伤者刺了八刀致其死亡，然后驾车逃逸，当行驶到郭杜十字路口时再次撞伤行人，再次逃逸时被附近群众抓获，交警大队将肇事车辆暂扣待处理。2010 年 10 月 23 日，药家鑫在其父母陪同下投案。2011 年 1 月 11 日，西安市检察院以故意杀人罪对药家鑫提起了公诉。同年 4 月 22 日在西安市中级人民法院一审宣判，药家鑫 1989 年出生，犯故意杀人罪，被判处死刑，剥夺政治权利终身，并处赔偿被害人家属经济损失 45498.5 元。5 月 20 日，陕西省高级人民法院对药家鑫案二审，维持一审死刑判决。经最高人民法院核准，2011 年 6 月 7 日上午，药家鑫被执行死刑。

（一）舆情发酵阶段："我爸是李刚案"涟漪

河北"李刚门"事件中被告人李某酒后肇事，还口出狂言"我爸是李刚"，媒体报道后引起了网民的极大愤慨与关注。此时，公众舆论对所谓的"官二代""富二代"极为反感，新媒体也开始在舆论事件中崭露头角。

就在"李刚门"发生后 4 天，药家鑫杀人案发生，由于此类"官二代""富二代"交通肇事给受众留下了不良印象，人们对药家鑫肇事事件的思考也延续了同样的思路。

（二）舆情爆发阶段：媒体全面持续报道，庭审前舆论愤懑情绪难抑

2010 年 11 月 28 日，某晚报首先报道了药家鑫事件，报道中提到，"'此事性质太恶劣了。'一位办案警官说。据多名知情警官介绍，案发前，药家鑫是西安一所高校大三的大学生，案发当晚，是去见女友的。其所驾驶的车辆系其私家车，其家庭背景殷实。"当晚，某电视台《第一新闻》在报道此案时截取了药家鑫的一句话"怕撞到农村的人，特别难缠"。

11 月 29 日，西安警方向社会公布了西安音乐学院学生药家鑫开车撞人后又杀死伤者的案情。大部分传统媒体均在司法机关已公布的材料范围之

内进行报道，很少发表倾向性评论。但也有一些媒体的报道有较强的倾向性：某商报在案件尚未宣判的情况下发表文章《天之骄子咋又变冷血屠夫?》。该文章在法律界引起了争议，但是迎合了网民的愤怒情绪，舆论一片叫好声。一些媒体还在未经证实的情况下，不约而同地报道了药家鑫殷实的家境，此时网上开始流传有关药家鑫背景的揣测。之后的网络舆论开始一边倒，题为《作为一个农村人，我想和药家鑫谈谈》的网民评论被各大网站转载。各种声讨不断，如“药家鑫，要么法律把你干掉，要么你把法律干掉!”“如果网络评论真能唤回公平，我宁愿成为推波助澜言杀药家鑫的刽子手”等。网民的仇官仇富情绪继“我爸是李刚案”之后又被煽动起来。至此，药家鑫被贴上了“官二代”“富二代”的标签，与作为平民阶层代表的被害人张某形成了强烈的社会阶层对立，加剧了舆论对药家鑫的愤怒情绪。

2010 年 12 月 6 日，有报纸发表了名为《从撞人到杀人药家鑫的蜕变》的报道，对药家鑫案进行了外围采访，包括药家鑫的同学，药家鑫做家教的学生家长，讲药家鑫性格如何柔弱，羞涩，普通，试图通过描述他的成长经历，找出犯罪的心理动因。但是在裹挟情绪的网民声讨声成为主流以后，这样的声音陷入沉默螺旋，遭到网友批评。2011 年 2 月 18 日，另有报纸头版报道了对药家鑫本人的采访情况，其中有药家鑫在看守所与女警官合奏演出的照片。“凶手与警察一起载歌载舞”的情况给公众广阔的想象空间，加剧了本就一边倒的舆论环境。针对即将进行的交通肇事二次调查，被害人律师张律师通过微博发表言论称：“药家鑫的第二次交通肇事只是一次小事故，需要兴师动众地进行这么久的调查？是不是又有人做手脚。”

（三）舆情发展阶段：一审开庭前发放问卷遭质疑，舆论情绪极化形成舆论审判

药家鑫案一审开庭前夕，药家鑫会不会被判死刑，已经成为一个被人们广泛关注的热点话题。某知名网站组织了“你认为药家鑫是否应判死刑?”的问卷调查，调查结果显示 96% 的网民认为应该判处药家鑫死刑。

陕西省西安市中级人民法院在开庭审理药家鑫一案前，向前来参加旁听的记者、西安市各高校学生等 500 多人征求意见和对药家鑫事件的看法以及庭审的建议，包括量刑的意见，还发放了调查问卷。这一举动反映出当时的舆论已经绑架了司法审判，并引发了种种黑幕的猜测。

近百家媒体旁听了审理过程。开庭当晚，中央电视台《新闻 1 + 1》栏目播出了专题节目“药家鑫：从撞人到杀人”，中国人民大学教授李某在对此案件点评时指出，导致药家鑫杀人的主要原因是情感和家庭教育方面的缺失，在分析药家鑫杀人动机时称其所为与长期的钢琴训练有关。节目播

出后，网上舆论有对央视的报道是在为药家鑫开脱罪责的质疑，也有对李教授的舆论挞伐。

张律师针对发放调查问卷一事在微博和接受采访时都表达了同样的担忧，他感到药家鑫“可能有着深不可测的势力，感到案件的前途暗淡”。庭审期间，媒体的表现势必对庭审带来干扰。背负舆论压力，法官能否独立成为一个难以估量的问题。而从之后媒体报道及其影响来看，网络舆论一边倒地认为报道偏袒药家鑫，许多媒体直接引用张律师的担忧言论。

2011 年 3 月 25 日，张律师发表博文《村民签名要求判药家鑫死刑》，附有村民签名呼吁判药家鑫死刑的照片，被推荐上新浪博客首页，阅读量超过 4 万人次。4 月 2 日到 3 日，张律师接连在微博上发表言论，“不接受调解，不判死刑，就不接受调解”。3 日，其微博出现了“军二代”“药家真牛”等字样，“实际上他们拖到 23 日开庭就是在等待两会关于死刑及有关轻判的消息”“搞一个假民调，来压制社会的呼声”。张律师对舆论的影响很大，其对药家背景的质疑与猜测，在一定程度上影响了舆论和司法。

4 月，北京大学教授孔某在某网“孔和尚有话说”节目中，以纯粹个人性的评论方式对药家鑫事件发表意见，讲到“药家鑫的名字就是杀人犯，三个金，三把刀”“他药家鑫长的就是一副杀人犯的面孔”“杀人犯长得都这样”“他罪该万死”“这样一个气焰嚣张的人一定是有后台的”等等激烈言论。这些言论获得了广大公众的赞同，舆论得到了统一。

4 月 15 日，某知名微博关于“药家鑫案——民众投票审判”的投票活动结束，大多数网民选择了“药家鑫故意杀人证据确凿”。在正式宣判前，这种做法明显属于“舆论审判”，向法院施压，干扰法院理性、独立判断。

4 月 22 日，药家鑫案在西安市中级人民法院一审宣判，被告人药家鑫因犯故意杀人罪，被判处死刑，剥夺政治权利终身。网民普遍表示支持判决结果，舆论场一片欢呼叫好，形成了一场“舆论的狂欢”。原告的民事诉讼代理人张律师，在其微博发表《对药家鑫判决的立场和意见》一文，表示放弃向药家鑫追要法庭判决的 4.5 万元民事赔偿，并指出我们农村人并不难缠，你们应该低下你们高贵的头。此举引发网民之间的城乡对立。

（四）舆情消退阶段：异见遭围攻，药家鑫被执行死刑后逐渐平息

5 月 4 日，某广播电台报道，原告民事诉讼代理人张律师在微博中透露，他已从西安市中级人民法院得到药家鑫上诉的消息，部分网民对药家鑫的要求强烈不满。

5 月 17 日，张律师接连发出 20 多条微博，称“若我们在二审中不能成为当事人，对于一审中没有被揭开的谜团之谜，我们将向省政法委、省检

察院提出一些需要认真调查和侦查的建议，力争使得该案水落石出，找出阻力与谜团”。张律师的要求没有法律依据，网友仍多支持张律师的言论。

5 月 20 日，陕西省高级人民法院对被告人药家鑫故意杀人一案进行了二审开庭审理，公开开庭审理并宣判依法裁定驳回药家鑫上诉，维持原判。张律师在微博发了一条消息称：“不管药家鑫犯了多大的罪行，但他的父母是无辜的。”与此同时，他发现药家鑫前两次都没有戴眼镜，这一次却戴上了眼镜，难道是为了呼应高度近视而误杀人的辩护词？张律师又把发现的这个所谓的“阴谋”分享给微博上的众多粉丝。

西安有 5 位教授联名呼吁免除药家鑫死刑，其中一位愿意公布自己真实资料的教授跟记者介绍了他们对药家鑫案的基本观点，但是引来了网民猛烈的批判。

6 月 7 日，经过最高人民法院核准，被告人药家鑫在陕西省西安市依法被执行死刑，此时关于案件的舆论逐渐平息。

二、敏感因素与舆情特点

药家鑫案也是一个典型的社会逆反型案件。正好发生在“李刚门”事件尚未结案之前，舆论对“富二代”“官二代”群体违法的不满情绪正在蔓延的关键时间点，这时药家鑫案的发生引爆了舆论，加上药家鑫在撞倒被害人后还上前拿刀行凶的恶劣行径更是激怒了公众，舆论对事件的关注度一下子被提升到很高。

在司法机关独立行使审判权的制度背景下，舆论监督有时能够促进司法机关公正执法，预防司法腐败与司法不公。但是，舆情有时是不可控的，“在舆论完全可以不经把关人审查而直接在互联网上传播，而很多通过传统媒体不能传播的东西，也都可以通过互联网得以传播的情况下，舆论审判已越来越不具有可控制性”。[①] 药家鑫案的舆论已经远远超出正常的理性表达，仇官、仇富的民粹主义统治了网民的情绪，演变成网络舆论的暴力，严重干扰正常审判，给法官理性判断造成巨大舆论压力。当事人药家鑫先后经历了“官二代”“富二代”“军二代”的多重身份转换，直到以一种近似群众狂欢的形式被处死，才最终还原其“普通大学生”的真实身份。这是一次“苏格拉底之死”的经典再现，即当事人死于网民群体极化的暴力。一个原本事实清楚、量刑不难的故意杀人案件，却经受着舆论和司法的双重考验，在二者之间艰难地平衡。

① 周泽：《舆论评判：正义之秤——兼对“媒体审判”“舆论审判”之说的反思》，载《新闻记者》2004 年第 9 期。

三、司法机关成功做法

（一）秉公执法维护社会稳定

药家鑫案最终经最高人民法院核准死刑，并于2011年6月7日上午在陕西省西安市被依法执行死刑，让犯罪分子得到了应有的处罚，有力维护了社会的公平正义。

（二）热点事件积极回应公众期待

西安公安局新闻中心从药家鑫案件开始阶段就及时向媒体通报案情并迅速公布案件的最新进展，回应了公众对热点事件的关注。

（三）司法公开，主动接受监督

西安市中级人民法院力推药家鑫案全程公开主动接受社会监督，让人们对案件的处理流程有充分的了解，让公众参与到热点事件的同时也强化了法律的公平正义。

（四）审判结果得到广泛认可

药家鑫案的审判结果在保证司法公正的前提下赢得舆论的广泛认可，有力地塑造了我国司法部门的正面形象。

四、司法机关问题反思

（一）调查问卷引发争议，自陷泥潭

一审法院在案件开庭时通过调查问卷的形式听取不同意见，虽然可以使合议庭在听取控辩双方意见的基础上发放关于怎么审判药家鑫的调查问卷，但这种做法在当时引起了广泛的争议，也加重了舆论干预司法的担忧。2011年3月23日，药家鑫案一审庭审现场，500名旁听群众人手一份调查问卷即“旁听人员旁听案件反馈意见表”，调查问卷上除了两个问题之外：一是您认为对药家鑫应处以何种刑罚？二是您对旁听案件庭审情况的具体做法和建议？还附有庭审的合议庭成员名单。在场的500名旁听群众，包括西安音乐学院等多家高校的学生，以及与受害人同村的村民参与了填写问卷调查。这一行为引起了舆论的轩然大波，更加深了公众对司法公正性的质疑，受害者代理人张律师向西安中院提出，坚决反对在此案中“问卷调查作为量刑参考”。与英美法系国家的那种陪审团制度不同，我国为法律所认可的民意介入司法的形式就是人民陪审员制度。参加庭审旁听的500人中

80%都是大学生，这样的“民众”构成方式，很难保证判决的公正。

（二）舆情应对被动乏术，多迎合，少引导

法院面对舆论显得被动和不自信。在一审中，对于较多媒体与公众提出旁听甚至直播的需求，法院都给予了最大可能的满足。包括央视在内的近百家媒体云集于此，小法庭换成大法庭，庭审现场有摄像机，摄影记者甚至在被告陈述时走到近前拍照，不时听到村民乃至当事人亲属的“抗议”，同时有多人在使用手机进行“微博”直播。在这种舆论压力下，法官能否独立思考、审慎断案，成为一个难以估量和保证的问题。一审判决多强调药家鑫的“犯罪动机极其卑劣，主观恶性极深”“犯罪手段特别残忍，情节特别恶劣，罪行极其严重”“人身危险性极大，依法仍应严惩”。极深、特别、极大等主观色彩的表述，让公众怀疑受到了舆论的影响和对舆论的迎合。

（三）网络谣言应对不力，左右舆论走向

由于药家鑫案成为全国高度关注的刑事案件，涉案谣言左右舆论走向，进而增加了舆论审判的风险和可能性。司法机关对此不应无所作为，而应当有效监督舆论动态，联合有关部门对相关谣言进行坚决打击和遏制，防止舆论审判和舆论绑架司法公正的发生。

五、媒体问题反思

（一）不实报道违背法治精神和职业伦理

药家鑫药案发生后，部分媒体为了迎合大众博取眼球，几乎一边倒的将药家鑫定义为一个“官宦之家”，“军二代”“官三代”“富二代”等标签接踵而来。各种谣言和“黑幕”“阴谋”满天飞，引发强烈的阶层对立、仇富仇官情绪，继“李刚门”后进一步撕裂社会群体，更蒙蔽了群众应有的法治理性和量刑标准。最后的死刑判决更是被解读为“王子犯法与庶民同罪”，已经与司法正义形成了偏差。在药家鑫的真实家庭背景为公众所知后，部分民众又倒戈认为刑责过重。多家媒体在不清楚案件事实的情况下就对犯罪嫌疑人的家庭背景进行了无端揣测，在案件尚未宣判的情况下，对犯罪嫌疑人的行为进行定性的做法过分地迎合了舆论，严重违背了法治精神。

（二）报道立场跑偏，误导社会公众

在西安警方向社会公布案情的前一天，有两家媒体最早对此案进行了

报道。从报道内容来看，除了介绍基本案情外，两篇报道更多关注了受害一方，对药家报道较少。某晚报当日报道的最后一句话“其所驾驶的车辆系其私家车，其家庭背景殷实”更是引起了公众的极大关注。与此同时，当晚当地某电视台在报道时更是突出地截取了药家鑫的一句话，“怕撞到农村的人，特别难缠”。这句话立刻引起了公众对城乡二元体制的强烈不满。在药家鑫被执行死刑后媒体开始失声、舆论随之降温，没有认真地反思药家鑫案形成的原因，只是满足于犯罪分子被处以极刑，法治的目的不是要置人于死地，而是让人们懂法、守法，媒体报道也不能只是追逐热点而忽视职责定位。

（三）追逐热点，迎合舆论，缺少独立见解

传统媒体作为社会舆论的“风向标”和“压舱石”，本应在信息传播中起到主导作用，设置议程，引导舆论。但是伴随着互联网的崛起，传统媒体的这种作用每况愈下，在消息源和影响力都不及一些大的网络媒体的情况下，逐渐从引导转向了被引导的局面。而在药家鑫案中，一些职业记者不是在踏踏实实地追求真相，而是匆匆忙忙针对一些未经证实的事实发表言论，跟着网络舆论东奔西跑，只会跟着传播什么有关“富二代”“军二代”的信息，成了网络舆论的附庸，甚至一些媒体为吸引眼球而不惜主动迎合非理性舆论，牺牲媒体公信力。

六、网络传播问题反思

（一）当事人和代理人利用网络制造舆论

张律师利用微博营造舆论，向法院施压。法院通知庭审日期延后，张律师便在微博上表示担心：“药家鑫的第二次交通肇事只是一次小事故，需要兴师动众地进行这么久的调查？是不是又有人做手脚?”有网友马上在网上发起监督法庭的活动。法庭要求张律师不要组织村民在法庭上拉横幅喊口号，张律师随即就发布了微博，引起骂声一片。在他的众多微博中，有“官僚”“富商”“军界蛀虫”等用词对药庆卫进行污蔑，有很大一部分是对药家一方的攻击，有时甚至属于捏造事实，却得到了网友甚至媒体的积极关注与回应。

（二）置事实于不顾，选择性失明，情绪化表达泛滥

网络的虚拟性很容易让人无所顾忌，为情绪性舆论提供了一个很好的酝酿空间，使得攻击和谩骂成为普遍现象。网民“受到片面观点的感染和煽动，很容易不加调查判断盲从地宣泄情绪，产生极端的情绪化观点”，有

时甚至对事实选择性失明，随心所欲，最终引发网络暴力。“富二代”“军二代”描述不绝于耳。但事实上，相关传统媒体早就对此进行了澄清，药家鑫辩护律师路钢也开通微博，向社会介绍药家的真实情况。很显然，大多数网友对此选择性失明，而是在迎合舆论主流意见，随意地进行着情绪宣泄，只要有人得出异议，就会被口水淹没，形成了典型的“沉默螺旋”。

（三）网络投票风行，造成“苏格拉底之死”式舆论审判

除了网友，部分网站缺乏法治意识和社会责任，采取了有失公允的态度，为网民的狂欢提供了充分空间。张律师于2011年3月25日发表博客《村民签名要求判药家鑫死刑》。对于这种“杀人偿命”的同态复仇逻辑，网站不仅没有创造机会引导公众展开公共讨论，反而将其博文推荐到了新浪博客首页，阅读量超过4万次。仅仅20天之后，某微博关于“药家鑫案——民众投票审判”的投票活动也刚好结束，结果是大多数网民选择了“药家鑫故意杀人证据确凿”。这种网络上疯狂的投票活动也对法院审理案件造成了巨大压力，法院组织庭前投票很大程度上受到了网络投票的影响。

第六章　情理法冲突型敏感案（事）件典型舆情案例

第一节　南京彭宇案——公开失时又露怯，众口铄金掩真相

一、镜头回放

（一）案件发生阶段

2006年11月20日，64岁的徐寿兰老人在南京水西门广场公交站候车，随即同时有两辆83路公交车进站。徐寿兰老人看到后面一辆公交车上人少，就急忙向后面一辆奔跑。当她经过前一辆公交车后门时，彭宇（时年26岁）正从这辆车的后门第一个下车，双方在不经意间发生相撞。急于转车的彭宇先向车尾看了一下，在回头时发现与自己相撞的徐寿兰老人已经摔倒在地，随即将她扶起，并与后来赶到的徐寿兰家人一起将她送往医院治疗，其间还代付了200元医药费。经诊断，徐寿兰摔伤致左股骨颈骨折，需住院施行髋关节置换术，费用需数万元。此时，双方因赔偿问题发生纠纷，先后报警，但未能达成一致。

徐寿兰于2007年1月4日向南京市鼓楼区人民法院提起诉讼，以彭宇将其撞倒在地致其受伤为由，索赔13.6万余元。彭宇称，自己好心搀扶摔倒老太太反被诬告。彭宇是否撞了老太太，真相扑朔迷离，媒体一边倒同情彭宇。媒体质疑法院的判决方法，并认为法院的判决结果将使社会道德倒退，导致人们不敢见义勇为。彭宇案之后，媒体认为这次判决是对道德的嘲笑，会引起道德危机。

（二）舆情初始阶段：彭宇主动联系媒体，媒体出席一审庭审

4月26日，鼓楼区法院针对以彭宇将徐寿兰老人撞倒在地致其受伤为

由提起的诉讼进行了第一次开庭审理，彭宇的妻子在代他出庭答辩时，未提彭宇做好事，只提出："原告受伤非被告所导致的，不应该承担责任。"

6月13日，一审第二次开庭进行法庭质证时，彭宇表示："下车的时候是与人发生过相撞，但不是与原告相撞。"当法庭问及把原告扶起来出于什么目的时，彭宇回答："为了做点好事。"在得知原告申请调取的事发当日城中派出所接处警的询问笔录已丢失时，彭宇对由当时处置此事警官补做的笔录提出异议，并表示要向有关部门和媒体反映这一情况。

7月4日，彭宇打电话找一位网站论坛版主，诉说自己因做好事被诬告，希望媒体能够关注此事，此后南京十多家媒体和网站记者报道关注此事。并于当日向鼓楼区法院提出准许新闻记者出席采访庭审的申请。

由媒体曝光后，众人感慨现在好人难做，多数网友表示相信并支持彭宇，并就以后遇到老人摔倒是否救助展开了激烈辩论。

（三）舆情发展阶段：一审第三次庭审，舆论聚焦双方是否相撞，媒体质疑笔录照片真伪

7月6日，一审第三次开庭，派出所将对彭宇的询问笔录不慎丢失，争议的焦点是双方是否相撞。该所提交了由原告徐寿兰儿子在其母住院接受警官询问时，用手机自行拍摄的原始笔录照片以及据此誊写的材料，主要内容是彭宇陈述与徐寿兰老人2人相撞时的情况。旁听庭审的媒体记者质疑笔录照片真伪。

7月17日，某新闻网报道《做好事反被老太诬陷》，质疑"虽然该原始笔录照片显示的内容已由当时做笔录的警官确认，但其来自原告的儿子"。由此引起舆论跟风质疑。

（四）舆情高潮阶段：双方不服一审判决，真相扑朔迷离，媒体一边倒同情彭宇

9月3日，南京市鼓楼区人民法院作出一审判决，判决认定原、被告相撞事实，在本次相撞事故中，原、被告双方均不具有过错。依据《民法通则》按公平责任分担损失的原则，判决被告彭宇承担40%的民事责任，赔付原告徐寿兰老人4.5万元。

9月18日，鼓楼区法院研究室一名工作人员向媒体确认，彭宇已向南京市中级人民法院提起上诉。

在一审判决中，真相扑朔迷离，媒体几乎一边倒向彭宇。媒体关于此事的报道很多，如网文《扶人却被判撞人赔钱南京小伙好心没好报》《男子搀扶摔倒老太反成被告判赔4万》等。媒体几乎一边倒，表达对彭宇的同情，认为彭宇帮人却被反咬一口，被判承担巨额赔偿费。

同时，媒体对于法院的判决方法进行质疑，如网文《法官怎能以“小人之心度君子之腹”》。此外，媒体认为法院的判决结果将使社会道德倒退，导致人们不敢见义勇为，如网文《司法行为的道德导向：法院判决让“见义勿为”》。

（五）舆情消退阶段：二审后当事双方和解，但舆论长尾延续至今

2008 年 3 月两会期间，全国人大代表、江苏高院领导被记者追问关于彭宇案的进展。其答复透露，此案已经通过调解解决，南京彭宇案在二审期间双方当事人达成了和解协议，并且已经申请撤回上诉，最后案件以和解撤诉结案，且双方当事人对案件处理结果都表示满意。至于调解内容，他拒绝透露。

虽然当时双方和解，并协议不再发表相关言论，但是各大媒体及公众舆论几乎一边倒向彭宇，彭宇这个“落难英雄”的形象已经深入人心。2009 年至 2011 年，对彭宇案的报道及评论仍屡屡见诸报端，如 2009 年 11 月 20 日《南京应补彭宇案之“过”，表彰被“反咬”的好人》、2011 年 9 月 5 日《“彭宇案”挤压下，良知何以安身?》。一旦发生扶老人被讹诈事件，媒体报道就联想到彭宇案，出现某某地区版彭宇，如网文《“南京彭宇案”郑州版加深道德哭泣》《温州版“彭宇案”：老人摔倒司机送医汽车被扣》。

彭宇案的舆情长尾效应往往与其他事件的舆情相叠加。只要有相关敏感因素与彭宇案“接通”，彭宇案中的舆情情绪能量就会给新的舆情事件进行“充电”，加强新舆情的能量。例如，2011 年 10 月 13 日广东省佛山市“小悦悦事件”，2 岁女童遭到汽车碾压而路人漠视。舆论再次将矛头指向几年前已经通过法庭和解结案的彭宇案，认为是该案错判产生的负面效应对整个社会产生了负面影响，导致人们不愿做或不敢做好事甚至见死不救。很多地方出现老人摔倒无人搀扶，帮助人、做好事反被诬告等现象，也屡被归咎为彭宇案的影响。

2012 年 1 月间，某杂志新闻周刊记者对南京市政法委领导独家专访时指出，公众和舆论认知的“彭宇案”并非事实真相。该杂志发文称《南京官方披露：彭宇承认与徐寿兰老太碰撞》。2012 年初，彭宇表示，在 2006 年 11 月发生的意外中，徐寿兰老人确实与其发生了碰撞，事后经法院调解，他对结果表示满意。

二、舆情特点分析

“彭宇案”是典型的情理法冲突型敏感案件。一起很普通的民事案件竟然成为影响力极大的社会“道德滑坡”的标志性事件。公众对“落难英雄”的同情产生“蝴蝶效应”，陆续出现温州版、西安版、厦门版等彭宇事件。

时隔6年，彭宇承认撞人，舆情发生反转。案件舆情体现出如下特点：

（一）舆情走向：司法机关关键行为引领三个舆情波峰

从案件舆情总体走势来看，有三个舆情高峰。这三个舆情高峰都源于司法机关的行动引起社会关注。第一个高峰点出现在2007年的9月，主要是因为2007年9月4日，鼓楼区人民法院一审宣判。法院认为，彭宇一案存在两个争议焦点：一是彭宇与徐寿兰老人是否相撞，二是应赔偿的损失数额问题是否合理。法院认为本次事故双方均无过错。按照公平的原则，当事人对受害人的损失应当给予适当数额的补偿。因此，判决彭宇赔付受害人损失的40%，共45876.6元。当天，徐寿兰老人的代理律师表示，对判决事实感到满意，但40%的赔偿比预期要少。而彭宇却表示对此判决不服。一审判决结果一出，公众议论纷纷，普遍反对法院判决。第二个舆情高峰点出现在2008年1月，媒体爆料出关于彭宇案的更多内幕。第三个舆情高峰出现在2008年3月，也是全案的最高峰。2008年3月15日，在全国“两会”新闻中心举行的新闻发布会上，时任江苏省高级人民法院院长公丕祥首度披露该案双方已庭外和解。于是“彭宇案和解”成为热点再次被舆论关注。

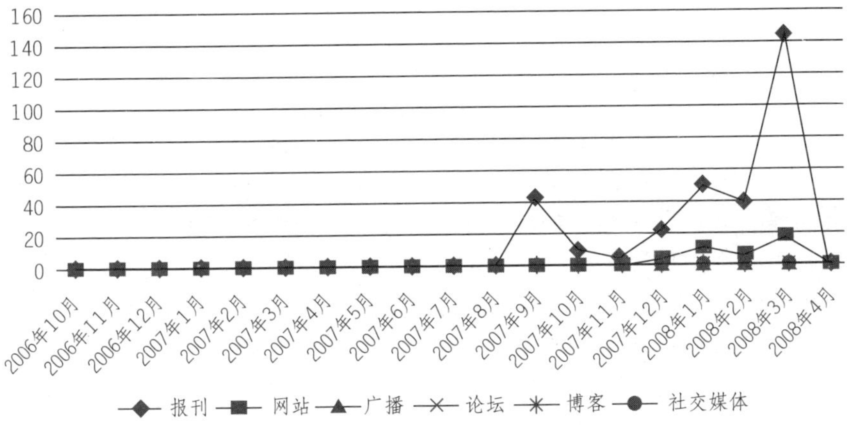

图6.1：彭宇案舆情趋势图

（二）传播途径：传统媒体带动网络媒体

从传播途径上看，报刊设置议程为主要舆论场，带动网站、论坛等网络媒体跟进。报刊媒体一直主动设置议题，主导着整个舆情走向，成为事件舆论场的引领者。网站、论坛跟进，主要是为对各种消息进行整理。由此可看出，在彭宇案中，传统媒体是引爆舆论和设置议程的主要舆论场。在信息网络时代，传统媒体尤其是都市报这种百姓喜闻乐见的纸媒，依然在舆论场中扮演重要的角色。

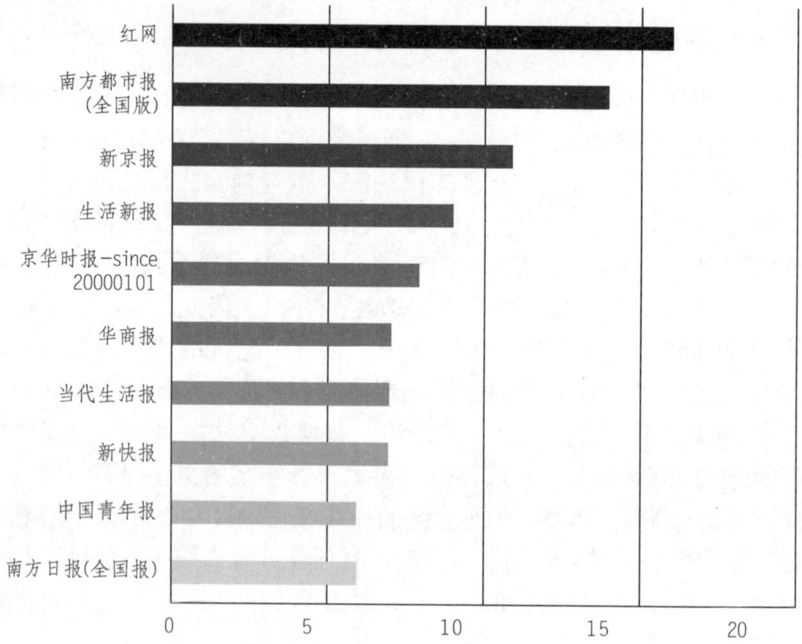

图 6.2：彭宇案消息传播途径

（三）舆论内容：充斥负面情绪，公众与法院意见对立

彭宇案中，公众和网民的主要关注点都与案件围绕道德是否被倡议、法律是否公正等核心议题相关。公众情绪以负面为主。相关的媒体报道及社交媒体信息皆是对此次事件的讨论，公众普遍觉得“彭宇案”的审判结果不利于世道人心，众多网友表示以后不敢再做好事，结果让人寒心。公众对事实认定和法律适用等问题并不关心，并不在乎法院认定的真相，而是热衷于公众塑造出来的虚拟“真相”，体现出典型的“后真相时代”的特点。

（四）舆论影响：放大的蝴蝶效应辐射深远

彭宇案 2012 年真相大白，但是公众对彭宇形象的认知并未因此回归理性，“落难英雄”的形象已经成为一个社会符号，无法在公众心中抹去。彭宇案的舆论长尾延续至今仍未平息，“扶老”话题成为社会价值观争议久久未平息，衍生出“老人变坏”和“坏人变老”的话题争议。丑化老人形象的议题经常挑起社会民众的神经，陆续出现老人“碰瓷”、老人强迫让座等事件。

彭宇案是转型期社会矛盾的集中暴发点，充分映照了道德滑坡、司法公正、弱势群体、媒体监督等一系列社会问题。此案过后，只要有老人倒地无人搀扶或见义不勇为事件的发生，公众首先想到的是被标签化的彭宇案，它已经在公众中形成了“好事做不得”的刻板印象。彭宇则被媒体塑造为做了好事反而遭受损失的“落难英雄”。媒体、公众有意或无意地误读彭宇案，给媒体与司法关系的定位带来的思考并未随着案件结束而结束。

三、法院审理与裁判中的问题

（一）一审事实认定上证据不足

案件的核心争点是彭宇与徐寿兰老人是否相撞。本案中没有直接的第三方证人。案发后，派出所对双方做的询问笔录成为证明是否相撞的重要证据。据媒体报道，彭宇要求调取派出所原始询问笔录，派出所所长答复因派出所装修，笔录遗失。2007 年 7 月 6 日，进行了第三次庭审，徐寿兰老人的律师向法庭提交了一张电子照片和据此整理出来的文本，坚持认为这张照片就是已经遗失了的彭宇原始笔录的电子照片。对于徐寿兰老人提交的这份证据，彭宇不予认可，彭宇认为询问笔录的电子文档和誊写材料是复制品，没有原件可供核对，无法确定真实性，且其中很多内容都不是彭宇所说的；本案是一般的民事案件，公安机关没有权力收集证据，该电子文档和誊写的材料不能作为本案认定事实的依据。① 对于法院在原始询问笔录丢失的情况下认定了笔录电子照片的有效性，因徐寿兰儿子的警察身份，媒体、网友更加怀疑背后可能有某种见不得人的情形发生。有学者评论，在该案处理过程中，先撇开事实认定不谈，有具有中国特色的两项因素是很值得关注的：一是警察积极介入了毫无犯罪迹象或暴力行为的日常性民事纠纷，使公权力在私人间互动中长驱直入，难免造成力量对比关系发生变化；二是作为对警察介入的反应和抗衡，弱势一方必然要诉诸舆论支持，因而也就会导致群众的高调介入。②

（二）经验法则不当运用，裁判文书说理遭到攻讦

一审判决多次使用“更符合实际的做法”“从常理分析”“与情理相悖”之类的不当措辞表述。这实际上正是法官运用经验法则对案情事实进行某种逻辑推断，进而形成“内心确信”。裁判文书说理的漏洞是招致舆论的逆反解读最重要的原因。一审判决在说理部分运用了经验法则，提到

---

① 南京市鼓楼区人民法院民事判决书（2007）鼓民一初字第 212 号。

② 季卫东：《彭宇案的公平悖论》，载财经网，网址：http：//magazine. caijing. com. cn/2007 – 09 – 15/110062409. html，最后访问日期：2016 年 8 月 21 日。

"从常理分析，其与原告相撞的可能性较大。如被告是见义勇为做好事，更符合实际的做法应是抓住撞倒原告的人，而不仅仅是好心相扶；如被告是做好事，根据社会情理，在原告的家人到达后，其完全可以在言明事实经过并让原告的家人将原告送往医院，然后自行离开，但被告未作此等选择，其行为显然与情理相悖"。如此运用经验法则进行说理显然不够严谨有力，饱受社会公众批评。其中所谓的情理无法得到公众认可，经不起推敲。

经验法则本身在法律推理中作为大前提使用，应当具备社会公理的性质，才能够得到大多数人的共识。彭宇案涉及了两条经验法则。分析第一条经验法则，如果真如彭宇所主张的，他是在见义勇为做好事，那么更符合实际的通常做法是抓住撞倒老人的人不让他走，而非自己对老人好心相扶。但是这个经验法则并不是社会普遍的理解方式，老百姓一般会认为人的安危比抓住肇事者更重要。老人摔倒未必一定有一个肇事者，也许彭宇下车时根本没看见肇事者，也许根本没有肇事者而是老太太是自己摔倒的。分析第二条经验法则，如果彭宇确实是见义勇为做好事，那么根据社会情理，徐寿兰老人家人到场之后，彭宇完全可以说明事实的经过并让老人的家人将老人送到医院，然后自行离开。但这一推理的大前提显然是不能成立的。中国传统道德讲好人做到底，如果这个经验法则成立，雷锋的故事都应该不存在。

四、法院信息发布中的问题

（一）法院敏感度不高，网络电视先后发力后仍然无为

彭宇案的前两次庭审并没有引发关注，直到第三次开庭前几天，彭宇根据"西祠胡同·南京零距离版"上留下的电话号码找到版主，亲自向版主讲述了自己好心没好报的故事。版主听完故事凭直觉认为这是一个好选题，认为在很多人身上都发生过类似的事，能引起共鸣，于是在第三次庭审前将信息发给相关媒体记者和编导。鼓楼区人民法院最初没有在意舆论的介入。2007年7月12日，某电视台城市频道《甲方乙方》节目播出《蹊跷的索赔》时，彭宇、陈某春都在节目中表示以后遇到老人摔倒的情况要考虑是否进行搀扶。此种表态随后被大量媒体恶意解读为"老人倒地扶不得"。

（二）舆情暴发后仍然不回应，失去补救时机

法院在一审过程中对舆论的不重视，二审调解结案后又对舆论不加关注和回应，网络上没有法院的声音，让媒体和网民将彭宇案塑造成道德滑坡的典型案例。即使二审调解后真相大白，网民也不愿以自己打脸的方式放弃他们塑造的"落难英雄"形象，彭宇已经成为一种社会符号。

这起事件在全国范围内引发高度关注，导致人人自危，担心做好事反而被诬赖。公众叹怨道德滑坡，舆论四起。此后又出现了多起类似“彭宇案”，对于跌倒的老人“扶不扶”成为舆论焦点，更多的舆论倾向于不敢扶。“彭宇案”后，老人给公众留下讹诈的刻板印象，只要有青壮年和倒地老人发生纠纷的事件发生，部分舆论批评就习惯性指向老人。一个案件引发了一场深远的道德危机。

五、公安机关存在的问题

公安机关丢失询问访谈录，无法公布真相，催生舆论误读。事实层面缺乏证据，真相不明，是误读的温床。事件发生后，媒体持续关注此事，一审判决后，国内舆论哗然，纷纷指责判决的荒唐，道德的沦丧。媒体也只能在没有了解事实的情况下，经过合理想象，认为彭宇没有撞人。此案形成舆论热点后，办案机关没能采取及时有效的应对措施，促使相关报道逐步偏离事实真相，最终形成判决结果与公众认知的巨大反差。

六、媒体在信息传播中的问题

彭宇案原本只是一起普通的民事纠纷案，案情本身并不复杂，其前两次开庭也没有引起媒体的大规模关注。当彭宇主动邀请媒体介入后，此案才在媒体、网民的推波助澜下发酵为影响深远的社会公共事件。某些媒体人士在报道此案中专业素养不足，一是在案件审结之前做定性报道干扰法院审判，二是存在严重偏颇，没有进行平衡报道。媒体在上述三次舆论浪潮的发酵过程中起到了负面引导作用，尤其是电视台对本案件做了有倾向性的报道。

（一）案件审结之前做定性报道干扰法院审判

此节目的播出时间在案件审结之前。虽然没有法律法规明确规定案件审理过程不允许媒体报道，但媒体理应遵守一定的规则，不可轻易对案件做出或明或暗的定性。节目一开始主播即播报了一段开场白，“市民彭先生反映，他去年将一位跌倒在公交站台旁的老太扶了起来，以为做了一件好事，没有想到却惹出了一场官司”，这已经基本上为案件进行了定性。节目采访都在暗示或明示彭宇本人是在做好事，反而受到起诉是冤枉的。例如彭宇称“我做了好事，身正不怕影子斜，是什么就是什么”。这就在法院未审理完毕之前为本案做出了彭宇是好人受冤的定性。

（二）没有进行平衡报道，严重偏颇，误导公众

节目倾向性报道非常明显，而且未做到平衡报道。节目分别采访了彭

宇（由其主动报料）、派出所卢所长、徐老太和一位案外律师，看似兼顾各方，实则不然。节目绝大部分时间都是彭宇单方面透露的信息，讲述其如何做好事反而受到冤枉的经过；如何用从事通讯行业的专业知识揭穿卢所长的谎言；用证人来暗示彭宇确实做了好事；在节目结尾引用律师的话来证明派出所的做法不合法，而对徐老太的采访时长只有不到一分钟。因此，本节目的倾向性已由报料者的讲述所决定，形式上平衡报道未起到应有的平衡作用。

七、对司法机关的重要启示

（一）打铁还需自身硬，提高办案人员职业素养

需要从此案汲取的一个深刻教训，就是要高度重视办案人员的职业素养问题，切实加强政法队伍的职业化建设。要深刻认识到司法裁判对社会主流道德取向的引导作用是不可低估的，要把正确的价值判断和社会主流价值观有机融入到司法裁判全过程中。

（二）重视逻辑思维训练，裁判文书说理规范化

裁判说理是法官的基本素养，本案中的经验法则不当运用成为千夫所指的焦点。法律推理是一项严谨的逻辑思维，法官需要进行逻辑知识的学习和逻辑思维的训练；如果凭感觉随意说理，就会重蹈覆辙。

（三）误读止于真相，及时回应公众关切

法院虽然不会也不应事必回应，但对公众、媒体关注的重点案件，尤其是与社会道德、公共官员、民生问题等相关的案件要及时研判，预测舆论关注点，在保证案件公正、公平审理的前提下，及时公布相关信息。在真相扑朔迷离的情况下，各种误读的舆论会一哄而上。对一些公众关注度高、敏感性强、社会影响大的案件，应积极与媒体沟通，重视舆论引导，确保报道客观公正，防止出现背离事实真相的不当炒作，误导公众。此外，办案单位应对案件审理期间可能出现的偏离事实真相的报道和舆情，以及判决之后可能出现的舆情有充分的预计。案件形成舆论热点后，应有积极有效的应对措施，使报道符合事实真相，避免判决结果与公众认知出现巨大反差。这就要求处理好保障热点案件的公众知情权，妥善处置为当事人保密和保障公众知情权的关系，实现案件的法律效果与社会效果相统一。

（四）按信息传播规律转变工作机制，及时回应舆情关注

网络时代的法院再固守严格的汇报请示制度已不适应信息的快速传播，

尤其是传统的汇报请示制度费时费力，且受制于法院的作息时间安排，无法与网络信息的快速传播相衔接。当法院错过最佳的问题回应时机，将无法有效引导舆论走向。笔者建议，法院建立大新闻发言人制度，除了正规的新闻发布会外，还应通过其他途径在新闻关注点形成的12个小时内与媒体、网友进行沟通，错过最佳时机将无法弥补。

（五）传媒与司法之间，应保持良性互动

在“商谈”中维护社会的公平正义，是传媒与司法的共同目标，传媒与司法之间应该是合作者而不是对立者。媒体部门的片面报道不仅影响了公众对事件的正确判断，也给司法公正审判造成了巨大舆论压力。随后的一系列类似事件中，有关媒体纷纷采用“某某版彭宇案”的报道模式，先于司法审判给案件作出定性，对案件当事人作出评价的这种做法，严重地影响到司法审判，结果是导致传媒与司法关系紧张。在新媒体环境下，越来越多的媒体和公众可以轻易地参与到公共事件中来，舆论围观效应日益明显，司法如何坚持公正审判显得尤为艰难与重要。在司法实践中，法官面对媒体和公众的舆论评判，更需要始终坚持“以法律为准绳、以事实为依据”的原则，而不是只考虑如何应付媒体和说服公众。传媒对司法工作的监督，应有规范性规则，明确监督的范围和对司法个案关注和监督的边界。

第二节　于欢案——利用新媒体形成良性互动

一、镜头回放

被告人于欢的母亲苏某在山东省冠县工业园区经营山东源大工贸有限公司（以下简称源大公司），于欢系该公司员工。2014年7月28日，苏某及其丈夫于某1向吴某、赵某1借款100万元，双方口头约定月息10%。至2015年10月20日，苏某共计还款154万元。其间，吴某、赵某1因苏某还款不及时，曾指使被害人郭某1等人采取在源大公司车棚内驻扎、在办公楼前支锅做饭等方式催债。2015年11月1日，苏某、于某1再向吴某、赵某1借款35万元。其中10万元，双方口头约定月息10%；另外25万元，通过签订房屋买卖合同，用于某1名下的一套住房作为抵押，双方约定如逾期还款，则将该住房过户给赵某1。2015年11月2日至2016年1月6日，苏某共计向赵某1还款29.8万元。吴某、赵某1认为该29.8万元属于偿还第一笔100万元借款的利息，而苏某夫妇认为是用于偿还第二笔借款。吴某、赵某1多次催促苏某夫妇继续还款或办理住房过户手续，但苏某夫妇未再还款，也未办理住房过户。

2016年4月1日，赵某1与被害人杜某2、郭某1等人将于某1上述住房的门锁更换并强行入住，苏某报警。赵某1出示房屋买卖合同，民警调解后离去。同月13日上午，吴某、赵某1与杜某2、郭某1、杜某7等人将上述住房内的物品搬出，苏某报警。民警处警时，吴某称系房屋买卖纠纷，民警告知双方协商或通过诉讼解决。民警离开后，吴某责骂苏某，并将苏某头部按入座便器接近水面位置。当日下午，赵某1等人将上述住房内物品搬至源大公司门口。其间，苏某、于某1多次拨打市长热线求助。当晚，于某1通过他人调解，与吴某达成口头协议，约定次日将住房过户给赵某1，此后再付30万元，借款本金及利息即全部结清。

4月14日，于某1、苏某未去办理住房过户手续。当日16时许，赵某1纠集郭某2、郭某1、苗某、张某3到源大公司讨债。为找到于某1、苏某，郭某1报警称源大公司私刻财务章。民警到达源大公司后，苏某与赵某1等人因还款纠纷发生争吵。民警告知双方协商解决或到法院起诉后离开。李某3接赵某1电话后，伙同么某、张某2和被害人严某、程某到达源大公司。赵某1等人先后在办公楼前呼喊，在财务室内、餐厅外盯守，在办公楼门厅外烧烤、饮酒，催促苏某还款。其间，赵某1、苗某离开。20时许，杜某2、杜某7赶到源大公司，与李某3等人一起饮酒。20时48分，苏某按郭某1要求到办公楼一楼接待室，于欢及公司员工张某1、马某陪同。21时53分，杜某2等人进入接待室讨债，将苏某、于欢的手机收走放在办公桌上。杜某2用污秽言语辱骂苏某、于欢及其家人，将烟头弹到苏某胸前衣服上，将裤子褪至大腿处裸露下体，朝坐在沙发上的苏某等人左右转动身体。在马某、李某3劝阻下，杜某2穿好裤子，又脱下于欢的鞋让苏某闻，被苏某打掉。杜某2还用手拍打于欢面颊，其他讨债人员实施了揪抓于欢头发或按压于欢肩部不准其起身等行为。22时07分，公司员工刘某打电话报警。22时17分，民警朱某带领辅警宋某、郭某3到达源大公司接待室了解情况，苏某和于欢指认杜某2殴打于欢，杜某2等人否认并称系讨债。22时22分，朱某警告双方不能打架，然后带领辅警到院内寻找报警人，并给值班民警徐某打电话通报警情。于欢、苏某想随民警离开接待室，杜某2等人阻拦，并强迫于欢坐下，于欢拒绝。杜某2等人卡于欢颈部，将于欢推拉至接待室东南角。于欢持刃长15.3厘米的单刃尖刀，警告杜某2等人不要靠近。杜某2出言挑衅并逼近于欢，于欢遂捅刺杜某2腹部一刀，又捅刺围逼在其身边的程某胸部、严某腹部、郭某1背部各一刀。22时26分，辅警闻声返回接待室。经辅警连续责令，于欢交出尖刀。杜某2等四人受伤后，被杜某7等人驾车送至冠县人民医院救治。次日2时18分，杜某2经抢救无效，因腹部损伤造成肝固有动脉裂伤及肝右叶创伤导致失血性休克死亡。严某、郭某1的损伤均构成重伤二级，程某的损伤构成轻伤二级。[①]

于欢因涉嫌犯故意伤害罪，于4月15日被刑事拘留，4月29日被批准逮捕。

山东省聊城市人民检察院，于11月21日向聊城市中级人民法院提起公诉，指控被告人于欢犯故意伤害罪。

聊城中级人民法院于12月15日公开开庭对该案进行了合并审理。

2017年3月24日，经多家主流媒体接力报道，山东聊城于欢“辱母杀人”案得到舆论广泛关注，网络新闻出现“百万级跟帖评论”。

山东省聊城市中级人民法院于2017年2月17日作出（2016）鲁15刑初33号刑事附带民事判决，认定被告人于欢犯故意伤害罪，判处无期徒刑，剥夺政治权利终身，并赔偿附带民事原告人经济损失。

随后，相关舆论迅速发酵，平衡法理情，让判决符合“正当防卫”立法精神迅速成为媒体共识；司法公正、公安执法是否恪尽职守，成为首当其冲的舆论矛头；也有部分评论关注了民间信贷与基层金融、个人破产等问题。

宣判后，被告人于欢及部分原审附带民事诉讼原告人不服，分别提出上诉。山东省高级人民法院经审理于2017年6月23日作出（2017）鲁刑终151号刑事附带民事判决：驳回附带民事上诉，维持原判附带民事部分；撤销原判刑事部分，以故意伤害罪改判于欢有期徒刑5年。

二、敏感因素与舆情传播分析

（一）舆情议题

本案是情理法冲突最为猛烈的典型案件，复合了人伦道德、高利贷暴力逼债、警民关系等敏感因素。有关“辱母”的议题有悖人伦常情，引发舆论的现象级关注。此案背后是一个法理情的平衡问题，即公众的朴素正义感与专业的法律条文之间存在认知偏差。此案在短时间内引发了舆论“现象级关注”，原因就在于该案触及到了人皆共有的人伦孝道的传统道德伦理问题，也就是舆论焦点之一“辱母”情节。在我国这种重亲情、重血缘的文化环境下，公众对侮辱母亲的事件极易产生代入感。深处于人内心最朴素、最原始的感情，构成了触发共情、引爆传情的共同心智结构。“假如你的母亲受到那样有悖人伦常情的侮辱，你是否也会去杀人”，舆论场中

① 参见最高人民法院指导案例93号：于欢故意伤害案。

类似这样的“代入式”反问并不少见。

（二）舆情基本意见分解

法律自媒体评论热情较高，纷纷认同“于欢行为属于正当防卫、符合自首条件”，与主流媒体和网络舆论共识度较高。网民观点中，“群体愤怒”占据主流。同情于欢母子之余，多数网友表达了丰富的相关意见和情绪，主要包括三大类：一是对案件中警察执法过程的愤怒，二是对一审判决的不满，三是对高利贷逼债方式的谴责。一审过后，网民意见表达了三种期待：一是对于欢案二审减刑的期待，二是对涉案警察不作为严惩的期待，三是对高利贷违法逼债者严惩的期待。

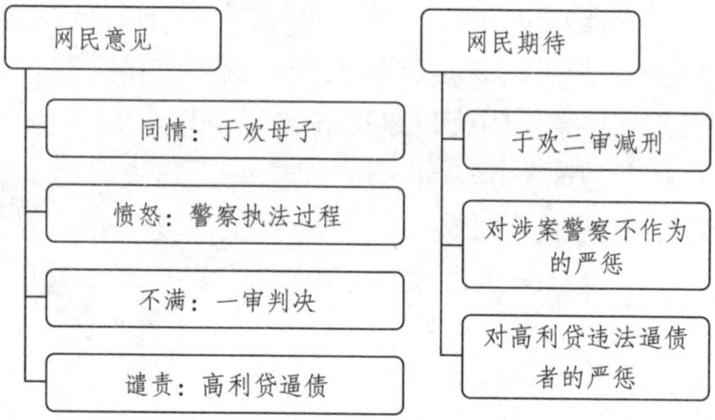

图6.3：于欢案网民意见期待解析

关于同情的声音，例如：A天涯网友：“派出所已经出警了就不存在防卫的紧迫性？”B新浪网友：“于欢的行为是正当防卫，是当今武松，为民除害，让人拍手称快。”C新浪网友：“他母亲有没有经济罪和他没关系，他只不过做了一个儿子该做的事。称职的儿子。如果当时他不这么做，这事的阴影将会陪伴他一生，他将抑郁一生，如何去面对自己的母亲，自己的良心。”D腾讯网友：“本来和母亲受着凌辱，就已经很折磨了，结果警察来了，瞬间带来了希望，结果警察简简单单一句要账可以但是不能打人，拂袖而去，刹那间就绝望了，人在绝望的时候做出一些过激的事情很正常。”E新浪网友：“儿子首先还是想到了‘法律’，警察的敲门声是他最后的希望，可警察来了又敷衍地走开了，他唯一的希望破灭了，这种破灭叫做绝望！此时，全世界可以倚靠的，只剩下他手中的那把刀！尽管他伤害的是一个恶霸！”

关于不满一审判决的声音，例如：F腾讯网友：“培根这句名言值得反复重温：一次错误的判决胜过十次犯罪，因为犯罪只是污染了水流，而错误的判决则是污染了水源。”G新浪网友：“法律的武器维护的应是社会的公平正义，在法律面前我们不应否认最基本的人性，例如尊严，孝道，还有绝望中求生存的无奈。”H网易网友：“于欢虽然杀人有罪，但一审量刑过重，法律应当兼法理和情理，如果法律都是这么冷冰冰的，真的很难让人信服。”I 新浪网友：“二审如果不行，就继续申诉打到最高人民法院也要打官司，钱不够，我们捐钱给你。”J 新浪网友：“还有一个重要线索：被于欢用水果刀伤到的那个人是自己驾车去医院的，也就是说于欢当时伤到他的时候并不构成重伤。”K 腾讯网友：“只有法律进步了，法官们更要进步。不敢说于欢无罪。但可以肯定地说判于欢无期的法官不是好法官，肯定有猫腻，一块查查吧！人民需要公正的法律，更需要公正的法官。”

关于对警察的谴责，例如：L 网易网友：“这些警察到底是黑势力的保护伞还是人民的卫士？”M 新浪网友：“还有济南公安官方微博，作为人民警察的官博，挑拨警民关系，辱骂群众是驴，申请彻查！”N 网易网友：“当警察不保护人民群众那我们自己保护自己。”N 网易网友：“警察不作为，明显是认识他们，不想管闲事。”O 新浪网友：“一直在关注着这起新闻，希望能早日还原事实真相。但在调查这案件的公正性的同时，为什么没人去管管当地警察机关的渎职？多方也证实警察丢下一句：要债可以，但不要打人。就走了，丝毫不顾及那对母子危险处境，这是我们的人民警察？监管力度不强谁又能保证不会有下次？”

（三）舆情传播渠道分布

据人民网舆情监测室统计，2017 年 3 月 24 日至 27 日 12 时，与山东于欢故意伤害案相关的网络新闻报道有 6319 篇，报刊新闻 166 篇，微博 6563 条，微信文章 4667 篇，论坛与博客帖文 2195 篇，APP 资讯 509 条。从舆情发展态势来看，经过周末两天舆情爆发过程，27 日自媒体评论量有明显回落，但媒体关注度持续燃烧，舆论总体热度仍然较高。

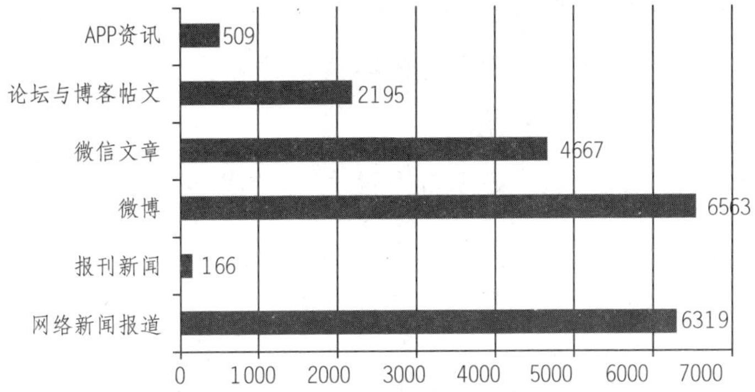

图 6.4：于欢案传播渠道分布图

非常值得注意的是，微信在于欢案的传播过程中发挥了主要作用。这是微信首次在重大敏感案件舆论传播中发挥主要作用。这反映出一个传播方式变化的普遍规律，即逐渐从“广场式”的大众传播转向“茶馆式”的人际传播。

（四）舆情趋势归于理性

自2017年3月26日起，最高人民法院、最高人民检察院及当地两级法院紧急发声，公检法多层级、多系统联动回应（包括转发通报等间接回应），司法与舆论再现良性循环。舆论从“一边倒”地质疑法律判决不公到“平衡”声音涌现，再到相对理性地期待二审判决的最终“裁量”，这些变化离不开政法机关的“高规格”回应。3月27日，《人民日报》等主流媒体持续点赞司法与舆论在于欢案中的良性互动。伴随官方回应与二审动态，网民不再到处寻找“小道消息”，而是更倾向于等待司法裁判给出“最终解释”。

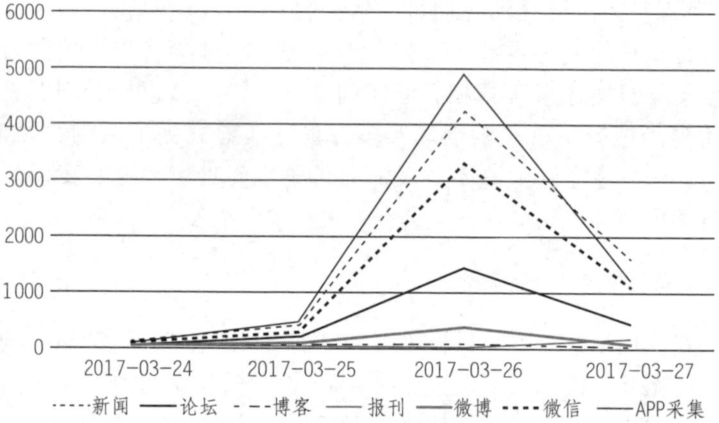

图6.5：于欢案舆情走势图

三、法院处理经验总结

本案中，法院系统展现出成熟的舆情应对水平，处置效果非常好，是成熟应对复杂舆情的典型案例。

（一）两级法院紧急发声，司法与舆论良性互动

面对舆情的汹涌之势，3月26日10点43分，“@山东省高级人民法院”微博称“附带民事诉讼原告人和被告人于欢对一审判决不服已经提起上诉，山东省高级人民法院于3月24日受理了此案，合议庭人员对此案案卷做了全面审查”。3月26日，“@最高人民法院”转载了“@山东省高级人民法院”通报微博。两级法院联动发声，透露案件进展，有效缓解了舆论的质疑。另外，“@最高人民检察院”“@山东公安”“@山东省人民检察院”等也相继表态。中央与地方、公检法司联动应对，多层级、多系统官方连环回应，同样堪称“现象级应对”，展现了官方对案件、对民意的高度

重视，同时对舆论从一边倒质疑到回归理性起到了关键作用。

（二）政法自媒体及时发声，对冲作用明显，有效平衡舆论场

本案的突出特点是微信传播发挥了主要作用。政法机关把握了这个舆论传播的新变化，充分运用自媒体与网民沟通的渠道。南方周末《刺死辱母者》一文，初期仅有于欢一方的“一家之言”，瞬间引发舆论的愤怒谴责，矛头直指法院与公安。在缺少官方声音的情况下，政法新媒体充分发挥其灵活快捷的作用，为政法机关发声，起到平衡舆论、唤醒更多理性声音的引导作用，对舆论渐趋理性起到了至关重要的作用。其中，不少文章阅读量突破10万，成为“爆款”，如“最高人民法院”官微文章《又一堂全民共享的法治“公开课”》，“长安剑”《“辱母杀人”案，司法如何面对汹涌的舆论?》等等。“@舆论热点”的《法治之国，罪与罚谁来判定？——我看“辱母杀人案”》一文，微博阅读量已突破82万人次。

在这场舆情应对中，我们还应当意识到，新媒体形式在近一两年也在悄悄地发生变化。视频、直播和斗图成为新媒体中的“新新媒体”，传播方式更加鲜活和活泼。在与网民沟通时，应当具有敏锐的嗅觉，不断发现“新新媒体”新的传播特点，不断学会运用“新新媒体”提升沟通效果。

第三节　邓玉娇案——舆论的非理性与司法机关的不专业

一、镜头回放

2009年5月10日，湖北省巴东县三名政府工作人员对宾馆服务员邓玉娇进行骚扰挑衅，邓玉娇情急之下用水果刀刺向两人后导致一人死亡。邓玉娇涉嫌故意杀人罪被拘捕和起诉。在案件审理过程中，媒体纷纷跟进报道，舆论大量关注并声援邓玉娇，案情的多次通报引发舆论聚集和质疑，舆论由线上声援转向线下帮助，最终引爆舆论风暴，引起全国轰动。此案是司法史上的标志性案件，载入首次以白皮书形式发布的《人民法院工作年度报告（2009年)》。整个案件的舆情有六个关键节点。

（一）警方公布调查结果，媒体跟进报道，披露特殊服务情节

邓玉娇案件发生后，某晚报在2009年5月12日最先报道此事，发文

《招商办主任命殒娱乐场所》，引发媒体关注此事。报道描述了记者从巴东县公安局副局长处了解案件，因为警方正在调查中，无法透露细节。野三关镇政府常务副镇长介绍了伤者和死者的身份。

某网站于5月12日发表了巴东公安局11日提供的初步调查结果，结果表明邓玉娇用的是一把水果刀，还在行李包中发现了治疗忧郁症的药品，冲突的发生是因语言不和发生的争执（没有提到要求特殊服务）。

某商报于5月12日报道《湖北巴东1名官员被娱乐城女服务员刺死》，称独家披露消息，邓某向邓玉娇提出“特殊服务要求”，遭受拒绝后邓某恼羞成怒，从怀中拿出一沓钱狠狠地抽打邓玉娇的头部，由此引发了命案。自此网络舆论开始关注此案。

巴东县公安局于5月12日将邓玉娇送进了湖北恩施优抚医院，对邓玉娇采取了“约束性保护”措施：邓玉娇的踝、手腕和膝等部位被用布条约束后固定在病床上，活动范围和活动能力均受到限制。

此事激起网民同情心，网络舆情呈现出声援邓玉娇的趋势。如百度贴吧网友发文“大家知道邓玉娇吗？好可怜！”“在宾馆工作被官员侮辱怒杀宁为玉碎好女子”等。

（二）案情通报回避“特殊服务”，引发舆论聚集和质疑

5月12日，湖北当地媒体发布了巴东公安局在长江巴东网发布的第一次案情通报。通报简单描述了邓玉娇一案经过：野三关镇招商项目协调办的3名干部，在镇上一娱乐场所陪同客人消费时，与一名女服务员发生争端，争执中该服务员拿水果刀刺向对方，其中一名干部的颈部动脉血管及胸部被刺破，另一干部臂部受伤。这是当地警方的首次回应，但回避了舆论关切的“特殊服务”问题，激起舆论质疑。

5月14日，某网站《女服务员刺死官员续：警方称遭该名女子攻击》一文披露了更多细节，文章表述：邓玉娇是该娱乐场所三楼KTV员工，邓玉娇再三向客人说明不提供特殊服务。客人黄某听后很气愤，质问邓玉娇这是服务场所，你不是“服务”的，你在这里做什么？随着语言的不和双方发生了争执。邓玉娇被多次按倒在沙发后无奈举起水果刀刺向邓某。此外，野三关派出所工作人员在办案时，邓玉娇的言行举止让民警捉摸不透，他们怀疑邓玉娇患有抑郁症。

巴东县公安局在5月14日接受电视台“今晚九点半”的电话访问，网民同情心再次被激起，网民纷纷在网络留言表示声援邓玉娇。有网友在凯迪社区的论坛“猫眼看人”上发帖，呼吁大家一起用行动来帮助“这个用修脚刀捍卫尊严的姐妹”。

就在当日，某日报发表一篇题为《渲染邓玉娇患抑郁症有转移视线之

嫌》的文章，此文受到多家主流媒体转载。报道认为："罔顾女性尊严的好色官员层出不穷，患抑郁症的女服务员却不常有。虽说任何人的非正常死亡都值得同情，但因何而死带给社会的警示和反思却不尽相同。一个邓某因侵犯有抑郁症的服务员而死，更多邓某会把这仅仅当作巧合，从而不足以使好色官员引以为戒，也不足以震慑其检点自己的形象。"

（三）两份案情通告措辞差异较大，网友由线上声援转向线下援助

5 月 18 日下午，巴东县公安局第三次通报案情细节，称已经按照涉嫌故意杀人罪立案侦查，对通报又作了多处修改，与上次通报有了较大变化。通报的细节和之前不同的地方在于：

1. 邓某等人到梦幻城娱乐休闲改为"陪他人消费"；
2. 在水疗区发生争执后，邓玉娇走入休息室后案件发生；
3. 黄某提出的让邓玉娇提供"特殊服务"被代之以"异性洗浴服务"；
4. 邓玉娇拒绝提供特殊服务改为"双方发生口角"；
5. 休息室内当时有两名服务员；
6. 邓某用钱扇打邓玉娇头部、肩部；
7. 邓某两次"按倒"邓玉娇在沙发上被代之以"推坐"；
8. 将邓玉娇向警方打电话自首改为"自首是否成立，尚待法院依法认定"，并认定邓玉娇涉嫌故意杀人，这也否认了之前某商报等媒体对案情的基本介绍。该通报最后还写明："鉴于本案未侦查终结，此情况通报的内容尚不能作为公安机关的最终认定结论。"

两份案情通告中的措辞出现较大差异，引起舆论一片哗然。警方通报引爆舆论，各媒体全面报道，各论坛民意汹涌，纷纷对警方的说法改变进行质疑。某报称"案发之初，公安机关在邓玉娇案的侦查中，故意将案情复杂化，先是对案情的描述出现前后矛盾，比如，将按倒改成推坐"。同时，巴东县公安局称已对邓玉娇涉嫌故意杀人罪立案侦查。

网友于 5 月 18 日晚上联系了北京两位律师赶赴巴东，就邓玉娇案与邓玉娇母亲签署了委托协议，成为"邓玉娇案"最初的代理律师，免费帮助邓玉娇。

与此同时，网络声援中，先后出现了《生女当如邓玉娇》《侠女邓玉娇传》《烈女邓玉娇传》等文章，舆论导向纷纷攻击黄某、邓某等人。网民由线上声援转向线下帮助：有的网友还请求为邓玉娇立"烈女碑"，一些网友纷纷到巴东"旅游"。自抗日战争以来，长江航线巴东码头首次停航，宾馆宣布客满。北京西客站附近广场上，出现了"行为艺术"，一女青年用纱布层层缠裹自己的身体，呈现出极力挣扎却又无法挣脱的样子，在她身边还

摆放着几个大字："谁都有可能成为邓玉娇"。

邓玉娇于5月20日办理了出院手续，被送回巴东县看守所。巴东县某领导接受采访。对于警方改认"防卫过当"，网民依然不依不饶，认为邓是正当防卫并要求对其无罪释放，极少网友从法律角度分析其确属"防卫过当"，但回应寥寥。某报报道《女服务员杀官员续：其母称女儿被逼杀人无罪》被网站转载后，仅腾讯网的评论量就有129759篇。报道称，"又以从邓玉娇衣袋中搜出安眠药、怀疑其患有精神病为由，强行将其送入医院精神科。"某都市报报道《女服务员与招商办官员的致命邂逅》，试图从人性化的客观表达中还原真实的人物形象，可是正是这种对网络上流传的邓玉娇形象的消解，招致了网民们的一致反对与批评。某网站针对邓玉娇案进行民意调查，其中关于邓玉娇行为定性的问题上，77%网民认为"邓玉娇无罪"，69%网民认为"属于正当防卫"，26%认为"属于防卫过当"，只有1%认为"属于故意杀人。"

（四）官方通报邓玉娇案不存在强奸，与网络报道相悖

巴东县人民政府于5月22日通报了有关邓玉娇案最新情况，称经调查邓玉娇一案不存在强奸的情况，被强奸问题属"子虚乌有"，同时通报了邓玉娇母亲与律师解除委托关系。

5月22日，网易新闻《邓玉娇明确表示自己受到性侵犯》一文称此案很可能有重大取证失误的地方，律师说，他在会见邓玉娇的过程中，邓玉娇很明确地说出了自己受到性侵犯的一些情况。邓玉娇案发当天的内衣内裤至今没被警方提取。而此时，已经距离案发有11天之久。

（五）检方诉邓玉娇故意伤害，掀起舆论激烈争议

湖北省恩施州公安局于5月31日认定邓玉娇"防卫过当"，移送检察院起诉。某网站报道文章《湖北恩施警方认定邓玉娇行为属于防卫过当》，掀起舆论激烈争议。网友争议一般可以分为三种观点：第一种观点认为邓玉娇的行为可以构成正当防卫，应该判无罪。第二种观点是，邓玉娇的行为已经构成故意杀人罪且无免责事由，且应承担刑事责任。第三种观认为，邓玉娇的行为虽构成故意杀人罪，但因邓玉娇无刑事责任能力或者限制刑事责任能力而免责或者减责。

时任最高人民法院新闻发言人孙军工在6月3日阐述最高人民法院对于邓玉娇案的立场时，认为"越是媒体关注越多，法院在办案中越要保持理性"，要坚持公正处理，绝对不可以以个人的意志和感情来替代法律，最后声明判决要"充分考虑法律效果和社会效果的统一"。

6月5日下午，巴东县人民检察院以涉嫌故意伤害罪将邓玉娇起诉至法

院。检察机关认为，邓玉娇的行为具有防卫过当、自首以及死伤者有过错在先等减轻或免除处罚的情节。

网民还在继续声援支持邓玉娇。但是也有人认为法律为大，邓玉娇防卫过当刺死邓某，为此被起诉是合情合理的，不能因为被刺的是官员，政府就不顾及法规而屈服于网上的压力。

（六）被告一审判决免除处罚，案件告终，舆论平息

6月16日，巴东县法院一审公开开庭审理“邓玉娇案”，并当庭宣判。法院认为，邓玉娇在遭受客人黄某、邓某拉扯推搡、无理纠缠、言词侮辱等不法侵害的情况下，所采取的反击行为具有防卫性质，但是超过了必要限度，属于防卫过当行为。该行为已构成故意伤害罪。案发以后，邓玉娇能够主动投案，如实供述自己罪行，已构成自首。经过法医鉴定，邓玉娇因有心境障碍（双相），属于部分（限定）刑事责任能力人。据此，对邓玉娇做出判决，免予刑事处罚。邓玉娇未提出上诉。很多家媒体和网站均在第一时间对此消息进行了报道，网络上出现了久违的欢庆气氛。诸如“中国在发展中不断进步”“是法制进程史上的一个里程碑”“网络的力量是不可低估的”等评论。新华网发起网络调查中有9成网友支持法院判决。与此同时，某网站发出评论《邓玉娇免除处罚是民意战胜理性》，认为在此案中非理性的舆论对司法公正造成了干预甚至破坏。另有网站发表了《法学家马某认为邓玉娇案定罪量刑适当》。邓玉娇恢复自由，案件告终，舆论也渐渐平息。后续舆论有两种态度：一是对仍然认定“防卫过当”有微词；二是就舆论对司法的干扰有反思。

二、官方信息发布情况

表6.1：邓玉娇案官方信息发布情况表

时间	新闻发布情况	新闻发布平台（主动）	新闻发布内容	新闻发布重点词语
5月12日	第一次通报	新闻网站	简单事实描述：野三关镇一娱乐场所发生命案，行凶女子已被警方控制	娱乐场所消费、梦幻城休息室、言语不和发生争端、主动报案

续表

5月13日	第二次通报	政府网站+新闻网站	对案件的基本介绍：巴东县野三关“5·10”案情初步查明	特殊服务、二楼一休息室、按倒、打电话自首
5月14日	恩施电视台节目电话访问	恩施电视台	介绍案件的基本情况	——
5月15日	中央电视台记者访问	中央电视台	介绍案件的基本情况	——
5月18日	第三次通报	政府网站	对案件的基本定性：关于“5.10”案件情况通报	异性洗浴服务、水疗区一包房和隔壁服务员休息室、推坐、虽有主动投案情节，但是自首是否成立，应经诉讼程序即由人民法院审理后依法作出认定
5月21日	巴东县政府新闻发言人专访回应	新闻发言人专访	对调查工作进展的回应	——
5月23日	第四次通报	县政府新闻办发布	回应“强奸”“律师解约”等第三次通报出现的疑点	强奸失实、律师失职、“消失的第三人”身份

三、舆论传播特点

（一）传统媒体爆料设置议程，网络跟进成主要舆论场

传统媒体报道占总量的一半以上，门户网站随后跟进。从案件在媒体爆发到出审判结果这段时间内，论坛和博客热度不高，对舆情发展作用不明显。这种舆论场结构说明，2009年微博、微信等自媒体出现前，司法舆

情的引爆场依然在传统媒体。传统媒体主要扮演爆料和设置议程的作用，网络跟进成为倒逼政府真实信息公开的力量。

（二）议题焦点明显，负面情绪占主流

议题的焦点集中在“贪腐官员”“特殊服务”等问题。“邓玉娇事件”主要争议点为“贪腐官员”“特殊服务”“推到或推坐”等问题。公众情绪以负面为主，质疑官方隐藏核心事实、模糊真相，并对此表达不满情绪。这些公众情绪，一方面有力地推动信息公开，另一方面也给政法队伍整体形象造成一定负面影响。

四、司法机关和网络传播成功经验

（一）裁判结果坚守正义，邓玉娇免于刑事处罚

在邓玉娇案中，巴东县公安局在多次调查中回避“特殊服务”这一敏感细节，或前后措辞出现较大差异，引起舆论哗然，或与网络报道相悖。舆论质疑警方调查结果屈服于政府压力，网民纷纷线上、线下援助邓玉娇。最终司法坚守正义，邓玉娇免于刑事处罚。

（二）舆论力促司法透明，改变事件发展方向

网络民意的力量在邓玉娇案的发展过程中得到了集中体现。可以说，网络舆论不仅仅监督了事件的全过程，同时也起到了直接推动甚至改变方向的作用。民间产生的舆论一边倒同情邓玉娇，是因为广大民众无法再容忍某些官员凭仗权势胡作非为。民众普遍担心，黄某、邓某如此嚣张，司法公正到底能不能得到保障，“弱女子”邓玉娇能否得到法律的保护。互联网舆论的强大力量改变了邓玉娇案中的强弱势力对比，现实中处于弱势地位的网民在网络空间转化为强势群体。在此次事件过程中，舆论狠力地促使司法部门公开透明地进行查案办案，特别是还原了案发真相。同时，网络舆论有效地遏制了地方权力对司法的干预，也起到了一种对地方政府依法行政、公正司法的特殊制衡作用。

五、公安机关问题总结

（一）“迎媒”心态盛行，对舆论片面迎合而失于引导

在整个邓玉娇案侦查过程中，当地警方一直都在通过官方网络或者新闻发言人公布案件的一些侦查进展情况，并承诺“依法接受法律监督，主动接受舆论监督”。但是，警方在与媒体打交道过程中表现出一些心有余而

力不足，无论怎么说都会遭遇质疑并导致被动回应。究其原因，还是公安机关自身存在一定的专业失范问题，表现得不够谨慎与智慧，缺乏应对舆论和处理公共关系的经验。

（二）提前公布细节，涉“有罪推定”之嫌

2012年5月11日，当公众还不知案件基本情节时，巴东公安局便主动向社会公布了整个案情的细节，宣称：“5月10日的晚上，野三关镇招商项目协调办3名干部陪同客人在镇上一娱乐场所消费时，与一名服务员发生争端，争执中该服务员用水果刀刺破一名干部的颈部动脉血管及胸部，致其不治身亡，另一干部臂部受伤。”表面来看，警方公布案情的细节，是为满足公共知情权的需要，但事实上还原犯罪过程，只应是公安机关的内部办事程序。在案件侦查初始阶段就对外公布，不仅没有法律上的依据，而且认定是服务员“用水果刀刺向一名干部的颈部动脉血管及胸部，导致其不治身亡”，还涉“有罪推定”之嫌。

这也反映了我国一些公安机关工作人员长期“自居老大”的惯性思维。对于一起如此备受舆论关注的案件，未经法院审判随意为案件事实定性，违反无罪推定之原则。即使是公布案情，也不注意平衡报道，造成程序上的不公平；而且只强调邓玉娇刺人致死之果，未解释双方发生争执的来龙去脉。

（三）回避群众关切的细节问题，前后矛盾，引起质疑

巴东以及恩施地方政府出于维护地方政府形象考虑，在有意无意地将此案许多重要细节予以淡化和回避，这种做法引起了民意的愤怒情绪。可见，一味地坚持“政治中心主义”，不仅对政府形象和公信力无益，反倒有损。

当地警方三次对外发布的内容都不尽相同。特别是在一些关乎到案件定罪量刑的关键细节上，有很大差异。比如，5月18日巴东县公安局第三次对外公布了案情细节，与一周前比较有了较大变化，主要有：“特殊服务”改成了“异性浴池服务”，“按倒”改成了“推倒”，邓玉娇拒绝为客人提供特殊服务改为“双方发生口角”，邓某等人到梦幻城娱乐休闲改成了“陪他人消费”。结果这一纸通报再次掀起了舆论波澜，无论是传统媒体还是网络论坛，纷纷对警方的说法改变进行质疑，认为这是在“故意将案情复杂化”，是在为邓玉娇最终被定罪提前准备。

六、媒体报道问题总结

（一）任意猜测，选择性使用材料

由于公安机关提前遮遮掩掩地披露案件细节，邓玉娇案刚刚发生以后，就有媒体对案情任意猜测。比如当地警方首次通报案情后，某商报就邓玉娇事件发出了首篇公开报道，称“可能是事发前邓某向邓玉娇提出‘特殊服务’要求”。该报道随即被某网站转载，一时间高居留言排行榜第一位，某晚报和某都市报随后也对案情进行了报道，也都用了“特殊服务”字眼。而某报发表文章《女服务员刺死官员续：刑拘后被捆无行动自由》毫无事实根据。甚至一些媒体对警方提供的材料有选择性地使用，通过议程设置，又以突出死者邓某的官员身份，在公众面前勾勒出一幅“烈女抗官”的图画，煽动官民对立情绪。

（二）煽情报道，将社会舆论引向歧途

在邓玉娇案中，部分媒体借用吸引眼球的话语，通过情绪化的表达，制造轰动效应，以左右案件走向，在很大程度上误导了未必了解实情的社会公众。一些报纸上的报道内容包括：“邓玉娇涉嫌故意杀人，邓某岂不死得光荣?”“后邓玉娇时代：我们的妻女该如何应对权贵邪行”“没被强奸不等于没被性侵犯”“邓玉娇故意杀人的蹊跷”。邓玉娇最初的两位代理律师被解聘后，一些媒体则继续运用煽情报道“鼓动”舆论，比如某都市报就在4天内接连刊发了《邓玉娇律师：她内裤上留有证据》《邓玉娇的衣物已经被母亲洗净》《邓玉娇案件：风云诡秘三天里》《夏某律师控告邓某及同伴涉嫌强奸》4篇文章，通过煽情的标题与内容突出了“当场哭泣”的被解雇的律师的正义形象。

七、网络传播问题总结

（一）选择失明，非理性情绪表达

在邓玉娇案中，一幅“烈女抗官”的图画便在千万网友的心目中形成，再加上警方的一些瑕疵表现，网络舆论开始呈现出“一边倒”支持邓玉娇之势。邓玉娇本人也被冠以“烈女”“女性豪杰”“中国女性骄傲”等称谓。有网友专门为邓玉娇案设立了网站，要求释放邓玉娇；有网友发帖号召“大家一起用行动来帮助这个用修脚刀捍卫尊严的姐妹”；有网友甚至直接来到案发当地，并说服邓玉娇的亲属让律师介入。与之形成强烈对比的是，死者邓某遭到了众多指责甚至谩骂，少有的理性声音也被很快湮没，

任何有违于所谓“民意”的话语都会被批判为是替官员“辩护”。特别是关于本案是否存在强奸事实的认定上，大多数网友对证据选择性“失明”，不顾法律的明文规定，一味强调邓玉娇的行为是“正当防卫”。

（二）疯狂网络投票，干预司法公正

在邓玉娇案中，诸多网站也纷纷赶在判决之前，展开了轰轰烈烈的民意调查。比如某网站针对邓玉娇案进行的民意调查结束后，其中关于邓玉娇行为定性的问题上，77% 的网民认为“邓玉娇无罪”，69% 的网民认为“属于正当防卫”，26%认为“属于防卫过当”，只有 1% 认为“属于故意杀人”。而在某中央媒体官方网站上，也有关于“女服务员刺死官员，算正当防卫吗”的调查。事实上，上述的所谓民意调查，实际上是互联网语境下一种新型的舆论审判形式，对案件依法公正审理形成了干扰和影响。

八、律师执业失范问题

（一）故意作秀博同情，进而向法院施压

在此案中，邓玉娇的两位律师多次表现“痛哭失声”“抱头痛哭”“还向媒体哭诉求救”，严重违反律师职业道德和行为规范，也有违律师的职业修养和专业声誉。两位律师在会见完邓玉娇接受采访时，大声疾呼“灭绝人性丧尽天良”，向记者声称该案“很可能存在重大取证失误”，并当即要求媒体通过网络发送一份“求救”信息，内容为：“我向我的母校西南政法大学，西南政法大学司法鉴定中心的老师，什么老师都可以，或向贵阳市公安局物证鉴定中心物证鉴定专家刘开来求助。请大家通过网络赶快找到他们，请他们赶快答复……”

（二）涉嫌炒作，损害当事人权益

两位律师向记者声称“邓玉娇目前状态良好，思维非常敏捷”，“与她交谈过程中，她逻辑清楚，一点也看不出她有精神异常”。犯罪嫌疑人精神是否正常，需要通过专业鉴定来确定。律师不应该在这个时候凭着自己的判断轻率地下结论，更不应断言邓玉娇没有精神病。律师这些草率做法有炒作嫌疑，不符合犯罪嫌疑人的利益，也不符合律师执业道德的要求。荆楚网就曾发表评论《警惕借邓玉娇事件进行炒作》，指出律师在 5 月 21 日的表现有炒作嫌疑。

九、邓玉娇案的启示

（一）公安机关应秉持公心，加大问题办案人员问责力度

“以侦查为中心”的固有思想和官僚主义作风，不但对树立司法权威没有益处，反倒有损公安机关的形象。公安机关正确的行为应当是尊重事实，秉持公心，不偏不倚，真正保护基本公民权。地方政府也要敢于和部分问题官员划清界限，坚持从严治党、从严治警，绝不袒护。问题官员只能“代表”一小部分人的形象，不能让个别问题官员“代表”整个党和政府。2009 年，中央对严重违背民意、招惹民怨的官员问责力度进一步加大。2009 年 6 月 30 日中共中央办公厅、国务院办公厅印发了《关于实行党政领导干部问责的暂行规定》，该规定在问责的 6 种情形中，包括“对群体性、突发性事件处置失当，导致事态恶化，造成恶劣影响的”情形。十九大以后，从严治党力度进一步加大，提出了“从严治党永远在路上”的伟大命题。

（二）尊重民意，关切民心，抚平民愤

“网络民意”的力量在邓玉娇案的发展过程中得到了充分体现，可以说，网络的作用不仅仅监督了事件的过程，同时也起到了推动甚至改变事件方向的作用。整个舆情从 5 月 10 日到 6 月 15 日长达 35 天，共有 4049 篇新闻报道（含转载）出现，涉及网站 291 家，共有超过 20 万条的评论，在新浪网、搜狐网上，不仅每条消息的点击量至少数十万计，还紧跟有成千上万条留言。由邓玉娇杀人案引发的舆论狂潮不可谓不大、不猛、不热。网络热点之所以能构成并且升级为舆论风暴，一个最主要的原因是网络能够使有相同利益诉求的所有个体迅速集合成一个利益群体。群体的力量不可小视，群体关注的热点话题不可回避。对舆论热点绕道而行，必然加剧舆论风暴。

（三）审判独立，坚守正义，保护弱势群体

在案件的调查和审理过程中，如果法律的自由裁量权过大、审判独立性不够，当事人的利益很难得到保护。因此，更多的当事人的利益如何得到有效保护，考量着司法机关依法独立行使审判权与舆论压力、外部干预的博弈能力。确保司法机关的独立行使法定权力，是坚守司法审判的公正性的重要保障，是切实维护公众权益、提升司法机关公信力的基础。

第七章　群体型敏感案（事）件典型舆情案例

第一节　吴英非法集资案——司法机关成为边缘信息源

一、镜头回放

吴英出生于1981年，原为著名的80后企业家，是原浙江本色控股集团有限公司法人代表。从2003年开始，她经营数十个行业，在短短几年内迅速集聚数亿财富，一度登上富豪榜。吴英因涉嫌非法吸收公众存款罪，于2007年3月16日被逮捕。金华市中级人民法院一审于2009年12月18日以集资诈骗罪判处被告人吴英死刑。被告人吴英不服一审判决，向浙江省高级人民法院提起上诉。浙江省高级人民法院于2012年1月18日作出二审裁定维持对被告人吴英的死刑判决。2012年4月20日，最高人民法裁定不核准被告人吴英死刑，将案件发回浙江省高级人民法院重新审判。浙江省高级人民法院于2012年5月21日作出终审判决，判决被告人吴英以集资诈骗罪判处死刑、缓期二年执行，且剥夺政治权利终身，并处以没收吴英个人全部财产。

二、敏感因素与舆情特点解析

吴英非法集资案，受害人众多，是典型的涉众型案件。涉及民间借贷、非法集资、死刑等诸多法律问题。这些法律问题也是敏感的社会问题，故该案引发社会舆论广泛关注。一个司法案件引起国务院总理的直接关注并公开表态，是非常罕见的。在案件审理过程中，公众参与媒体参与程度都相当高，而且该案还被认为是推动中国民意资本规范管理等金融政策改革的标志案件。

三、舆情风波时间轴

（一）立案到审查起诉

2007 年 2 月，公安机关立案调查。

2007 年 2 月 10 日，浙江省东阳电台最早发布了关于《东阳市人民政府公告》，公告称，东阳市公安局已对本色控股集团有限公司法定代表人吴英因涉嫌非法吸收公众存款罪立案调查。次日，某都市报发表题为《浙江神秘女富豪吴英神秘被抓》，“在坊间流传了半年之久的本色神话，昨天正式结束”，报道被广泛转载，此时的媒体和舆论关注点主要在吴英巨额财富的来源的追溯上。也有部分媒体，如某证券报将报道点投向“吸收民间资本”“非法吸收公众存款罪”的法律问题上。

2007 年 6 月 1 日，东阳市公安局终结了对吴英等人涉嫌非法吸收公众存款案的侦查，依法移交检察机关审查起诉。

（二）一审判后引发舆情

2009 年 12 月 18 日，吴英一审被判死刑，“神秘女富豪”一案引发舆论热议。对于死刑的审判结果，有网友表示，吴英罪不至死，“有多少贪官污吏比其罪大得多，也未判死，难道就因她是普通百姓”？

某财经作家于 12 月 22 日发表了题为《非法的吴英与“合法”的贪腐》一文，认为吴英案是在现有金融体系结构不合理的背景下发生的制度性悲剧，此番言论被众多媒体在报道中引用。

12 月 24 日，某周报发表名为《吴英案全记录：亿万富姐罪与罚》，回顾了吴英的发家史与一审量刑的争议，指出“在吴英案上，吴英的罪与罚，死与非死，已不再只关乎个人”。报道中，还特别刻画了吴英在听判决时镇定自若但“作为家中长女的她，反而在被带离法庭时嘱托家人‘你们都保重’。但刚走出审判庭，吴英即流下泪水”的细节。

2010 年 6 月，该周报在题为《吴英再上万言书自称鸡蛋碰石头请求社会帮助》的报道中引用吴英的说法“一审下来之后，我一直认为法律是不公平的，法律是有权有势有钱人玩的游戏，像我这样无背景的人，只能像砧板上的肉任人宰割”。报道中呈现出的吴英是一个记忆力强、狱中坚持读书、没有权势背景的弱女子形象。

一审被判死刑后，吴英提起上诉，还检举中国农业银行丽水市灯塔支行原行长、荆门市农业银行原副行长和荆门市人大常委会原副主任等多位官员。

民间对吴英是否罪该至死也是议论纷纷，特别是网络上，同情被告人吴英的、认为吴英罪行不当死的观点占据一边倒的位置。某网站所做的“血祭吴英能否维护法治尊严”民意调查中，87.7%的网友认为吴英“只是年少轻狂，给她一条生路”，87.9%的网友（109845票）认为吴英不应该被判死刑。①

（三）二审期间舆情

2011年4月7日，吴英案二审开庭。庭审现场没有对媒体开放。中央电视台《新闻1+1》也在当天做了《吴英案：二审之变》的特别节目，评论员在节目中表示，“法律问题要用法律去解决，究竟要给我们一个什么样的答案，我们还是要尊重法律的结果”。

一些媒体针对程序问题展开讨论，如某报纸于5月14日发表《吴英巨额资产去向不明》的报道，指出“吴家人和公众疑虑颇多的还有吴英案本身存在的众多程序不合规之处”。

8月，某期刊发表《女富豪吴英案二审后至今无果再举报7名官员》，引用吴英父亲的话，“一审前，东阳市政府十几名官员曾写联名信，要求一审法官判处吴英死刑。一审判决完后，这些官员又曾到省高院，要求二审维持原判”。对此，记者向东阳市人民政府宣传部负责人确认，宣传部负责人表示：“绝对排除也不敢讲，但到底是否有此事，应该向省高院求证。按照东阳市政府目前掌握的情况，并没有联名信这回事。以政府干部的素质不大会发生这种干预司法的事情。”

2012年1月25日，某律师给最高人民法院领导写了一封公开信，信中写道：“吴案犯罪构成的主客观要件于法似均有未合，加之诸多债权人牵连案中，且对吴英鲜有指控，又有重要举报线索尚未追查，如从重对吴执行死刑，恐难服众。”

（四）二审宣判之后舆情

浙江省高级人民法院于2012年1月18日作出二审裁定：驳回被告人吴英的上诉请求，维持原判对被告人吴英的死刑判决，并依法报请最高人民法院进行复核。

二审宣判后，网民展开讨论，舆论关注度进一步提升，讨论已经涉及对社会公平、民间资本、金融垄断、死刑改革等问题。

吴英父亲吴永正开通微博。有网友留言说，“吴英不能死，死于恶法不得人心!”

新华社某中心于2月6日独家专访了8位长期关注此案的经济学家、法

① 凤凰网专题“争议吴英案”，网址：http://finance.ifeng.com/news/special/zhengyiwuying/。

学家、社会学家和企业家，讨论吴英案背后法治、金融等领域的制度问题。原题为《一宗普通案件为何成为法治事件——“吴英案”标本意义分析》的报道被广泛转载，转载中将标题改成《官媒关注吴英死刑案呼吁为制度改良留条生路》《新华社关注吴英死刑案呼吁为制度改良留条生路》等。改标题体现了网民呼吁刀下留人的期待。

2月7日，浙江省高级人民法院通过答记者问，浙江高院二审审判长就为何维持对吴英的死刑判决、如何认定是集资诈骗等问题进行解释。

2月9日，《南方周末》刊发长篇报道《祸“水”与暗渠：吴英案的资产处理》，引发舆论关注。同日，中国新闻网报道了浙江警方通报吴英的资产处理情况。吴英之父吴永正向媒体透露，吴英资产或被贱卖，还有5亿资产被冻结。由此引发网民要求公开吴英案财产的呼吁。

时任最高人民法院新闻发言人孙军工在2月14日新闻发布会上就吴英一案作了发言称：“最高人民法院在依法复核审理过程中将依照法定程序，认真核实犯罪事实和证据，严格以事实为依据，以法律为准绳，依法审慎处理好本案。”北京理工大学法学院一知名教授微博发起“你认为被告人吴英是否应当判死刑?”的投票，共计有19000多人参与投票，高达94%的人选择“罪不至死”。

2月18日，凤凰卫视人气节目《一虎一席谈》以吴英案为主题，播出《吴英案该不该刀下留人》，吴英父亲、律师、法律专家等被邀请到场并展开激烈辩论。

3月14日，时任国务院总理温家宝在北京答记者问环节谈到吴英案相关问题。他提出，一段时间以来社会十分关注吴英案，这件事情的启示是对于民间借贷的法律关系和处置原则应该做深入的研究，使民间借贷有明确的法律保障；同时，对于案件的处理，一定要坚持实事求是。“我注意到，最高人民法院下发了关于慎重处理民间借贷纠纷案件的通知，并且对吴英案采取了十分审慎的态度。”①

（五）再审期间舆情

2012年4月20日，最高人民法院对此案进行了复核，经复核认为：被告人吴英集资诈骗所犯罪行事实清楚，证据确凿、充分，一审判决和二审的裁定定性准确，审判程序合理合法。吴英集资诈骗数额特别巨大，给广大受害人造成重大损失，同时还严重扰乱了国家金融管理秩序，危害性特别严重，应依法惩处被告人吴英。被告人吴英归案后，如实供述了所犯所有罪行，同时还供述了其贿赂多名公务人员的事实，综合全部案情考虑，

① 新华网报道，网址：http：//news. xinhuanet. com/legal/2012 - 03/14/c_ 111653003. htm。

对被告人吴英判处死刑，不立即执行。

被告人吴英的辩护律师在4月21日发表博文《吴英免死亦喜亦忧亦惑》，博文中提到：公众的监督对司法的公开、公正发挥了巨大的作用，能够使党和国家一贯坚持实事求是的原则得以落实。

5月21日，浙江省高级人民法院经重审，以集资诈骗罪判处被告人吴英死刑，缓期二年执行。

四、司法机关成功经验

时任最高法新闻发言人孙军工“依法审慎处理好本案”的表态，起到了安抚公众情绪和暂时缓和舆论紧张的作用。时任国务院总理温家宝关注吴英案，避免了公众的情绪失控，避免了舆论焦点的转移和更大的潜在舆情危机。高层发声平息舆论，是一次成功的舆情处理，构成了司法机关与舆论的良性互动。但是发声是舆论扩大化的无奈之举，不能每一个案件都等到舆情火热汹涌后再通过高层发声来救火。个案的舆情处理经验仅仅适用于个案，审理案件的一审法院和二审法院才是舆情处理的第一责任单位，而且从一开始就应当积极、主动应对。

五、司法机关问题总结

（一）未主动设置议题，导致舆情暴发

吴英案涉及民间借贷、非法集资、死刑等敏感因素，涉嫌非法集资又是涉众型案件，公众关注度高。尤其民间关于吴英的种种神秘传说增加了案件事实的故事性。对此，如果司法机关不主动设置议题、主动发布信息吸附住媒体注意力，公众和媒体就会到处挖掘所谓的背景材料。与其被动应对，不如主动引导。虽然定罪量刑的定性意见不能发表，但是吴英的财产真实情况、财产来源、财产处置方法等信息并非不能公布。如果一直秘而不宣，社会公众的信息需要就会被压抑，积蓄巨大的舆情能量。如此，造成一审判决后，舆情如火山喷发式激烈爆发。议题应当分阶段设置，信息应当分阶段披露，逐步满足公众知情，逐步消解舆情能量。

（二）一审宣判后未进行解读，放弃舆论引导的阵地

一审法院在宣读完一审判决后没有对判决结果进行解读，也没有组织法学专家进行释法说理。公众作为群体，更容易接受情绪化的情感表达。法院对宣判后的舆论阵地不重视，舆论阵地就会被其他言论占据。很多大众媒体因为对于复杂的罪名和法律条文并不关心，更多关注现场的某些“感人”的细节，并且抓住这些细节进行温情报道。这些温情报道看似柔

弱，却展现出惊人的情绪力量，引发之后对吴英一边倒的同情。同情的情绪占据了舆论的主流，使法院陷入被动。

（三）二审司法公开和信息发布消极，法院成为边缘信息源

二审不开放，加剧了法院与主流媒体的不协调。法院本来应当作为权威信息发布的主阵地，反而成为信息的边缘地带，在信息竞争中放弃主动，沦为弱势。2011 年 4 月 7 日，浙江省高级人民法院开庭审理被告人吴英上诉案。吴英一案在二审阶段没有对媒体开放，主流媒体也没有获准进入庭审现场。公众作为信息的受众，对信息的需求不可能因法院的封闭而消退，反而加剧了需要又增加了猜疑。不公开也容易滋生“阴谋论”，让公众认为有些信息是不可告人的，甚至可能存在司法不公和暗箱操作。法院放弃舆论阵地，关闭信息源，就会使社会公众转向其他“小道消息”，从而使法院陷入被动局面。

六、媒体报道与网络传播问题总结

（一）煽情渲染亲情，激发民众对法律理性的对立

很多大众媒体关注现场的某些“感人”的细节进行情绪化报道，如某周报特别刻画的细节。这些人性化的描述，勾起了民众对吴英的同情，也煽动了对法院裁判结果的对立情绪。

（二）网络投票干预司法

某网站财经频道进行“血祭吴英能否维护法治尊严”民意调查，发起网络投票。87.7% 的网友认为吴英“只是年少轻狂，给她一条生路”，87.9% 的网友（109845 票）认为吴英不应该被判死刑。这又是一场典型的网络投票，形成对司法的干预，是舆论审判的新形式。

第二节　瓮安事件——一拖二堵激发恶性群体性事件

一、镜头回放

2008 年 6 月 28 日，贵州省黔南州瓮安县发生一起震惊全国的“打、砸、抢、烧”恶性群体事件。

事件的原因可追溯到一周之前的中学生溺亡事件。6 月 22 日凌晨，贵州省瓮安三中初二年级女学生李某芬溺水身亡，停尸河边，谣言四起。两次尸检后均鉴定死者系溺水死亡。

6 月 28 日，死者的家属对公安机关的结论不服，组织了 300 余人对瓮安县委、县政府大楼进行打、砸、抢、烧，还一度冲击了临近的县看守所。整个过程持续了近 7 小时，震惊全国。

省委书记随后关注和介入解决此恶性事件。原瓮安县委书记、县长、公安局长均被免职。

7 月 9 日，尸检结果公布，再次确认李某芬系溺水死亡。

7 月 12 日，贵州省公安厅查获瓮安“6. 28”事件涉案人员 217 人，查清涉案人员 355 人，其中包括黑恶势力组织成员 90 人。瓮安事件引起舆论极大关注。《瞭望新闻周刊》认为，从事件参与人数、冲突剧烈程度、持续时间、造成的影响等方面看，瓮安事件都是近几年来中国所发生的群体性事件的“标本性事件”。

二、舆情传播特点

（一）舆情总体走势

瓮安事件的舆情发展过程中，两个重要事件带动两个舆情高峰：第一个舆情高峰是 6 月 28 日打砸抢行动发生，震惊全国，引爆舆论；第二个舆情高峰是 7 月 1 日贵州省政府召开新闻发布会，瓮安事件再次引起广泛的舆论探讨。传统媒体与网络媒体在瓮安事件中相互影响，协同作用明显，集中表现在舆情趋势的统一性上。

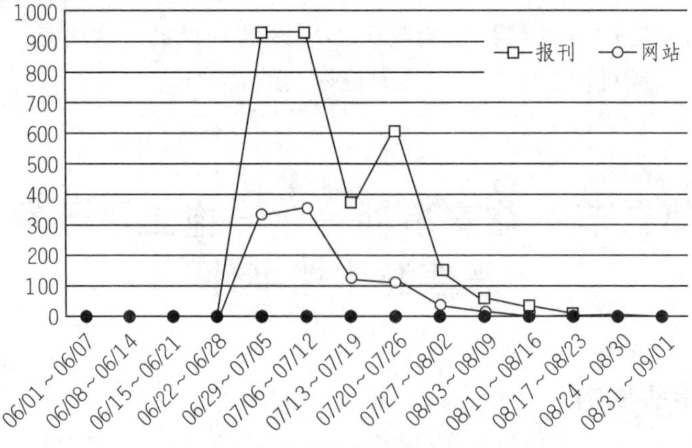

图 7.1：瓮安事件全媒体舆情趋势图

（二）传统媒体设置议程，带动网络媒体

在瓮安事件的舆论传播过程中，传统媒体与网络媒体并驾齐驱。从报道量上，传统媒体报道仍然占据优势。2008 年，自媒体未出现前，司法舆情的引爆场在传统媒体。传统媒体是主要的议程设置者，论坛和博客上的相关舆论并不显著，对事件的发展未起作用。但是最近几年发生了巨大变化，网络新媒体成为舆论传播的主角。

（三）舆论充满负面情绪

瓮安事件舆情发生的主要原因是政府信息长期不公开，群众不信任情绪的积累导致舆情爆发。社会公众主要对政府及公检法机关公布事实的真实性产生质疑。在公众负面情绪之下，导致事件最终走向恶性群体性事件。政府和司法机关的公信力再次遭受打击。

三、政府和司法机关舆情处理的问题

（一）冷处理未遂人愿，反而使民众情绪反弹

在瓮安事件中，在谣言漫天飞的情况下，当地县政府和司法机关没有及时发布信息来安抚情绪和辟谣，反而主要采取冷处理的方式，争取“大事化小小事化了”。在这种落后的官僚主义思维支配下，处置结果并未因冷处理而冷却，反而因事情的消极对待引发群众的不满和不信任情绪。负面情绪在快速挤压和快速积蓄下最终爆发。

溺亡事件发生后，相关部门并未做好家属的情绪安抚工作和案件的解释工作，反而下发《催办通知书》。这是由于官本位的传统思想所导致，认为民众会顺从于公权力。当地政府和司法机关忽略了民众的情绪宜疏不宜堵，高压之下必会反弹。对民众情绪置之不理，对民众上访采取冷处理。参与 6・28 事件的大部分人员并不是当事人及其家属，而是瓮安在粗放发展过程中个人利益受到损害的普通民众，事件正是民众对当地政府不满的极端表达。当地政府在处理瓮安事件时，对民众诉求继续无视，并采取封网、删帖等极端打压手段，试图廓清民间舆论。这种做法反而会引发积聚的民意大规模反弹，最终造成恶性群体性事件发生。

（二）舆情意识与媒体素养不足，任由谣言传播泛滥

相关人员缺乏信息公开和风险沟通意识，未能及时披露信息。当地政府最初对少女溺亡事件一直保持着沉默，没有向媒体和群众公布任何权威的消息。对“元凶是县委书记的亲侄女，另两个男生和派出所所长有亲戚

关系，死者是被奸杀”等谣言漫天飞的状态，完全是放纵的态度。社会公众的关切和对信息的需求是客观存在的，不可能视而不见。政府不给公众和媒体“喂料”，众多媒体在追寻事件的真相过程中只能去采访很多道听途说的不可靠信息。

（三）消极应对，贻误时机，导致事态恶化

当地政府和司法机关未能把握控制事态的有利时机，导致事态恶化。政府有多次机会能够制止逆向发展的事态。从李某芬6月22日溺水死亡到“瓮安事件”爆发的7天里，从6月28日爆发到29日的失控，政府有足够的时间来进行安抚处理以及媒介宣传，但政府停留在“层层开会”的状态，没有把握住遏制事态发展的有利时机。直到6·28事件发生后的第三天，媒体才发布了一条新闻通稿《瓮安群众愤怒谴责6.28事件打、砸、抢、烧不法分子》。当政府的公信已被舆论的洪水淹没，再进行被动应对已经来不及了。错过了危机传播管理的“黄金24小时”，亡羊未可补牢。

（四）一拖二堵，违反舆论传播规律

当地政府和司法机关在“身正不怕影子斜”的传统观念影响下，处理网络舆情突发事件时，政府采取传统的“一拖二堵”的粗暴方法来处理。一是拖，政府从维护社会稳定的角度考虑，没有根据事态发展情况及时发布权威信息。在网络时代，拖只会造成被动，舆论场上权威信息缺席，谣言就会四起。二是堵，瓮安事件后，当地政府采取了封城、封网、切断对外联络、删除网络上的非官方信息、删帖等方式应对舆论，引起公众反感和猜疑。

四、舆情危机应对启示

当前社会，网络新媒体对官方权威话语进行了解构，民间表达的门槛大幅降低，民间舆论场日益崛起为极具影响力的场域。在这样的背景下，建立民意监控体系和舆论预警机制，提高危机处理能力，是面对群体性暴力事件的关键。

贵州瓮安事件给了我们很大启示，政府和司法机关在危机应对过程中，应当避免信息获取能力和危机公关意识薄弱、公共信息发布机制缺失、行政处置方式守旧、缺乏信息公开意识和“公众本位”意识等问题。在危机爆发前期，政府对信息进行封锁的处理方式，会造成政府权威信息缺席舆论场，导致大量的传闻、谣言、小道消息占领主要信息阵地。

随着事态的发展，官方通过安抚民众情绪、疏通信息渠道、消灭虚假恶意消息等手段，逐渐摆脱了社会危机，但恶性事件已经发生，损失无法

挽回。建立透明的信息公开制度在危机处理过程中具有重要意义。在对待民众和媒体的态度上，应当开诚布公。公众对危机的看法依赖于他们所收到的信息。当危机信息在社会上得以透明公开，社会上各资源间能形成畅通的信息流通渠道，让公众得以大致地了解社会对危机治理工作的进度情况以及取得的成果，从而能够缓解公众恐慌不安的情绪。在方法上，应当引导社会舆论健康有序发展。除了政府官方需要以主动的姿态公布信息，还要让社会成员形成合力，借助民间理性声音与官方舆论场形成意见呼应，共同消除极端、虚假消息，共同维持社会机构的合理运转。

第三节　周世锋案——涉及律师群体的意识形态案件

一、镜头回放

公安部指挥多地公安机关，在 2015 年 7 月间，摧毁一个以北京市锋锐律师事务所为平台的重大犯罪团伙，有少数律师、推手、“访民”互相勾结、滋事干扰秩序涉嫌重大犯罪，周世锋、王某、李某平、谢某益、隋某青、黄某群、谢某东、谢甲、刘某军 9 名律师和刘某新、吴甲、翟某某等人被依法采取刑事强制措施。2016 年 7 月，周世锋等 4 人因涉嫌颠覆国家政权罪被提起公诉。

7 月 31 日，澎湃新闻报道：近日，锋锐律所律师王某谈及周世锋时称，“他不是一个称职的法律人。周世锋招纳、利用一些维权律师、网络大 V、一些退休的政府官员代理敏感案件，然后在网上发布微博、微信，接受外媒采访，对这些案件进行炒作，抬高锋锐律所的名气，赚取一些经济利益，抹黑体制、攻击政府，作为在中国实施颜色革命的基础。”周世锋等律师炒作敏感案件动机的曝光，刷新了舆论认知，为后期案件审理奠定了正确的舆论导向。

8 月 1 日，“@共青团中央”发布以“警惕颜色革命”为主题的视频《想让中国变成这样？请从我们的身体上踏过》，腾讯、优酷等视频网站积极转推，24 小时内点击量超过千万；由秒拍视频首发的讲述周世锋等人家属联合境外人士制造舆论的视频《天津市二中院门口的闹剧》，凤凰视频、观察者网等在第一时间予以转载；翟某某、胡石根等人庭审现场的认罪视频在央视首发后，被“@公安部打四黑除四害”等官微积极转发，在微博、微信里引发热议；而由说唱组合“天府事变”歌曲《颜 Se 革命（Color Rev-

olution)》为基础内容的“视频 + 文字”《原力觉醒！这届中国网民已经不好忽悠了!》在微信公众号“独家网”首发后，阅读量超万次，搜狐网等商业媒体也积极关注。

8月2日，某报站报道：为方便来津媒体报道周世锋、翟某某、胡石根、勾某某案件，法院在天津新桃园酒店专门设置了媒体接待中心。该中心办公区域可同时容纳100余人，4个大屏幕可供记者观看庭审文字实录。该中心还提供免费Wifi、免费茶歇等。此次案件中，个别律师与境外势力的相互勾结，本身就是案件审理中不可回避的内容。

8月2日至5日，天津市第二中级人民法院相继审理了周世锋、翟某某、胡石根、勾某某等人涉嫌颠覆国家政权案。法院经审理认定周世锋等4人颠覆国家政权罪犯罪事实成立。关于量刑，周世锋被判处有期徒刑7年，剥夺政治权利5年；翟某某被判处有期徒刑3年，缓刑4年，剥夺政治权利4年；胡石根被判处有期徒刑7年6个月，剥夺政治权利5年；勾某某被判处有期徒刑3年，缓刑3年，剥夺政治权利3年。4名被告人均当庭表示认罪忏悔、服从判决不上诉。截至8月10日14时，相关新闻报道超5000篇，舆论高度关注。

二、司法机关信息发布情况

本案受到境内外高度关注。首先，周世锋自诩维权律师和人权死磕律师，以为民请命的姿态出现在公众面前，其微博中很多针对“冤案错案”的呼吁、对“访民”的关心或对政府作为的批评等内容。其次，“颜色革命”“推墙运动”等关键词让公众感到陌生和诧异，涉嫌颠覆国家政权的罪名受公众关注。再次，境外一直关注我国人权问题，因此当周世锋被冠以人权的名号，境外国家地区更热衷于找出我国在人权问题处理过程中的差错。最后，案件涉及意识形态问题，是敏感度最高的议题，牵动国家各界和境外势力的神经。

与此前吴英案、瓮安事件等早年的舆情处置相比，司法机关对周世锋案的舆情处置和信息发布走向成熟。

表7.1：周世峰案司法机关信息发布

发布时间	发布平台	发布措施
2015年 6月21日	新华社	山东潍坊警方破获一起组织策划访民举牌聚集试图干扰法庭审判的案件

续表

2015 年 7 月 11 日	新华社先报道，其他媒体加入	公安部部署指挥北京等地公安机关将周世锋等人依法刑事拘留
2015 年 7 月 14 日	新华社	司法部律师公证工作指导司副司长接受采访称坚决支持公安机关依法查处极少数涉嫌犯罪的律师
2015 年 7 月 18 日	中央电视台	周世锋接受采访表示认罪
2015 年 8 月 1 日	@共青团中央	发布以“警惕颜色革命”为主题的视频《想让中国变成这样？请从我们的身体上踏过》
2015 年 8 月 20 日	检察日报	司法部联合召开全国律师工作会议
2016 年 3 月 4 日	央视网等	傅莹在十二届全国人大四次会议新闻发布会回应西方报道所谓维权律师被逮捕：律师执业要遵守法律
2016 年 7 月 11 日	人民日报等	外交部发言人回应西方抓捕“维权律师”：美方不关心 13 亿人的人权
2016 年 7 月 15 日	@津检二分院	天津市人民检察院第二分院官方微博表示，经审查决定依法对周世锋提起公诉
2016 年 8 月 3 日	@天津二中院	天津市第二中级人民法院官方微博表示，周世锋两次向法院提出书面请求，不希望家人到法院旁听庭审
2016 年 8 月 4 日	@天津二中院	对周世锋涉嫌颠覆国家政权案庭审直播，并当庭宣判
2016 年 8 月 4 日	检察日报	全国律协负责人就周世锋颠覆国家政权案答记者问
2016 年 12 月 2 日	陕西省 司法厅官网	陕西省司法厅召开维稳工作形势研判会，通报周世锋等四人涉颠覆国家罪事件情况

三、司法机关信息发布成功经验

（一）舆论引导以法律为准绳

在此次案件中，从天津市二分检提起诉讼开始，到天津市二中院依法公开开庭审理，再到庭审控辩双方的质证、当庭宣判、庭后释疑，都是建立在规范的法律程序之上，这是舆论引导得以成功的根本。这提示政法机关，在重大敏感案件的审理中，要恪守法律，以法律规定为一切执法、司法行为的出发点，为舆论场“不跑偏”“不越轨”奠定基础。

（二）舆论引导持续联动“对症下药”

除针对性回应质疑外，前期预热造势以及后期的总结宣传都是舆论引导的重要组成部分。在此次案件中，有关方面对“秘密审判”“周世锋等人家属未收到旁听申请”“同罪不同判”等质疑都及时进行回应。而在前期预热中，通过王某被取保候审带出“警惕颜色革命”的话题同样为后期周世锋等人宣判做好铺垫，更好地解释周世锋等人如何利用颜色革命颠覆国家政权。而在审判后，新加坡国立大学东亚研究所所长郑永年等专家对案件进行解读释疑，持续性的联动引导促使舆论达成共识。可见，事前、事中、事后都需要针对性的引导，更要“对症下药”，以对接公众强烈的信息需求。

（三）舆论引导管控开放“收放自如”

境外媒体长期报道并颇有微词，法院在天津新桃园酒店专门设置了媒体接待中心。该媒体接待中心的办公区域，可以同时容纳100多人，有4个大屏幕可供记者们观看庭审文字实录。此接待中心还提供免费Wifi、茶歇等。此次案件中，个别律师与境外势力的相互勾结，本身就是案件审理中不可回避的内容。因此，建立国际视角，让更多的外国记者“走进来、说出去”，满足境外记者的信息需要，成为此次舆论引导工作中的重要亮点。政法机关最大程度为境外媒体创造自由的报道环境，既彰显不惧监督、开放自信的态度，也借案表明了我国政府对境外敌对势力的坚决立场，尽显大国风范。

对于与事实不符的观点官方及时予以查删，如当庭宣判实为早已秘密审判等。“一收一放”之间既保证了舆论讨论围绕案件基础事实展开，又切断了不实信息的传播。对于政法机关而言，此类影响重大的案件审理，舆论引导需做到“收放自如”，通过行之有效的管控以及开放，使公众真切认识到案件的警示意义。

（四）及时回应公众质疑

针对周世锋4人涉嫌颠覆国家政权罪，部分律师及公众表示不解，央视新闻节目《揭秘：这四人做了什么被判颠覆国家政权罪?》，解释了4人妄图推社会主义制度之“墙”、颠覆国家政权的行径。而对于周世锋等人家属没有收到旁听审判的邀请，媒体也曝光了周世锋主动表示“不希望亲友旁听本人案件庭审”的签字文件，可视为对此质疑的正面回击。此外，针对4人“同罪不同刑”这一关键问题，法制网专门发布报道《周世锋们企图“推墙”终获刑当庭向证人道歉同罪为何不同刑?》，借中国政法大学教授等专家观点阐述“同一个罪名下，量刑轻重有所不同完全正常”，这种“点对点”的回应模式消解了舆论质疑，也促使案件的历史性意义得以彰显。

（五）将意识形态斗争、社会主义核心价值观和总体国家安全观教育融入舆情引导中

由于本案的特殊性质，舆论引导一开始就肩负着意识形态斗争、核心价值观教育两项政治任务。从舆论效果看，案件的持续、集中审理给公众一种“集中力量办大事”之感，案件的法律效果和社会效果得以统一。通过对案件审理工作层层推进，公众对案件的认知也逐渐由表面变得深入，由模糊变得清晰，进而自发得出“被告人有罪”的结论，这种策略值得借鉴。

此期间，不论是央视、新华社、《法制日报》《中国青年报》等主流媒体，还是新浪网、澎湃新闻网等商业媒体，均积极报道案件，并在网站首页要闻区推介，累计报道量超5000篇。而且，积极报道转载量高，如新华社短评《法律人更当守牢法律底线》的搜狗新闻量达3576条，《法制日报》刊发的报道《法学专家：判决合法量刑公正》被各类媒体网站转载310次。面对“人民内部矛盾”还是“敌我矛盾”这类大是大非的问题，媒体的态度保持了高度一致，自觉性、主动性显著增强。

微信公众号“长安剑”发布《周世锋案的意义：给律界划出“三条底线”!》一文，在搜狐网等网站及微博中都得到广泛传播，使律师执业底线这一议题再次引发关注。作为依法治国重要力量的律师，是构建法律职业共同体的重要部分。近年来，律师执业活动与政法机关的摩擦日渐增多，个别律师利用舆论刻意制造事端、歪曲事实，获取不正当利益。此次周案尘埃落定，借助律协、律师群体讲出“坚守法律底线”之语，这种内部群体发声要远比外部舆论的谴责、鞭挞更有力量，更具启发和警示之功效。

（六）创新信息发布手段，“颜色革命”国民警示教育入脑入心

新媒体传播领域不断发生新的变化，视频、直播等媒体形式为当前的时尚。“@共青团中央”于8月1日发布以“警惕颜色革命”为主题的视频《想让中国变成这样？请从我们的身体上踏过》，腾讯、优酷等视频网站积极转推，24小时内点击量超过千万；由秒拍视频首发的讲述周世锋等人家属联合境外人士制造舆论的视频《天津市二中院门口的闹剧》，凤凰视频、观察者网等在第一时间予以转载；翟某某、胡石根等人庭审现场的认罪视频在央视首发后，被“@公安部打四黑除四害”等官微积极转发，在微博、微信里引发热议；而由说唱组合“天府事变”歌曲《颜Se革命（Color Revolution）》为基础内容的“视频+文字”《原力觉醒！这届中国网民已经不好忽悠了!》在微信公众号“独家网”首发后，阅读量超万次，搜狐网等商业媒体也积极关注。这些视频冲击性强，语言生动形象，有助于公众了解案件真相及背后的潜在原因，同时引发公众关注及讨论热情，纠正对案件固有的错误认知。

四、时刻警惕司法舆情中的意识形态斗争

从2016年锋锐律师事务所律师被刑拘，到浦志强被判刑，再到2017年年初境外媒体大肆炒作所谓“中国人权律师团”律师元旦献词、部分失踪律师家属发声抗议，律师话题持续掀起舆情波澜。我们在关注律师群体权利保护的同时，需要警惕“律师抱团”背后可能隐藏的意识形态斗争。浦志强案、高瑜案、曾飞洋案、刘虎案等涉及意识形态的案件，都可能成为境外势力借机攻击中国人权和法治建设的舆论工具。

除了这些刑事案件外，在民事审判领域也存在大量的涉意识形态案件，值得高度关注。例如，2016年由北京市大兴区人民法院审理的“邱少云烈士名誉侵权案”和由北京市西城区人民法院一审、北京市第二中级人民法院二审的“狼牙山五壮士名誉侵权案”，都在网络名誉侵权的背后隐藏着侵害历史民族英雄名誉的历史虚无主义的意识斗争，引发了历史虚无主义、爱国情怀、言论自由等问题的大讨论。“邱少云烈士名誉侵权案”和“狼牙山五壮士名誉侵权案”的舆情应对效果非常好，充分释放了人民法院依法保护英雄人物人格权益、弘扬社会主义核心价值观的正面效应。

第八章　执法争议敏感案（事）件典型舆情案例

第一节　雷洋案——来自“新新媒体”舆情，引发警民对立

一、镜头回放

中国人民大学环境学院2009级硕士研究生雷洋，2016年5月7日晚离家后身亡。

（一）发酵于社交媒体，媒体跟进，舆情井喷

5月9日，网民“山羊月”发自知乎的帖文《刚为人父的中国人民大学硕士研究生，为何在一小时内离奇死亡?》，以雷洋朋友身份的作者，对他的非正常死亡提出质疑，“人大硕士”“初为人父”“结婚纪念日”这些附加的词语标签使该帖迅速引发关注，雷洋案开始出现在公众视线中。

当日，权威媒体澎湃新闻网刊发介入该事件的报道，证实了知乎热帖的真实性，多家媒体网站对该报道进行了转载，网民也参与评论，对雷洋非正常死亡提出了质疑。

同日，网民“山羊月”帖文遭删，随后，知乎平台中关于雷洋事件相关帖文也尽数被删。相关帖文的快速删除引发公众对这次事件的猜疑，使该事件舆情全面爆发。雷洋事件在微博、朋友圈迅速刷屏得到传播，引起了舆论的广泛关注。

当日晚间，昌平警方通报该事称，5月7日20时左右，昌平警方接到群众举报电话，昌平区霍营街道某小区内的一家足疗店发现有卖淫嫖娼现象，昌平警方接到举报后，依法迅速对足疗店开展查处工作。当晚在该足疗店内查获了6名涉嫌卖淫嫖娼人员。

在新闻介入调查的同时，5月10日凤凰评论迅速做出反应，打响了评论的第一“腔”，在第一时间迅速推出《谁来为中国人民大学硕士研究生雷

洋的非正常死亡负责》一文，针对雷洋事件进行了全面梳理，与此同时提出了种种质疑，事件舆情持续升温火爆。

同日，一篇《模糊的嫖暧昧的抓蹊跷的死以及麻利的删》再次刷爆了朋友圈，“雷洋之死”经此两篇“热”文裂变式的传播，后两文被相关部门删除处理。

（二）昌平警方再次通报，舆论聚焦雷洋是否嫖娼和案发现场录像

5月11日，昌平警方公布DNA数据，对涉嫖女的供述进行了第二次通报，在警方的叙述中，雷洋涉嫌嫖娼且事后付款200元，并从避孕套上检测出了雷洋的DNA。

5月11日早上，雷洋涉事足疗店的一位足疗女在央视露面接受采访，称她帮雷洋打了飞机（自慰）。舆论一度达到高峰。舆论争议点继续围绕雷洋是否嫖娼，此外，对于“摄像头”“执法记录仪”的关注度显著飙升。同时，网络中出现了较为理性的声音，一是认为警方通报是可信的，一味质疑的风气值得反思。二是认为真相未公布之前，一切论断都为时尚早。

（三）谣言和“阴谋论”滋生

因为处在信息“空窗期”，阴谋论开始冒头。有网友称：常州的“毒地”土壤在深夜被转移，监测到的数据也蹊跷缺失，参与调查的专家雷洋也因嫖娼意外死亡了，一切的一切皆大欢喜，最可怜的是雷洋刚出生的女儿和老婆受苦了。还有一些网友把雷洋之死与毒地联系在一起。

（四）北京市检察机关依法决定立案侦查，不护短态度获网民好评

“@北京检察”权威机关于6月1日上午发布：北京市检察机关已经决定，依法对邢某某等5人立案侦查。目前，北京市昌平检察院已经完成对雷洋死亡原因的初查工作，“是否涉嫌嫖娼被民警采取强制约束措施后死亡”已经有了初步的线索，北京检方认为结果显示已符合立案侦查条件。依据办案实际需要，北京市人民检察院作出立案侦查决定，指定将此案交给市检察院第四分院立案侦查。紧接着，“@平安北京”发布了一条信息：北京警方会全力配合检察机关依法展开侦查工作。

检察机关不护短的态度得到了网民的好评。此外《公安部：客观公正对待涉警舆情，执法有过错决不包庇、袒护》的新闻在各大新闻网站及社交媒体热传，一定程度上与“@北京检察”的通报形成叠加效应，唤起舆论场中的正面声音。

负面声音主要观点包括如下几个要点：一是认为此番通报确实印证了雷洋事件中，警察的不当执法行为与雷洋的死亡结果有很大的关联性；二是认为警察滥权和扩张严重损害了司法公信力；三是认为通报是官方对于舆论倒逼下的无奈表态，对于促进中国法治进程的作用和意义甚小。

（五）尸检结果姗姗来迟引政治化猜测，大V呼吁尽早公布尸检结果

借此呼吁尽快公布雷洋尸检结果，认为尸检结果迟迟未出反映其背后激烈博弈。众多“网络大V”纷纷呼吁尽快公布尸检结果。有人说：“说好30天内出结果的，现在都40多天了。”“似乎过了一个月，尸检报告何时公布?”

（六）涉案警察代理律师建议更换鉴定机构，律师界意见对冲，态势均衡

早在6月22号左右，陆续有大V呼吁尽快公布雷洋尸检结果，并呼吁雷洋案的解决应回归到法治轨道，不应该政治化。

众人在依据“专家预计的30天左右出结果”而期盼该结果即将出现时，雷洋案涉案警察邢某某的代理律师在6月25日下午向北京市人民检察院第四分院递交了他们起草的《法律意见书》，并提出“因鉴定机构的确定程序违背相关法规、网传北京明正司法鉴定中心资质存疑”，建议北京市检察机关更换鉴定机构重新鉴定。

法制网随即首发消息后，《涉案警察代理律师建议更换鉴定机构》的消息在各大网站转载，之后，财新网的报道《雷洋案各方律师说法各异辩护人已知邢某某所涉罪名》也在多个门户网站上转载。该消息在舆论场引起热议，雷洋案的代理律师连发数篇微博，主要包括：（1）认为犯罪嫌疑人的辩护人质疑尸检鉴定机构资格和效力没有事实依据；（2）对网民担心嫌疑人律师提出鉴定质疑，认为“底线实际上已经基本明朗”；（3）对于网民质疑涉事民警是否有能力聘请钱某某作出回应，认为“如真有什么律师中的巅峰对决，反而更有利于充分地揭露出全案真相”。陈某某的几条微博得到大量转发。

在消息发布伊始，不少网民认为在案件法律框架内充分发挥律师作用，保障涉事民警邢某某的合法权益，是司法正义的体现。6月25日9点50分，雷洋案的代理律师就此发表声明，认为犯罪嫌疑人的辩护人质疑尸检鉴定机构资格和效力没有事实依据，该条微博影响了不少网民观点，且有网民倒推更换鉴定机构证明尸检鉴定结果对警方极为不利。

一些微博大V对此持肯定态度，认为雷洋家属和涉案警察双方的辩护

律师都是知名律师，双方就法律“死磕”，对于推进法治进程具有正面积极意义。有网友称：已经进入刑事诉讼程序，不能说是变数了；打死人的警察也有辩护权；不是说一路走到枪毙就是司法正义。

以律师群体为代表的意见领袖从法理上阐释涉事警察方质疑，此案的尸检鉴定机构无论是资格还是效力上都缺乏事实依据，不符合刑事诉讼法程序。雷洋的代理律师发表微博称：侦查机关对此案的尸检报告至今未向任何一方送达过，亦无任何结论公布和告知，辩护人提出的质疑，也缺乏任何事实依据；且“鉴定意见和鉴定程序是否有问题，被害人律师将在收到鉴定报告后，进行认真研究，再决定是否申请重新鉴定”。该条微博得到网民的大量转发。其他一些律师及媒体人都表示了相同的质疑。有网友说：“尊重法律程序。只是这么高度关注的案件，尸体检验难道会是拍脑袋定的？此前不是大肆宣传法医如何经验丰富吗？当时，警察并没有立案，如何就没有表示异议呢？”

“网络大V”对可能会更换鉴定机构的可能性作出猜想，此外涉案警察聘请律师阵容豪华引起众多“网络大V”讨论。某律师网友提出了个人观点称：假如，检察机关同意了嫌疑人、辩护人的申请要求，更换了鉴定机构，那么，对于原始的尸检资料该做如何处理？曾解剖的过程及资料是否还有效？曾经采集的尸检检材是否还会有效？辩护人是否还会提出其他说法，尸体已经不存在检验价值，因原始状态已经遭到破坏等，把水彻底搅浑？

有律师质疑更换鉴定机构是否有法律依据。律师们对案件走向的判断各异，有人担心嫌疑人律师提出鉴定质疑，是放烟幕。雷洋的代理律师也对此进行了回应。也有人认为即使是知名律师，对底线明朗的此案的影响不大。

许多律师认为申请变更鉴定机构既没有法律依据，也没有事实依据。有律师网友称：警察聘请的超级律师申请变更鉴定机构有道理和法律依据吗？其执意要变更鉴定机构目的就是冲着雷洋的死因吧；这种要变更鉴定机构的辩护动机目的是不是也不需要啥高深的学问和技术就能实现？

雷洋案代理律师6月25日晚发表声明称：“侦查机关至今未向任何一方送达尸检报告，亦无任何结论告知和公布，其辩护人提出质疑，缺乏任何事实依据。”“根据《刑事诉讼法》第七节、《人民检察院刑事诉讼规则》（试行）第七节，本案鉴定程序完全依法进行，无任何瑕疵。在尸检结论迟迟未公布，嫌疑人辩护人未见鉴定报告只言片字的情况下，仅凭媒体报道，无端质疑鉴定程序先发制人，违反刑事诉讼法程序。”

后雷洋案代理律师发表微博称：“我的《声明》中第五条早已防范。且鉴定结论基本已经可以判断出来，完全吻合《刑事报案书》内容。否则：

一不会刑事立案，二不用请刑事辩护律师，三不用质疑鉴定机构、阻挠鉴定结果出台。底线实际上已经基本明朗。”

此外，律师钱某某作为北京市检察院的特邀监督员是否应该回避，在意见领袖中产生了分歧。雷洋案代理律师一篇声明的微博截图中的一篇网传文章说，钱某某是北京市检察院的特邀监督员，为了法治公平，要求其回避。雷洋案代理律师虽上传了截图，并说“我不主张质疑昌平警察请谁当律师。赵钱孙李都行。警方犯罪嫌疑人不论请谁，都不影响基本案情的走向”。

大多数律师不同意律师杨某某对于警方辩护律师回避的提议。

（七）北京市人民检察院召开雷洋尸体检验鉴定意见专家审查论证会，多方参与，审慎对待

6 月 28 日 20 点，“@北京检察权威”发布：北京市人民检察院针对雷洋尸体检验鉴定意见一事召开了专家审查论证会，北京市人民检察院，于 6 月 27 日邀了多家单位的专家，有全国法医学、病理学知名专家，就鉴定机构提交的雷洋尸体检验鉴定意见问题进行了审查论证，检察机关相关人员认真听取了与会各专家的审查论证意见，根据论证意见依法进行了补充鉴定，严谨科学地运用检验鉴定意见，确保案件独立依法客观公正办理。

（八）尸检结果发布，涉案民警被捕，通报语焉不详被追问

6 月 30 日 16 点，“@北京检察”发布通报称，检察机关已经确定死者的死因，雷洋的死亡符合胃内容物吸入呼吸道而致窒息死亡。北京检方向社会公布了雷洋尸检鉴定结果。民警邢某某、周某被捕消息发出之后，该通报引起网民热议。其正面声音认为：随着案件的逐步深入，公平和公正成了愈合社会裂痕的济世良药，彰显了法治的力量。

同日，涉事警察家属称：检察机关的办案程序违法。6 月 30 日晚，有网友发布“邢某某家属就雷洋案致北京检察机关的公开信”。文中提到：“为什么雷洋的家属，可以在法外请鉴定专家到场参与鉴定，而邢某某和我们连个通知都没接到？现在我丈夫失去自由已经一个月，我居然无法知道，我丈夫为什么被羁押？”提出了“在死因鉴定结果没有出来之前，邢某某等五人，因什么被指控涉嫌犯罪”。其指出，检察机关办案程序有违法问题，这个结果对邢某某等民警不公。文章说，“为什么法外允许雷洋家属聘请专家？依据何在？法律规定只有家属可以参加，但并没有规定家属可以另外委托鉴定专家。另外，采取强制措施没有通知我们家属，见到律师也不肯依法告知案件有关情况。一味强调案件特殊，不能因为雷洋案舆论关注，民怨很大，而采取法外手段。警务人员在执法中仅仅是‘存在不当行为’

吗？此前各媒体报道中提到的睾丸异常肿大等残暴殴打才能导致的结果均未提及。稍有常识的人都知道，一个人的胃内容物不会自行轻易进入呼吸道，这种轻描淡写的说法令人难以接受。只是以‘涉嫌玩忽职守罪’决定逮捕，能说得过去吗?”

除了对于死因和罪名的质疑外，相当一部分“网络大V”及律师群体将矛头指向央视，认为央视应该被追究“妨碍侦查”的法律责任，并认为邢某某及证人足浴女上央视指出雷洋嫖娼，不仅仅是分局行为。雷洋案代理律师质疑：《人民日报》、中央电视台及新华社是通过什么途径知道情况的？根据事实推测应该是有人把这些媒体叫过来的。但他们连病历都没看过怎么知道雷洋有心脏病？若帮助伪造证据就不单是5个警察的事了。许多网民认为，这正是此案的敏感之处。对于央视制造伪证的关注变大。

（九）雷洋案5名涉案警务人员侦查终结，结果被疑“重罪轻判”

北京市人民检察院在11月29日发布信息称，对雷洋案涉嫌玩忽职守侦查终结的警务人员孔某、张某某、邢某某、周某、孙某某等5人，依法移送到公诉部门进行审查，并对犯罪嫌疑人张某某、周某、孙某某、孔某等4人取保候审。

有关北京检察机关公布雷洋案最新进展情况网民评论量较少，且评论多集中在微博大V及意见领袖的转帖中，未形成大面积的传播扩散和负面炒作。综合网民观点来看，网民负面情绪仍占主导，大部分网民对检察机关定罪结果表达不满并质疑“重罪轻判”，借此关联贾敬龙等敏感案件炒作司法公信力缺失等；同时，也有部分网民认同此次定罪结果和案件侦查过程，认为此举彰显出司法程序的公正性和严谨性。

（十）涉案警务人员依法作不起诉处理，媒体转载北京市检通报

12月23日15时15分，北京市人民检察院官方微博“@北京检察”发布了“权威发布”情况通报称：邢某某等5名涉案警务人员已被北京检方依法审查认定符合玩忽职守罪构成条件，综合分析全案过程认定犯罪情节属轻微，依法作出不起诉处理的决定。

众多主流媒体对北京市检察院官方微博发布的内容进行转载，如《北京检方对雷洋案5涉案警务人员作出不起诉处理》《北京检方：不予起诉邢某某等五名雷洋案涉案警务人员》等。多家门户网站也转发权威发布结果，共计21篇。

千龙网首发《北京市丰台区人民检察院有关负责人就邢某某等五人玩忽职守案答记者问》，就社会各界对“雷洋事件”关心的焦点问题专访了北京市丰台区人民检察院有关负责人。负责人解答了“雷洋事件”为何移送

丰台区人民检察院审查起诉、邢某某等涉案警务人员是否存在“打击报复”“钓鱼执法”、检察机关有哪些证据证明“雷洋接受了有偿性服务”以及当晚涉案警务人员执法的过程、雷洋的死因、检察机关认定5名涉案警务人员构成玩忽职守罪的依据、作出不起诉的决定的原因等。千龙网的文章被众多门户网站转发，如腾讯网、网易网、搜狐网、凤凰网，共计9篇。

微博、微信中流传雷洋家属不接受处理结果信息，部分网民前往雷洋妻子认证微博中进行评论和声援。检方发布雷洋案处理结果后，微博和微信公众号中流传有雷洋家属声明不接受案件结论的微信截图信息，内容为雷洋家属声明：对丰台区人民检察院作出的不起诉邢某某等5人的决定，作为家属我们完全不能接受这样的一个结论和不起诉的决定，也决不能同意对雷洋涉嫌嫖娼的认定。将依《刑事诉讼法》第176~177条的规定，在7天内向上级检察院提出申诉，提起监督程序。此外，有部分网民还前往微博认证用户雷洋妻子“@雷洋家属”唯一微博下进行评论和声援，对检方处理结果发表不满，并期望雷洋妻儿能保持坚强，重拾信心。

另外有律师披露雷洋案代理律师准备提交书面意见却遭遇检方不起诉处理决定。有律师网友称：雷洋代理律师的书面意见刚完成定稿，正准备提交检方，检方的不起诉决定却已经作出。

二、敏感因素与舆论传播特点

雷洋案件的舆情是首次由知乎这样的“新新媒体”发酵起来的舆情案件，而且发文并非来源于所谓的“网络大V”。在近些年来新媒体发展中兴起的社交媒体中，“中小V”也可以掀起大的舆情。

回顾舆情发展，雷洋本身贴有“国资委下属体面工作”“人大研究生”“北京有房”“刚摇到购车资格”“学术上饶有成就”等标签，赋予公众强烈的话题性和故事性。在事件发生后，人大校友“抱团”发声，个别律师、“网络大V”在一定程度上“误导”公众将矛盾激化，将雷洋事件推向了舆论漩涡。可以说，雷洋案是2016年持续时间最长、负面影响最大的司法舆情事件。

雷洋案的舆情传播中表现出“站队”文化，情绪化争论弥漫在部分基层自媒体平台，并在微信群等圈层通过不断相互激发影响以及反反复复的信息曝光，已经在一定程度上形成内部某些成员集体无意识、群体极化的现象，然而这样的声音往往是内部沸腾、“茶杯里的风暴”，却无法穿透圈层真正去有效引导社会舆论，反而加剧了警民之间和警媒之间的情感隔阂。

三、司法机关的经验梳理

（一）北京市检察机关依法立案侦查，不护短态度彰显法治社会公平正义

先前对警方持负面评价的部分意见领袖肯定北京检察院秉公执法的态度，让民众感受到法律的公平正义。多名“网络大V”纷纷对北京检察院及时立案、及时回应的态度点赞。

部分意见领袖希望以此为契机，改革相关制度，进一步推动促进公安执法规范化。有网友称：我觉得，雷洋案如果能将便衣执法、协警的法律规范等问题讨论开，也算是对死者的一种告慰了。目前看，这些问题还真没展开。

此外，有意见领袖联名签署进行呼吁，借此废黜嫖娼收容制度。微信公号“法网”发表文章说：一封包含108人联名的建议信，于5月4日被寄往全国人大常委会，建议废止有关收容教育的法律规定。这封建议信称，我们认为收容教育应该由公安机关来决定和执行，不应该有法院、检察院的介入，这与《宪法》精神是相违背的，而且还违反了《行政强制法》《立法法》《行政处罚法》等上位法，建议废止有关收容教育的法律规定。

（二）引入第三方调查，司法机关被赞秉公执法

一些网民对该案多方参与，北京检察院秉公执法且及时公布信息的态度点赞。另外一些大V认为，邀请专家进行审查论证，体现了检方对此案谨慎认真的态度，是尊重法律的体现。

许多“网络大V”认为该案多方参与，北京检察院秉公执法，让民众感受到法律的公平正义。有网友称：检察院依法办案，要排除一切阻力。另有网友称：支持检察院严格依法办案。这是妥善解决本次事件唯一正确的选择。

部分“网络大V”质疑专家论证是否合乎法律程序，需补充法律依据。例如有网友称：法定尸检机构报告结果为何不公开？对法定鉴定机构提交的鉴定报告又找几个“专家”进行审查论证是否是合法程序？某律师网友称：这样做的法律依据也公布一下。

（三）当天及时回应舆情，促进信息的平衡传播

该事件发酵起源于5月9日，有人以同学的身份在网络问答平台“知乎”上发帖称，他的同学、29岁的雷洋，湖南常德人，5月7日晚上9点钟从北京昌平的家中去机场接亲戚后失联。5月8日凌晨，昌平东小口派出所

告知雷洋的家人，说雷洋是因涉嫌嫖娼，在被警察押进警车带往派出所的路途中因心脏病发作突然死亡。家属对这一说法强烈质疑，称雷洋遗体的头上和手臂上有明显淤血。

从官方回应情况来看，北京公安局官方微博在当日21点24分即作出回应：警方在押送涉嫌嫖娼的雷洋去往公安机关审查时，雷洋拼力抗拒执法并企图趁机逃跑。警方为控制住雷洋依法采取了强制性约束措施。在押雷洋去往公安机关的路途中，雷洋突然身体不适，警方立即决定将雷洋送往医院，经医院全力抢救无效而死亡。在11日，又对案件通报了合情理的后续：送往尸检，并且警方会进行回避，表明公正态度。这样既能树立公正无私的形象，同时又能安抚家属及社会公众的情绪，让他们静候真相的调查。

（四）及时澄清不实传闻，避免谣言扩散

5月13日，雷洋涉嫌嫖娼案件启动尸检程序后，雷洋的尸检检查结果已经成为全社会关注的热点，因为这一结果将会直接关系到雷洋涉嫌嫖娼案件的定性。6月9日，一份万众瞩目的雷洋“尸检报告”出现在微信朋友圈且流传，报告说明了雷洋的死因，死于心脏瓣膜破裂，也就是外力致死。不少人纷纷跟帖，如“雷洋被打死的，愤怒”之类。

北京明正司法鉴定中心负责对雷洋案件的尸检，就在当天在其官网上发布了辟谣声明，声明称：死者雷洋的尸检报告虚构中心鉴定人“某兆明”和“张某”，内容失实，纯属臆造。该声明不仅在微博、微信上及时传播，也被光明网等媒体所转载。

因此适时借助第三方独立机构发表声明，针对不实传闻及时澄清，有利于制止谣言的进一步传播，也能避免舆论被煽动。

（五）以“两微”新媒体为主要媒介，传播范围更广、效果更好

北京官方通报以微博和微信为主要通报平台。一方面，充分利用了微博“转发+评论原文”的形式特点，既能体现舆论，又能顺带传播原本微博的说法，这基本能保持原有信息在传播过程中不失真。而且本身微博平台聚集了大量的使用者，能让传播范围更广泛。另一方面，对案件的深度剖析、对审判情况的分析、对结果的理性思考等方面的深度文章，也同步在微信公众号上进行传播。

“微博短消息的进展传播” + “微信公众号深度剖析”两种传播方式的结合，使得雷洋案的官方舆论能够与民间舆论场相平衡，得以形成讨论的空间。

四、司法机关的问题梳理

（一）前后矛盾引爆舆论争议

在舆情初始阶段，媒体和公安机关在事件中前后矛盾的表述引爆争议。公安机关通报的单薄的信息量，被网民视作刻意切割猝死和执法意图的关联的“捂盖子”。网民从细节质疑警方通报结果的真实性，表示雷洋之死离奇和蹊跷。对于公安机关通报结果的质疑继续发酵，并从细节考证公安机关说谎。一是出发与死亡时间受质疑；二是猜测公安机关抓错了人，昌平派出所捏造罪名并致死；三是认为依法治国无异于笑谈，进一步激发高知群体的不安全感。下表为5月9日与12日，北京公安局及北京公安局昌平分局官方微博通报的信息比较，两次通报内容不一，引发公众不少疑问。

表8.1：雷洋案昌平公安分局信息发布对照

问题	5月9日	5月12日
出警理由：从接警出警变为主动出警？钓鱼执法的疑问	昌平警方接群众举报称：位于昌平区霍营街道某小区一家足疗店内存在卖淫嫖娼问题。接警后，警方依法迅速展开查处工作。当晚，在该足疗店查获涉嫌卖淫嫖娼人员6名	昌平警方针对霍营街道某小区一足疗店存在卖淫嫖娼的线索，组织便衣警力前往开展侦查
雷洋出入足浴店的具体时间：10分钟？嫖娼是否可能？	通报1雷某出入足浴店的具体时间在通报中没有提到，通报2有意无意没有提到雷洋进入足浴店的时间，只说了在警方出警的“20时许”之后，只是指出了“21时14分”雷洋离开足浴店的时间	媒体报道提供的信息，雷洋进入足浴店的时间其实是21时04分之后
警方的处置：是否亮明身份？措施是否过当？	民警在将涉嫌嫖娼的男子雷某带回审查时，该人抗拒执法并企图逃跑，警方依法对该人采取了强制约束措施	通报2增加了“对其盘查和亮明身份”的过程
抓获的另外5名涉嫌人员身份：是否真正具有嫖娼卖淫行为，还是足疗行为	在提到另外5人时，使用了“涉嫌协助组织卖淫罪”的字眼	又将此改为“另外5人为涉嫌违法犯罪人员”

续表

对事件的调查	昌平公安分局已将此情况通报检察机关。昌平区人民检察院已介入并开展侦查监督工作	通报 2 的相关信息依然是由@北京昌平（北京公安局官方微博）来进行发布，是否真正独立调查就有待考证

（二）公安机关再次通报，回应合理性遭质疑引发泛政治化舆论

在公安机关再次通报期间，网民借助段子进行情绪化宣泄，阴谋论开始冒头。网民纷纷对摄像头坏掉进行调侃。在大的舆情事件爆发时，网民通过语言的粗鄙化调侃政府，进行情绪化宣泄。这种对中国政治和制度的描述和讽刺，传播速度之快捷，有的时候要远超过理性分析。

部分意见领袖从法理上佐证警方回应的不合理之处。一是认为涉事警察涉嫌犯罪，无权再接触证人（足浴女）；二是质疑昌平警方的相关回应是否已超过法律限定。有知名刑法专家说："警方公布的消息已经超越法律的限定了。他们现在公布任何事情在我看来都可能有立场问题，因为警方就是当事人的一方。案情不应该由当事一方来说，而是应该由第三方公布。从目前来看，检察机关早就介入了，那么以后案情应该由昌平检察机关在适当的时候在一定范围内进行公布。"大量公知发声，将舆情引导到对体制的批判上。

（三）北京公安局的网络发布平台信息先发后删，引发信息不公开的质疑

在官方微博平台"@平安北京""@北京昌平"上，除了 12 月 29 日关于对雷洋案涉案警务人员和相关责任人受到党政纪律处理的情况通报外，再也搜不到雷洋的其他相关信息。信息发布的公权力主体在遭遇危机事件时，也会位于被监督方的位置，会受到来自社会不同层次、不同思考方式或不同形式的监督。随着舆论的发酵，公众在网络中的传播地位不断提升，政府可能会失去传播主导地位，其发布的任何信息都会经过无数人的解读、放大甚至质疑。

官方如果会出于对信息本身被解读的恐惧，也不能轻易采取删除信息或者限制公众的评论等方式试图回归主导舆论地位。删帖不是万能的，反而容易引起公众反感的对抗，尤其在信息不明朗的情况下，官方应当考虑的是加大传播力度，不断提出新证据和更详细的解释说明来引导舆论，而非让自己陷入信息不公开的境地。退一步而言，如果之前信息发布存在失

误，应该撤回原发信息后，考虑将更新的情况重新梳理再行发布。

（四）尸检结果迟迟未公布引发政治化猜测

有网民认为尸检结果迟迟未公布反映其背后激烈的博弈，并呼吁雷洋案的解决应回归到法治轨道，不应该政治化。有网友称："围绕这个事件，背后想必会有不少的博弈与角力。中国人一向对政治博弈的故事和结果敏感，却对自己的境遇和权利不敏感。"有网友称："定有激烈的博弈。相信除了个别人，大家的目标只有一个：真相。"

对于尸检报告迟迟不公布的焦虑和不满，有网民批评政府欲用拖延战术等平息舆论，如此做法只会损耗其公信力。另有网民猜测尸检结果对嫌疑人利好，检察院想"平衡"办案。此外，有律师对专家审查论证会的程序合法性提出了质疑。

（五）结果通报语焉不详，引发次生舆情

尸检结果中的"胃内容物吸入呼吸道致窒息死亡"让很多网民感到意外，纷纷进行猜测，网友多将此结果解读为涉案民警殴打导致雷洋窒息，并认为官方应解释是何外力导致雷洋死亡，对通报中的寥寥信息表示不满：一是死因，多数网民认为胃内容物吸入呼吸道致窒息死亡系警方暴力执法，但是具体致死原因存在多种可能，如外力打击、器官负伤、约束过度等；二是警方玩忽职守罪定性模糊，量刑有过轻嫌疑，如果警察行为与雷洋之死不存在因果关系，那么涉案警察可能就此逃过应有的法律制裁，为其留下了逃脱罪责的空间；三是涉案警察是否值得同情，尸检结果公布后，微信平台出现多篇警察立场爆文，一些"网络大V"也提出了基层警察群体生活不易，不应在有色眼光下差别看待涉案双方；四是已公布的尸检结果是否是对法治进步的诠释，有观点指出法律是客观刚性的，既要为雷洋之死找出真相，伸张正义，也要为邢某某的执法不当找到法理依据，舆论要有足够的耐心等待水落石出。

（六）涉案警方本身就是当事人，不宜承担新闻发言人角色

涉案警方本身受到公众的严厉质疑，而且其警员又是案件当事人，无法成为权威的信息发布者。昌平警方现场记录缺失，让案件本身就存在极大的不合理性。警察执法要遵循合理合法的程序，这是对公权力基本的要求。在本次事件发酵的过程中，当事警方解释了事件缘由和调查过程，但是缺乏确凿的证据，已经不足以平息舆论压力。

在这起事件中，警方本身不再是公众心目中的权威官方信息，而是嫌疑违法者或者嫌疑徇私者，而且在程序上也是当事人。因此在案件发酵之

初，回应本次案件的新闻发言人应该是检方，或者是昌平公安分局的上级如昌平区政府或者北京市公安局。昌平公安分局在这起事件中已经陷入“塔西佗陷阱”，发声很难有公信力。

五、舆论引导启示

不少地区的公安机关高度重视舆情，积极培养舆情引导力量，已经初步建立了舆情爆发监测预警引导的相应预案，具有丰富的舆情处置经验。但是，不少地区在具体舆情处置的措施和认识上存在误区和瑕疵。随着全社会范围内公民监督意识上升和网络鉴别能力的提升，某些重大敏感事件舆论引导工作中，舆情初期一开始就删堵封信息源和相应的评论；舆情中期通过有意“失焦式”引导方式，不顾公众真实、急切的质疑关注焦点，而过于理想化地设置议题、试图转移舆论方向；舆情后期主打感情牌，混淆视听的手段和措施已经越来越难以适应当下复杂的舆论生态环境。

如若舆情引导最终目的不着力于将重点放在面对问题、解决问题上，而是仅仅着力于淡化事件影响，缩小关注范围，往往极易激发互联网上的欲盖弥彰的“史翠珊效应”，反而造成中后期舆情的强烈动荡反弹，导致舆情统筹处置工作较为被动。如果过于强调并津津乐道舆情引导本身“术”的技巧，而忽视舆情引导与人真诚对话的本质，让本可以平等对话的温情姿态变成冷冰冰的文过饰非的公文和数字，大大压缩了当事双方“坐下来”认真沟通的理性氛围和良性交流空间，形成相应的刻板印象，反而不利于事件的深入解决。

雷洋案作为2016年备受关注的案件之一，尤其涉及“人大”“嫖娼”等敏感信息内容，在新闻发布之初，一定要谨慎措辞。危机修辞方式的不同可能对危机事件的处理和解决的效果产生截然不同的影响。因此，在进行通报时要充分运用证据，讲究逻辑措辞，不要让通报内容经不起推敲或前后不一，显得至关重要。

在舆论引导方式上，司法机关可以向一些优秀自媒体账号学习，在具体事件中将个体行为和整个群体贡献切割开，一边引导社会公众全面公正地看待此事，一边安抚广大基层民警的情绪，并进一步通过强调民警执法活动和公民生活都需要“规则”的双边保障，将深入推进执法规范化建设作为工作落脚点，既推动舆情引导，化解焦躁情绪，又努力从建设性层面推动现实问题解决和实体工作进展。针对普通网民、中间理性派和某些恶意炒作的势力等复杂的舆论场生态，厘清内部矛盾和化解敌对，统筹协调各部门力量，制定出针对性应对方案。

第二节　庆安枪击案——舆论倒逼真相

一、镜头回放

2015年5月2日，黑龙江省庆安火车站派出所的一民警击毙了一名暴力袭击警察的犯罪嫌疑人。与此同时，舆论风波也席卷而来。

（一）舆情发酵期

5月5日，新华社记者以《哈尔滨铁路公安还原黑龙江庆安县枪击案现场》为题，第一次通过采访当时民警回应舆论危机，形成第一次舆情爆发节点。人民网微博发文“警方还原黑龙江庆安枪击现场”：5月2日中午，在黑龙江庆安火车站候车室内，执勤民警当场开枪击倒一位中年男子，此事件引起了舆论界的广泛关注。5月3日晚，记者通过监控录像看到了当时的情景，在警方人员的协助下，还原了录像当时现场的真实情况。根据中国警察网舆情监测平台对此条微博的分析，截至5月14日10时，共被转发3306次，评论2654条，总曝光量81426302。5月5日21时，微博的关注度达到峰值。

（二）舆情爆发期

在媒体深入挖掘的同时，当地有关部门调查进度和结果相对处于静默状态。公众形成了一轮又一轮的质疑高潮，庆安枪击事件逐渐由一个地方性事件转变为全国舆论关注的大事件。5月9日，新华社记者发布文章《“庆安枪击案”真相非要靠“倒逼”?》，文章呼吁把完整的视频公开，并且邀请中立性的更有权威的部门参与此案的调查，以此获得公信力和说服力。文章进一步顺应社会情绪，引发舆论沸点，形成第二轮舆情高潮。同时，微博大V、法律界学者和死磕派律师也参与其中，加剧了舆情的复杂性。中国警察网舆情中心监测发现，部分法律界学者、律师开始“抱团取暖”，配合民众呼声参与到要求尽快公布真相的社会舆论当中。少数“死磕派律师”开始分化聚集，以公开信等方式进一步施加压力。

5月9日21时，北京理工大学某知名教授通过其微博账号发声：新华网呼吁公开庆安枪击案真相，总算看到希望了。谢燕益律师电话连线徐纯合的妈妈，老太太说不要钱，只要恶警李乐斌偿命，儿子没有了要钱有什么用。根据中国警察网舆情监测平台对此条微博进行的分析，截至5月14日10时，共被转发3523次，评论1739条，总曝光量63001721。5月9日21时，该微博的关注度达到峰值；与此同时，5月10日、5月14日伴随着案情进一步披露，该微博出现两次舆情关注的高潮。

（三）舆情发展期

5 月 14 日，“@人民日报”官方微博发布庆安事件调查结果：【视频还原经过】徐曾将 6 岁女儿举起向民警抛摔，致其女落地摔伤，徐趁机抢走防爆棍，抡打民警头部。危急情况下，民警取出配枪，对徐口头警告，徐继续用防暴棍抡打民警持枪的手，在多次警告无效的情况下，民警开枪将徐击中。该微博配合新华社深度报道《开枪是否必要合法？——庆安枪击案真相追踪》在一定程度上起到了一锤定音的效果，对于扭转舆情走势，起到了十分重要的作用。伴随着两大权威媒体对于案情真相的深入报道，一直处于高位动荡的舆情走势开始峰回路转，相应的网络戾气和过激情绪化言论大大减少，谣言传播的空间被无形的正能量压缩，舆情主体开始回归到理性讨论的空间中。对于事件的追问仍未停止，包括视频疑似被剪接、民警为何不鸣枪示警等问题。

（四）舆情回落期

5 月 23 日，新华社发文《“庆安火车站事件”真相调查》，说明了检方调查结果并对争议问题进行了采访澄清。民警也在采访中对为何不鸣枪示警等主要质疑点进行了解答。此后，舆情逐渐平息下来。

二、敏感因素舆情传播特点

警察执行行为本身就是社会敏感问题，此类舆情多为负面舆情。在本次事件中，公众情绪以负面为主，直接反映了司法机关在公众心目中的公信力下降，导致公众对司法公正的质疑甚至是不信任的产生，也表现出公众对自己的合法权益能否受到法律的保护产生担忧。从舆情传播途径来看，网站和论坛为主要舆论场，自媒体表现较弱。该案信息从 5 月 4 日徐纯合的家庭信息在网上广泛流传开始，以新浪网为代表的网站，以天涯论坛、凯迪社区和网易新闻论坛为代表的论坛同时发力，推动舆论快速升温。相对来看，微博、微信等社交媒体在此案的舆论上存在延迟反应的情况。

三、公安机关舆情应对的问题

（一）信息发布不及时，致使谣言传播无法有效遏制

纵观庆安事件的完整过程，其中舆情发酵导致的风暴伤害力巨大，甚至长时间呈现出“真相扑朔迷离，公众质疑声此起彼伏”的窘境。一定程度上来说，相关公权力机关就本案调查过程及结果依法公开回应缺失是其中的重

要原因。案件之初，官方仅简单回应民警行为符合执法流程，未进行详细说明，引发舆论大量猜想和质疑。关于“堵截访民”“封口费”“视频被剪辑”等传闻和公众的各种质疑使庆安事件关注度大幅度攀升。舆论场没有官方的信息，众多网民跟帖围观，都是通过“人肉搜索”等方式获取部分信息，导致谣言的传播泛滥，使“枪击上访户”“开枪民警受不住压力自杀”等言论框架远远超过了“警察为保护群众枪击歹徒”本身的事实框架。

（二）“护犊子”惯性思维和不当做法触动公众敏感神经

庆安事件发生后，领导慰问涉事民警，在未公开关键证据的情况下就定义为“与歹徒搏斗”，触动了民众的敏感神经；另一方面，提出 20 万元的补偿方案，更让公众怀疑有内幕。这两种做法都是不符合法治思维的做法，而且有损公安机关的公信力。哈尔滨铁路公安局首次通报了庆安事件的消息，将该事件定性为“危及旅客安全事件”，通报全篇未提及死者姓名以及身份，也未说明被抛摔的幼童为徐纯合的女儿，内容非常简练。

（三）“自己查自己”，难以取信于公众

相关政府部门公信力流失有两大方面的原因：第一个原因是政府部门在处置方式上存在被指的程序不合法问题。在检方还未认定开枪是否合法时，作为涉事民警的主管单位哈尔滨铁路公安局，通过“自己查自己”，就肯定了民警的行为；第二个原因是政府部门在处理各类舆情事件时，有关部门给出的定论缺乏现场视频、用枪案审查结果等论据的支撑，其负面应对自然令舆论产生刻板印象，这样做的结果不仅官方应对难获公众认同，也会导致各类网络传媒、传言、甚至谣言有了更加广泛的滋生空间。

四、舆情启示

（一）“舆论倒逼真相”还不如主动发声

相关部门不仅要发声，而且要第一时间发声，主动公布真相。即使调查需要时间，也要及时说明调查进展。只有用符合网络规律和网民需求的思维方式思考，才能在舆论处置中掌握主动权。就政府方而言，本次案件并不复杂，但案发 10 余天都未向社会公布事件真相。政府部门尽管在这期间已经采取了部分调查取证活动，但是此类信息如果向社会公众传递不足，就容易激发社会普遍猜疑，谣言和“阴谋论”就此滋生。

（二）以法治思维应对舆情事件

在处理突发事件舆情时，首先要依法办事，不能靠行政命令进行简单

粗暴的处理。事件发生后，公安机关的警察本身就成为舆论批判的对象，甚至成为类似“雷洋案”中的当事人，公安机关“自己调查自己”，公众肯定不会买账。运用法治思维，就可以在调查程序中由权威第三方中立机构进行独立调查，这样才会有说服力，平息不必要的猜测。

（三）真诚沟通，切莫息事宁人

在信息高度流通的现代社会，再以传统的息事宁人手段来解决法律法规问题，显然不适用。更为恰当的处理方式是，调查事件真相、公布调查结果、证明公权力行为的合法性之后，再出于人文主义的考虑，为受害者家属提供援助。

第三节　李昌奎案——舆论监督抑或舆论审判的“公众狂欢”

一、镜头回放

李昌奎因与同村邻里积怨很深，在2009年5月16日将同村19岁的少女王某红先是强奸，然后又用锄头敲打少女致死，之后李昌奎又将王某红只有3岁的小弟王某飞提起后摔死。事发后，李昌奎逃离现场，时隔5日后，自己向公安机关投案自首。

法院一审判决判处李昌奎死刑立即实行。云南省高级人民法院二审认为，李昌奎犯案后能够自觉到公安机关投案自首，并且如实交代了犯罪事实，李昌奎行为具有自首情节，悔罪、认罪态度比较好，在赔偿受害人家属经济损失方面表现积极，2011年3月4日，云南省高级人民法院二审改判为死刑缓期两年执行。

《生活新报》和《春城晚报》于2011年6月8日报道了此案件。云南省高级人民法院副院长于2011年7月6日对李昌奎案件做出了回应，提出了“不要以‘公众狂欢’的方式去剥夺一个人的生命”。该副院长认为，李昌奎一案在数年后会成为“标杆”。该说法却遭到了网民的一致声讨，网民的注意力从开始对案件本身的关注转移到了对云南省高级人民法院的质疑与抨击，此后甚至流传出了各种流言和猜测，如李昌奎与云南省高级人民法院领导有关系，所以不被判处死刑的“阴谋论”，舆论向高潮发展。届时《南方都市报》等各媒体也在纷纷发表社论，质疑人民法院审判标准有不统一的问题。

2011年7月16日，云南省高级人民法院的再审决定被各媒体披露。李昌奎再审被云南省高级人民法院在8月22日宣判判处死刑立即执行。判决后的第二天，有关李昌奎内容的消息在新浪微博上飙升到9万多条。8月29日，李昌奎被执行死刑。网民一片欢呼声，舆情以“舆论的狂欢”收场。

二、敏感因素与舆情传播特点

李昌奎涉及奸杀少女、摔死幼儿，在公众眼中就是罪不可恕的杀人恶魔。法院的审理过程和结果当然会受到公众的期待，当法院的司法判决与公众的道德审判结果不同时，就会受到社会公众的猛烈批判。法院的司法裁判成为舆论争议的焦点。

本案最早由云南的两家报纸于6月8日报道。当时药家鑫案“余热”未消，在叠加效应之下，李昌奎案迅速成为了舆论热点，被设置成了当时公众的主要“议程”之一。而之后的传播过程中，传统媒体基本上是跟进网络舆论的内容进行报道。对法院司法裁判的争议，反映出了网络自媒体与传统媒体之间有“两个舆论场”的冲突。而这两个舆论场在无法达成共识的情况下应如何应对，是法院必须预判和应对的问题。

在舆情发展过程中，新浪微博网友对于李昌奎案件的舆论主要形成了四次“峰点”和一次“浪潮”，形成“来也汹汹，去也匆匆”的“快闪”式关注特点。在消息迅捷传播的大环境下，在微博这样的新媒体中，因为新消息发布有很强的自发性，个体之间有很强的互动性，媒体的议程设置功能被无限地放大。“闪来闪去”，在这样传播格局下，导致了受众者所接受到的大量信息都是不完整的，在这样不完整的信息影响下做出的结论很有可能是错误的，对于李昌奎一案，因为法院方信息披露不及时，导致的案件流言横行也与微博这种传播方式有很大关系。

三、法院审判与舆情处置问题梳理

（一）裁判文书说理不足，敏感案件难以以理服人

李昌奎案件二审判决用大量的篇幅罗列案件事实，但在分析部分仅有二百多字。[①] 从法院的判决书中公众难以看到一个逻辑严密、分析透彻的法

① 判决说理部分内容为：“本院认为，上诉人李昌奎目无国法，将王某飞掐致昏迷后对其实施奸淫，而后又将王某飞、王某红姐弟杀害的行为，分别构成强奸罪、故意杀人罪，应依法严惩。被告人李昌奎在犯罪后到公安机关投案，并如实供述其犯罪事实，属自首；在归案后认罪、悔罪态度好；并赔偿了被害人家属部分经济损失，故上诉人李昌奎及其辩护人所提被告人具有自首情节、认罪、悔罪态度好，积极赔偿被害人家属的上诉理由和辩护意见属实，本院予以采纳。鉴于此，对李昌奎应当判处死刑，但可以不立即执行。”详见云南省高级人民法院（2010）云高法终字第1314号民事判决书。

律推理过程，很自然地会与刚刚执行完毕的药家鑫一案进行对比，因此得出了误判的结论。这个草率的判决也引发了学界的批评。例如，华东政法大学教授杨兴培认为“此次云南省高级法院的终审判决书虽言简意赅，但其改判的理由并不充分甚至语焉不详。高院审判委员会有27名成员，而且要成员过半（14人以上）同意判决结果的，才能作出判决。李昌奎案也不例外。但多少人同意改判，多少人反对改判一概尽在不言中。当前司法活动还有许多不尽人意之处，如此一份判决如何使社会公众信服自然成为社会关注的焦点”。①

（二）被动回应且不及时，导致谣言和“阴谋论”盛行

面对公众对草率的二审判决的质疑，时任云南高院副院长向公众传达了“慎杀、少杀”以及要冷静对待死刑判决的观点，同时还表达了法院在公众舆论监督下审判工作压力非常大的情况，此观点基本反映出了法院的态度。但是，时任云南高院副院长却抛出了“这个案子10年后肯定是一个标杆、一个典型”的评论再次引发了舆论的猛烈抨击。而且副院长回应已经距二审判决有一个月之久，这一个月的时间里，官方声音空白，舆论阵地被谣言和猜疑占据，“法院判死刑有指标”“李昌奎家是某高官的穷亲戚”等无端兴起的种种猜测，最终导致了媒体流言无法控制的局面，靠简单的回应只是杯水车薪。这也给我们一个深刻的教训，公权力机关权威话语的严重失位，导致了传播学中“沉默的螺旋”产生的负效应，各种流言如果已经发展到如洪水般大肆泛滥难以控制之时，即使是最真实的铁证和事实也会显得苍白无力，被湮没于“沉默的螺旋”。

四、媒体启示：传统媒体是舆论的“压舱石”

传统媒体应该充分运用本身的优势，在面对案件审判的舆论监督中应当起到平衡广大民众意见与人民法院官方意见的作用，而不是一味地迎合更多民意使得法院官方骑虎难下或者观点站在法院一方，不给广大公众更多发表言论的空间从而使得舆论监督缺位。在案件审理及审判这种专业性、严肃性都非常强的议题上，传统媒体应当充分运用本身的优势，更好地发挥其合理的引导作用，协助疏通自媒体与审判机关之间不合理的障碍，形成一种良好的合作监督机制。传统媒体在当中可以以其公信力与专业性为后盾加以引导，最终使得法院接到的是符合理性、甚至具备可操作性的舆论建议与意见，起到网络舆论“压舱石”和网络自媒体“风向标”的作用。

---

① 杨兴培：《若在国外，李昌奎判决书该如何写》，载《法制日报》2011年7月12日，七日谈版。

第四节　豫北监狱越狱事件——信息不透明引谣言四起

一、镜头回放

河南省豫北监狱发生了一起越狱事件，一名在押的重刑犯人在2011年10月25日凌晨逃脱。豫北监狱地处河南省新乡市昌村附近。根据警方的资料显示：该罪犯董云海从14岁开始就有盗窃行为，董云海入狱前，曾经是入室盗窃团伙的一个头目，“擅长”撬门开锁、翻墙入室等。尽管豫北监狱监管区域围有5米多的高墙和电网，每面墙壁都配有3个哨塔，每个哨塔上都配有持枪的武警战士24小时守卫着，越狱并非容易之事。但是，23岁的董云海还是逃脱了豫北监狱。董云海因犯盗窃罪被判有期徒刑14年，截至25日在豫北监狱服刑已有5年。

对董云海逃狱的方法及原因，外界是不知晓的，但却是公众最想知道的信息。2011年10月24日，河南司法厅监狱管理局办公室某处长称，“刚刚出差回来，不知情”。在2011年10月25日至26日间，豫北监狱决定拒绝一切采访。10月25日20点，监狱的一名正在值班的保安表示，监狱的所有领导们“都在开会研究事件”。河南省司法厅厅长在10月25日晚则称“没听说，不知道”。此外，河南司法厅监狱管理局的多名负责人手机都是一直无人接听。

罪犯逃脱后，就在2011年10月25日，监狱方曾经组织警力在新乡各出城干道设卡盘查。此后又没有了任何发声。多名网友发帖称，就在10月25日亲眼目击了警察在豫北监狱附近盘查车辆。住在豫北监狱附近吕村的村民称，他们早在25日上午就听说有罪犯越狱，并已经逃脱豫北监狱一事，但不知道详情。

直到2011年10月27日，河北深州监狱首次公布逃犯越狱细节。河南省监狱管理局局长王有仁、河南省司法厅副厅长，在2011年10月30日证实，豫北监狱越狱脱逃罪犯董云海已经被抓获。

二、司法行政机关舆情应对的失误总结

（一）躲闪沉默，放任谣言占领舆论阵地

当互联网上出现“10·25河南豫北监狱越狱事件”的报道之后，监狱等司法行政机关持沉默态度，以消极应对为主，任凭媒体猜测性的报道在

互联网上大肆传播。在这一阶段，由于缺乏权威信息源，媒体只能从外围进行信息搜寻。例如，报道引述该省警方知情人士的消息，记者通过实地查看公安机关对外张贴的协查通报，同时关注了当天多名网友帖子，称目击了警察在监狱附近盘查车辆。在 25 日，有网友称：“刚从新乡市回来，早上去新乡市时发现所有路口盘查出租车。经过与交警交流得知，今天新乡市豫北监狱有犯人越狱。名字记不清楚了。”住在豫北监狱附近的吕村村民称，早在 25 日上午我们就听说豫北监狱的罪犯越狱已逃脱一事，但是我们不知详细情况。在没有权威信息源的情况下，公众的关注不会因此减弱，只能通过这些只言片语拼接，而且官方越是沉默越会引发更严惩的猜疑。

（二）信息不透明，新闻通稿罔顾公众关切

当网络上关于该事件的传言不断时，司法行政机关以确证这一说法来封堵杂音、堵塞舆论通道，未披露网民较为关注的事实细节，造成了信息公开方面不够透明，降低自身的公信力。

面对网络传言不断，司法行政机关等相关部门始终保持沉默状态。直到 10 月 30 日中午，才有权威人物出来证实越狱逃跑的董云海被抓获。而在晚上，相关部门发布的新闻通稿的内容中未涉及网民关心的警方抓捕细节和罪犯逃脱过程。公众对事件信息的需要没有得到满足，这样的信息发布提供的是无效供给，无法起到平息公众情绪、消灭谣言的作用。

（三）态度不诚恳，缺乏责任担当

当媒体在确证该事件时，相关部门采用了沉默不应答的方式来应对记者的相关采访，尽力地回避和回绝该事件，未能及时主动承担应有的责任，针对网民诉求能回避就回避，能隐瞒就隐瞒。即便后期确证该事件后，官方仍回应简单，并未针对网民质疑逐一回应，态度不够真诚。10 月 27 日，相关部门才确证该事件，但既未针对网民关注的信息进行披露，也未召开新闻发布会主动承担责任。在对待舆情的态度上，当地司法行政机关对于自己的错误遮遮掩掩，不愿公布细节。这种缺乏责任担当的态度，无法保住颜面，反而加剧了公信力的丧失。错误的应对方式只会将舆情危机放大，从而使自身在舆论的漩涡中越走越深。

第九章　伤害法官类敏感案（事）件典型舆情案例

第一节　马彩云事件——情感共鸣处，道德制高点

一、镜头回放

2016年2月26日晚，北京市昌平区发生一起歹徒枪击法官的杀人案，昌平区人民法院回龙观法庭的法官马彩云，在自家住所楼下突然遭到两名歹徒枪击，经医院全力抢救无效死亡。据了解，两名歹徒中有一名歹徒李大山是法官马彩云曾经审理过的一起离婚后财产纠纷案件中的原告。事件迅速引爆舆论，因相关信息受到限制加上网民的多方揣度，舆情危机程度不断加深。

2月28日，最高人民法院和北京警方先后通过官方微博通报案情，强烈谴责这一暴力行为；法官群体强力发声。

2月29日和3月1日，关于北京女法官马彩云被枪杀事件的舆情继续发酵。与前两日不同的是，官方动态成为舆论关注的焦点。一是中央政法委、最高人民法院、公安部等中央政法机关相关负责人均针对此事表态，北京市高级人民法院追授马彩云"北京市模范法官"的称号；二是中央政法委提出，即将出台保护司法人员依法履行法定职责的重要文件，最高人民法院也表示，将完善司法相关工作机制，制定相关配套实施意见，并提出要研究强化立法建议，使法官履职得到保障。

这起恶性案件短时间内在全国范围引发轰动，尤其对法官群体带来较大冲击。对凶手的强烈谴责，以及对此案被模糊处理的不满与对职业前景的悲观交织在一起，负面舆情不可低估。网民除谴责暴力和哀悼受害法官之外，还存在"法官被杀是咎由自取""法官该死"等言论，个别人还借机攻击法院公信力和司法体制，负面言论的比例超过正面和中性观点，占据上风。

据人民网舆情监测室统计，截至2月28日18时，与此次事件相关的网

络新闻共计343篇，报刊7篇，论坛和博客分别为66篇和30篇，微博107条，微信250篇。截至3月1日13时，与此次枪杀事件相关的网络新闻共计1691篇，包括报刊85篇，论坛和博客共计506篇，微信814篇，微博125条。从舆情走势来看，因官方集中发声，相关舆情在29日达到最高峰，之后舆论开始有所回落并趋向平缓。

二、舆情阶段应对分析

表9.1：马彩云事件舆情阶段分析

	信息源	舆情态势
舆情发酵 2月27日 白天	财新网报道称，经多名消息人士证实，2月26日马彩云遭遇枪击；搜狐网、新浪网纷纷推转；部分媒体挖掘枪杀细节	“马彩云”成百度搜索敏感词，多家网站删除相关消息；网民对枪杀原因展开猜测，有人称“案情没那么简单”“法官枉法活该”。对信息限制的质疑声不断蔓延，微信平台上《法官被杀，舆情管控只会彻底伤透法官群体的心》等文章广泛流传
舆情对冲 2月27日晚	微信公号“陕西高院”发文《强烈谴责枪杀法官的暴行!》；“@京法网事”发布马彩云诗作；多名法官撰写网文；多个公号推送马彩云事迹	多家网络媒体的评论中可见两种声音的激烈交锋
舆情扩散 2月28日	凌晨3时，“@最高人民法院”连续发布两条长微博；13时，“@平安北京”发布情况通报；14时，“@京法网事”点燃蜡烛悼念马彩云	媒体纷纷掀起报道潮，《最高法发微博证实北京昌平法官马彩云遭枪击殉职》《北京警方通报昌平女法官被枪杀一案》等报道传播量较大
舆情消退 2月29日 至3月上旬	29日，最高法院召开新闻发布会，强烈谴责犯罪行为。3月1日，“@最高人民法院”发布消息称，为马彩云追记一等功	此后，舆情渐渐趋于平稳

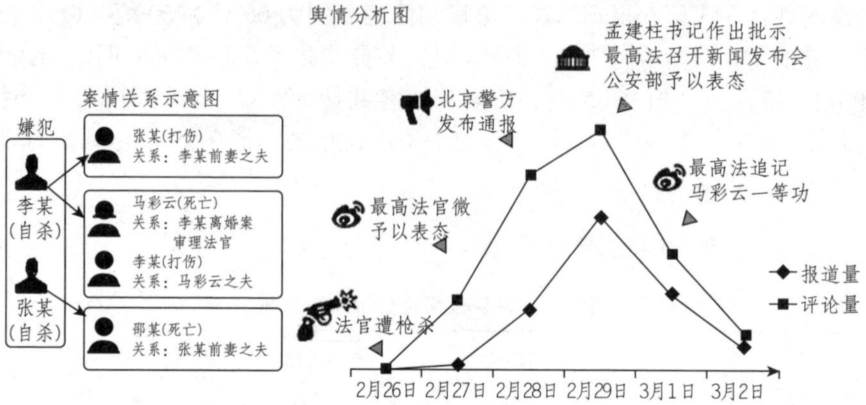

图 9.1：马彩云事件舆情分布图

三、舆论倾向和网民观点的变化

（一）事件初期舆论倾向和网民观点

网民群体具有冲动、急躁、情绪化、易传染、易走极端的特点。这与勒庞笔下的群体类似，只是以网络为环境。[①] 这些特点在马彩云事件初期展现得非常明显。在 2 月 27 日的下午 3 时，当舆论导向尚未发力的时候，网民的评论就是一片情绪宣泄的垃圾场。没有人关心事件的真相如何，全都是冲动的言论和急躁的情绪。从上下条评论之间来看，这种冲动与急躁的情绪一个接一个地传递下去，形成巨大的负能量。

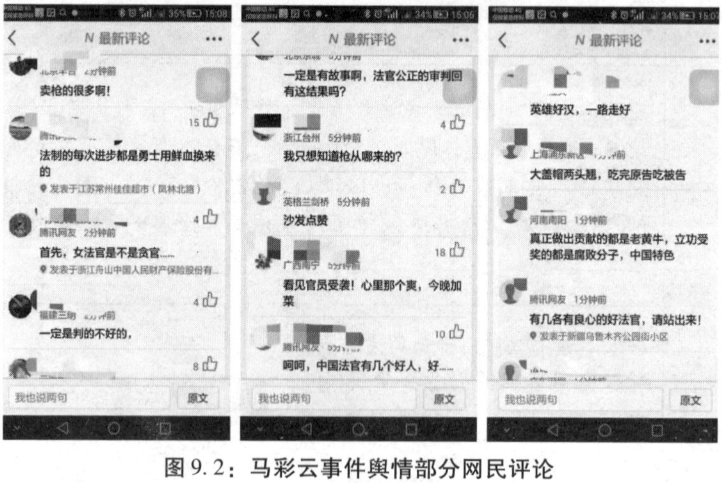

图 9.2：马彩云事件舆情部分网民评论

---

① 参见［法］勒庞：《乌合之众：大众心理研究》，冯克利译，中央编译出版社 2004 年版，第 20 页。

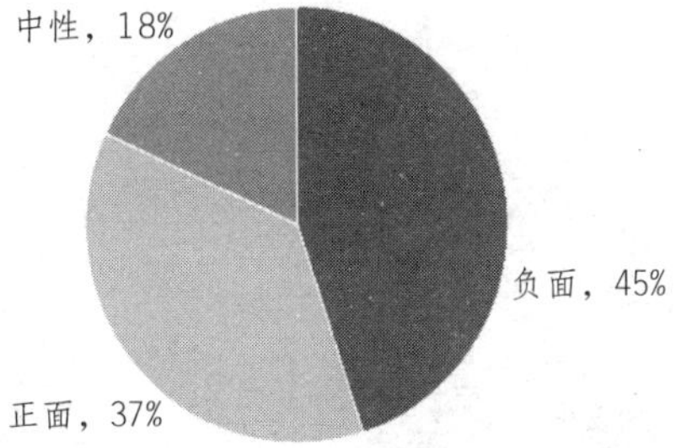

图 9.3：马彩云事件初期整体舆情倾向比例图①

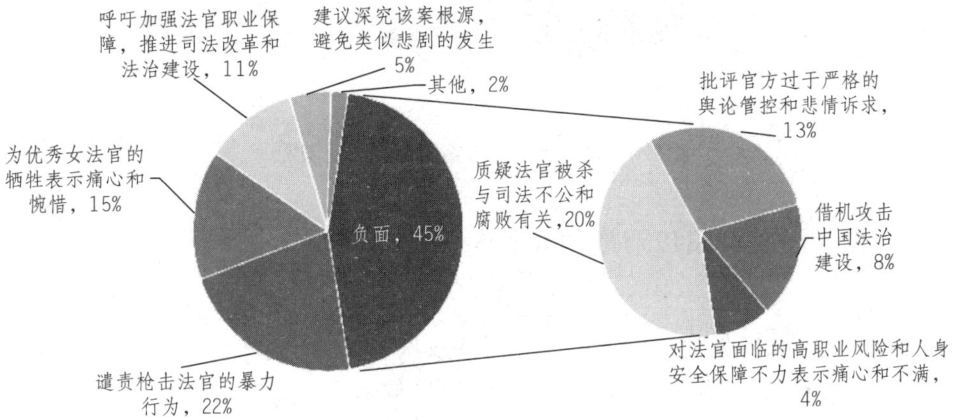

图 9.4：马彩云事件初期网民观点比例图②

（二）事件后期舆论倾向和网民观点

随着官方密集发声和舆情引导，舆情倾向和网民观点发生很大变化，正面的声音越来越多，负面的声音越来越少。

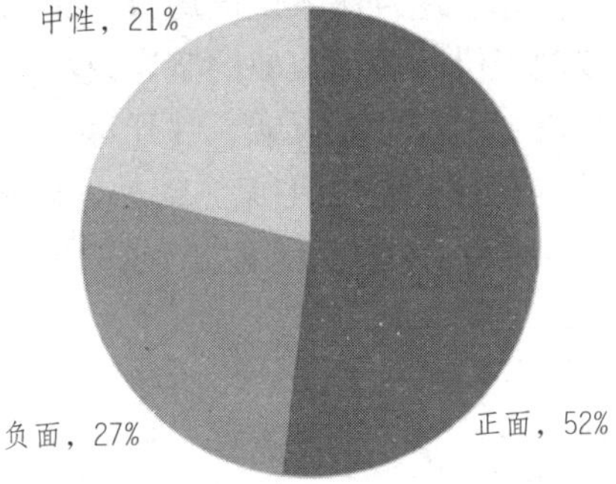

图 9.5：马彩云事件后期整体舆情倾向比例图③

① 人民网舆情监测室，2016 年 2 月 28 日。

② 人民网舆情监测室，2016 年 2 月 28 日。

③ 人民网舆情监测室，2016 年 3 月 1 日。

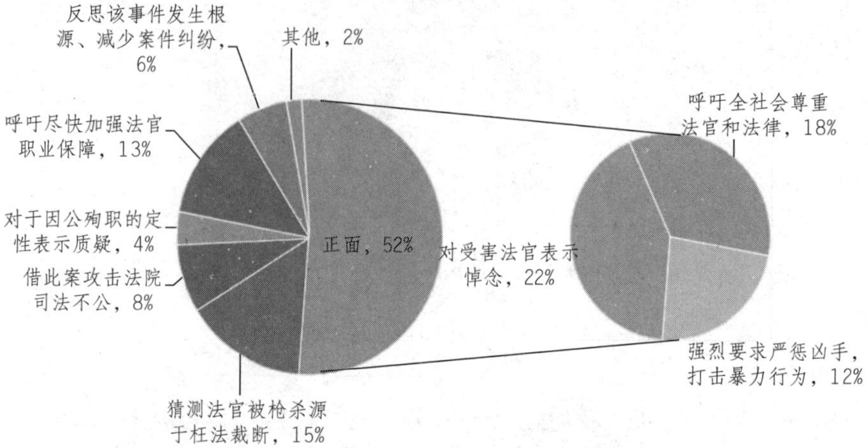

图 9.6：马彩云事件后期网民观点比例图①

四、法院舆情应对成功经验

马彩云事件暴露了三重舆情危机，即舆论震动与管控信息的反差局面、法官悲鸣与民粹暴戾的情感隔阂、司法权威与执业安全的机制保障。司法机关在处置这次伤害法官事件中收到很好的效果。

（一）短暂信息管控后及时发声，统一舆论口径与导向，消除质疑

2 月 27 日与 28 日进行了暂时的信息管控。到了 29 日，在马彩云受害的第三天，中政委、最高法院、公安部等中央政法机关密集发声，除谴责暴力和哀悼被害法官之外，还以即将出台保护司法人员依法履行法定职责的重要文件这一实际行动，向外界展现政法系统严厉打击暴力犯罪、维护司法人员人身安全和正常履职权利、保障法律权威的坚定决心。这一系列举措经主流媒体广泛报道后，在舆论中引起强烈反响，呼吁尊重法官、严惩暴力行为的正面声音明显上扬，成为网络舆论的主流。随后，该案的关注度逐渐下降，舆论也趋向理性客观，官方有力的公开回应和有效的网络引导功不可没。

（二）声情并茂，有血有肉，触动人心，以情感共鸣取胜

北京法院系统追授马彩云为“模范法官”称号，舆论中出现了大量马彩云生前的工作成绩和长期扎根基层、投身司法改革的敬业奉献精神的深入宣传，全面展现优秀法官的风采，进一步扩大正面舆论的影响力。这些宣传内

① 人民网舆情监测室，2016 年 3 月 1 日。

容声情并茂、有血有肉，展现了马彩云作为法官、母亲、妻子、女儿的多面人生，直接触动人心中最柔软的情感，以真情实感唤醒广大公众的共鸣。

（三）“官军”与“民兵”配合，轰炸负面舆情阵地，占领道德制高点

2月29日，《人民法院报》刊发评论称，不管事件起因如何，像这种缺失良知戕害生命的暴行犯罪行为，在任何社会形势下都会受到严厉的制裁。对履职法官的暴力伤害，最终体现的是对法治的伤害，尤其伤害最重的是我们共同营造的社会安全感。此案件在官方媒体的引导下，法官群体开始“抱团”发声，通过各种自媒体奔走呼吁，唤醒了整个法律共同体的共鸣，也唤醒了广大网民的良知。

第二节　周龙事件——“基本解决执行难”决心不改

一、镜头回放

江苏沭阳法院周龙法官，在2017年2月17日下午上班途中突然遭到袭击，犯罪嫌疑人被当场抓获，后得知嫌疑人名字叫胡小干。根据初步查明，犯罪嫌疑人胡小干因对债务纠纷案的判决和执行心存强烈不满，长期缠访、闹访，本次袭击周龙法官属于蓄意行凶。目前，周龙法官已脱离生命危险。沭阳法院官微保持动态通报，还原事件经过；中国法官协会法官权益保障委员会、江苏省法官权益保障委员会和江苏检察院联动发声，强烈谴责暴行。

二、舆论传播情况

网络舆论场中，谴责凶手暴行、加强法官职业安全成为“主旋律”。舆论还广泛批驳抵制“同情歹徒，污蔑法官”的恶意言论，并就司法履职保障议题积极献言献策。除此之外，媒体聚焦法院执行工作，为执行队伍“打气鼓劲”，彰显出了打赢“基本解决执行难”硬仗的决心。

事件处理在法院系统内外均获得了良好的舆论反响。法官队伍内部鲜有“抱团叫屈”的消极情绪，展现出了砥砺前行、奋勇向前的工作状态；网民群体则与主流舆论同频共振，普遍要求严惩暴行、保护法官人身安全。

据人民网舆情监测室统计，2017年2月17日至21日12时，相关网络

新闻报道1531篇，报刊新闻49篇，微博524条，微信文章494篇，论坛帖文121篇，博客142篇，APP资讯72条。从舆情发展态势来看，2月17日事件曝出后，由于案件通报的不断跟进以及大量网评文章的集中涌现，在2月18日舆情就达到峰值。随后，舆情逐渐回落并趋于平稳。

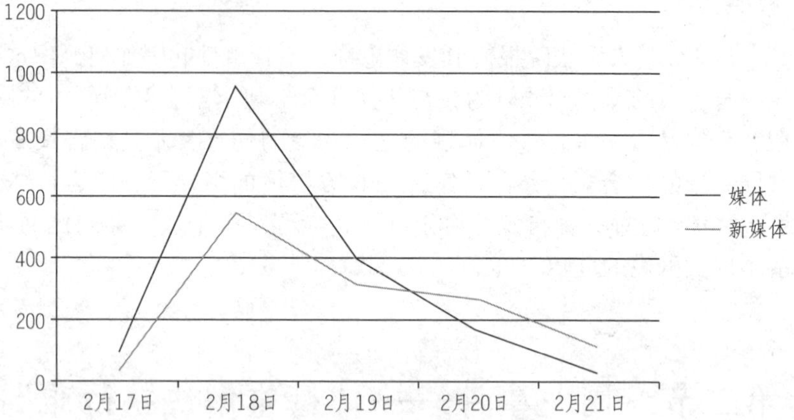

图9.7：周龙事件舆情发展态势①

三、普通网民观点分布

普通网民观点中，正面观点占据绝对主流。超四成网民建议严惩凶手；超两成网民呼吁加强法官人身安全保护；近两成网民主动对不理性、抹黑性言论进行反驳；一成网民关注事件发生的根源，反思社会戾气；近一成网民追问凶手报复法官的原因，关注事件发生的前因后果。

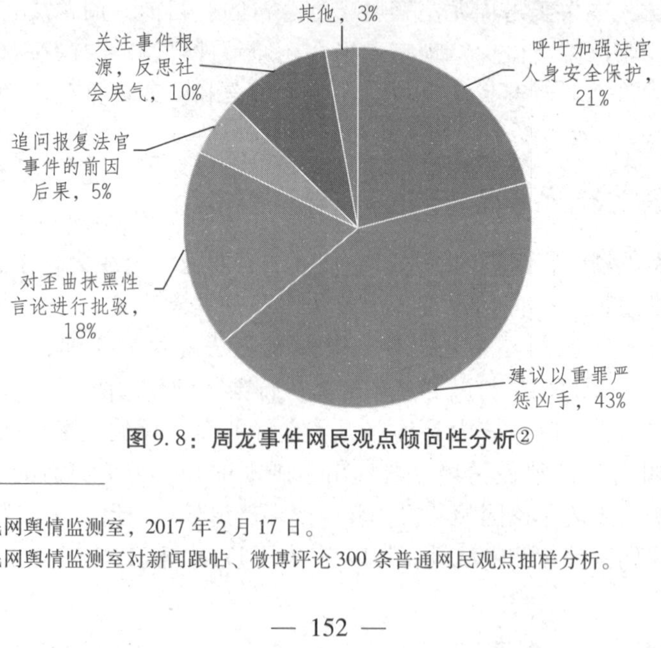

图9.8：周龙事件网民观点倾向性分析②

① 人民网舆情监测室，2017年2月17日。

② 人民网舆情监测室对新闻跟帖、微博评论300条普通网民观点抽样分析。

四、信息发布与舆情引导成功经验

（一）官方发布及时、翔实，以事实扶正抑偏、引领舆论

2月17日事件发生后，沭阳法院官方微博于当日晚间及时通报基本案情；2月18日凌晨续报，周龙法官已脱离生命危险，胡小干因对法院判决及执行不满，系蓄意行凶；2月19日再次发布详细通报，从胡小干涉诉案件整体情况、胡小干所涉闹访缠访案件情况、胡小干闹访缠访行为三大方面展开了翔实的论述。通报获得中国新闻网、网易网、澎湃新闻等各大网络媒体广泛转发。

同时，《新京报》于2月19日也刊发了还原性报道，报道根据案件判决书以及采访相关人士，描述了诸多有关胡小干“闹访缠访”的细节，如“网上发帖辱骂沭阳法院人员”“微信名即要‘办周龙’的言词”“听证会上不顾秩序、嗓门大、话语粗鲁”等。澎湃新闻于2月20日的报道披露“胡小干曾驾车在周龙所在小区门口冲撞周龙”等细节。

（二）多方联动普遍谴责暴行，呼吁加强法官职业安全保护

江苏检察院官方微博在2月17日晚发消息称，案件发生以后，江苏省人民检察院第一时间指导沭阳县检察院、宿迁市检察院依法提前迅速介入该案，对取证侦查工作进行引导。江苏省高级人民法院在2月18日通过官方微信发表了关于江苏省法官权益保障委员会的声明。声明称，周龙法官为江苏省法官权益保障委员会的委员，他一直以来，针对如何加强法官权益保障工作曾多次出谋划策，且尽心尽力；对这种严重伤害法官的暴力行为表示极大的愤慨和强烈谴责，并呼吁有关方面在加强法官权益保障问题上，尽快建立法官职业安全特别保障机制。当日，最高人民法院官方微博同样刊发中国法官协会法官权益保障委员的声明，对周龙法官及其家属表示诚挚慰问，强烈要求对行凶歹徒依法予以严惩，呼吁保障法官安全，维护法治权威。

《法制日报》文章称，用暴力行为袭击司法人员，这不仅仅是对司法人员个人的暴力行为，更严重的是对国家法律的藐视、对司法权威性的挑衅。天理昭昭，不容践踏，若有犯者，必得严惩。中国法院网称，被害法官马彩云牺牲的阴影在人们心中还没有散去，广西陆川法院已退休法官傅明生在自家住所遭到歹徒持刀杀害不到一个月的时间，又一起法官被伤害事件发生。这些司法界的英雄，在维护公平正义的道路上流下了自己的鲜血，这些鲜血正在警示我们，加强法官权益保障、法官履职保护刻不容缓。

（三）舆论广泛批评“同情歹徒，污蔑法官”的歪曲性言论

《法制晚报》称，一些不甘寂寞的愤青、“键盘侠”莫名地兴奋，他们不但为暴力袭击法官的伤天害理之举鼓掌叫好，还把舆论抨击的枪口对准受害法官。光明网对这样的怪现象分析称，这些人的目的无非就是想抹黑法官、法院、法律，最终目的就是损害司法机关的公信力，打击司法人员维护公平公正的自信心和勇气，让司法人员流血又流泪；其最可怕的后果就是社会秩序、公平正义难以维护，法治进程举步维艰，最终阻碍了中华民族伟大复兴的进程。也有国际在线评论分析称，社会矛盾升级一般分为三个阶段，第一个阶段是表达不满，第二个阶段是语言攻击，第三个阶段是使用暴力伤害；一些网友尽管是用网络诋毁法院、法官，而不是直接用暴力来伤害，却是事件升温最直接的导火点，更加是导致事件的助燃器，值得引起我们高度重视。

（四）法院面对“执行难”决心不改引关注，舆论为执行工作“打气鼓劲”

由于涉及法院执行工作，涉事地方法院积极表态、继续直面“执行难”，也引发舆论重点关注。《人民法院报》、中国法院网报道了沭阳法院2月18日开展假日常态化执行行动。沭阳法院袁震院长表示，暴力事件的发生，更加激发了广大干警的决心和信心及坚决向执行难宣战的强大士气，面对执行难的问题，沭阳法院的干警们决心不改，砥砺前行。

同时，光明网等媒体称，“基本解决执行难”是人民法院在维护群众利益方面所作出的庄重承诺，“努力让人民群众在每一个司法案件中感受到公平正义”也是每一位人民法官发自肺腑的时代最强音。工作中无论遇到怎样的艰难险阻，人民法院向践踏法治者宣战、向“执行难”宣战的信心和勇气都不会改变！中国网及其他媒体称，解决执行难问题，是我国司法改革的必然需要，是维护司法权威的应有之义，更是对广大人民群众热切期盼的回应。暴力和邪恶阻拦不了正义的实现，法院每一位执行干警，都会以主人翁的姿态和敢于担当的精神，在各自的岗位上兢兢业业、恪尽职守，绝不会让已经生效的判决变成法律白条。

第三节　傅明生事件——推动司法人员履职保障机制的完善

一、镜头回放

据广西新闻网2017年2月4日消息，在1月26日即农历大年二十九，广西陆川县的一名退休法官傅明生，在自家住所遭到歹徒龙建才持刀杀害。在1994年11月，行凶者龙建才因婚姻问题被陆川县沙坡镇人民法庭法官傅明生判决离婚，时隔22年之久，他一直对陆川县沙坡镇人民法庭法官傅明生怀恨在心，伺机进行报复。目前，犯罪嫌疑人龙建才因涉嫌故意杀人罪被陆川警方提请逮捕。

二、舆论传播情况

这一恶性事件被媒体披露后，引发法律界与公众舆论的高度关注，社会各界反响强烈：广西、陆川两级法院及时发布通报还原事件经过；当地警方迅速介入调查、逮捕嫌犯；中国法官协会法官权益保障委员会发声严正谴责；主流媒体跟进报道事态进展；以“长安剑”“舆论热点”为代表的法律新媒体纷纷撰文引导舆论。整体而言，此次事件发生后，舆论导向空前一致，对凶手的谴责、对受害法官的悼念、对加强保障法官人身权益的呼吁，成为舆论“主旋律”。

最高人民法院于2017年2月7日发布《人民法院落实〈保护司法人员依法履行法定职责的规定〉的实施办法》（以下简称《实施办法》），与此同时还发布了司法人员履职保障十大典型案例，目的是以案释法。该《实施办法》被称为“法官人身安全保护令”“史上最强法官履职保障办法”。主流舆论认为，《实施办法》的出台体现了最高人民法院对全国法官们的关心和爱护，对于未来司法人员在依法履职中能依法得到保障具有重大意义，也会使全国的法官们敢于在推进司法改革的大潮中公正公平执法，对正在推进的司法改革更加有信心、有动力，也更加有成效。围绕《实施办法》的发布，媒体、专家学者及司法系统内部热烈探讨司法人员履职保障机制的完善与改进，也于近期出现一轮舆情热潮。

三、普通网民观点分布

网络正能量充盈舆论场，正面观点占据绝对主流。广西陆川法官被害后，网民普遍“点蜡烛”送别法官，呼吁严惩凶手，关注公检法人员执业环境，并自发对少数恶意言论进行批驳。与此同时，此事也引发部分网民对类似事件及社会戾气现象的反思。最高人民法院紧急出台《实施办法》后，正能量再次高涨，网民又普遍持肯定支持态度，称赞最高人民法院“有责任有担当”，相关举措是“司法人员安全执业的坚实后盾”。

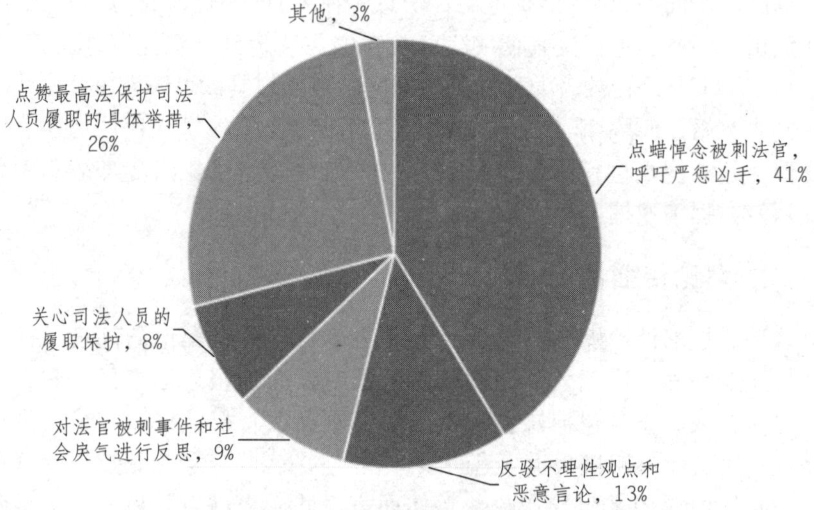

图 9.9：傅明生事件网民观点倾向性分析①

四、信息发布与舆情引导成功经验

（一）法院通报及时还原案情经过，以透明促刷屏共识

陆川法官遇害案情成为媒体关注的重点。在最高法院新闻局的指导下，2017 年 2 月 5 日，陆川县人民法院发布《关于陆川法院退休干部傅明生遭报复杀害的情况通报》，通报事件经过。中国新闻网、澎湃新闻网等媒体转载报道。广西高院官方微信公号 2 月 5 日发布文章《22 年前的那桩离婚案，到底是咋样?》刊登裁判文书原文，梳理离婚案经过。澎湃新闻网以《广西陆川因离婚案杀害法官男子：性格粗暴，对待妻子行为野蛮》为题转载报道。财新网报道《广西老法官春节前遇害缘起 22 年前离婚案》，也对 22 年前离婚案细节进行了回顾。这次法官遇害事件发生后，社会舆论空前一致，

① 人民网舆情监测室对新闻跟帖、微博评论 400 条普通网民观点抽样分析。

公众对受害法官的悼念、社会舆论对杀害法官凶手的谴责、社会对法律及时“出拳”的呼吁，形成刷屏般的共识。

（二）引导舆论反思，培养公众现代法治意识

部分媒体把评论重点集中在侵害法官事件多发的原因分析上。《人民法院报》评论指出，中国的特点是，法官面对的当事人有很大一部分来自乡土社会，文化水平、知识修养普遍不高，对于法院的一整套具有高度专业化的程序和专业术语，大多数当事人难以理解，更难的是，不懂得如何用正确的方法去维护自身的权益。一些当事人败诉后往往归咎于法院，认为法官没有公正审理。《北京青年报》微信公号“团结湖参考”刊文《善待法官就是善待法治》分析称，目前，在我们国家会时常发生攻击法院、杀害法官的事件，这也是我国在法治建设初期可能引发的一些现象，也说明了国家的司法体制不够完善，更存在全体国民综合素养亟待提升的问题；现实不可否认，我国整个社会还弥漫着一股戾气，我国社会公众对崇尚规则、尊重司法、尊重法院法官的现代法治意识还没有完全建立起来，有待提升。

（三）主流媒体积极为完善司法人员履职保障机制建言献策

最高人民法院官方微信公号发布文章《法治严惩暴力！休让法袍再染血!》，强调应当加强对司法人员依法履行法定职责的职业保障。文章阅读22000余次，影响范围广泛。政法微信公众号“长安剑”同样指出，这一事件表明我们在司法人员各类权益保障机制、范围、效果等方面还有很多亟需完善。《人民法院报》发表评论文章《法官不容伤害安保机制亟待建立》，提出了法官人身安全保障的5条建议，包括法官安全保障区域范围需要扩大，扩大法官安全保障的对象范围，降低威胁法官行为的惩戒难度等。法制网发文《挥向法官的匕首何时休?》，呼吁通过将报复伤害司法工作者从重处罚情节纳入刑法规定，保护法官人身安全。千龙网评论《粉身碎骨浑不怕 但铸清正在人间》认为，破解问题之根源所在，即法治尊严尚需维护，司法权威亟需建立，法官保障尤须健全。

第四节 伤害法官类案件综合分析
——莫让法官流血又流泪

一、镜头系列回放

2010年以来，法官因公殉职事件不时出现在舆论视野中，引发诸多关注与热议。透过两次大规模的网络舆论聚焦，可以发现法官因公殉职事件中的网民社会心理悄然转变：

第一次大规模聚焦出现于湖南零陵法官遭枪击事件中。2010年6月1日，一名湖南永州银行的押钞员，持枪闯进零陵区人民法院，寻找了办公人员最多的办公室，持枪对办公室的人员扫射，瞬间该法庭庭长和两名副庭长三人当场身亡，另外三名法官受伤严重，事发后犯罪嫌疑人自杀身亡。当时网络舆论中，除对死伤者同情、对暴力和凶手谴责的声音外，还出现不少为暴力欢呼、臆测凶手是受到冤屈发泄不满，以及攻击法院和司法体制的言论，总体而言，先入为主的“罗宾汉情结”与“仇官”戾气并显。

第二次大规模聚焦出现于2016年2月以来接连发生的北京法官马彩云、广西法官傅明生被害事件，江苏法官周龙遇袭事件，山东曹县暴力抗法事件以及多起法官因病殉职事件。涉事法院的快速发声、最高人民法院关于“司法权威不容侵犯”的严正声明、法官权益保障委员会的及时跟进表态以及负面信息的有效对冲，推动了网络舆论中同情关怀法官之声不断攀升，呼吁严惩暴行的声音占据主流。与之相应，舆论场上的理性反思之声也受到关注，要求加强司法履职保护的呼吁持续高涨。

伴随着网络舆论整体生态变化和法院系统“三同步”工作的有序推进，法官因公殉职事件中的网络舆论特征已然发生了显著变化。此前的狂欢、情绪化发泄、成见之下对法官及司法体制的恶意揣测与攻击，已经悄然转变为对法官的同情与理解，并进行理性反思，积极为完善司法人员履职保障机制建言献策。

二、舆情特征变化

对待法官因公殉职事件，从2010年以来网络舆论反馈发生了重大转变，在以湖南零陵法官遭枪击事件为代表的第一次大规模聚焦中，出现不少罔顾社会伦理的泄愤，不少网民借机表达对社会的不满和嘲讽，为杀害法官等暴力行为欢呼。而在以北京法官马彩云、广西法官傅明生被害事件，山东曹县暴力抗法事件，江苏法官周龙遇袭事件以及多起法官因病殉职事件为代表的第二次大规模聚焦中，网民逐渐回归理性，法官遇害时对凶手的谴责、法官因病殉职时对司法履职保障的呼吁、法官遇袭时对如何避免类似事件的反思，都呈现出网民尊重法官与司法的意识明显提高。

（一）第一次大规模聚焦：网络舆论的狂欢与情绪化宣泄

第一次大规模聚焦以湖南零陵法官遭枪击事件为代表。此次舆论反馈中，主流媒体关注度相对较弱，大多偏向于案件本身报道，对于法官遇害原因以及案件后续报道较少。网民偏执化、情绪化宣泄占据主流，呈现集体无序狂欢态势。网民仇官、仇富心理急剧膨胀。

（二）第二次大规模聚焦：网络舆论回归理性，多数同情法官，理性反思

第二次大规模聚焦以北京法官马彩云、广西法官傅明生被害事件，江苏法官周龙遇袭事件，山东曹县暴力抗法事件以及多起法官因病殉职事件为代表。此次舆论反馈中，媒体报道全面立体，主流媒体第一时间披露案情，通过调查性报道还原真相，并对后续相关处理情况持续关注，深度分析评论性文章频现。网络舆论逐渐回归理性，对于法官被害、法官遇袭事件，一是缅怀殉职法官、祝福受伤法官早日康复，并建议严惩凶手；二是呼吁加强法官人身安全保护；三是建议深究此类案件多发根源，避免类似悲剧重演。而对于法官因病殉职，网民除了表达惋惜之情外，更为法官的敬业献身精神所感动，同时也表达出对法官执法环境的担忧，呼吁加强司法人员履职保障。虽然总体舆论中也包含个别对法官群体讽刺质疑的“杂音”，但正面理性声音占据主流。

三、舆情处置经验总结

（一）快速正面发声，严正谴责侵害法官人身安全行为

侵害法官人身安全是冲击法治权威的体现。相较此前湖南零陵法官遭枪击事件，近年来所发生的舆情个案中，涉及事件的法院都能及时发声，就在由个案引发了干警职业焦虑的关键档口，为法官们吃下了“定心丸”。尤其是上级机关做到了适时正面声援，除内部关怀安抚效果之外，还带来了更强的正面社会效应。如北京的法官马彩云被枪杀、山东曹县的暴力抗法、广西的法官傅明生被报复杀害等事件中，“@最高人民法院”均发文悼念不幸逝去的法官，并严正呼吁“法治不容暴力挑衅”，不仅有力彰显了司法权威，同时引发媒体设置议题的动力，从而有力地推动了全社会更加关

注“司法履职保障”这个话题，有效弘扬了司法正能量。

（二）法官权益保障委员会做出的跟进表态，有效引导了舆论方向

法官殉职事件中网络舆论发生变化的重要原因是，法官权益保障委员会的设立及积极发声。目前，江苏、上海等部分省份已经成立了法官权益保障委员会。在近年来的江苏周龙法官遇袭击、广西傅明生法官遭到报复被杀害事件中，中国法官权益保障委员会真正起到了震慑作用，都及时发声谴责暴力。江苏省法官权益保障委员会在周龙事件中也作出积极表态。江苏省法官权益保障委员会还发表了千字《警示文》，围绕“保障法官身心健康”提出10条建议，在受到各界媒体关注的同时，也在各地基层法官中引发了共鸣。

（三）联手澄清“司法不公”疑云，有效化解网络戾气

此前，法官殉职事件所产生的网络戾气，基本都是聚集在“嫌犯之所以伤害执法人员，是因司法不公”等言论上。而近些年来，在舆情个案中，涉及事件法院方能够迅速拿出事实与法律依据，或者借力与其他司法机关联手舆情合作，透过公开召开发布会或新媒体发布会，通过相关案件裁判文书等形式，来拨开公众猜疑的“办案不公”的疑云，还殉职法官清白，同时也从“根”上消除了公众对法官“有罪推定”的网络戾气。例如，马彩云法官遇害后，北京市昌平区人民法院发布声明，虽简短却有理有据，力证“严格依法办案”。在江苏省周龙法官遭遇袭击后，除法院系统外，江苏省检察院也在第一时间指导沭阳县检察院、宿迁市检察院依法提前介入此案，还对侦查取证工作进行引导。

（四）加强舆论引导，对冲负面舆情发酵空间

相较此前湖南零陵法院枪击事件，近年来法官因公殉职舆情个案处置中，对部分网民臆测案件存在司法不公以及发表攻击法院和司法体制的言论等“在伤口上撒盐”的行为，加强信息公开和舆论对冲。在及时公开通报事件调查进展的同时，充分运用全媒体发声，对部分偏激、非理性言论进行有力对冲，及时有效地引导平衡舆论走向，让正能量把握话语主导权。

（五）政法全媒体矩阵传播形成合力，传递法官勉力前行正能量

近年来，法官因公殉职类舆情传播中，除中央级媒体、政法机关报作为主力军积极发挥议题引导作用外，政法新媒体也扮演了重要角色。如微

信公众号“舆论热点”日前发布题为“致敬英雄勉力前行”的文章，缅怀邹碧华、侯铁男，周卫东、郑鹏等36名用生命诠释司法担当的优秀法官，在法律共同体内外引发广泛共鸣。又如在上海高院原副院长邹碧华、黑龙江执行局原局长侯铁男、陕西原法官王俊汉因病殉职等舆情个案中，微信公众号“长安剑”“法眼观察”“法官那些事”等均发布悼念文章，积极肯定逝世法官认真负责的工作态度，并追忆他们的先进事迹，引发大规模网友致敬，网友纷纷在留言中慨叹“有这样的人民法官，人民感到安心”，赞扬法官为法治事业献身的忠诚和担当。

第十章　违法违纪类敏感案（事）件典型舆情案例

第一节　上海高院法官集体招嫖事件——及时回应，雷厉风行

一、镜头回放

2013年8月2日，一段时长8分多钟的视频将“上海高院法官集体招嫖事件”曝光在公众面前，并迅速成为舆论热议的焦点，网络关注度居高不下。网友在抨击法官私德败坏的同时，也不断追问“集体招嫖”背后是否存在贪腐问题。面对突如其来的舆情，上海有关部门直面问题，及时回应，从快从重进行处置，获得了公众认可，但在后期舆论引导方面仍存在一些不足。

8月1日，天涯论坛出现一条“上海高院法官在夜总会娱乐”的帖子，但该帖并未引起网友关注。8月1日下午，知名爆料人在新浪微博转载此微博，引起更多大V的关注和转发，舆情不断蔓延，“网曝上海高院副院长等5名官员集体招妓”的标题出现在各门户网站首页，优酷网更将该视频置顶。舆论顿时沸腾，嬉笑者有之，怒骂者更甚。

8月2日，有网友在新浪微博爆料称“上海高院副院长陈雪明等多名法官于6月9日晚在浦东新区衡山度假村接受吃请并有小姐作陪。后又入住4楼客房，集体招嫖”。该微博附有一段时长8分多钟的监控视频，将“上海高院法官集体招嫖事件”曝光在公众面前，迅速引发网友关注，事件经由微博开始扩散。微博曝光后迅速成为舆论热议的焦点，网络关注度居高不下。8月2日当天，新浪微博关于“上海高院法官集体招嫖事件”的内容就有21424条，网友评论既有对法官私德的质疑，也有对司法公正的担忧。

8月2日晚，上海高级人民法院官方账号“@上海市高级人民法院”回应称：“经查，帖中所指陈雪明现为上海高院民一庭庭长，赵明华现为副庭长，高院高度重视，已展开调查，将根据有关规定和查清的事实进行严肃处理。”接下来，上海市纪委、监察局官方微博“@廉洁上海”也回应称：

“已看到网民举报信息，将展开调查。”

8 月 3 日至 4 日，事件爆料人持续向媒体提供更多细节，包括：爆料人自述因案件审判和法官结仇的经历、获取监控视频的过程、已将 30 多小时完整视频提交上海纪委，以及涉事法官赵某华拥有 4 套住房、涉事度假村为上海机关定点招待单位等。事件经由媒体连续两天的跟进报道而人尽皆知。8 月 3 日至 4 日，新浪微博关于“上海法官集体招嫖事件”的帖子共有 56434条，评论内容显示网友不仅追问法官是否“贪腐”，还对“官方仍未公布其他 2 名涉事人员职务”表示质疑。

8 月 6 日，中国日报网报道称：“记者从多个独立信源处获悉，上海高院纪检组副组长、监察室副主任倪政文，也是高院法官涉夜总会娱乐事件的参与者之一。”纪检组官员和法官一起嫖娼，引发网友“蛇鼠一窝”之叹。仅 6 日当天，就有 23695 位网友在新浪网参与讨论。

高原法官倪政文、赵明华、陈雪明均被开除党籍，并提请上海市人大常委会开除公职；法官王国军被免职（微博知情人士称王国军法官之所以“从轻发落”，是因为不胜酒力、没能参与嫖娼活动，该消息随后被媒体证实）；郭祥华被开除党籍。此外，上海市公安局已经对陈雪明、赵明华、郭祥华、倪政文四人作出行政处罚，行政拘留 10 天。

8 月 7 日，上海举行全市法院系统领导干部大会，市委书记韩正强调，要坚决清除腐败分子。同日，最高人民法院就上海高院法官违法违纪问题发出了《关于上海市高级人民法院赵明华、陈雪明等法官违法违纪案件的情况通报》，要求坚决清除害群之马。上海市十四届人大常委会于 8 月 8 日举行了第六次会议。会议做出决定，撤销赵明华、陈雪明、倪政文职务，免去王国军职务。

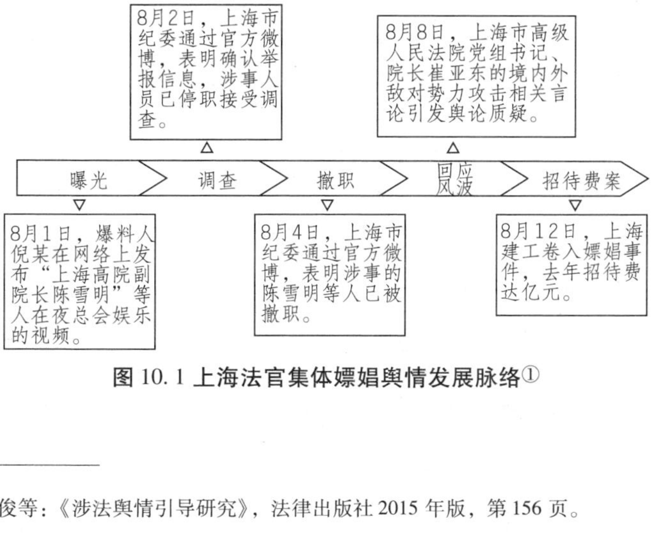

图 10. 1 上海法官集体嫖娼舆情发展脉络①

① 王一俊等：《涉法舆情引导研究》，法律出版社 2015 年版，第 156 页。

二、敏感因素与舆论传播特点

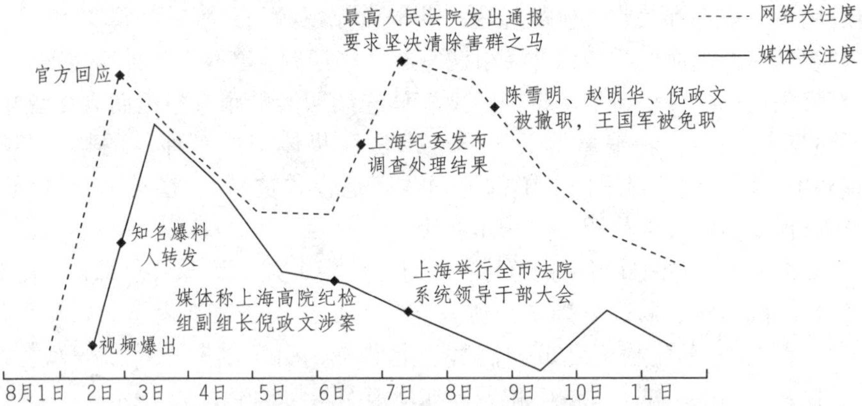

图 10.2 上海高院法官集体招嫖事件舆情发展趋势图①

（一）“四风”顶风犯案触动社会敏感神经

当前，全国正在深入开展党的群众路线教育实践活动，集中整治“四风”问题。“作风建设”问题一直是网络高热话题。在此节点上，上海涉事法官不仅接受吃请，还集体招嫖，顶风犯案的行为触动社会敏感神经，激起公众的反腐热情，在此背景下，此事迅速引发舆论关注，成为网络热议话题实属必然。

（二）法官知法犯法有损司法公信力

就此事而言，真正让民众愤懑之处在于招嫖者居然是一群法官。承担维护社会公平正义责任的法官对法律自是谙熟于心，对“卖淫嫖娼”也有基本认识，却知法犯法集体招嫖，公然践踏法律，使法治在某种程度上蒙羞。近年来，司法公信力下降已经广受诟病，上海高院法官集体招嫖的行为再次打击了民众对司法的信心。

（三）法官集体招嫖突破公众心理底线

法官招嫖既是一个涉及个人私德的问题，更是一件违法违纪之事，按理值得避讳。而本次事件的几位法官却成群结队“招摇过市”，如此肆无忌惮、明目张胆，只能说明此举或许已不是偶然为之。这一态度突破了民众心理底线，有网友将这几个法官的关系总结为“一起嫖过娼，一起贪过

① 法制网舆情监测中心。

赃”。此事带给整个法院系统的恶劣影响可见一斑。

（四）爆料动机激起司法公正质疑

近些年来，社会舆论对典型个案的关注比过去任何时候都强烈，司法公正也成为网友的关注重点。该舆情事件中爆料人自述“因冤案房子被执行走投无路报复法官”，其爆料动机和行动也成为舆论热议话题。一些媒体和网友则将此归咎为“监督渠道不够通畅”，并对司法公正做了多角度、多层次的讨论和反思。

三、舆情处置经验

（一）及时回应，遏制舆情恶化

对于上海高院法官集体招嫖事件，官方舆情应对迅速，有效遏制舆情的恶化。法官招嫖视频爆出当晚，上海市高院、上海市纪委就做出回应，在获得民众赞赏的同时，也遏制了舆情的进一步恶化，初步掌握舆论主动权。8 月 6 日官方做出处罚决定，8 月 8 日处罚决定便得到落实，如此快速处理再次赢得舆论支持。在当前烂尾舆情不断的舆论环境中，上海官方如此迅速进行回应并给出调查结论，一定程度上挽回了政府形象，为争取网友支持奠定了基础。

（二）雷厉风行，厉行反腐决心

舆情爆发后，上海官方既没有回避事件，也没有对事件进行粉饰遮掩，而是明确承认丑闻存在。在调查处置过程中不护短，在调查结论发布时不回避焦点，对所有涉事人员均处以党纪、行政处罚和法律制裁，如此坦诚的态度，受到舆论肯定。上海官方雷厉风行、从重从快的处理体现了“民有所呼、我有所应”的工作作风，彰显了官方厉行反腐倡廉的决心。

（三）多层回应，释放最大诚意

舆情爆发后，最高人民法院、上海市高院、上海市纪委等各级单位从各自的立场和角度做出回应，及时进行反思整改。这既体现了上海当地党政机关对事件的重视，也体现了法院系统清除害群之马、维护司法公正的决心。官方多部门、高规格的反馈给民众以信心，使网络舆论逐渐向积极方向发展，挽回民心。

四、舆情处置反思

本次舆情处理总体上是好的，但也发生了不当回应引发次生舆论危机的问题。上海法官集体嫖娼案件发生后，崔亚东院长的“境内外势力打击”的相关言论引发舆论极为不满。随后，网民对其本人及亲属进行各种批评和揭发。虽然舆论质疑声出现之后不了了之，但公众舆论的质疑却是悬在头上的达摩克利斯之剑。

第二节　铁岭监狱事件——快速反应，切割毒瘤

一、镜头回放

2013 年 4 月 9 日，新京报刊发报道《“冰毒”交易疑现铁岭监狱》称：据辽宁铁岭监狱内部人士讲，在 2013 年 1 月 17 日，辽宁铁岭监狱内查获一起服刑人员交易违禁物品案；监控区内被查出手机 4 部、20 余包疑似“冰毒”的违禁品、千元现金等，涉案罪犯数名，已被关禁闭；狱侦部门和监狱纪委部门已经对违禁品的成分和入监渠道展开调查报道，随即引发舆论热议，网友质疑毒品能够进入监狱是因为存在内外勾结的情况。

4 月 9 日晚，铁岭监狱通报称：2013 年 1 月 17 日，铁岭监狱在进行排查整治活动中，意外破获一起刑满释放人员在向监狱内部在押罪犯贩卖毒品事件，此案件查获冰毒共 2. 23 克，在案件侦破过程中，没发现监狱干警参与到此案中；抓获的 5 名涉案罪犯，已于当天被隔离审查。对于监狱外部涉案人员，在铁岭监狱的密切配合下，公安机关正在进行全力侦破；欢迎各新闻媒体及社会各界监督此案进程，以有力推进监狱的全面规范管理。

4 月 15 日，人民网发布事件相关报道《铁岭监狱乱象：狱警高价贩白酒为犯人私带物品》，提到铁岭监狱存在诸多乱象，包括狱警可为犯人私带物品、打包饭菜，监狱内贩卖白酒、自开超市，花钱能享优待。

4 月 16 日，人民网再发报道《铁岭监狱乱象之二：犯人监内遥控赌球“夫妻房”曾被乱用》，对铁岭监狱乱象问题进行跟进两篇文章报道后，再度掀起舆论热潮。

辽宁省监狱管理局宣传处在 4 月 16 日回应：因铁岭监狱内部服刑人员涉嫌毒品交易，已经对原铁岭监狱监狱长闻绍研做了免职处理，由辽宁省监狱管理局纪委监察处处长喻国强接任铁岭监狱监狱长职务；案发后，铁岭监狱对职工及干警为在押罪犯捎、买、带以及各类违反监规纪律的行为，始终坚持高压势态，只要发现苗头坚决严肃处理；对铁岭监狱近年来在工作中个别干警出现的违法违纪问题，有关部门高度重视，已经根据相关法律法规进行了严肃查处。

二、敏感因素与舆情概况

这起事件因涉及狱警知法犯法、内外勾结等敏感因素，辽宁铁岭监狱“毒品案”一经媒体报道便迅速引发舆论关注，但热度持续时间并不长。主要原因是主管部门在此次事件处理过程中快速回应，坚决处置，有效缓解了舆情中负面情绪和言论的扩散。

三、舆情处置经验

（一）快速反应，向公众表达诚意和决心

4 月 15 日、16 日人民网连续发布两篇报道后，辽宁省监狱管理局迅速做出反应。由局领导带队前往铁岭监狱调查，表达了主管部门对此次违法违规事件的重视和严厉惩处的诚意和决心，有利于公众尽快恢复对司法行政机关的信任和信心。

（二）切割毒瘤，让公众恢复信心

辽宁省监狱管理局宣布免去原监狱长闻绍研的职务，同时称铁岭监狱对干警职工的各类违反监规纪律的行为严厉查处。这一做法将辽宁省司法行政系统与涉案的铁岭监狱和负责人做了明确切割，有效防止舆情恶化，避免局部毒瘤感染到整个司法行政系统，从而使公众对整个司法行政系统产生质疑。

（三）严肃纪律，派纪检干部履新监狱长

任命辽宁省监狱管理局纪委监察处处长接任铁岭监狱监狱长，辽宁省监狱管理局的举措，足以说明对此案件的重视程度。这一措施向公众表明省监狱管理局依法办事、严肃查处的态度，也展示了司法系统祛除腐败、整风肃纪的决心。效果是群众得到安抚，舆论负面情绪得以平息，亡羊补牢维护司法公信。

第十一章　司法公开与信息发布问题解析

第一节　开启“互联网+司法公共关系”新时代

党的十八届四中全会以后，全面依法治国成为社会主题，我国建设法治国家战略进一步推进，社会公众的法治意识与监督意识不断增强。在当今互联网技术高速发展的背景下，社会公众参与社会公共事务的程度逐步加深，互联网新媒体成为社会公众发表意见的主要渠道。网络媒介环境为公众提供了一个无界限、可互动的交流平台，传统的公共领域从街头巷里、田间地头转移到网络空间，网络空间成为公众利益诉求表达和舆情的集散地。在依法治国和互联网快速发展的大背景下，我国当前正处于社会转型的关键时期，社会不稳定因素比较多，各种社会矛盾凸显，网络上频发涉警涉法舆情事件，给公、检、法等司法机关系统的执法办案和公共治理不断带来新的挑战。

近年来，公、检、法等司法机关系统紧紧把握互联网技术快速发展的时代脉搏，积极拥抱互联网，开启“互联网+”行动计划，树立互联网思维。面对网络舆情，司法机关从以往的仓促应战、被动应对逐渐转向运筹帷幄、主动应对。官网和两微一端快速兴起，影响力不断增强。重大敏感案（事）件舆情应对、新闻发言人制度和网络阅评员等机制不断完善，司法机关与社会公众在网络空间逐渐形成良性互动的态势。司法机关不断建立和完善网络公共关系，不断提升司法公信力与司法权威。

第二节　敏感案（事）件信息发布问题反思

一、信息发布不规范、不及时，不善于同媒体和网民打交道

（一）信息发布口径和内容不规范

司法机关在一些敏感案（事）件信息发布过程中存在不规范的问题，缺乏统一的回应口径，发布内容随意改变，缺乏理性和客观性，导致权威性和公信力受损。首先，发布信息存在出入，导致公众不信任情绪出现。雷洋案中，公安局发布信息本身存在措辞不妥当、前后内容不一致等问题。在邓玉娇案中，社会舆情之所以产生大的反应，与前三次通报内容的差异有密切关系。尤其在第二次与第三次通报中，对案件的关键信息进行修改，这些信息很可能对案件的判决性质有重要影响。其次，发布证据存在争议，引起舆论讨论。邓玉娇案之所以引发强烈的质疑，除了公众对案件本身的情感共鸣外，还有对证据的质疑。在新闻发布会时，应当就各种疑点做出基于逻辑的回应，并且要辅以证据的展示。新闻发布内容的修改，尤其对关键信息的修改产生较大的负面效果，对政府的公信力造成较大的损害。最后，不应把网络上极端、偏激情绪无限放大，更不应盲目屈从于带有强烈结构性情绪的民粹意见，草率地发布消息和审理案件。

（二）信息发布不及时，错失时机

很多负面网络舆情，都是由于司法机关错失时机、信息发布不及时造成的。例如，贵州瓮安事件，未能把握控制事态的有利时机，导致事态恶化。政府有多次机会能够制止逆向发展的事态。但并没有把握住遏制事态发展的良机，反而回避矛盾。庆安枪击案，进展通报不及时，致使谣言传播无法有效遏制；就政府方而言，案发10余天都未向社会公布事件真相。

（三）依赖官媒单一渠道，不善于利用新媒体互动引导

信息发布渠道单一，过分依赖官媒，不善于通过新媒体发布来回应舆情，未能适应信息网络时代全媒体发布。新闻发布主体单一，传播信源被垄断，不利于广泛动员媒体报道积极性。纵观涉嫌非法拘禁案的陈宝成，律师、意见领袖和“大V”引领下的网络舆论对大众网的报道，整体上抱有“官媒不可信”的看法。这种偏见完全基于大众网系机关报的媒体属性。

“党媒代表的媒体立场不言而喻”——某些观点在类似既定倾向的驱使下，即使大众网报道的调查事实与法理依据是清晰的，信源是充分的，但是，在网络舆论场仍然整体受信度不高。在周世锋案中，新闻通报的形式单一，不能形成全方位的信息发布格局。为更好向公众及媒体传达信息，往往有新闻发布会、警方通报会、新闻媒体采访等多种方式。

（四）信息发布的内容、方式不能回应社会公众关切

新闻发布工作未能充分发挥解疑释惑的作用。回应公众质疑和社会关切的沟通意识相对缺乏。新闻媒体具有传播范围广、影响力强等多个特点。公权力部门应当与其形成良好的合作关系，以一种宽容的姿态，来对待媒体界的监督与报道，政府机关不仅要逐渐顺应信息公开的趋势，更要以宽容的姿态主动接受媒体的监督和批评。目前看来，哪怕是负面信息，但只要公权力部门后续效果处理得当，反而可以获得肯定和认可。陈宝成案中，陈宝成维权前后持续 7 年，早已争取了一批拥护者，信息发布缺乏准备，相对生硬的发布方式难以争取民众支持。药家鑫案中，疑点回应效果不佳，不利于舆论的理性平衡。网络舆论往往在案件审理终结前形成。从公安局调查案件到法院审判阶段，媒体就开始关注案件的发展。因此在进入刑事审判阶段前，公安局和检察院就应该在法律允许的范围内将案件相关情况公之于众。这不仅是对公众知情权的保障，也是对当事人双方权利的尊重。

二、媒体素养欠缺，舆情风险管理能力不足

（一）“恐媒、拒媒、防媒”的鸵鸟心态

在部分司法干警对待媒体和网络舆论的态度中，“恐媒、拒媒、防媒”心态盛行，被动回应和消极逃避多于主动发布。邓玉娇案中，政府未能以开放姿态接受媒体采访，引来社会公众的不满。恩施地方政府及巴东地方政府一方面表示尊重民意，另一方面，在当地又不断出现各种各样的触怒民意的陈旧行为。缺乏信息公开和风险沟通意识，未及时披露信息。贵州瓮安事件中，当地政府对最初少女溺亡事件一直保持沉默，任由“元凶是县委书记的亲侄女，另两个男生和派出所所长有亲戚关系，死者是被奸杀”等谣言漫天飞，也没有向群众和媒体公布任何权威的信息。从彭宇案来看，新闻发布方式单一，被动回应多于主动发布。接受媒体采访作为新闻发布主要形式之一，固然具有一定的传播效果，但也可能导致官方的权威话语和观点在媒体诠释或写作逻辑框架中不能得以全部展示，甚至会失真。

（二）对传播效果缺乏分析，法院整体媒介素养需提高

对媒体报道效果分析少，或置之不理，或草率从事。新闻发言人制度不健全，人员媒介素养不高，角色定位过于保守，没有发挥为媒体提供信息服务以及回应公众重大关切的作用。拒绝媒体采访的现象普遍，主动设置议题能力弱，导致社会认知混乱。

（三）敏感因素预判不够，风险管理能力不足

对敏感问题对舆情预判不够，缺少有效应对，针对热点和敏感舆情风险的管理能力有待提高。在突发危机事件爆发后，应对舆情的关注点和关键词进行收集、整理和总结，从而有针对性地回应公众疑点和媒体报道。当前我们正处于信息快速传播的时代，但也处于关注点易被分散的时代。因此，在事件爆发后，除了尽快调查真相、做好本职工作外，也应该对舆情焦点进行适当的引导，利用主流媒体使公众转向正面情绪，比如，在不影响法律公正的基础上展现法院查清案件真相的决心和积极的调查过程，在民众谴责“正义迟迟不来”的时候强调法律专业的讨论等。在李某某案中，未进入司法程序前，李某某的官方消息并不多，这是出于未成年人案件性质的考虑。但关于李某某成长劣迹、案情过程、案件获刑预测等方面的新闻报道早已大量进入公众视野。

三、审理阶段舆情管控力和公关能力不足

（一）司法机关对律师泄密和发表有害言论束手无策

许多律师和其他诉讼参与人为了最大限度地维护委托人的合法权益，用尽了法律手段。在法庭之外，发布片面甚至歪曲的案件事实与观点，表达情绪化、煽动性言论，通过媒体对案件走向施加舆论影响。网络、自媒体等现代信息技术，为这种努力提供了技术上的可能性，因此律师和其他诉讼参与人提供的事实与意见，或者通过记者的采访、或者通过律师的博客与微博，成为案件新闻最重要的消息源。如果司法机关对此束手无策，将造成很多弊端：一是将未经法庭认可的“案情事实”抛给公众，误导舆论；二是造成有利于一方的舆论环境，有失公平；三是公众受舆论影响而不认同法院判决，形成恶性循环。

（二）司法公开制度落实或越位或缺位

司法公开特别是庭审公开制度在落实中打折扣，成为依法审判与舆论监督之间的“易燃易爆区”。未做到“依法公开”包括两种现象：一是该公

开不公开，拒绝公开或者公开流于形式，公开不及时不全面现象比较普遍。二是不该公开擅自公开，特别是依法不公开审理案件中不宜公开的信息被公开，当事人的个人隐私等信息被披露。

（三）公众参与方式欠妥，宣判前发表实质意见

公众参与方式欠妥，庭审量刑问卷做法惹争议。药家鑫案庭审前，到现场的500名旁听公民，人手一份特殊的调查问卷——“旁听人员旁听案件反馈意见表”。问卷上除两个问题“您认为对药家鑫应处以何种刑罚”“您对旁听案件庭审情况的具体做法和建议?”以外，还有庭审合议庭的成员名单。还有一些有影响力的网站发起网络投票，引起众多网民狂热投票。这些投票并非依据证据规则和法律规范的理性判断，充斥大量情绪的宣泄，形成了对司法权依法独立、理性判断的干扰。

四、政法自媒体信息发布不专业、不规范

于欢案中的“毛驴怼大巴”，是政法自媒体直面舆情案件时情绪化应对的失败典型，直接引发次生舆情。政法自媒体作为旁观者，虽与舆情案件“事不关己”，但不专业的评论仍然会有损司法机关的权威。最典型的就是2018年8月27日江苏昆山砍人事件。2018年8月30日，一条来自北京通州检察院的新闻“宝马男砍人反被杀”刷爆朋友圈，引起了社会公众的热议。通州检察院刘某宇检察官在文中作出解析，后官方微信及时删除了这篇文章。

第三节　敏感案（事）件信息发布经验回顾

一、敢于亮剑，新闻发布及时、事件回应迅速

新闻发布内容作为公开的官方信息，是公众了解事实、媒体客观报道的信息来源，同时承担着舆论引导的作用。因此，发布什么内容，对事件的定性尤其司法案件的定性，影响着舆情的发展态势。十几年前，当互联网新媒体开始冲击舆论传播旧格局之时，很多涉法舆情案（事）件的共同特点是官方“鸵鸟心态”。从近些年的情况看，政法新媒体队伍越来越壮大，越来越成熟，越来越有勇气，对舆情事实能够做到尽早发现、及时回应。面对网络舆情中看得见的冲击和威胁、看不见的风险和隐患，政法网络新媒体更多时候要敢于亮剑，剑锋所指，所向披靡。

二、新闻发言人选取得当、素养提升，具备“全知全能”的发布授权

近年来，司法机关新闻发言人制度日益完善，从单纯“救火队员”的角色向运筹帷幄的公共关系全能沟通者转变。新闻发言人在满足公众知情、引导社会舆论，推进党务公开、政务公开、司法公开和各领域办事公开方面的重要作用日益凸显。在雷洋案中，政务微博当天回应，较快实现信息的平衡传播。在邓玉娇案中，巴东政府有针对地选用了特定人员作为政府新闻发言人，回应公众质疑。如5月12日，巴东县公安局副局长接受了湖北省内《三峡晚报》《长江商报》等部分媒体采访。5月20日，巴东县的公安局局长、巴东县政法委书记在巴东县接受了多家媒体的专访。他们具备跨媒体、跨界的资质或相关的职业经验，同时能够全面掌握一手调查材料、熟悉案件进展、善于应对突发事件。这有助于提升政府信息发布的公开性和透明度，在一定程度上体现了对民众知情权的尊重。在近年来司法改革一系列举措和文件发布之时，最高人民法院都要第一时间安排新闻发布会，及时解读文件、回应公众关切、解答公众解惑。

三、把握时代脉搏，政法新媒体从“自留地”变成“责任田”

近年来，政法新媒体经历了从无到有、从幼稚走向成熟的过程，在热点舆情案件中发挥了良好的沟通效果。聂树斌案中，官方微博发声避免了谣言扩散。在雷洋案中，“微博短消息的进展传播” + “微信公众号深度剖析”两种传播方式的结合，使得雷洋案的官方舆论能够与民间舆论场相平衡，得以形成讨论的空间。快播案中，北京海淀法院通过官方新媒体平台和网友交流，提升了司法形象。判决公布后，北京法院网组织本案的合议庭进行访谈，北京海淀法院的官方微博对访谈情况进行同步播报，就相关审判与网友互动。这既能满足公众的知情权和参与兴趣，又能为新闻报道提供对宣判结果权威的官方解释。运用政务微博进行回应的方式，让公众见证了司法裁量的全程，法官通过微博，阐释了对法律的理解、适用，控辩双方在庭审中的表现等。这就有利于司法形象的提升，提高了社会对司法公开公正的认知。

政法网络新媒体建设，是近年来政法舆论工作趋势向好的宝贵经验。政法新媒体从传统的微博、微信公众号，到今日头条、一点资讯、企鹅号等等层出不穷的“新生代”，再到快手、抖音等短视频平台，政法新媒体账号无处不在。截至2018年9月，全国政法机关各类新媒体账号达11万个，占全国政务新媒体的半壁江山。2018年9月4日，中央政法委召开政法网络新媒体建设工作会议，从顶层设计出发，前所未有地将网络新媒体建设

摆在政法工作的突出位置。陈一新同志提炼出加快政法网络新媒体创新发展的“缩略词”，即坚持“八种理念”、实现“八个转变”。①

四、主动设置议题，网络互动引导舆论走向

近年来，政法机关主动设置议题，运用司法框架促进公众讨论，对话更趋理性。例如雷洋案中，案件本身的涉法涉警性应该立足于法制的判决与思考，在本次案件中得以很好体现。特别在判决结果出来后，出现不少在法律框架下对案件性质、判决量刑等的文章讨论，如“四张图读懂雷洋案件检察机关不起诉决定”“雷洋案大结局”等，得到各地检察院机关的公众号传播。聂树斌案中，引导专业讨论，疏导负面情绪，除了对正义和真相的感性呼声外，还有不少关于用法的专业讨论。但这些专业讨论多关注本案在现阶段的法律适用，极少讨论在22年前的法律环境和现代的环境对比。总之，近年来涉法舆情态势逐渐向好，司法机关在议题设置方面，起到引导主流舆论走向的作用明显。司法机关在舆论场中越来越主动积极，随着专业性和效果明显增强，也表现得越来越有自信。

态度上主动，带来效果上的主动。近年来的舆情沟通过程中，政法机关官方媒体有效掌握传播话语权，彻底扭转十几年前被动应对的局面。从薄熙来案事件全程可以看出，从2012年2月王立军进入美国领事馆开始，出现不少谣言传闻和揣测。中共中央在进行调查的同时，快速就事件发展做出回应，官方媒体为主要的发声渠道，这在一定程度上体现对话语权及舆论导向的掌控。在近两年的于欢案、昆山宝马男持刀案涉正当防卫案件的舆情引导中，政法机关牢牢把控了舆论主动权。

五、庭审直播，实现信息即时发布，以“法治公开课”培育全民法治精神

快播案庭审直播的公开，将审判结果有理有据地展示，让其他互联网公司避免踩法律雷区，有益于互联网事业的发展。此外，快播问题本身就是年轻人关注的议题，直接用直播方式来进行政务传播契合了年轻人的媒介接触习惯，进而引发了一场现象级的庭审围观。近年来，各级法院庭审直播力度进一步加大。只要不属于不公开审理的案件，原则上都可以进行庭审直播。有条件的法院将所有法庭都改造成可以进行庭审直播的数字法庭。中国庭审公开网上汇聚了海量的庭审直播视频资源。互联网见证了中国法治的不断前行，一次庭审公开就是一次生动的全民“法治公开课”。广

① 详见《政法网络新媒体如何创新发展？陈一新：坚持“八种理念”实现“八个转变”》，载微信公众号“长安剑”，转载时间：2018年9月4日。

大网民更在一次又一次的全民“法治公开课”中愈加理性客观。从2018年9月开始，在庭审公开、裁判文书公开的基础上，人民法院通过互联网公开审判流程信息，实现社会公众对司法过程的知情和参与由点向线、向面延伸和拓展，以深度知情和参与实现深度理解和共识。

六、直面争议，回应关切，通过专业人士解疑释惑来减少公众质疑

在网络时代，信息传播速度快、传播范围广，案件庭审结果可以在极短的时间内传播到国内外。但是当法律标准与社会舆情不相统一时，既可能出现舆情压力影响社会判决的情况，也可能出现社会判决结果受到社会舆情攻击的情况，社会大众会对司法公正产生质疑，衍生众多暗箱操作的谣言。因此，一旦道德标准、民间意见和法律标准有较大差距时，除了庭审直播全面展示庭审过程及宣判实况，再辅之以官方法律依据解析和案件焦点问题答疑，辅之以学术讨论、主题论坛和专题新闻发布，能够减少舆论争议、避免谣言传播，引导社会公众回归到理性沟通的正轨。

第四节　敏感案（事）件媒体报道问题反思

一、报道失实、评论不公正

具体表现：一是采取非法和不道德的手段进行采访报道；二是违背准确、公正、全面、客观的报道原则，对报道的内容不认真核实，导致案件报道严重失实；三是随意发表评论，立场、观点偏颇、不公正，误导社会舆论。

二、信息来源不规范

具体表现：一是不认真核实信息来源；二是不努力寻求权威信息来源；三是采用未经核实的线索和素材；四是传播道听途说、主观臆测的信息。

三、程序意识缺失

具体表现：一是不了解司法机关办案的法定程序和法定时限，急于追问案件定性结论和调查处理进展，对司法机关横加指责；二是超越司法程序和法定时限，抢先对没有明晰的案情作出判断，在没有事实依据的情况下对涉案人员做出定罪、定性、量刑以及断言败诉或胜诉的结论。

四、干扰、妨碍司法

具体表现：一是采访不服从现场管理，干扰司法机关执行公务；二是擅自披露侦查进展情况和依法尚未公开的法律文书，使司法机关办案陷于被动；三是擅自公开检察机关、公安机关的重要情报来源、办案机关的思路、审讯方案的策略、侦查部门手段等信息，擅自随意披露需要保密的公安监管场所和监狱的基础设施、警力分布、警戒设施、防范手段等信息；四是在旁听法院庭审中不遵守法庭规则，在法庭未允许的情况下，擅自录音、摄影、记录、录像、转播庭审实况等；五是对法院正在审理的案件，发布严重失实的报道或者有倾向性的恶意报道，这些表现严重损害了司法权威、影响了法院公正审判；六是受当事人一方请托，故意歪曲事实，恶意进行炒作，严重干扰人民法院审判和执行活动。

五、侵害当事人权益

具体表现：一是过度跟踪采访追问，无视被采访者的内心感受，想尽办法让受害人及其家属去回忆痛苦经历，给受害人及其家属的心理造成二次伤害；二是无视当事人姓名权、肖像权、名誉权、隐私权等人身权利，侮辱犯罪嫌疑人或其他当事人的人格尊严；三是强迫犯罪嫌疑人、被告人接受采访，在公众面前自证有罪；四是涉及未成年人的报道，不遵守保护未成年人的相关法律规定，披露未成年人的姓名、住所、照片、图像以及可能推断出其身份的资料。

六、社会责任意识淡薄

具体表现：一是制作耸人听闻的标题，借用引人眼球的话语，非理性的情绪化表达，大搞煽情主义，制造轰动效应，吸引公众目光；二是刻意突出身份、阶层、贫富的差异，使用“富二代”“官二代”“穷二代”等标签化表述方式，挑动或激化矛盾冲突与对立；三是对犯罪行为态度暧昧，刻意渲染犯罪嫌疑人的悲惨经历，为其违法犯罪行为寻求同情，以社会问题为由将犯罪行为合理化、悲情化甚至英雄化；四是过度展示犯罪细节，详细描述作案手法以及犯罪嫌疑人的变态心理和行为，渲染凶杀、暴力、色情、恐怖等情节和场景，刊发未经处理的血腥图片和视频；五是对伤害未成年人的事件，恶意报复社会行为、作案手段凶暴残忍等容易引起社会恐慌、有诱发模仿效应的恶性刑事案件，以及涉及民族宗教冲突、极易引发成群体性事件的一些敏感刑事案件，还有波及面广、所涉人员众多的涉众型经济犯罪案件，报道不够审慎和节制；六是涉腐案件报道低俗化、娱乐化，渲染炒作奢靡、情色等花边新闻，甚至捕风捉影、胡编乱造，引发谣言传播，产生不良社会影响。

第五节　敏感案（事）件网络传播问题反思

一、网络新闻“标题党”泛滥

互联网时代某种程度上被认为是读题时代，一条新闻能否吸引读者，全靠标题来吸引眼球，标题成了新闻在互联网上最重要的表现形式。因此，为吸引眼球而擅改标题，使得题文不符的情况屡见不鲜，更有甚者，以无中生有、断章取义、以偏概全等手法，对标题肆意篡改，误导广大网民。同时，标题内容出现低俗化、猎奇化趋势。

二、网络信息真实性、可靠性差

网络信息缺乏公信力，多谣言、传言、猜测性信息。自媒体的发展，由于缺乏公信力和自我约束，也间接造成谣言满天飞、阴谋论盛行的状况。网民不明真相的转发，同情心代替了理性客观的分析，而一些别有用心人士，更是故意搅混水、扰乱视听，起到了推波助澜的作用。在虚假信息中，有一些是网民自发形成的，更多的是故意为之。有的当事人或利益相关人不讲事实，打情感牌、道德牌，争取舆论支持并借此向法院施压；更有甚者，虚假信息中藏着意识形态领域的矛盾，一个普通涉法案（事）件可能成为意识形态领域斗争的战场。

三、缺乏自我约束，侵害他人权利

人人都有麦克风的时代，发声过于容易。发声门槛的降低，也使得发声者自我约束减少。网上发声没有追责成本，导致侵权情况屡见不鲜，甚至通过PS、剪辑、嫁接等手段对图片、视频做技术处理。一些当事人及代理人在网上随意披露不公开审理案件信息，无视未成年人保护、当事人隐私保护、证人身份保护，随意公开审理中不宜公开的信息。一些网民对热点案件中的热点人进行人肉搜索，将娱乐化信息需求建立在侵害他人合法权益的成本之上。

四、容易引起受众非理性发声

自媒体时代，对于网上言论大多数网民拥有盲从心态，轻信任何未经证实的内容。对于这些内容不加辨别的抨击，甚至谩骂，多是一些极端情绪的宣泄。微博等互动平台的特点，让这些网络受众不再只是被动接受的读者，他们也成为传播者。在社会转型期各种社会矛盾背后的负面情绪借热点案件、热点事件随意宣泄，成为互联网舆论传播的情绪推动力，情绪在舆情发展中蔓延。

五、网络媒体互动不规范

网络调查是互联网新闻互动最喜欢使用的方式，由于简单明了，制作简单，结果又具有煽动性。尤其在司法案件中，对罪与非罪，杀与不杀都能成为调查的选项设置。而恰恰是这一部分不够客观理性的调查结果往往被解读为民意的体现，反过来对司法机关施压，对传统媒体报道也产生一定的影响。

六、有图未必有真相

互联网新闻区别于传统媒体的一个特点就是多媒体的呈现形式，图片和视频的使用在互联网上十分普遍，近一两年来还升级为斗图、直播等新媒体形式。但是图片使用缺乏规范，很多配图并非来自原始新闻，存在断章取义地片段截取使用，甚至被移花接木、恶意解读，出现大量侵犯当事人隐私权、名誉权等问题。同时，图片内容易出现低俗、暴力、血腥内容。

七、低俗化、娱乐化

对于严肃的司法案件，网络议题存在低俗化、娱乐化倾向。例如李某某案，大量网民并未以司法案件视之，而将其视为娱乐圈的事件，不停地“人肉”“八卦”各种花边新闻，却不知这样的做法侵害了未成年人的合法权益。再如一些官员贪腐案件，大量网民并不关注如何定罪量刑、证据认定等法律问题，却大量爆料、传播涉事官员奢靡生活、包养情妇等生活细节，将严肃的司法案件娱乐化。有一本名为《娱乐至死》的书，描述了随着印刷时代进入电视时代，社会公共话语权由理性、秩序、逻辑性逐渐转变为脱离语境、肤浅、碎化。[①]进入信息时代，公众话语权的娱乐性仍然没有消减，并且随着媒体多样化而多样化。

① 参见［美］波兹曼:《娱乐至死》，章艳译，中信出版社 2015 年版。

象牙塔

象牙塔

- 第十二章　网络舆论与司法基本问题
  - 第一节　舆情的渊源和要素
  - 第二节　互联网新媒体舆论之变革
  - 第三节　网络舆论的形成机制
  - 第四节　网络公共领域成为舆论新场域
- 第十三章　互联网+大众心理
  - 第一节　民意与网络舆论
  - 第二节　网络舆论的大众心理基础
  - 第三节　网民群体倾向的心理效应
  - 第四节　舆情敏感因素的社会定律
- 第十四章　互联网+司法舆情
  - 第一节　传媒与司法在对立统一中共生
  - 第二节　网络舆论对传统司法的挑战
  - 第三节　网络舆情危机对司法的影响
  - 第四节　网络舆论对司法的积极影响
  - 第五节　构建司法与传媒和谐互动关系的新思维

第十二章　网络舆论与司法基本问题

第一节　舆情的渊源和要素

一、舆论渊源考略

在西方世界，早在文明摇篮时期的古希腊，苏格拉底、柏拉图、亚里士多德等先哲就开始关注舆论问题。到文艺复兴时期，洛克、霍布斯、孟德斯鸠、马基雅弗利等思想家的论述中都有关于舆论的内容。卢梭认为，舆论“既不是铭刻在大理石上，也不是铭刻在钟表上，而是铭刻在公民的内心里；它形成了国家的真正宪法；它每天都在获得新的力量；当其他的法律衰老或者消亡的时候，它可以复活那些法律或代替那些法律，它可以保持一个民族的创造精神，而且可以不知不觉地以习惯的力量代替权威的力量。我说的就是风俗、习惯，而尤其是舆论”。[①] 按照卢梭的意见，舆论是来自民间的声音，是社会公众群众性的意见表达，与国家意识形态和政治、法律制度等上层建筑相对应。法国路易十六时期，开始使用public opinion这样的专有名词。

在古代中国，舆论之“舆”本意是车轮，后来引申为车。《广雅》中，“舆，多也”。《辞海》中，“舆”字本意为车或轿，“舆人”则是指造车舆的工人，有时也指推车或抬轿的人，后来逐渐演化成为“众人”之意。春秋末期，出现造车工匠这一舆人群体。舆人的概念范围不断扩大，后来扩展到车夫以及随车走卒、小官吏、差夫、手工业者等社会地位较低的人。“惠公入而背外内之赂。舆人诵之日……”[②] “舆人诵之”就是指普通百姓对某个事件议论纷纷。《左传》中也有“晋侯患之，听舆人之诵”[③] 的记载。古代汉语中的“舆论”最早出现在三国时期，如“设其傲狠，殊无入

① ［法］卢梭：《社会契约论》，商务印书馆1997年版，第73页。

② 详见《国语·晋语三》。

③ 详见《左传·嘻公二十八年》。

志，惧彼舆论之未畅者，并怀伊邑”。[①] 其中舆论的含义与“舆人诵之”相差不多，指的是广大民众的议论。清末，康有为创办《中外公报》，在报纸中使用了“舆论”一词，用于表达公共意见。关于现代舆论内涵的详细论述，出现在梁启超的《饮冰室合集》中。可见，简言之，舆情就是指众人的态度。具体而言，舆论是在某一社会事件的发生和变化过程中，社会公众尤其是在社会底层的民众对这一事件的观点、看法和意见；同时舆论也包括了社会公众在意见表达中展现出来的情感和情绪。

中华民族自古以来就重视舆论和民意的重要性，舆论工作也成为中国古代社会统治智慧的重要组成部分。出于维护自身统治的考虑，当时的封建统治者比较看重来自民间的意见。很多历史典籍都记载了关于尊重舆论、顺从民意的论断。早在尧舜时期，就有尧于宫外设鼓、舜于要道立木桩的传说。最有名的命题莫过于唐太宗多次引用“水能载舟，也能覆舟”的名言。该名言语出荀子言：“君者，舟也；庶人者，水也。水则载舟，水则覆舟，君以此思危，则危将焉而不至矣？”[②] 在古代的统治者看来，舆论是执政的基础。

二、舆论的基本要素

关于舆论的定义，美国著名新闻评论家和学者李普曼认为，“舆论基本上就是对一些事实从道义上加以解释和经过整理的一种看法”。[③] 喻国明教授（中国人民大学新闻学院）的观点是，“舆论是社会或社会群体中对近期发生的、为人们普遍关心的某一争议的社会问题的共同意见”。[④] 刘建明（清华大学新闻与传播学院）的观点是，“舆论是显示社会整体知觉和集合意识、具有权威性的多数人的共同意见”。[⑤] 孟小平的观点是，“舆论是公众对其关心的人物、事件、现象、问题和观念的信念、态度和意见的总和，具有一定的一致性、强烈程度和持续性，并对有关事态的发展产生影响”。[⑥] 陈力丹教授（中国人民大学新闻学院）的观点是，“从本源上说，舆论是公众关于现实社会以及社会中的各种现象、问题所表达的信念、态度、意见和情绪表现的总和”。[⑦] “舆论”这一词条在《简明不列颠百科全书》中的定义表述为，“舆论是社会上值得注意的相当数量的人对一个特定问题表示

① 详见《三国志·魏书·王朗传》。
② 详见《荀子·哀公》。
③ [美] 李普曼：《舆论学》，华夏出版社 1989 年版，第 78 页。
④ 喻国明、刘夏阳：《中国民意研究》，中国人民大学出版社 1993 年版，第 277 页。
⑤ 刘建明：《基础舆论学》，中国人民大学出版 1988 年版，第 11 页。
⑥ 孟小平：《揭示公共关系的奥秘——典论学》，中国新闻出版社 1989 年版，第 36 页。
⑦ 陈力丹：《舆论学——舆论导向研究》，中国广播电视出版社 1999 年版，第 11 页。

的个人意见、态度和信念的汇集”。舆论的概念被人们广泛使用，但舆论的含义究竟是什么，并没有相对一致的看法。可以形成共识的是，舆论是公众的意见，主要的观点分歧在于如何解析舆论要素。比较经典的理论是陈力丹教授提出的舆论的八个要素。①

表 12.1：陈力丹教授舆论的八要素

舆论的主体	社会公众
舆论的客体	现实社会（各种社会现象和社会问题）
舆论自身	意见、态度、信念及情绪、情感的总和
舆论的数量	舆论的一致性程度
舆论的强烈程度	测量舆论存在与否的量度之一
舆论的持续性（存在时间）	舆论的韧性，与舆论客体的情况相关
舆论的功能表现	影响舆论客体
舆论的质量	理智与非理智成分

上述八个要素是舆论的必要要素，是舆论区别于个别人的意见、一般性议论的重要标志。从司法与传媒的视角来看，舆论的质量是舆情引导的重点。此外，舆论还包括一些非必要要素，如空间要素、民族或种族特征、表现方式、文化含量、信息含量等。

第二节　互联网新媒体舆论之变革

一、网络新媒体的兴起

网络新媒体是一种新兴的媒介形式。网络新媒体一到来，就悄悄地向政治、经济、文化、社会等各个领域进行渗透，同时也不断融入社会发展和人民生活的各方面。在网络新媒体的驱动下，社会经济发展模式和社会民众的生活方式也在不断发生变革。网络新媒体为社会公众提供了新的话语平台，而且随着网络新媒体的变化，一个又一个“新新媒体”为社会公众不断提供日益丰富的意见表达方式和渠道。与网络新媒体相伴生的互联网新媒体舆论，作为一种新的舆论形式，已经成为社会舆论中日益重要的组成部分，而且其地位不断上升逐渐超越传统媒体。在这个背景下，司法

① 参见陈力丹：《舆论学——舆论导向研究》，中国广播电视出版社 1999 年版，第 10 ~ 24 页。

网络舆情的策源地、主战场也由街头巷里、田间地头转向互联网。邓玉娇事件、孙志刚案、70码事件、躲猫猫事件……以及最近发生的比较有影响的雷洋案、于欢案等，都说明互联网新媒体舆论已从影响甚微的边缘位置走到了主流位置，成为各类涉法社会事件发展进程的重要影响因素和主流舆论的组成部分。在网络新媒体领域内，不断有“新新媒体”如雨后春笋般兴起，并在舆论中扮演主流，例如雷洋案舆情发酵于知乎，于欢案舆情发酵于微信。

以信息网络为主要载体的“新媒体”精确的表达是“数字化、互动式新媒体”。“数字化”是新媒体的技术特征，“互动性”是新媒体的传播特征。可以说，新媒体最根本的两个特征，一是“数字化”，二是“互动性”。新媒体的“新”不是一成不变的，而是一个相对的时间概念。新媒体的内涵和外延都会随着传媒技术的进步而发生变化和迭代。回溯人类的新闻传播史，新媒体的“新”是一个时代和时间的范畴，就是指今日之“新”、当下之“新”，不是站在昨日历史来看的“新”，也不是展望明日未来的“新”。与传统的媒体和媒介形式相比，除了“数字化”和“互动性”两个根本特征以外，新媒体还表现出来如下新特征：一曰即时性，二曰开放性，三曰个性化，四曰分众性，五曰融合性，六曰信息海量，七曰便捷检索，八曰低成本传播。

二、网络自媒体的新特点

（一）技术性特征

1. 信息源散点化，话语权去中心化。传统大众媒体具有一定的组织形式，具有集中的信息发布源。而自媒体就是自我小媒体，突出特点就是信息时间上即时传播，空间上高度共享，人人都有麦克风，人人都是通讯社。有信息网络时代，话语权不再被少数媒体垄断，不再有话语中心，而是分散到在网络公共领域中。

2. 传播方式交互性。传统大众媒体是由点及面的传播方式，由于时间的滞后性和空间的分离性，难以提供与读者之间充分的互换意见平台。自媒体利用互联网平台，传播方式发生了革命性的变化，打破了时间的滞后性和空间的分离性，网民之间可以零距离互动式地交流意见。

3. 传播速度裂变性。传统大众媒体的新闻信息不具有交互性，传播速度慢。自媒体信息一旦进入网络，就会在网络公共空间里立体式传播，被人喻为如同原子裂变一样呈几何增长，舆论的力量也就具有原子弹爆炸一样的威力。

（二）衍生特征

1. 无组织性，无规范性。传统大众媒体接受新闻主管机关的管理，受行业规范和自律准则的规范。自媒体是完全自发形成的“乌合之众”，传媒相关的行业规范和道德准则完全无法约束自媒体。

2. 门槛低，草根化。传统大众媒体的信息建立在理性基础上，很少有非理性的情绪传播。自媒体发布门槛低，没有“把关人”，想发就发。在个性化充分发挥的同时，非理性特点突显，信息内容易情绪化。

3. 鱼龙混杂，真假难辨。传统大众媒体遵循新闻传播规范，反对发布虚假性、误导性信息。自媒体时代，每个人都可以创建媒体，可以随心所欲地编辑、发表。信息的真实性无人把关，真假混杂，可信性差。

三、网络新媒体传播特征

“互动性”是新媒体传播的显著特征。从陈力丹教授提出的舆论八要素为模型进行分析，网络新媒体舆论在“互动性”这一基本特征基础上可以衍生出若干特有特征：

（一）舆论主体：网络舆论主体具有匿名性

网络平台是一个借助于互联网技术构建起来的虚拟社会。虽然网络实名制已经在各个领域实施，但是网民在互联网上发表意见，大多还是使用自己的注册名。网络上的注册名仅仅是一个符号而已。互联网的匿名特点，给予了网络信息传播者充分的安全感，网民会放下顾虑自然地表达自己的真实意见和观点，并在其中展示自己的真实情感和情绪。网络舆论能够较为客观地反映现实社会的各种矛盾，较为真实地表现不同社会群体的价值观念以及隐藏在价值观念中的情绪情感和心理状态。同时，由于民众意识不可能达到高度一致，网络空间的舆论表现为缺乏统一性而呈现多样性。

互联网的开放性特征决定了人们可以自由地在网上发表自己的言论。社会公众作为网络舆情传播中的主体，来自于社会的各个阶层，这些主体也从事各个领域的工作。网络舆情传播的主体能够在网络环境中隐蔽真实身份信息，使得他们可以真实地表达自己的想法。因此，从网络舆论中的言论中，可以清晰地推断出发表意见的人所持有的态度和情绪。

（二）舆论客体：议题具有公共性

虽然网络舆论中的议题非常广泛，但是从网民反应来看，网民普遍关注的议题都与人民生活密切相关，如社会公平正义、工资薪酬与养老、房价高低涨落、子女教育、医疗卫生、官员腐败等方面的问题，一直是网络舆论中经久不衰的热点话题。这些话题具有很强的公共性，能够集中反映社会公众的心态和情绪。而且，这些情绪和心态很容易标签化，一些事件被不辨真伪地贴上“某二代”等标签，成为仇官、仇富等情绪的发泄渠道。一些负面标签对司法公信力具有极大的破坏性，使司法机关濒临“塔西佗陷阱”。从一些法院的公信力受到伤害的舆情中可以看到，大量评论不去研究真实情况，直接给法官贴上枉法裁判的标签，给行凶者贴上冤情、弱者和英雄的标签。

（三）舆论自身：道德判断占据网络主流

在网络上，各种意见鱼龙混杂，形形色色的观点充斥其中，但最终形成主流的往往是符合社会基本道德判断的观点，符合大多数民众的价值观，所以能够得到广泛的认同。例如“邓玉娇杀人案”“许霆盗窃案”等，虽然有许多专家学者在网上发表了研讨罪与非罪、量刑轻重的专业法学理论文章，但是非法律专业人士在网民中占据主导地位，他们并不关注理论分析，更不关注事实本身，而是依据朴素道德感来认识司法案件。网络舆论与法院审判二者存在巨大差异，网络传媒的“感性”和司法的“理性”使得其间的冲突不可避免。很多网络舆情的冲突都是由于以事实为依据的法律判断与标签化的道德评价错位引起。

（四）舆论的数量：多中心，无边缘，呈几何增长趋势

在互联网时代，信息发布不再仅仅掌控在新闻机构手中，所有的互联网使用者都可以第一时间将身边发生的任何事件放到网络上，实现了“处处是中心，无处是边缘”。一个论坛帖子就能够设置一个议题，就能够扮演舆论中心的角色。“邓玉娇案”“杭州飙车案”就是非常典型的例子。这些司法舆情都是发端于网络，引起众多网民的关注，继而主流媒体跟进报道，引发更多人关注，网上网下交互影响，推高舆论浪潮。这些案件不属于传统媒体价值判断中的大要案，但却可以在网络中掀起舆论浪潮。从舆情发展态势上看，各种意见在网络交互作用中呈几何级数趋势增长，能够在短时间内汇集海量信息，形成巨大的舆论能量。

（五）舆论强烈程度：突发性和互动性

人民法院是社会矛盾的主要“集散地”。“自媒体时代”下，公众利用网络、贴吧、微信等平台对任何感兴趣的司法话题自由发表意见、跟帖回复、转发等快速形成一个巨大的交流圈，进而传播、扩散，立马炒作热点，把一个“普通”案件升级为“焦点案件”，甚至演变成为“爆炸性”事件，短时间内毫无预警地爆发开来，形成强大的舆论地震。从早年的李某某案、

李昌奎案、药家鑫案等到最近发生的雷洋案、于欢案等，都清晰地显示出，在互联网时代，社会公众对典型个案的关注比过去任何时候都强烈。而且随着网络新媒体的发展，网民的关注度越来越高，舆论的热烈程度也越来越高。法院和法官作为法律事实的判断者和利益纠葛的裁量者，必然要受到来自各方面的压力，甚至独立行使审判权会受到社会舆论的干扰。

在这个意见交互影响的网络环境中，网络舆论往往在事先没有任何征兆的情况下，在非常短的时间内就得以形成。对于一个与社会热点相关的事件，只要在意见中加上一种情绪，就成为舆情的导火索，以迅雷不及掩耳之势引爆一个爆炸性舆情，并以燎原之势迅速点燃一大片舆论。一个热点事件刚刚发生，网民就可以立即在网络上表达意见，通过网络的互动传播，网民的个体意见能够在短时间内迅速地汇聚并形成公共意见。各个渠道、各个方面的意见得以迅速互动和整合，并辐射到现实生活中。线上虚拟世界与线下的现实世界交互影响，迅速形成强大舆论声势。

（六）舆论的持续性：交互推进与新陈代谢

在以往传统的传播媒介中，信息之间以一种单向交换的方式进行传播。而在互联网空间里，传播方式发生根本变革，信息之间以一种双向信息交换的方式进行传播。互联网成为传播媒介，使得每一个网民不仅是互联网信息的使用者，而且还成为了互联网信息资源的生产者和提供者。网民在互联网空间同时具有需求侧和供给侧的地位。针对某个社会问题或某个热点事件，网民并非是独立地发表意见和表达情绪，而是通过互联网平台聚焦了许多网民参与讨论。网民之间不是孤立的个体，而是在一个由互联网提供的“广场”上形成意见互动，信息以交互的形式传播和扩散。

这种互动的局面不仅存在于网民之间，网民与司法机关的信息发布之间也会形成互动式的信息交互。司法机关不再是简单广播式的单向信息发布者，而是在广大网民的期待和关切中如履薄冰，稍有不慎就会引发广泛质疑。网民之间、网民与司法机关之间形成多方观点并形成争议，通过互动问答讨论，使得这些意见观点相互碰撞和整合。在网络空间，网民之间实时交流、实时互动，甚至我们还能够看到大规模的意见激烈交锋，不断地推动舆情以及事件本身如潮水般波浪式发展，形成一个个舆情波峰。

互联网技术的发展，打破了信息传播在时间上的界限和空间上的藩篱，大量的信息能够即时传播、实时交互、瞬时汇聚整合。重大司法案件在网络上成为关注焦点的同时，也迅速成为舆论热点。由于各种意见交互影响，推动舆情瞬息万变，不断起伏推进，极大增强了舆情的稳定性和持续性。网络上的喧嚣热闹永远没有安宁，各种话题议论人声鼎沸。一个司法舆情在网络环境下能够长期高烧不退，除非遇到一个新的“头条”热点议题吸引网民眼球。具体的司法案件的舆情持续时间往往取决于同时期其他社会热点舆情的演变，需要在议题的“新陈代谢”中自然冷却。

（七）舆论功能表现：虚拟空间现实化

互联网空间里的公众意见表达和情绪表现更加直接、更加“赤裸裸”。网络舆情就是网民意见和情绪的“裸奔”，因此可以更加真实地反映现实世界中的社会矛盾，也能够更加真实地展现不同社会群体的呼声。但我们也应该看到，一些司法舆情并非自发生成，而是源于一些“有心人”蓄意策划；甚至一些西方反华势力境外组织通过策划负面舆情妄图动摇我党执政基础、破坏社会主义核心价值观。一些舆情背后隐藏着一个尖锐的意识形态斗争战场，司法案件往往成为意识形成斗争的策源地。

舆论是社会问题的反映，反过来对社会问题有直接或间接的影响。例如彭宇案以后，“扶不扶”不仅仅成为一个社会热词，也深刻地影响着社会风气。传统的信息传播有编辑作为把关人。传统的编辑记者所扮演的角色，在网络空间内已经有了替代者，“网络论坛中的版主，BBS社区中的站长，聊天室中的网管，实际上是网络环境中有别于普通网民的特权人”，“因为他们的意见引导取向，往往控制了社区网民的思维”。①

（八）舆论质量：情绪、观点的传染性

我国目前正处于社会转型期，各种社会矛盾突显。有一大批被称为“愤青”的群体，他们对现状不满、对社会不满，情绪的“火药桶”只要遇到一个可以作为导火索的事情，很容易就被引燃，进而发表不满现实、仇视社会的意见。在网络舆论中“X二代”成为了一个公式化的标签，标志着社会群体仇官、仇富的心态。在这种不平衡的心态下，只要涉及司法案件，很容易质疑法官的权威与公正。我们在网络上可以看到，一些网民的发言缺乏理性，充满感性化的情绪表达，甚至有些人把网络议题当作情绪宣泄的突破口，在网络空间堆满情绪垃圾。而且这些情绪化的表达非常容易互相传染，又在传染中加剧情绪的强度。网络传播的交互性、即时性、无界限性等特点又为群体情绪的相互传染提供了一个便捷的平台。与现实的舆论相比，网络空间上的舆论更具有情绪化特点。因此，网络舆论有时候能够反映社会公众真实想法，但有时候也会与社会大多数人的真实想法产生一定程度的偏差。如果负面情绪通过网络舆论充分宣泄并大肆传染，就具有很大的破坏力。一些别有用心的人正是利用互联网传播的这个特点，

---

① 杨治：《网络舆论与司法公正的冲突与协调——以司法个案的分析为视角》，载《法律适用》2009年第1期。

发表表面温情、暗藏祸心的煽动性有害言论，鼓动网民响应，从而破坏网络生态环境，并企图实现非法目的。

自媒体时代公众不仅仅是过去被动的舆论接收者，还是舆论的制造者、传播者，传播速度的提升以及公众对特定信息的偏好导致信息的制造产生并非都是基于事实的自身思考的结果。信息从一个人传播到另一个人，从一个群体传播到另一个群体，主要依靠别人是怎么想、怎么说的，而不是依靠自己实际知道多少、想到多少。由此，在互联网空间上，各种言论能够包罗社会万象，只要你能想到的问题几乎都有人讨论。在这中间，真实性又是困惑人们的问题，各种各样的言论鱼目混珠、真假不一。不同群体受到职业、地域、文化程度等因素的影响，导致不能全面理性地正确分析和看待某一社会问题，对某一议题的看法走向偏激极端并带有浓厚的情绪色彩。有些网民表现出社会心理学中群体冲动、易变、急躁等特点，把互联网空间当成随意发泄情绪的“公地”，通过言论煽动和相互感染，情绪化的言论得到众多网民的响应，并形成负面舆论。这就是非常需要我们警惕的互联网空间的“公地悲剧”。

四、互联网时代舆情的发展趋势

（一）全媒体深度融合

“全媒体”在英文中表述为“omnimedia”，它是个合成词，包括前缀“omni -”和单词“media”两个部分。在百度百科中，“全媒体”这个词条的定义是：“媒介信息传播采用文字、声音、影像、动画、网页等多种媒体表现手段（多媒体），利用广播、电视、音像、电影、出版、报纸、杂志、网站等不同媒介形态（业务融合），通过融合的广电网络、电信网络以及互联网络进行传播（三网融合），最终实现用户以电视、电脑、手机等多种终端均可完成信息的融合接收（三屏合一），实现任何人、任何时间、任何地点、以任何终端获得任何想要的信息（5W）。”①

新兴的媒体形式的不断出现并不断发生变化，使信息的内容、传播的渠道、媒体的功能出现多层面融合。在信息网络时代，传统媒体面临巨大的挑战，过去单一传播方式的生存环境受到极大挑战。越来越多的传统媒体开始搭建自己的网络新媒体平台，进军互联网阵地，形成传统媒体与新媒体互动融合的局面。全媒体传播综合运用文字、图像、声音和视频等各种信息表现形式，充分利用纸媒、电视媒体、广播媒体等传统媒体以及网

① “全媒体”词条引自百度百科，网址：https：//baike. baidu. com/item/% E5% 85% A8% E5% AA% 92% E4% BD% 93/1220226？fr = aladdin，最后访问日期：2017 年 9 月 3 日。

络、微信、微博、手机APP等新媒体媒介平台进行信息传播，实现全方位、多角度的信息传播。在全媒体传播的格局下，公众获取信息的方式更加方便、即时，影响更深，范围更广。因此，司法机关在全媒体传播的格局下受到更大挑战，对司法公开的理念升级、技术提升不断提出新的要求。

（二）主流媒体舆论场与民间媒体舆论场加速融合

在传统的舆论传播格局下，主流媒体舆论占据主要地位，舆情可控性强。随着互联网信息技术的飞速发展，网络舆论的迅速升温，民间媒体舆论场强势崛起，主流媒体舆论场中官方舆论垄断地位被打破。在巨大的冲击下，舆情不再可能被关在舆论的笼子里。一家独大的局面不复存在，民间媒体舆论场成为社会舆论的主要集散地，其影响力呈现日益超越官方舆论场的明显趋势。

两个舆论场的差异和冲突，根源于社会转型时期的价值多元化社会格局。网络新媒体带来信息爆炸式增长。相比之下，传统媒体传播的速度、范围、强度等均相形见绌。在新媒体技术支撑的民间媒体舆论场强大冲击下，传统媒体影响力不断下降，倒逼传统媒体不能再继续走传统传播方式的老路。传统媒体不得不吸收民间媒体舆论场中的新元素，主动拥抱互联网技术，并树立互联网思想。变革求生的主流媒体舆论场，必须主动向新媒体靠拢，与民间媒体舆论场相融合。

来源于网络上的强大舆论压力以及由此带来的负面舆情具有巨大的破坏力，传统媒体难以招架网络舆论的洪流。只有深入到民间媒体舆论场中去，主流媒体舆论场才会保存和发挥自身优势。应对司法舆论，不再仅仅依靠党和国家的有关新闻舆论管理机构和体制内各大传统媒体，需要借助党报、电视台、广播等传统媒体的自身优势，与网络媒体积极呼应互动，从而融合形成新的公共舆论场，开创两个舆论场相互制约、相互促进的网络舆论新格局。

从人民网舆情监测室发布的2017年上半年舆情分析报告来看，一方面，新媒体舆论场是舆情爆发及传播的主阵地。微博、微信、知乎等网络社交新媒体是舆情发生的主要信息源及舆情发酵关键渠道。社交媒体对于突发事件、社会民生、环境保护等热点事件进行讨论，瞬间扩散能力强，许多热点事件传播以“亿”为单位，无论是数量还是传播范围、传播频率，均超过传统媒体。另一方面，网络新媒体信息传播存在传播内容碎片化、观点片面、情绪多事实少等问题。与此同时，传统媒体主动关注新媒体舆论阵地，以深度报道、新闻调查、新闻评论等方式积极引导民间媒体舆论场，发挥了社会舆论“压舱石”的作用。中央深改组在2014年8月审议通过了《关于推动传统媒体和新兴媒体融合发展的指导意见》，媒体融合正式有了党和国家的顶层设计。

（三）网络舆论成为民意表达与监督司法的主阵地

中国网民在人口中的比例逐年上升，人口基数大的原因，使得中国形成了世界上最大的民间网络舆论场。一个网络舆论事件引发的网络舆情风暴信息量之多、传播范围之广、舆情烈度之大，在全世界也是绝无仅有的。在我国，由于历史和政治上的一些原因，大部分报纸、电视、电台等传统主流媒体实际上都在各级政府的行政掌控之内，其报道内容和方式都有严格的审批程序来把关。由于传统媒体的功能定位等因素以及其在传播方式上的先天性不足，舆论监督的力度和效果很难充分发挥。

移动互联技术的发展，给广大人民群众提供了极大的便利。互联网出现以后，就成为民众表达诉求、发表意见、抒发情绪的重要通道。新技术媒介的快速发展，既扩大了网络舆论的参与人群和传播范围，也使得广大网民能够随时、随地上网、任意交互，从而提升了网络舆论的频率和强度。从正面意义上看，网络舆论具有明显的草根性，可以反映社会底层民众的声音和情绪。由于司法的本质是社会调整手段之一，旨在让参与案件的当事人和未参与案件的人民群众都能感受到公平正义，所以司法的功能必然从案件本身延伸到案件之外的社会民众。因此这种源于民间的舆论监督有利于民众客观地对司法机关进行有效的舆论监督以及表达自己的合理诉求。但从反面来看，由于网民的身份具有隐匿性，表达意见往往表现为标签化、非理性的道德评价，与理性的法律评价形成鲜明的价值错位甚至冲突交锋。又由于一些网络媒体的自身管理不到位，网络舆论鱼龙混杂、泥沙俱下，时常出现一些针对司法机关的非理性的谩骂攻击，甚至是蓄意散布虚假信息或制造传播谣言，对社会秩序带来不良影响，反而阻碍社会主义法治的进程。

可见，网络舆论对于司法机关来说，就是一把“双刃剑”。如何正确认识和应对网络舆论，是司法机关不得不面对的一个重要问题。与网络媒体及民众打交道，也是司法机关工作人员必备的媒介素养。

（四）网络民主化，意见领袖作用由盛转衰

网络空间是一个比现实社会更加喧嚣、更加复杂的虚拟社会。在网络空间，社会群体呈现“乌合之众”的景象。在乌合之众当中，自然形成了一些犹如“山寨大王”的意见领袖。这些“山寨大王”网络知名度高、具有巨大影响；而大多数网民或是沉默，或是成为这些意见领袖的追随者。在“人人都是麦克风”的互联网时代，虽然网民的数量非常庞大，但真正具有一定知名度、能够对网络舆情产生巨大影响的网络空间“山寨大王”

不上千人。网络意见领袖虽然数量不多，但能量巨大，往往一呼百应甚至千万应，能够对网络舆论的走向施加重大影响，还可能掀起网络舆情的浪潮。[①] 网络舆论看似亿万网民的声音汹涌澎湃，仍然遵循“二八定律”，“意见领袖”真正掌握网络话语权，设置议程，并对舆情发展起到关键作用。这些意见领袖具有鲜明的草根属性，其中大多数并不是政府和司法机关的“盟友”，而往往是扮演异见分子的角色，站在对政府和司法机关表达监督和批评意见的立场。他们乐于关注并传播负面舆情，喜欢对司法案件和公共事件“指手画脚”“说三道四”。

但是，从人民网舆情监测室发布的《2015 年互联网舆情分析报告》[②]和《2016 年中国互联网舆情分析报告》[③] 来看，原有“意见领袖”的活跃度明显呈下降趋势，前些年时政新闻类“网络大 V”受到网民热捧、粉丝遍地的时代已经一去不复返；专业自媒体开始兴盛起来，逐渐取代“意见领袖”的地位。自 2013 年下半年开始，国家加大了互联网整治力度，对一些造谣滋事的“网络大 V”亮剑，注销他们的账号。有害信息源被切割，“网络大 V”群体的网络活跃性明显下降了。政府的这些净化网络环境的行动得到民众的普遍支持。一些“网络大 V”在网络上被激烈批评，“网络公知”被妖魔化并成为“过街老鼠”；与此同时，青年网络文明志愿者和众多“自干五”受到热捧，网络舆论从精英阶层设置议程发展为话语权大众化、平民化，并出现了贬斥精英的反智倾向。网络话语权民主化，对政法工作的网络群体路线提出新的要求；舆情引导不仅要关注部分意见领袖，更需要真正转到群众视角上来。

（五）网民法治意识增强，逐渐趋于理性

2016 年初，时任中央政法委书记孟建柱同志在广州与新闻媒体座谈时，提出司法机关要与媒体形成良性互动的关系，共同建设法治社会的命运共同体。以微信公众号“@ 长安剑”为代表的一系列政法新媒体，提供权威信息源，推动舆论场理性监督政法热点事件，使得情绪化的“舆论审判”势头被消解。《2016 年中国互联网舆情分析报告》[④] 显示，2016 年 7 月 1 日以后，由最高人民法院带头，原则上将所有公开开庭的案件都上网，庭审

---

① 参见陶文昭：《网络意见领袖群体崛起与挑战》，载《人民论坛》2012 年第 6 期。

② 网址：http：//www.360doc.com/content/15/1226/22/11269421_523330327.shtml，最后访问日期：2016 年 11 月 5 日。

③ 网址：http：//yuqing.people.com.cn/NMediaFile/2016/1222/MAIN201612220959000430843936915.pdf，最后访问日期：2017 年 9 月 4 日。

④ 网址：http：//yuqing.people.com.cn/NMediaFile/2016/1222/MAIN201612220959000430843936915.pdf，最后访问日期：2017 年 9 月 4 日。

活动通过互联网向全社会进行直播。近年来，随着司法体制改革快速推进，疑案和冤案得到再审和平反，得到社会公众的广泛点赞。聂树斌案件随社会舆论长跑近二十年，在众多网友的关注下，最高人民法院于2016年6月决定提审，依照审判监督程序重新审判并宣判聂树斌无罪，重大疑案得以昭雪。天津非法维权律师审判案，给“法律人共同体”带来一定冲击，但案件的全程微博图文直播，使国内舆论场上正面的声音起到覆盖作用。记者从一开始的“不相信有料”变为主动紧盯官微“找料”。

在近年来党政机关和司法机关加强网络舆论引导的作用下，涉法网络舆论非理性因素减弱，网民对于涉法事件的认知和意见表达逐渐趋于理性。人民网舆情监测室数据显示，[①] 2016年上半年社会热点事件和热点话题频发，网络舆论跌宕起伏，但舆情态势总体平稳、积极向好。从2016年的网络舆论生态环境来看，网民媒介素养有了明显的提升，告别了前几年的网络“群氓时代”。面对社会关注度高的热点事件的新闻，很多网民并不是盲从轻信，而是持有怀疑和求证的态度，等待权威机关给出“真相”。网民心态渐显冷静、理性，互联网管理也日趋成熟。

第三节　网络舆论的形成机制

一、舆论形成过程之结构化思考

刘建明对舆论形成阶段的划分观点具有很大的影响力，他在《基础舆论学》一书中提出了舆论形成四阶段理论，如图所示。[②]

① 网址：http：//yuqing. people. com. cn/n1/2016/0706/c209043 - 28530486. html，最后访问日期：2017年9月4日。

② 刘建明：《基础舆论学》，中国人民大学出版社1988年版，第97～110页。

个人意见阶段	·舆论的酝酿阶段，个人意见阶段是舆论形成的其他阶段的关键，在许多分散的、无序的个人意见的相互交流、相互影响中产生舆论。
社会联系阶段	·舆论产生的中间环节，它形成“舆论圈”“舆论场”，使意见的传播与讨论得以实现。
评价指导阶段	·舆论形成过程中又一明显的阶段，舆论领袖的评价指导能够把不同层次、不同社会环境的舆论圈连成一个整体，使局部意见转化为大多数人的共同意见。
获得权威阶段	·达成共识、社会认可、群体制约是舆论形成的标志，舆论的权威所产生的社会压力造成无形的强制，使人们不由自主地接受舆论的支配，这是社会整体认识对个体知觉产生慑服心理的反应。

图 12.1：舆论形成四阶段理论模型

程世寿在《公共舆论学》一书中提出公共舆论的一般形成过程也具有很大参考价值。影响和制约公共舆论形成的因素有公共舆论环境和内部动力机制两大方面。具体的过程如下图。

公共舆论的起点	公共事务引发的信息刺激，条件： ·（1）信息刺激的能量必须足够的大。信息刺激的能量包括两方面：一要牵涉到大部分公众的利益关系，二要有足够的新异性。 ·（2）信息刺激和公众固定成见之间的对比足够强烈。 ·（3）信息流动渠道必须足够畅通。
公共论坛的舆论扩张	公共论坛的扩张主要包括两个渠道： ·（1）公议机关的社会扩张作用：公共事件或社会问题产生的大量信息通过大型会议或民议机关集中地、有针对性地扩散到广泛的公众中去并由此引发讨论。 ·（2）大众传媒的社会扩张作用：具备引发讨论能力的信息刺激以大众传媒的扩散为中介到达公众并引发公共舆论的生成。这种形式是目前公共舆论形成的最主要的方式。
公众舆论的意见整合	·意见整合可分为认识整合和心理整合两个部分。 ·两种基本方向：自下而上的整合过程，自上而下的整合过程。 ·自上而下的整合过程是公共舆论的整合一般过程，其特征是认同性、互补性、强制性三种整合方式相互交织，包括三个环节：确立中心，认同沟通，调整反馈。细化为五个步骤：固定成见的“过滤效应”，“正反双方”和“中立者”，主流意见，简单化的“名词”，意见趋同停止。

图 12.2：舆论形成三阶段理论模型

究竟舆论如何形成？很难找到一个可以得到普遍公认的标准模型公式。中国人民大学新闻学院陈力丹教授认为，“舆论的形成因不同的社会环境、公众心理以及舆论客体的差异，很难有一个标准化的形成公式”。[①] 上述四

① 陈力丹：《舆论学——舆论导向研究》，中国广播电视出版社 1999 年版，第 51 页。

阶段和三阶段模型并非绝对真理，但为我们分析舆情的发展提供了结构化思考的辅助工具。

二、网络舆论的开放环境和网状结构

“网络舆论就是在互联网上传播的、公众对某一焦点所表现出的、有一定影响力并带倾向性的意见或言论。”[①] 互联网提供了一个打破时间和限制的新的舆论场域，使得舆论新陈代谢的环境发生了革命性的变化。刘建明教授的观点是，“网络实现了自由、开放的跨越时空的交互，自主公众逐步在网上形成舆论，网络中的匿名交流形式推崇个性、自由、宽容的理念，形成了一个个舆论场，舆论场在舆论形成中起着重要的作用。无数个人意见在场的作用下，经过多方的交流、协调、组合、扬弃，会以比一般环境下快得多的速度形成舆论，并有加速蔓延的趋势。而构成舆论场的主要因素是同一空间人们的相邻密度与交往频率较高，空间的开发度较大，空间感染力或诱惑程度较强，具备这些因素往往可以在这一空间形成舆论场”。[②] 知名学者杜骏飞先生的观点是，“网络舆论的形成是网络用户、网络媒体、网络环境、网络传播技术发展等诸多因素综合作用的结果。网络舆论的形成和发展，源自网络用户的自主性和网络媒体自身的自主性，此外，众多舆论场的形成也对网络舆论的存在起重要作用”。[③]

互联网在改变舆论环境的同时，也使舆论的传播发生结构性变革。以线性结构为特点的传统舆论传播模式被解构了，以网状结构为特点的网络舆论传播模式诞生。网络舆论的传播流程与传统媒体舆论最大的不同之处就是网状传播结构这一突出特点。与传统媒体舆论传播方式相比，在网络舆论的传播模式里，舆论的主体行为、扩散媒介、反馈机制发生颠覆性变革。有学者描述，“传统媒体舆论的生存环境是一种‘线性社会’，网络舆论的生存环境是一种‘网状社会’或称‘网络社会’”。[④] 从线性结构到网络结构的变更，不仅仅是信息源从单中心到多中心的变化，传播路径也由单向变成了复杂的交互模式。而且更深层次的问题是，意见表达不再遵循科层化、垂直性的信息流转路径，而是在立体化、发散性的网状空间内交互影响。

三、混沌系统：网络舆论的影响因素

立体化、发散性的网状空间使得发表意见形成非线性不规则的信息传

① 谭伟：《网络舆论概念及特征》，载《湖南社会科学》2003 年第 5 期。

② 刘建明：《舆论传播》，清华大学出版社 2001 年版，第 13 页。

③ 杜骏飞：《中国网络新闻事业管理》，中国人民大学出版社 2004 年版，第 338 页。

④ 梁蓬飞：《弱势样态：因特网舆论功能的环境描述》，载《当代传播》2002 年第 4 期。

播路径，构成一个复杂的“混沌系统”，信息传播无法精确预计更无法控制。[①] 在网络舆论中，传统舆论中的中心被边缘化，强者被弱化；似乎每个人都享有话语权，都能够产生蝴蝶振翅的微弱影响，但这种影响却是一种“无力者的力量”[②]。捷克作家哈韦尔（Vaclav Havel）用他所称的“无力者的力量”挑战了以权力制约权力的传统反应。当时，哈韦尔并未意识到他的文章是在用人类社会术语描述洛伦茨混沌蝴蝶的行为。按照混沌理论的观点分析，虽然我们每个人作为个体不具备传统意义上讲的“控制者力量”，但是我们拥有可以对整个事态施加微妙影响的“蝴蝶力量”。[③] 网络舆论立体化、发散性的信息传播方式，使得网络舆论比传统舆论对社会产生更加强大的影响力，这种影响力可以形象地被描述为“蝴蝶效应”。网络舆论中的“蝴蝶效应”与传统舆论生成机制不同。网络提供了一个虚拟的公共领域，“把关人”作用弱化。在这个环境中，一个公共事件或司法案件引起广大网民平等、自由、公开地发表意见。如果网络舆论初始条件不确定，这些意见交互影响，形成不规则、非线性的。[④] “蝴蝶效应”强调一件蝴蝶振翅的小事可以发展成为舆论的“龙卷风”。这个演变的过程需要网民这一舆论压力群体对信息进行细化和叠加，进而引发网络媒体与传统媒体的协同效应，传导到实体社会中的相关群体进行反馈形成舆论的倍增。

“蝴蝶效应”下网络舆论的发生概率与信息本身的重要程度没有必然联系。匡文波教授提出了一个网络舆论倍增效应简单公式。这个公式被描述为：“网络舆论蝴蝶效应 = 网络参与度 × 传统媒体参与度/相关方正反馈度。”[⑤]

---

① ［美］布里格斯、［英］皮特：《混沌七鉴》，陈忠、金纬译，上海科学教育出版社 2001 年版，第 8 页。

② ［美］布里格斯、［英］皮特：《混沌七鉴》，陈忠、金纬译，上海科学教育出版社 2001 年版，第 34 页。

③ ［美］布里格斯、［英］皮特：《混沌七鉴》，陈忠、金纬译，上海科学教育出版社 2001 年版，第 37 页。

④ 韩立新、霍江河：《蝴蝶效应与网络舆论形成机制》，载《当代传播》2008 年第 6 期。

⑤ 匡文波：《新媒体舆论：模型、实证、热点及展望》，中国人民大学出版社 2014 年版，第 52 页。

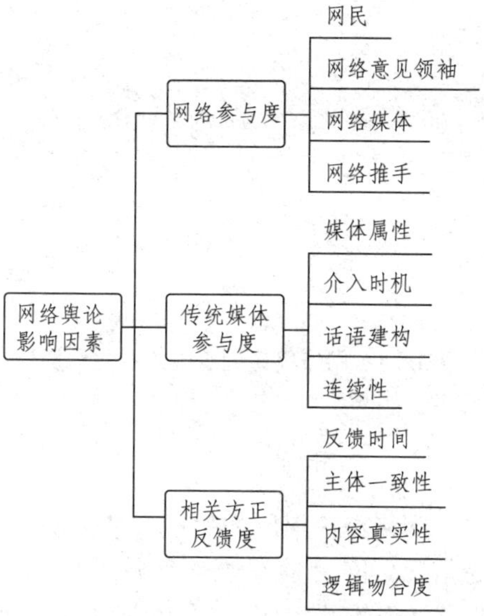

图 12.3：网络舆论影响因素

四、“蝴蝶翅”到“龙卷风”：网络舆论发生变化过程

网络舆论受到“蝴蝶效应”的影响，在这种作用下，网络舆论生命周期的各个阶段呈现分布与发展不均衡的特点。网络舆论形成非常迅速，这个初始的阶段时间很短；之后的舆论发展和高潮的持续时间一般比较长；舆论的消解常常具有暂时性的特点。舆论作为生命，要持续下去，就需要不断补充能量。这个能量来源于新的信息刺激，这些新的信息是瞬息万变的，而且与旧的信息发生相互连锁的反应。新的信息不断地补充并加入到舆论场中，刺激舆论的强度就会增大。如果不再有足够新的信息补充到舆论中增加舆论的能量，舆情就会自然缓缓衰退下去，并渐渐消解。大部分的舆情热点议题存活时间集中在两周以内。

虽然网络舆论打破了传统公共领域时间和空间上的限制，但是人的认知能力是有限的。因此，信息传播的能量并不是无限地增长，而是基本上处于一个能量守恒的状态。网络上一片热闹喧嚣，但是每个议题之间“保鲜期”并不长，网民具有“喜新厌旧”的心理倾向，对一个变化不大的议题会逐渐失去兴趣。新的热点事件和热点议题不断涌现，如果这些新的信息足够吸引眼球，就必然会刺激新的兴奋点，从而转移人们的视线。这样，新旧议题就发生了竞争，又在竞争中实现舆论场的新陈代谢。新的议题不断出现，加速旧的议题走向衰变。由此，议题竞争新陈代谢与能量守恒又是舆论传播的。

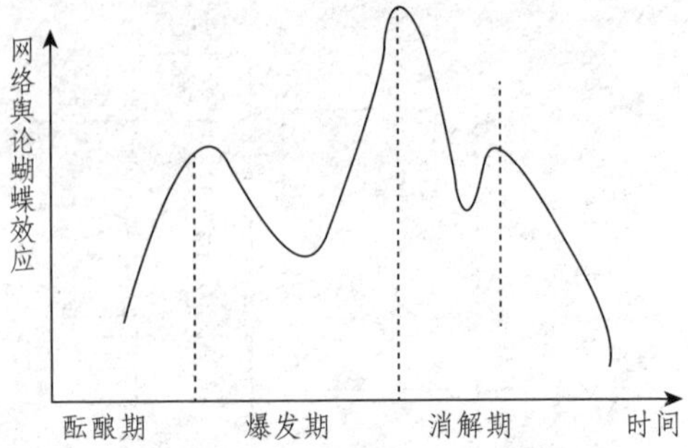

图 12.4：网络舆论蝴蝶效应的生命周期

(一) 酝酿期——“蝴蝶振翅”

从信息源角度看，网络舆论议题的生成有两个基本方式：

一是互联网作为信源。网民发布原创性帖子成为舆论的信息源。由于网络信息发布的门槛较低，任何网民都有可能成为议题的设置者。网络舆论的信息源不再掌控在少数人手中，而是处处是信源，处处都可能是舆论风暴的中心。很多网络舆论的议题都是由网民最先发起并由网民自发推动的，此后又得到数以万计亿计网民的关注并吸引他们参与到议题讨论中。经过进一步发展，传统媒体也参加到网络议题讨论中，这样就发生了与网络媒体的协同效应，把网络舆论从虚拟空间带到现实社会，扩大了网络舆论的影响力，使之逐步演化成了真实的社会热点议题。根据混沌理论，由于网络的传受关系比较模糊，具有高度的互动性和即时性，网络舆论具有明显的不可控性，议题设置经常是“无心插柳”。网友未必是有意识地设置某个议题，但往往在信息发布和传播过程中无意识地完成了一项议题设置的工作。

二是传统媒体作为信源。在互联网时代，传统媒体仍然是重要的信息源，其发布的新闻报道进入网民的视野。网民获取了来自传统媒体的信息后，将这些信息带入网络空间，进而形成了个人议题。这个来自现实世界的网络个人议题如果有其他网民关注，就可能通过网络交互传播一步步地演化为网络议题。网络议题形成后，如果又受到了传统媒体的进一步关注，新媒体与传统媒体二者就形成了协同推进的势头，最终共同推进社会公共议题的形成。2003 年发生的孙志刚案就是一个非常典型的例子。《南方都市报》首先报道，新浪、搜狐等各大门户网站相继转载，引发大规模网络争论，最后导致政府废止《城市流浪乞讨人员收容遣送办法》。刘涌事件是也是先由《外滩画报》发表一篇评论文章，之后引起网民的热议并表达愤怒情绪。在司法网络舆情中，一些司法机关扮演了信息源的角色，很多信息是司法机关自己发布的。虽然很多司法机关开设了自己的自媒体，但很难提供充分民间性、自发性和自由性讨论空间，基本上可以归入传统媒体一类。

虽然网络舆论有两种不同的信息源，但其演化过程殊途同归。网络舆论“蝴蝶效应”酝酿期，在司法领域，使司法案件能够成为公共舆论的信息刺激需要具有三个特征：一是信息刺激的能量必须足够大，例如交通事故天天都在发生，而药家鑫撞人后杀人、“我爸是李刚”、杭州“七十码”案具有新异性，又关联到其他社会敏感点，从而产生公共舆论；二是信息刺激和社会公众固定成见之间的反差足够强烈，“信息刺激的方向和公众预期之间的反差越大，公共舆论形成的可能性就越大”,① 例如当年的彭宇案，直接挑战传统的尊老观念；三是信息流动渠道足够畅通，“公共舆论的形成很大程度上依赖的是公共论坛的扩散作用，其中，无论是会议模式还是大众传媒模式都属于社会公开的范畴，而社会公开的条件之一就是信息流动的渠道是否畅通。因此，公共舆论的形成很大程度上取决于信息流动的自由度和公开性”。② 在信息网络时代，司法案件更容易受到广泛关注并形成舆论，其重要原因就是互联网能够提供远比传统舆情畅通的传播渠道。

（二）爆发期——风暴形成

酝酿期以后，网络信息会快速细化并互相叠加，最终导致网络热点的形成。“蝴蝶振翅”的微弱力量已经改变了整个网络生态环境，能够通过一系列连锁反应引爆蕴含在互联网舆论中的巨大能量。从而，巨大的网络传播能量中，传播内容呈多层次、多媒介、多元化、多样态充分迸发、充分扩散。与传统媒体舆论相比，网络舆论的信息叠加方式更加不可控，叠加效果更加强烈，舆论爆发的烈度更大。

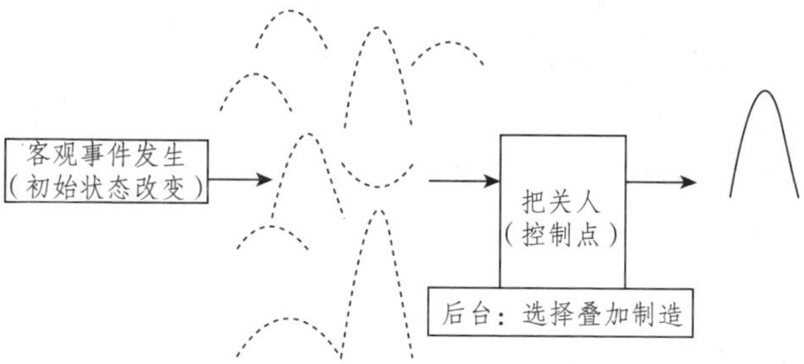

图 12.5.1：传统舆论信息叠加方式

① 程世寿：《公共舆论学》，华中科技大学出版社 2003 年版，第 159 页。
② 程世寿：《公共舆论学》，华中科技大学出版社 2003 年版，第 159 页。

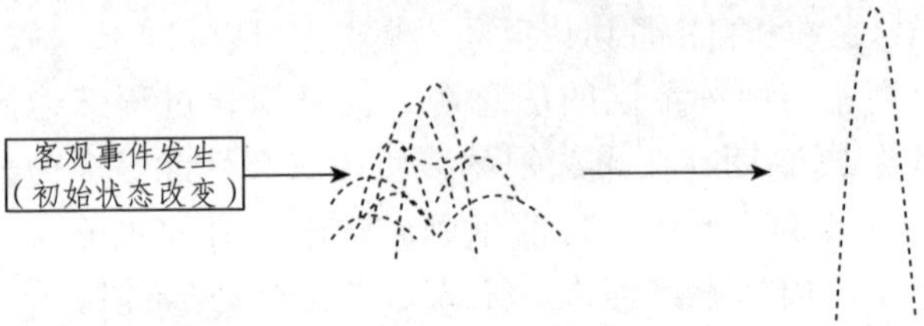

图 12.5.2：网络舆论信息叠加方式

通过集聚作用、协同效应和反馈机制，起初“蝴蝶振翅”式的微内容就会逐步演化为网络舆论风暴，爆发出难以想象的传播力、感染力和影响力。集聚作用、协同效应和反馈机制的结果是意见的归纳与整合。在各种议论和意见表达中，如能符合群体的心愿、表达群体的意见，这类的意见就会自然而然地逐渐汇聚在一起，逐步形成网络舆论的主流意见。在网络讨论中，如果出现能够引起广大网民共鸣的意见和观点，这些意见和观点就具有很强的扩散感染和能力，逐渐发展壮大为主导性意见。网络舆论的主导意见一旦形成，就会形成“沉默螺旋”效应，以其强大感染力、影响力排斥其他不同意见，甚至以网络舆论的暴力压制其他异见。

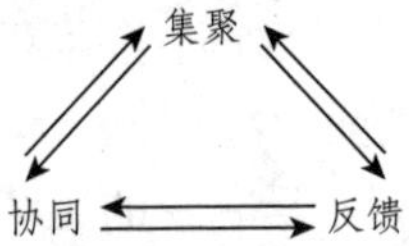

图 12.6：微内容到舆论风暴的演变动力机制

（三）发展期——风暴持续

议题在网络存活，必须得到网民的持续关注，不断出现相关事件的新帖或者跟帖讨论。能够在数量庞大、纷繁复杂的网络议题中保持生命力的，都是具有持续人气的议题，吸引网民持续地关注、阅读和评论。因此，很多网络文章非常注意包装，“标题党”的目的就是在众多网络文章中博得眼球，牵引网上的好奇心。网络舆论形成舆论的“龙卷风”态势后，其进一步的发展趋势就取决于一系列因素的互相作用了。如果事态不断发展，新的新闻信息能够被不断挖掘出来，就可以实现持续地多次互动，保证议题热度。网络舆论存续、发展、变化的因素主要包括：一是获得权威性。当网络舆论意见发展到一定的阶段，这种意见得到一定规模网民的认同时，就会形成相对稳定的舆论意见结构；这个主流的意见内部确立了一种有序状态后，网络舆论会进入到一个相对稳定的阶段。二是意见领袖发表影响力言论或专业人士、社会公知分析评判。随着议题的关注度持续提升，相关领域的专业人士、社会公知可能会做出第三方的分析评判，能够影响对网络舆论形成倾向性共识。网民在专业人士、社会公知引导下，可能趋于理性。但一些情形下，他们的言论如果与主流网络意见发生冲突还可能会引发次生舆情。三是传统媒体对新闻事件的深度挖掘。传统媒体具有网络媒体缺乏的专业性和权威性，较高的专业信誉，并且拥有更为强大的专业人力资源和组织保障，有能力全面、直接采访，对新闻事件进行深度挖掘。因此，传统媒体介入网络舆论后，就会产生不可估量的协同效应，甚至影响舆论整体走向。

（四）消解期（消退期，衰退期）

“蝴蝶效应”下，网络舆论的消解速度和程度，是与信息公开的速度和程度成正比的。如果信息使得网民的需求得到了满足，这个议题逐渐淡出网民的视野，相关信息量会显著减少，舆情逐渐平静。这就像人吃饭吃饱了以后不想再吃了一样，再有意思的议题也会因为时间过去而变得乏味。另外还有一种特别的消解方式，被称为“舆情反转”。在一些网络舆论的发展过程中，可能在很短的时间内集聚了很高的人气，但事件本身的冲突性引发公众的普遍质疑；如果持有信息的主体或者涉事主体本身对事件进行及时回应，揭开“真相”，则会引发网民大规模倒戈，舆情瞬时发生反转，原先的舆论很快就会消解。

第四节　网络公共领域成为舆论新场域

一、公共领域之公共性本源与公权力制衡

公共领域，是著名社会学家哈贝马斯提出的概念，是介于官方权威和私人自治之间的一个领域。在公共领域里，市民可以自由表达与沟通意见，使权威与民意达成共识，形成公共意见。哈贝马斯提出，“理想的传媒提供的开放的公共论坛，尊重弱势社群的发言空间，所呈现多元化的报道，彰显了公共领域的精义及多元社会的理念”。① 在社会公众参与社会政治活动、形成公共舆论并企图影响公共决策的过程中，媒体无疑是重要工具。媒体在公共领域中占有重要的地位，是公共领域形成和发展的重要媒介力量。

著名社会学家哈贝马斯提出，“本来意义上的公共性是一种民主原则，这倒不是因为有了公共性，每个人一般都能有平等的机会表达其个人倾向、

① ［德］哈贝马斯：《交往与社会进化》，张博树译，重庆出版社 1993 年版，第 35 页。

愿望和信念——意见；只有当这些个人意见通过公众批判而变成公众舆论时，公共性才能实现”。① 可见，公共领域的本质是什么？可以说就是舆论的公共性，或者说是舆论的公众性。社会公众通过其所在的社会共同体，在参与共同体内具体事务过程中发表一定的个人意见。这些个人意见通过一定的媒介，最终汇聚和整合成具有公共性或公众性的批判意见，表达参与公共决策的意愿并对公共决策施加一定影响。通过某种媒介汇聚和整合形成公共舆论所建构出来的社会领域，就可称之为“公共领域”。在“公共领域”中形成的具有“公共性”的意见形成了对公权力的约束和制衡。按照哈贝马斯的观点，“有些时候，公共领域说到底就是公众舆论领域，它和公共权力机关直接相抗衡”。②

“公共领域”是独立于国家权力存在的领域，公共领域形成的公共意见具有参与公共决策的积极性，试图通过不同的方式和途径渗透到国家权力决策中，也包括司法决策领域。在一些公众关注的司法案件中，公共领域与司法权紧紧联系在一起，彰显民主与法治的深层逻辑。在这个深层逻辑中，二者形成既有对立、又有统一的矛盾体。民主是一种政治形态，保证公民能够广泛参与到政治事务中去；但是，民主原则也同时存在着明显弊端，非理性的民主对司法权具有巨大的破坏力，形成民主的暴力，最典型的就是深为诟病的“舆论审判”现象。为了防止“多数人的暴政”，司法机关不能被动地接受来自舆论暴力的冲击，而应当主动参与到公共领域中，去影响和引导公共意见的形成。

二、互联网扩大公共领域的时空场域

传统的公共领域的场域以广场、茶馆、街巷为载体，有很大的空间局限。互联网出现以后，出现了一个去权威、去中心、多元化、开放性的公共网络空间。在这个开放的网络空间里，所有的参与者没有高低贵贱之分，都可以自由地、平等地参与讨论。这样的网络空间不仅突破了空间场域的限制，而且打破了传统媒介那样过多和严格的准入门槛，等级观念削弱，话语体系重建。权威与非权威在网络社会中不再遵守现实社会中的秩序，在线互动讨论等允许参与者以平等的角色参与讨论。由此，互联网开辟了一个新型的公共领域。面对网络信息时代新媒体的冲击，传媒和司法二元维度解构，公共领域突显，二者关系发生深刻变化。公开不是简单地敞开法律之门，而是司法与媒体、司法与公众的互动沟通，实现司法信息的双向交流。

在这个司法公开与信息交互的过程中，隐含着一个信息产中供求的规

---

① ［德］哈贝马斯：《公共领域的结构转型》，曹卫东等译，学林出版社1999年版，第252页。

② ［德］哈贝马斯：《公共领域的结构转型》，曹卫东等译，学林出版社1999年版，第2页。

律。在网络信息时代，信息即时传播、交互共享，新媒体异军突起，为公众需求表达提供了开放的公共领域。这个网络公共空间不属于任何人，也难以受控于任何力量，是一个高度开放的舆论场。在这里，公众对司法信息的知情需求无法被抑制。在这个供求关系中，司法机关是供给侧，媒体与公众是需求侧，公共领域是信息供求交换的“舆论市场”。

三、网络公共领域催生“商谈型司法”

交往理性的概念由哈贝马斯提出。哈贝马斯认为，交往理性是理性的正道，他倡导通过商谈、沟通、协作的沟通求同存异，力求各方通过沟通达成共识。交往理性实现的民主，是一种通过协商性沟通达到的民主状态。当作为政治形态的民主以交往理性作为哲学基础时，在价值判断方式上，实体价值已经不是最为重要的了，而商谈程序的合理性、理由的可接受性才是最重要的。交往理性的核心要义，就是通过程序合理性产生实体的合理性，使各方的理由达成共识。

交往理性对司法领域产生重要影响，促进了司法公开和裁判可接受性理念的生成和制度改革。协商性司法的核心就是交往理性。在现代法治中，程序价值突显。在司法审判活动中，司法机关与当事人、代理人、利害相关人以及社会公众，通过对话沟通和理性协商的方式，对法律案件和事件的处理达成一致共识，使裁判结果在参与者的协商中日趋完善。“于欢案”最终裁判结果以皆大欢喜而告终，整个审理和裁判的过程充分体现出“商谈型司法”的理念。在“于欢案”的整个审理过程中，虽然有对一审裁判的质疑批评，但总体来说，司法机关与社会公众形成了良性互动的舆论生态，使得最终的裁判结果真正实现了法律效果与社会效果的统一。

“商谈型司法”追求的价值是法律效果与社会效果的统一，不是司法强加于民意，更不是“舆论审判”。一方面，“商谈型司法”树立法治信仰与司法权威。互联网所建构的公共领域为司法机关与广大公众的良性互动提供了即时、广阔的场域，使得互动无时间和空间的限制。在网络空间，司法机关与普通网民、法学专家、公共知识分子充分对话，消除隔阂。在司法个案中，个体权利代表着广大公众的私权，个案的妥善处理使权利意识更深入民心。“于欢案”的舆情沟通亮点，在于司法机关把社会公众广泛关注的舆情案件变成了一场生动的法治课，把广阔的互联网空间变成了一个无边际的法治大课堂。在这个法治大课堂中，成功的商谈就是一场成功的互动式教学。“商谈型司法”的结果是潜移默化地在公众内心种下法治的信仰，司法权威也悄悄地在社会公众心中树立起来。另一方面，“商谈型司法”疏导公众情绪，使社会舆论趋于理性。“舆论带有较强的自发性和盲目性，它的变化、发展在一定程度上是被动的，文化和道德等因素会不断地引起它的波动，不少舆论主要是以不同的社会阶层、不同的发生范围、不同的舆论客体等划分存在空间的，而不同空间的舆论主体的文化水平和信息接受能力十分悬殊。”①“商谈型司法”不仅可以成为树立司法权威和司法公信的新思路，同时也能够引导社会公众改变和完善对法律的理性认知，通过一次次互动沟通，不断地弥合道德与法律在价值评价层面的错位，不断消除普通公众对法律常识和司法程序的陌生，不断压缩背离法治理论的非理性、情绪化言论的舆论空间。

① 马新福：《法律社会学导论》，吉林大学出版社1992年版，第135页。

第十三章　互联网 + 大众心理

第一节　民意与网络舆论

一、民意渊源考略

在西方，古希腊哲学家、政治家亚里士多德在他的著作《政治学》中提到，“就多数而论，其中每一个别的人常常是无善足述；但当他们合而为一个集体时，却往往可能超过少数贤良的智能”。[①] 按照卢梭的观点，民意并不是来源于具有物象或者超自然的事由中，而是在社会关系中人和人通过互相接触产生的新看法。卢梭还强调，政府的基础在于民意，而不是法律上的强制。卢梭在他的名著《社会契约论》中讲到，“除了根本法、公民法和刑事法之外，还存在着第四种法，而且是重要的法；它既没有铭刻在大理石上，也没有铭刻在公民的内心里；它是国家真正的宪法，它每天都在获得新的力量，当其他法律过时或消灭时，它会使它们恢复活力或代替它们，它会维持人们的法律意识，逐渐用习惯的力量取代权威的力量。我们说的就是风俗、习惯，而尤其是舆论”。[②] 卢梭还在《社会契约论》中进一步对民意进行区分，一是“众意”，二是“公意”。“众意”着眼点在于作为个体的私人利益，是个体的私人利益的相加；“公意”则是人们最初由个体自由结为共同体所依据的契约，是一种公共意愿，它不是个体意愿的简单相加，而是有机结合在一起的普遍意志。[③] 在欧洲资产阶级革命以后，随着平等、民主理念的兴起，民意走上政治舞台，受到政治家们的尊重。李普曼在 1922 年出版的《民意与民主政府》是现代有关民意研究中最早的著作。

在我国，上古尧舜禹时期就已经形成了重民思想传统。“天矜于民，民

① ［古希腊］亚里士多德：《政治学》，吴寿彭译，商务印书馆 1965 年版，第 143 页。
② ［法］卢梭：《社会契约论》，何兆武译，商务印书馆 2003 年版，第 70 页。
③ ［法］卢梭：《社会契约论》，何兆武译，商务印书馆 2003 年版，第 39 页。

之所欲，天必从之。”① 先秦统治者认为统治受命于天命，民意表达天意。法家思想家也认识到民意的重要性，“政之所行，在顺民心；政之所废，在逆民心”②。《管子》要求法令要合乎民心。我国儒家思想从三个方面说明为政者“察民意”“化民意”“为政令”的传统思想：一从“用人”、二从“用政”、三从“用刑”。“左右皆曰贤，未可也；诸大夫皆曰贤，未可也；国人皆曰贤，然后察之，见贤焉，然后用之。左右皆曰不可，勿听；诸大夫皆曰不可，勿听；国人皆曰不可，然后察之；见不可焉，然后去之。左右皆曰可杀，勿听；诸大夫皆曰可杀，勿听；国人皆曰可杀，然后察之；见可杀焉，然后杀之。故国人杀之也。如此，然后可以为民父母。”③

二、互联网舆论中的民意与民心

（一）民意概念争鸣

由于历史环境、政治体制以及传播科技的变迁被赋予不同的内涵，民意的概念很难取得统一或共识。有学者提出这样一种观点，“民意作为一种复杂的社会意识，是社会上个体意识和群体意识的协调与综合，是与国家意识相对应的范畴。它不仅以社会心理和社会意识形态的不同形式，而且从社会生产和社会生活的各个领域表现出来。在一定历史条件下，人们自发形成的情绪、情感、风俗、时尚、习惯、倾向等社会心理，上升到理性高度的政治思想、法律观点、哲学理论、道德观念、科学体系、艺术观念等社会意识形态；对社会问题的看法和态度，社会生产方面的经验和见解，物质文化生活上的需求趋势，都是民意的构成内容。”可以说，民意有五个基本特征：一曰群众性，二曰综合性，三曰复杂性，四曰流动性，五曰非强制性。④

我国台湾地区学者杨意菁提出多元层级民意的概念，认为民意的概念是一个复杂的过程、一个社会过程和一个政治的过程，其中包含了四个元素，即个人、团体、组织和机构。基本上，多元层级的民意概念将民意发展分为两个过程，一个为个人系统层次，另一个则为社会系统层次，两个层次的发展过程并非独立进行，而是同时发生。另外，两个层次可以是层级内的民意概念，亦可以是跨越层级的民意概念。⑤ 有学者提出关于民意的

① 《尚书·泰誓》。

② 《管子·牧民》。

③ 《孟子·梁惠王》。

④ 吴顺长、张凤：《民意学》，天津人民出版社1991年版，第6~7页。

⑤ 杨意菁：《民意理论与研究取向——一个微观与巨观多元层级观点的整合》，载《民意研究》1998年第209期。

五要素[①]：

第一个要素是议题的出现，它存在于任何一个可能引发争议的情况。在舆论反映的民意中，至少要有一个争论的焦点，有一个当时具有冲突的议题可供思考，或者对作为成文政策法规的意见与作为传统行为模式的习俗之间的区别进行辨别。

第二个要素是公众的本质，是指对议题有兴趣并参与议题讨论的人。不同的议题会形成不同的民众群体，不同议题下的民众群体都是相互独立的，代表一个议题下的特殊意见。

第三个要素是综合的公众偏好，即人们对某一个特定议题的意见、看法、观点的总和，其中既有赞成的意见也有反对的意见；如果都是反对的意见，又包括强烈的反对意见和轻微的反对意见。

第四个要素是公众意见的表达。既要关注某一议题所产生的众多观点的公开表达，也要关注潜伏的民意，即公众对一项议题藏于内心而未表达出来的态度。

第五个要素是议题的参与人数，即与议题相关的民众的数量和规模。一般来说，一小群人所关心的议题本质上属于个人事件，并不能发展成所谓的民意。民意的最终目标，就是要影响公共决策。

（二）民心向背最终决定舆论走向

“得民心者得天下”是不变的真理，民心是与民意相关联的概念。体会民意的落脚点是争取民心。民心是什么？潘维教授认为，“民心就是百姓对政府的信任，即信任党和政府竭力为人民服务而非为权贵服务，信任政策稳定、政府言而有信”。[②] 涉法舆情的走向，归根结底取决于民心向背。司法信息与社会公众之间公共关系的主要矛盾就是信任。这也是树立司法权威的关键。取信于民，舆论工作就好做；失信于民，就掉入“塔西佗陷阱”，面对舆论危机举步维艰。

三、网络拓展民意表达空间

互联网普及以后，民意表达的渠道已经从广场街道、田间地头转向互联网提供的虚拟空间。与传统的舆论形态相比，新媒体舆论的媒介互联网空间已经成为当今民意表达的重要平台。

---

① 参见 Bernard C. Hennessy：《民意》，赵雅丽、张同莹、曾慧琦译，台湾地区五南图书出版公司 2000 年版，第 11 ~ 17 页。

② 潘维：《信仰人民：中国共产党与中国政治传统》，中国人民大学出版社 2017 年版，第 141 页。

（一）互联网极大拓展了民意表达的场域和规模

网络打破了实体空间与社会阶层，原有科层化、信息纵向流动的金字塔结构逐渐坍塌。互联网为民意表达提供了一个传统传播媒介不具备的扁平化、开放性的呈网状结构的信息交互平台，让互联网成为社会公众进行意见表达和利益沟通的重要场域，使得基层社会利益诉求和各种意愿能够直接表达和互动。随着社会生活与公共政治信息化程度越来越高，民意表达的场域不断扩大，民意可以突破地理隔离，迅速从全国甚至全球大规模汇聚。

（二）互联网打开了民意表达的“绿色通道”

在互联网传播过程中，表达意见、发布信息不再是某些阶层和群体的特权，互联网给每个人都赋予了一个麦克风，每个网民在互联网构建的舆论空间里都享有充分的“话语权”，这就形成了一个全新的社会交往空间，与哈贝马斯所描述的“公共领域”非常类似。在传统社会中处于金字塔底部的普通民众，不再需要从金字塔的中间阶层中寻找某些社会精英作为他们的“代言人”，通过这些“代言人”汇总他们的意见后再向上传导。在网络空间里，“代言人”销声匿迹，网民直接参与公共事务的讨论。由于网络空间的虚拟性和参与者的匿名性，网民可以畅所欲言、开诚布公地表达意见并抒发情绪，经过充分的交互讨论，在网络上自发形成了意见的叠加和汇聚，最终达成了旨在参与公共事务、影响公共决策的共识性意见。

（三）互联网增加民意表达强烈程度

在传统社会中，金字塔结构使得民意汇聚渠道越来越狭窄，无法构建出一个能够使民意充分表达和海量容纳的平台。因此，传统社会群体中的民意很难通过正式的现成制度渠道层层向上传导到位于金字塔顶端塔尖部分的公共政策中。在互联网的使用迅速普及以后，民意的表达就有了一条便利“绿色通道”。一个网民个体的意见很难通过设置议题、引导舆论而最终成为民意。在网络传播中，一个议题背后是数以万计、数以亿计网民的直接意愿表达，通过互联网这些直接的意愿表达得以汇聚。一项民意通过互联网得以聚集巨大的舆论能量，使得舆论和舆论中的民意对公共政策和司法活动形成猛烈的影响。

（四）互联网增加民意表达的有效性

有学者提出了民意表达对公共决策作用的有限性，认为“大众舆论尚不足以对政策专家就哪些备选方案应该认真考虑而进行的相关争论构成直接的影响”。[1] 政府官员和专家学者很少参与网络表达，他们扮演了旁观者的角度，对信息的收集分析很容易受到网络舆论的场景、焦点、网民情绪的影响。甚至有时“消极的公共舆论影响——施加给政府的种种约束而不是促进政府行动的积极力量——也许更值得注意”，[2] 一些舆论还可以起到拖延和阻碍作用，阻止公权力机关本应当尽快作出的公共决策，“虽然公共舆论有时可能会引导政府做某事，但是它更通常的是约束政府不能做某事”。[3] 互联网信息技术提供的大数据分析方法可以大大消除民意表达的有限性问题，可以从海量信息中准确挖掘民意，有效汇聚民意。

四、民意甄别、融合与引导

法官的司法裁判活动不能封闭在“司法围城”，应当意识到司法涉及的社会问题背后存在相关民意的表达，应当主动体察民意的内容，努力探索司法裁判能够获得正当性评价和可接受性评价的社会心理基础。在一定的时间内，一方面，某类纠纷案件所适用的法律、行政法规等规范性文件是确定的，与纠纷案件相关的社会伦理、风俗习惯等属于道德领域的规范是相对稳定的；另一方面，社会为公众提供的教育使民众在思维方式和价值观念上大体趋同，从而使民众对一项具体事物的评价在思维方式和价值观念上具有大致的协同性。这就是主流民意得以形成和存续的社会心理基础。

民意并非天然地就具有正当性，因此涉及对具体案件的意见表达，就要慎重地分析民意的内容和基础。本轮司法改革“审理者裁判，裁判者负责”的原则是司法活动亲历性的要求。只有亲自审查案件卷宗和证据，亲身参与审理案件，经历整个审理过程，才能够形成妥当的裁判结论。而置身于案件之外的民众仅仅是案件审理的旁观者，对于案件事实的认知只能依靠道听途说，不可能经过调查更不可能经过亲身经历得到准确的信息，因此绝对不能让这些旁观者的偏见影响到法官对事实的独立判断。另外，互联网空间是一个开放的结构，民意和舆论中也时常会或多或少地裹挟一些与案件处理结果有直接、间接利害关系的人的意见。很多舆论就是这些当事人或利害关系人故意制造和传播的，旨在“左右”民意或者“误导”民意，再通过这个“伪民意”来干预审判。法官需要能够鉴别民意的正当性基础，对于不符合案件实际情况的民意应当关切回应但不应屈从。

---

① ［美］约翰·W. 金登：《议程、备选方案与公共政策》，丁煌、方兴译，中国人民大学出版社 2004 年版，第 81 页。

② ［美］约翰·W. 金登：《议程、备选方案与公共政策》，丁煌、方兴译，中国人民大学出版社 2004 年版，第 80 页。

③ ［美］约翰·W. 金登：《议程、备选方案与公共政策》，丁煌、方兴译，中国人民大学出版社 2004 年版，第 80 页。

对于能够辨别出来的真实民意，需要以真诚开放的姿态加以吸收和整合，对于实现个案正义、推进司法公正都是非常有益的镜鉴。“借助于法官固有的主观正义感，得出一个公正的决定，这一过程同时还遵守下述指引，即根据社会对相关问题所持主流意见，对双方当事人的利益进行有效的权衡。”① 被社会大众接受的价值观，就是判决可被社会公众接受的社会心理基础，也是重大、疑难、复杂案件能够融合民意并进行正当利益权衡的民意基础。以泸州遗赠案为例，立遗嘱人在生前以合法、有效的形式将其所有的财产遗赠给了“二奶”，这必然引发具有不同价值观基础的继承法和婚姻法的法律冲突，而法律冲突的背后，就是社会价值观念的对立。在对社会利益进行衡量时，必然要考虑社会公众对法律规范和法律现象最为朴素的价值评判，并以此作为裁判结果可接受性的社会心理基础。司法如何才能融合民意？这就要求作为专业人士的法官以一个普通社会人的生活经验和逻辑方式来明察事理，以情和理来补充和诠释形式推理的不足，最终实现司法裁判法律效果与社会效果的统一。

第二节　网络舆论的大众心理基础

一、群体的本质特征——相互影响

“物以类聚，人以群分。”网络舆论是典型的群体行为。群体，就是一大群人凑在一起。如果仅仅是一大群人凑在一起就成为一个群体吗？看看一起乘坐地铁的人们，车站和车厢里拥挤了很多人，但并不能因此成为一个群体。很多研究大众心理学的专家学者都对群体的概念从不同角度进行了定义。

美国著名心理学家戴维·迈尔斯提出，“群体动力学家肖（Shaw，1981）认为所有的群体都有一个共同点：群体成员间存在互动。因此，他把群体（group）定义为两个或更多互动并相互影响的人。另外，澳大利亚国立大学的社会心理学家特纳（Turner，1987）认为，群体成员把自己群体中的人看作是‘我们’而不是‘他们’。所以，就此而言，一起长跑的同伴们的确可以称得上是一个群体。而群体的存在可能有许多理由——为了满足归属的需要，为了提供信息，为了给予报酬，为了实现目标等等。”② 戴维·迈尔

---

① 陈林林：《裁判的进路与方法》，中国政法大学出版社2007年版，第187页。

② ［美］戴维·迈尔斯：《社会心理学》（第八版），侯玉波、乐国安、张智勇译，人民邮电出版社2016年版，第209页。

斯进一步提出社会助长作用、社会懈怠和去个性化有关集体影响的三个社会现象，探讨互动的群体中关于社会影响的三个例子：群体极化，群体思维和少数派影响。美国心理学大师西奥迪尼认为，“按照广泛的定义，一个群体包含两个或两个以上互相影响的个体”，① 在进一步的研究中也提及迈尔斯提到的群体社会特征。不论从哪个角度观察群体，相互影响是群体最根本的特征。基本特征都是在研究群体中人与人如何相互影响。

二、网络群体本质——“混沌”状态的“乌合之众”

群体的基本特征是相互影响。前文提到新媒体的最根本特征，一是“数字化”，二是“互动性”。新媒体提供的网络空间不仅为广大网民提供了通过进行意见互动的场域，而且网民之间能够突破时间和空间的限制，实现广泛、即时的互动。在一个议题之下，网民之间意见交互形成一个典型的群体。由于互联网技术，网民形成的群体不再受到地域的限制。在网络上我们能够看到一些明显的群体空间活动和痕迹，例如网络社区、互动贴吧。还有一些群体是我们看不到的，一个热点社会事件或司法案件引发网民跨平台、跨社群广泛讨论，形成一个“部落联盟”式的庞大群体。由于这个群体规模足够大，群体中的每个个体对群体的作用表现为前文提到的“无力的力量”，群体内混沌特征更加明显。

研究参与网络舆论这个庞大群体的心理特征，勒庞的经典名著《乌合之众》具有很大的借鉴价值。在勒庞的笔下，群体就是“乌合之众”，是一群人凑在一起构成了一个“心理群体”。勒庞认为，一个单独的个体与一个处于群体中的个体之间最大的区别是“有意识人格的消失，无意识人格的得势，思想和感情因暗示和相互传染作用而转向一个共同的方向，以及立刻把暗示的观念转化为行动的倾向，是组成群体的个人所表现出来的主要特点。他不再是他自己，他变成了一个不再受自己意志支配的玩偶”。② 这段文字是勒庞对群体的特征最为经典的表述。当某一个体具备勒庞所描述的上述特征时，一个心理群体就产生了。按照勒庞的观点，群体中的个人主要有三个特点：第一个特点是“有意识”的人格消失了，而“无意识”得以起势并控制群体；第二个特点是在暗示和传染的作用下，思想向同一个方向汇聚转变；第三个特点是暗示的观念即刻就能够转化成行动的倾向。分析其中原因，有三个关键词：一是“本能”，激发一个人的本能的重要因

① ［美］道格拉斯·肯里克、史蒂文·纽伯格、罗伯特·西奥迪尼：《自我·群体·社会：进入西奥迪尼的社会心理学课堂》，谢晓非、刘慧敏、胡天翊等译，中国人民大学出版社 2011 年版。

② ［法］古斯塔夫·勒庞：《乌合之众：大众心理研究》，冯克利译，中央编译出版社 2004 年版，第 18 页。

素是数量，而群体具有这样的特征；二是“传染”，群体情绪的相互传染，对群体行为选择的倾向起决定性作用；三是“暗示”，个人进入群体后，理性丧失，暗示成为相互传染的后果。

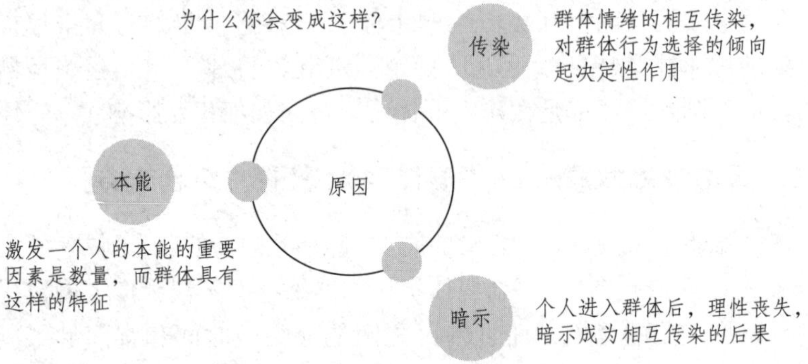

图 13.1：《乌合之众》群体特征原因分解

在网络空间中，一个论坛社区、一个微信公众号汇聚成千上万的网民，也未必成为一个网络群体。而如果某一社会事件或司法案件吸引了广大网民的关注和互动讨论，如果“他们的思想和感情可能因暗示和相互传染而转向一个相同的方向”，那么就产生了一种网络心理群体，群体中的个体具备了群体的特征，获得了一种不同于每个孤立个体的群体心理。

在网络环境下，一方面，网民数以亿计，群体数量、规模大大扩张，网民互动的范围、热度要远远超出传统舆论环境，体现出强大的群体张力。另一方面，网民的匿名性以及相互之间的陌生化，使得他们之间不再具有现实社会中的组织联系，充分放下现实社会中的各种约束。随着群体互动张力的扩大和现实社会约束的减弱，勒庞笔下所描述的群体的特征更加突显出来。“本能 + 传染 + 暗示”，三个原因的作用力叠加后将产生极致的效果。

三、网络群体特征：无意识，交互暗示传染，易冲动易变，夸张短暂情绪

（一）网民群体无意识的网络认知状态

群体的第一个突出特征，就是“有意识”的人格销声匿迹、“无意识”滋生蔓延，这也是作为群体形态的网民的基本心理特征。网民之间智力有高低、年龄有大小、职业有分别、地域有差异……但是，网民作为人类的本能和情感却可能是非常相似的。这些属于人类共同的本能和情感与智力水平、年龄大小、职业类别、地域分布等毫不相关，而是受到一些“无意识因素”的支配。这些存在于“潜意识”层面的各种因素就成为一个群体

的共同属性。在我们所见到的网络舆情中，真正起作用的要素，是人内心中最朴素的道德情感。当内心中的道德感情成为评判事件或案件是非曲直的标尺时，网民作为个体的才智、知识等个性化因素就被削弱了。属于本能的情绪在网络中随意发泄，因为这些情绪是人的共同属性，因此可以协同并凝聚成网络舆论的洪流。网络舆论中蕴藏着势不可挡的混沌力量，网民个体的特性被群体淹没。

（二）网民群体交互暗示、交互传染

在网络环境下，网民群体数量增加，规模扩大，制约减少，话语增强，非理性层面的“本能”得到充分释放。由于无意识的思想和感情是人所共通的“本能”，打破年龄、性别、学历、职业等藩篱，所以舆论中的朴素观念、情绪情感具有强大的“传染”“暗示”力量。在网络空间里，网民之间交互“传染”、交互“暗示”，舆论中蕴藏的“本能”信息在“传染”“暗示”的作用下呈网状、立体化扩散。“传染”“暗示”的作用在网民中的表现更加显著。

（三）网民群体的易冲动、易传染、易变和易从众倾向

在网络中，一旦心理群体形成，裹挟某种感情的言论就在群体内具有传染性，可以感染到群体内每一个网民。在共同的情绪情感的刺激下，群体内网民会朝着情绪情感的共同方向表达出更为冲动的言行。一旦网络舆情感染到现实生活中促成群体事件或群体纠纷的发生，个体就可能像庞勒描述的一样可能随时准备为群体牺牲个人利益。如果不是由于群体的力量，个体是不可能出现如此倾向的。如果这样冲动的倾向走向极端，就会出现“网络暴民化”问题，网络舆论演化为“网络暴力”。网络舆论中冲动的因素容易在从众心理下像滚雪球一样增加，但却不可能长时间处于稳定状态，随时可能发生变化或崩溃。因此，抓住时机引导舆论走向，就可能实现舆情反转。

（四）网民群体朴素、夸张、短暂的情绪表达

在网络舆论中，我们能够看到群体展示出来的感情都是又简单又夸张的，不论是点赞还是批判都是如此形式。通过暗示和传染的心理过程，事件、案件关联出的属于本能的情绪情感就会汇聚成属于整个网民群体的情绪情感。协同和汇聚后的情绪情感必然聚集了大量的能量，其表达方式远远夸张于个体的表达。我们能直观地感受到，如果不是参与到一个网络舆情中，也许在平时的聊天中都不会这样说话。在这个过程中，只有“Yes”或“No”、好人或坏人这样最简单的东西才最容易传播，复杂的判断推理不

太可能快速传播，这样就造成网民群体表达的简单化。简单化的情绪情感因为没有理论和理性的支撑，在汇聚以后释放的过程就像是爆竹一样，非常容易“过气”，一阵网络舆论洪流后，过几天就可能没人再愿意谈这个课题了。

四、网络群体观念的特征：理性弱化，群体极化，形象思维

（一）理性弱化

在勒庞笔下，“群体无疑总是无意识的，但也许就在这种无意识中间，隐藏着它力量强大的秘密”。[①]“群体没有推理能力，因此它也无法表现出任何批判精神，也就是说，它不能辨别真伪或对任何事物形成正确的判断。”[②]可以说，作为人类的理性在群体中被弱化了。群体只能接受属于人类共有的、最原始的观念和情感，“理性不过是较为晚近的人类才具有的属性，而且尚未完美到能够向我们揭示无意识的规律”[③]。可以说，理性是一种高级的思维，也只能是个性化的思维，至少在人类心智发展进化的现阶段，难以形成一个群体共性特征。也许人类心智进化到一定程度以后，这个群体特征就不复存在。

（二）群体极化、绝对化

极端与情绪化反应是群体的弱点。情绪对群体内的成员具有感染作用。当一种情绪在群体内的个体之间相互感染，就会对每个个人的情绪起到放大作用，从而增加整个群众的情绪能量，使群体带有情绪化的意见表达走向极端和偏激。“群体因为夸大自己的感情，因此它只会被极端感情所打动”[④]“群体只知道简单而极端的感情”[⑤]，群体的观念以及观念中带有情感具有走向极端的发展倾向，这就会形成“群体极化”的现象。在“群体极化”作用下，一切观念都因走向极端而被绝对化了。思辨不是群体的特征，在群体的交流方式中只能是意见的简单交锋和粗暴对抗。在“群体极化”的过程中，群体接受不了异见，更不可能进行辩证思维。

---

① 参见［法］勒庞：《乌合之众：大众心理研究》，冯克利译，中央编译出版社 2004 年版，第 4 页。

② 参见［法］勒庞：《乌合之众：大众心理研究》，冯克利译，中央编译出版社 2004 年版，第 48 页。

③ 参见［法］勒庞：《乌合之众：大众心理研究》，冯克利译，中央编译出版社 2004 年版，第 4 页。

④ 参见［法］勒庞：《乌合之众：大众心理研究》，冯克利译，中央编译出版社 2004 年版，第 34 页。

⑤ 参见［法］勒庞：《乌合之众：大众心理研究》，冯克利译，中央编译出版社 2004 年版，第 36 页。

（三）形象思维，激活群体的想象力

在网络传播中，“有图有真相”常被提起。这是因为作为群体的网民，真喜欢看图，而不是看文字。因为群体不善抽象思维，更倾向于形象思维。但往往有图未必有真相。喜欢形象思维的群体并不关心真正的“真相”，在“标签化”的作用下，网民群众更在乎的是他们心中的“真相”，例如彭宇被网民塑造成“落难英雄”的虚拟形象，虽然与事实不符；又如药家鑫被贴上了几个“X 二代”的公式化标签，就激起网民普遍的愤怒情绪。这是因为这些标签就是勒庞笔下所描述的“利用一些词语或套话巧妙地把形象思维激活”。[①] 这些标签就是刺激群体形象化思考的的词语和套话。当今网络上流行的“标题党”惯用的手法也是如此，通过具有刺激性的标签化关键词来吸引网民的眼球，这些词语会刺激眼球中浮现出相关的故事影像。

第三节　网民群体倾向的心理效应

一、“锚定效应”：网民心理倾向固化

在勒庞的笔下，描写了一个通过断言、重复、感染等手段获得舆论权威的领袖。在网络舆论中，“意见领袖”具备了这个特点，由于“意见领袖”权威的“绝对化”，其他网民不断“附和”“服从”，习惯于“听之任之”，“谬误”和“真理”的界限不再明显。在情绪和情感相互感染的作用下，“意见领袖”的言论如果与其他网民脑海中原有的知识、经验、情感的“脚本”发生关联，则其他网民就会接受“意见领袖”的言论统治，从而形成一个心理定势。

对于网络舆情中涉及司法领域的议题，广大的网民存在预先的认知基础、心理基础和情绪基础。这个社会心理基础对网民在信息采集、信息筛选、问题理解和价值评价等环节产生重要影响，也深刻地影响着作为舆论主体的网民对司法机关权威和公信力的主观判断，进而影响网民对相关舆论意见的关注和接受的程度。（例如早年间的文艺作品中“大盖帽，两头翘，吃了原告吃被告”这样对法官的污蔑性描述对社会公众产生了极坏的影响。按前述分析，这样脍炙人口的顺口溜很容易给群体进行“洗脑”，进而形成对法官的刻板印象。这个刻板印象就形成了“锚定效应”，影响了公

---

① 参见［法］勒庞：《乌合之众：大众心理研究》，冯克利译，中央编译出版社 2004 年版，第 82 页。

众对与法官相关事件的判断。）例如在马彩云、傅明生等法官遇害事件中，有一个群体的网民就是用这样的思维，不问青红皂白、是非曲直，径直主观地认为法官一定是枉法裁判，其中必有冤情。可见，很多“锚定信息”就是来源于文学和艺术作品中，可见在新闻出版和文艺活动中传递正能量多么重要。

二、“首因效应”：播下种子，定势开启

在形成网络舆论的初始阶段，“首因效应”发挥非常关键的作用。互联网大大拓宽了公众的言论空间，新媒体大大畅通意见表达的传播渠道。在网络新媒体的帮助下，能够使数亿人实现信息同时接收、意见即时交互、舆论瞬时汇聚。心理学认为，人对信息的接收效果会受到来自之前或之后信息的干扰。因此，信息发布和传播过程中，抢占先机非常重要。网民最先接收到信息由于没有“前摄抑制”[①] 作用的干扰，就会发生“先入为主”的效果，给信息接收者留下强烈、鲜明的印象和牢固、持久的记忆。反而，最先接收到信息还可以作为“前摄抑制”的干扰源，影响网民对同一议题之后信息的接收效果。

心理学中的“前摄抑制”干扰效应延伸到新闻舆论传播领域就形成“首因效应”。因此，司法机关必须要在“第一时间”争取先机，主动披露有关涉法案（事）件的真相。在舆论发酵期“潜舆论”阶段甚至更早时段，抢在舆论形成之前的“黄金期”就及时“抢占头条”，公开事实真相，让网民形成“第一印象”。在澄清事实、披露真相的基础上，还要以真诚的态度引导网民是非曲直的价值判断，让网民形成“第一判断”。在舆论场的战争中，只有打通“真相”的要道、占领“真理”的高地，才能掌握舆论形成、发展的主动权。

反过来说，在“首因效应”的作用下，如果让负面舆情先入为主，被议题设置者和支持者用谣言、揣测的武器狂轰滥炸，负面意见就会被推上舆论高地。如果法院面对舆论一味采取保守态度，采取“鸵鸟政策”，等到舆情事态恶化以后再进行信息公开和事件澄清，非常容易被如洪水般的质疑和责骂声湮没。以“首因效应”为警示，政法干警一定要抓住舆论热点形成的“黄金 4 小时”和舆论发酵的“黄金 12 小时”，在舆论战中占得先机、占领高地，给受众以正确的第一印象，谨防负面舆论趋势燎原。

① 前摄抑制（也称前摄干扰 proactive interference）在认知心理学上指之前学习过的材料对保持和回忆以后学习的材料的干扰作用。来源于百度百科，网址：https：//baike. baidu. com/item/%E5%89%8D%E6%91%84%E6%8A%91%E5%88%B6/9705861？fr = aladdin，最后访问日期：2017 年 9 月 7 日。

三、“马太效应”：舆论聚集，定势形成

美国社会学家罗伯特·莫顿最早提出了“马太效应”（Matthew Effect）的概念，用来定义他发现的一种社会现象。罗伯特·莫顿发现，任何个体、任何群体、任何地区或任何领域等，如果在金钱、名誉、地位等某个方面取得成功，接下来就会形成优势的积累，像“滚雪球”一样获得更多的机会、取得更大的成功；这样就造成了“强者愈强，弱者愈弱”的两极分化现象。罗伯特·莫顿把这类现象称为“马太效应”。为什么命名为“马太效应”？这一表述源于《圣经·马太福音》中的文字，“凡有的还要加给他叫他多余，没有的连他所有的也要夺过来”。[①] 这一术语使用最为广泛的领域是经济学，用来描述反映经济学中富者越富、贫者越贫的收入分配不合理现象。如果将网民的舆论关注点与话语权作为一种资源，也会体现出像经济领域一样的“马太效应”。在网络舆论传播的领域，“马太效应”主要有如下两方面表现：

第一种情形是网络议题和观点的竞争呈现“马太效应”。最先表达的言论具有导向作用，这就是俗话说的“先声夺人”的道理，反映了网络舆论传播的普遍规律。当网络舆情事件发生以后，第一时间表达的意见非常容易对后面参与讨论的网民产生影响。后面的人如果没有独立的见解，就会习惯于信任“先声”的说法，从而在不知不觉中就被“先声”引导了。按照法国心理学家勒庞的分析，在某种特定情境下，一群人组成的群体会产生完全不同于这群人中每个个体的特性。作为群体的思想和感情会向一个方面汇聚，群体中每个人的个性被湮没在群体中不再显现，但他们具备了一种新的“集体心理”。“马太效应”在网络舆论中表现非常明显，促使网民“从众”和“跟风”，网络舆论中的主流意见就是建构在群体的“集体心理”之上的。

“马太效应”可能自发地起作用，但也可能被某些“有心人”利用。效应尤其明显。如果这些“有心人”在别人没说话之前就先入为主地制造一些言论，并采取“暗示”“传染”的手段影响其他网民，就可能在非常短的时间段里快速传播，演化出一场声势浩大的舆情。对待某个舆情事件，大多数的网民并不关心真正的“真相”，表现出非理性的特点。如果一些非理性的意见表达形成“先声夺人”之势，被众多网民追捧，声势迅速壮大，那么掌握客观真相和理性观点的人就可能不敢发声了，即使发声也可能被“先声夺人”的主流意见打压。如果舆情形成了失衡的态势，整个舆论场中的声音就会“强者愈强，弱者愈弱”，表现出明显的“马太效应”。

① 详见《圣经·马太福音》第二十五章。

第二种情形是新媒体平台之间互相竞争，呈现“马太效应”。在新媒体领域，虽然一方面网民数量越来越多、规模越来越大，另一方面新媒体平台也越来越多，但是网民经常访问的网站却越来越集中在少数几个网站上。而且新媒体平台之间也存在竞争，微博、微信、知乎等平台成为舆论发酵的主阵地。最近发生的“雷洋案”舆情发酵于知乎，“于欢案”舆情发酵于微信，微信有超越微博的势头，而知乎等“新新媒体”又产生后来居上之势。在不久的未来，当前流行的弹幕网站、知识社区、直播网站、短视频等“新新媒体”都可能成为新的舆论场域。政法干警应当关注新媒体平台之间的竞争，学会在新的舆论战场上应对新形势的舆论战争。

四、“沉默螺旋”：舆论垄断，定势固化

（一）“沉默螺旋”的意义

“沉默的螺旋”（The Spiral of Silence），是一个大众传播理论中的概念。著名传播学学者诺依曼在论文《沉默的螺旋：一种舆论学理论》基础上，于1980年出版了德文版著作《沉默的螺旋：舆论——我们社会的皮肤》，[①] 在传播学领域产生了重要影响。“沉默的螺旋”的表述最早见于该书。“沉默的螺旋”理论阐释，个人意见的表达是一个社会心理过程。诺依曼强调人的社会属性，人们为了防止在社会交往中被孤立，总是寻求与周围的关系保持和谐的状态。这样，就会形成一种“沉默的螺旋”现象。“沉默的螺旋”描述这样一种景象：社会个体在表达自己的意见时，会观察周围的舆论环境，如果发现自己的意见属于受广泛欢迎的多数意见或者优势意见，他就会积极参与到议题的讨论中去，并积极大胆地表达自己的意见和观点；这一类意见就可以充分地扩散传播，进一步扩大优势意见的阵营。反之，社会个体如果发觉他的意见观点没有人关注，或者被大多数人反对，他就会屈从于环境的压力，从而转向“沉默”。一方面，舆论优势方的意见处于增长态势；另一方面，舆论劣势方的意见不断持续沉默。循环往复之后，就会形成一方意见的声音越来越强大，另一方意见越来越沉默的“螺旋式”舆论演变进程。

（二）警惕“全民点赞”背后的“沉默螺旋”

在“马太效应”的作用下形成舆论导向以后，就很容易进入“沉默的螺旋”状态。主流舆论的声势越来越大并经不断汇集整合，逐渐固化为一种心理定势，其他的意见观点就会沉默下去。我们要看到“沉默的螺旋”中隐藏着“沉默”的“潜舆论”，这些意见只是被压制住了，在主流意见的

---

① ［德］伊丽莎白·诺尔－诺依曼：《沉默的螺旋》，董璐译，北京大学出版社2013年版。

洪流中“潜水”。我们不仅要警惕具有破坏力的言论成为舆论的主流，更应当注意另一个层面的问题：在一片向好的舆论场“沉默化”“散点化”背后，要警惕负面舆论走向沉默与隐蔽，“潜伏”在向好的主流意见中观望。在一个舆情事件中，如果官方主动引领舆论，网民一片支持甚至“全民点赞”，绝对不可以高枕无忧。“全民点赞”的背后也许隐藏着一个巨大的“沉默的螺旋”，我们要时刻警惕这个“沉默的螺旋”中蕴藏的巨大潜能，也许它就是一座随时待发的“活火山”。

五、“反沉默螺旋”：舆论反转，定势瓦解

（一）互联网弱化“沉默螺旋”

由于网络空间的开放性和网络传播的匿名性特点，网民表达个人意见具有更加自由和大胆的倾向。因此，在互联网舆论环境中，个性意见的充分表达对“沉默螺旋”起到弱化作用。“沉默螺旋”效应的弱化可以在一定程度上避免民主中的“多数人的暴政”。往往舆情形成后，总有一种反舆论存在。当前的互联网环境中，大部分情况是两种或多种意见在交锋中推进舆论的演进。

（二）“反沉默螺旋”

“反沉默螺旋”效应是与“沉默的螺旋”相对的理论。“沉默的螺旋”的大众心理基础是个体由于害怕被孤立，所以在发表意见前会观察大多数人的主流意见，发现自己和大多数人意见不一致时就选择沉默。互联网空间对“沉默螺旋”效应起到弱化作用，持少数意见的个体有时不再选择沉默，甚至对抗多数人意见，积极向主流意见宣战。

随着持少数意见的网民的观点逐渐被更多的网民认同和接受，持少数意见的网民阵营的人就会越来越多，最后甚至超越了持多数意见的群体，从而使“沉默的螺旋”发生逆转，形成“反沉默螺旋”。很多舆情反转事件，都是“沉默的螺旋”向“反沉默螺旋”逆转形成。

（三）“近因效应”

最后提供的舆论信息不受倒摄抑制[①]的干扰，后面的舆论信息会覆盖前

① 倒摄抑制，又称后摄抑制、倒摄干扰（retroactive interference），指后学习的材料对保持和回忆先学的材料的干扰作用。当先前学习的记忆内容，随着时间的流逝，受到其他活动或刺激的影响，记忆力逐渐减弱的现象，就称之为“倒摄抑制”。来自百度百科，网址：https：//baike. baidu. com/item/%E5%80%92%E6%91%84%E6%8A%91%E5%88%B6/9705845？fr = aladdin，最后访问日期：2017年9月7日。

面的舆论信息，这就是“近因效应”。“近因效应”给了少数意见的网民实现“反沉默螺旋”的心理学基础。“谣言止于真相”，面对谣言，司法机关应当勇于“用事实说话”，尽快覆盖在先的谣言舆论。

第四节　舆情敏感因素的社会定律

人们在社会生活中存在诸多经济效应、社会效应与心理效应。这些效应与规则同样渗透于司法活动中，并对司法活动敏感因素产生重要的影响。意识并警惕负面效应是司法能力的应有之义。预则立，不预则废。深入剖析敏感案（事）件的因素，除了宏观认识外，还需要在微观层面有意识地识别这些社会心理效应并有效应对。

一、“蝴蝶效应”：关注敏感因素的扩张力

为人们所熟知的“蝴蝶效应”，就是初始十分微小的变化经过不断放大，对其未来造成一系列连锁反应与巨大影响。在司法实践中，这样的问题相当普遍。如果不能注重细节，防微杜渐，一些敏感因素就可能由小变大，由弱变强。这个道理看似简单，但是在实践中因为一个不注意的细节引发恶劣社会影响的事例屡见不鲜。对于敏感因素，在不经意间的一点点忽略和差错，就可能通过蝴蝶效应被无限放大，甚至成为社会热炒的话题。法官应当具有这种预警能力，防微杜渐。

有法哲学家说，“尽管司法处于同个别人直接打交道的场合，但它对整个社会来说无疑是一个更为全面的过程产品，它对人们行为的可预测性和安全感的形成至关重要”。司法活动影响力并非仅仅及于个体。每一份司法判决都是一面旗帜，成为规范公众行为的标杆。在网络媒体发达的时代更是如此，司法活动中的每一个环节都可能被无限地放大和扩散，对司法公信力产生或正或负的影响。

蝴蝶效应在信息网络时代对司法的影响非常突出。新媒体相对传统媒体，具有散点化、交互性的特点，信息传播具有“裂变化”的特点，如同原子裂变一样呈几何增长。一个敏感案（事）件进入到网络公共领域，很容易在极短时间内迅速发酵。

二、“羊群效应”：重视群体纠纷中的示范案件

“羊群效应”的意思就是头羊往哪里走，后面的羊就跟着往哪里走。在司法实践尤其是涉众群体型敏感案（事）件中，羊群效应非常明显。有时

少数人进行的试探性诉讼，往往会引发一系列的群体性纠纷。对于案情相同或相似的案件，如果一次性进行多个诉讼，诉讼成本（包括诉讼费、律师费以及机会成本等）较高，往往会出现当事人先起诉一两个案件进行“投石问路”，如果能够胜诉，则再对所有案件提出诉讼，以同案同判原则要求所有案件胜诉，引发“连锁反应”。这一两个“投石问路”的案件，就成为“羊群效应”中的头羊。如果在审判中不加注意，当成普通案件就案办案，则因为“羊群效应”引发的“连锁反应”将不可预料。因此，在审理案件中，不能不具备羊群效应意识，对于“投石问路”性的案件，必须有清醒的意识，妥善处理，严防判出的“恶羊”成为“领头羊”。

跳出群体性纠纷的语境，将“羊群效应”扩张理解，对敏感案（事）件的处理表现为个体向群体的张力或曰扩散力。有法哲学家说，“尽管司法处于同个别人直接打交道的场合，但它对整个社会来说无疑是一个更为全面的过程产品，它对人们行为的可预测性和安全感的形成至关重要”。每一份司法判决都是一面旗帜，成为规范公众行为的标杆。一份未能妥当处理的案件，尤其是新类型案件，也往往可能对类似纠纷产生“羊群效应”。

还应当注意，在信息网络时代，“羊群效应”表现为舆论传播领域里的先入为主定律。一个案件发生后，最早出现的观点具有非常强的导向性，人们常常容易受到“先声”的引导而认同其价值判断，不再思考案件本身的意义，而是随声附和，甚至在网络上起哄。

三、“破窗效应”：日久天长，敏感因素不再敏感

心理学研究上有种现象叫做“破窗效应”。“破窗效应”非常形象地表达了这样一种现象：起初，一幢房屋的所有窗户都是完好的；突然有一扇窗户破了，但一直没有人修补；那么过了不久以后，其他窗户也会随之莫名其妙地被人打坏。

对待当事人举报与信访问题，有些法官经历过一段时间后会麻痹，对于敏感因素不再敏感，产生麻木心理。如此将产生两个方向的负面效应。一方面，当事人由于负面的意见和情绪得不到及时化解，可能产生新的信访甚至发生恶性事件。另一方面，法官由于对举报与信访问题产生抵触与懈怠心理，不再去自省从而防止类似问题再发生，此后就可能成为“信访大户”。

信访群众有些属于有理访，应当对裁判结果的正确性与妥当性进行重新审视。即使对于无理访也有必要反思信访产生的原因。如果对信访问题消极对待，则信访中反映的问题得不到及时纠正与调整，就像一扇窗被打破了，怠于修补，则以后问题越来越大。“一次不公正的（司法）判断比多次不平的举动为祸尤烈，因为这些不平的举动不过弄脏了水流，而不公正

的判断则把水源给败坏了。”如果被忽视的问题有碍于司法公信，则由此造成的“破窗效应”将严重破坏司法公信。正如著名法哲学家博登海默所言，“法官与律师——通过共同努力而使争议得到公平合理的裁决——就是在执行社会医生的任务。如果一个纠纷根本得不到解决，那么社会机体上就可能产生溃烂的伤口；如果此纠纷是以不适当的和不公正的方式解决的，那么社会机体上就会留下一个创伤，而且这种创伤的增多，又有可能严重危及对令人满意的社会秩序的维护”。

四、“晕轮效应”：防止当事人的合理怀疑

“晕轮效应”，又称“月晕效应”，在人与人的沟通过程中发挥着非常重要的作用。“晕轮效应”本质上是一种人际认知的障碍，描述这样一种现象：如果某人身上某一方面的特征非常突出，就可能掩盖这个人的其他特征，从而造成别人对他的认知偏差。在日常生活中，“晕轮效应”的认知偏差总在发生。我们对别人的认知和评价、别人对我们的认知和评价，常常悄悄受到“晕轮效应”的影响。

关注“晕轮效应”，就要认识到注意细节、谨言慎行是司法能力中不可忽视的方面。诉讼中的当事人往往比正常状态下的人更为敏感，法官不合体、不适当的言行，总会让当事人产生“晕轮效应”，对法官和法院产生负面的评价，甚至对司法公信产生合理怀疑。很多信访群众反映的并非直接针对案件的处理，而是对法官态度不满意。而一些对案件处理的公正性产生质疑的当事人，也是由于对法官的不当言行的敏感心理产生了对法官的不信任造成。

五、“踢猫效应”：控制情绪，避免敏感因素无中生有

在与当事人接触中，还有一种常见的“踢猫效应”亦影响到司法公信。“踢猫效应”指的是，如果一个人产生了不满情绪或者糟糕心情，这种负面的情绪和心情会沿着社会关系的链条，按照等级从高到低、地位从强到弱的方向依次传递。负面情绪呈现“金字塔式”传播路径，由塔尖层层传导扩散到最底层，最底层的元素就因为无法再向下传导无处发泄负面情绪，成为最终的受害者。例如，如果小领导被大领导批评了，就会向下批评他的员工，如果员工没有下级了，就可能看到某只猫不顺眼而“踢猫”，猫成为最终的受害者。

法官在工作和生活中不可避免地会产生一些不良情绪，如果思想上没有端正、情绪上没有疏导，这些不良情绪很容易在庭审过程中向当事人表现出来，从而引发不必要的当事人的抵触甚至信访。很多信访反映的问题就是针对法官态度不好，进而引起对司法公信的怀疑。对此，敏感因素就

可能无中生有。所有在司法工作一线、日常接触老百姓的干警，都会面临这样的问题。从后文的统计中看，绝大部分的涉法涉警舆情都发生在基层，其中由干警的态度作风问题引发舆情的比例也相当高，这与“踢猫效应”存在一定的关系。

六、“虚假同感偏差效应”：正确引导公众评价

为什么社会对司法不公问题会夸大认识，这就是“虚假同感偏差效应”的作用。“虚假同感偏差效应”就是说，我们通常都会相信，我们的爱好与大多数人是一样的。例如喜欢看球的人就有可能高估看球的人数。“虚假同感偏差效应”在司法公信力状况的公众评价中相当明显。社会普遍反映的司法不公现象，往往与个别败诉当事人的认识、与人们在日常工作和生活中所遇到的认为不公正待遇的心理感受相关。因此，提高构建司法公信的司法能力，应当关注对败诉当事人在情、理、法各方面的疏导。尊重当事人是做好这些疏导工作的基础。对当事人做到真正的尊重，即使案件败诉，也不会产生不公正待遇的心理感受。如果对“虚假同感偏差效应”不加重视，负面情绪就会在败诉当事人群体中蔓延，进而滋生出敏感事件。

在信息网络时代，“虚假同感偏差效应”带来的负面情绪会在网络公共领域迅速蔓延，呈星火燎原之势。一些触及社会民生的社会点案件，往往成为“虚假同感偏差效应”导火索。公众不会理性地考虑案件的法律逻辑，而是不分青红皂白地发泄情绪，这种情绪又会非理性地在网络公共空间蔓延。

七、“木桶效应”：敏感案（事）件不当处理一票否决

为人所熟知的“木桶理论”在敏感案（事）件中也同样具有重要意义。一个案件涉及问题的方方面面，敏感因素不一定与案件焦点直接相关。如果审判人员对敏感因素不加重视或处置不当，即使案件处理的法律意见正确无误，该案在整体效果上仍然一票否决。从法律思维来看，敏感因素可能仅仅是木桶中很不起眼的一块木板，但不论是视而不见还是不加重视，这块木板就是实实在在地制约着案件的处理效果。

八、“塔西佗陷阱”：平民话语权对司法公信、司法权威的新挑战

“当政府不受欢迎的时候，好的政策与坏的政策都会同样的得罪人民。”这是古罗马执政官塔西佗的名言，精辟地揭示了“塔西佗陷阱”的内涵。信息网络时代，每个网民都是一个自媒体，都可以成为信息发布者，都可以成为信息传播者。自媒体传播具有“去中心化”和“互动性”两大特点，

传播方式的变革导致话语权体系的重构。在网络空间，公权力机关作为现实社会中的强者，在网络空间成为弱者；而现实社会中作为弱者的普通民众成为了网络上的强者。“平民话语权”体系在网络中构建起来。公众增加了对公权力机关的认知度和期望值，如果公权力机关对某个社会公众关注的公共事件处置不力，就非常容易导致广大社会公众对公权力机关的信任度由此下降，进而将公权力推向“塔西佗陷阱”的心理边缘。一旦公权力机关掉入“塔西佗陷阱”，即使是说好话、做好事，也会被社会公众认为是在说坏话、做坏事，如此往复。

“塔西佗陷阱”是处于群体的潜意识中的普遍心态，就如“狼来了”的故事一样。历史上“烽火戏诸侯”的典故就是“塔西佗陷阱”最鲜明的例证。政法机关在对敏感案（事）件信息发布过程中，如果处置不力，非常容易掉入“塔西佗陷阱”。

第十四章　互联网+司法舆情

第一节　传媒与司法在对立统一中共生

一、传媒与司法矛盾关系的对立性

传媒与司法矛盾关系对立性主要表现为新闻自由与司法中立之间在特定的情形下存在争锋。从新闻自由的角度看，新闻报道以及时、典型、生动为追求目标，很多与司法审判相关的事件是社会矛盾的焦点，常常具有较高的新闻价值，成为新闻媒体的关注对象；而司法审判工作在受到媒体关注的同时，受到新闻媒体一定程度的干扰在所难免。从司法中立角度来看，司法公正要求司法中立，进而要求审判人员在审理案件过程中排除任何形式的干扰，独立审查、独立判断。由此，处于法律围城内外的新闻自由与司法中立就会发生对立。

由此，必然会出现传媒与司法的紧张对立。这与制度的局限性有关联，其解决方法涉及价值选择问题。媒体与司法有不同的价值追求，新闻自由是公民言论自由的延伸，是媒体的内在价值。司法公正是司法活动的本质要求，本轮司法改革的最终目的就是实现司法公正；司法是社会矛盾的调整方式之一，司法公正就是社会正义价值追求在司法活动中的体现。自由与公正两种价值目标都是社会发展不可缺少的重要理念价值。不存在以二者之间某一价值更加重要为由，来克减另一价值的实现。从理念上，两种价值并无冲突，但在具体事件中，代表不同价值的言论和行为发生冲突也在所难免。

（一）二者运作方式存在差异

一是开放性不同。传媒活动具有明显的开放性，而传统的司法活动在一个相对封闭的环境中进行；独立行使检察权、审判权要求必须排除来自外界的不当干扰。

二是时效性不同。传媒具有明显的时效性，而且时效就是新闻的生命；新闻媒体重在及时发现新闻热点，重在快速反应进行传播。而司法活动显然具有一定的滞后性，对已经发生的纠纷进行处理，甚至还可能涉及久远的历史遗留问题。

三是独立性不同。传媒易受社会公众的兴趣、好恶的影响，甚至出现为博得公众眼球的“标题党”“标签族”。而司法活动则强调“依照法律独立行使审判权，不受行政机关、社会团体和个人的干预”，不可能为了迎合公众胃口而枉法裁判。

四是程序性不同。传媒活动没有严格的程序要求，其活动规范在当前主要是职责道德规范；网络自媒体的自由度更高，更没有程序性可言。相比之下，司法活动具有严格的程序规则。当前以审判为中心的诉讼制度改革更是对程序科学性的再造。

五是营利性不同。在市场经济条件下，新闻媒体具有自身的经济利益，表现为一定程度的营利性，传媒活动不可避免会受到功利因素的影响。而司法机关是国家机关，本身不具有经济利益主张；司法活动是国家公权力的行使，其廉洁性要求司法活动不能受到物质利益的干扰。

六是逻辑性不同。新闻媒体对事物的报道和评论可以带有道德情感和主观态度等非理性因素，自媒体易表现出理论弱化、非理性得势的群体特征，排斥理性的逻辑推理。司法活动具有规律性、逻辑性，法律思维需要排除非理性因素的干扰，以严格法律理性认定事实和适用法律。

（二）二者制度功能存在差异

新闻自由是作为言论自由的延伸，是社会公众追求和维护的重要价值，同时也是维系一个社会能够正常运转的必备制度基础。由于传媒在运作方式上与司法存在差异，传媒在以司法活动作为传播和评论对象时，难以避免会出现一些不同于司法规律的言行，对司法活动带来负面影响，给法官独立裁判造成舆论压力、心理负担，进而影响司法活动的独立性和司法公正的效果。但是，也不可能由于传媒可能对司法造成的侵害而因噎废食，由于传媒的负面作用而将其全盘否定。

司法是维护社会公平正义的重要制度。司法程序是一个相对封闭的法律程序，应避免受到外界的干扰。司法活动认定事实必须通过一定证据、运用一定的规则推理来证明。法官具备法律专业知识，但却不具备“超人”的认知能力，也没有机器猫的“时光机”可以载着法官回到过去看看。由于人的认识能力的局限性，司法活动不可能完全还原已经成为历史的案件事实。因此，裁判所要求的公正是法律意义上的公正，是相对的公正，不完全等同于道德意义上的公正。这是司法功能本身的局限性所在，必须承认司法不是万能的。

（三）二者的价值追求存在差异

传媒的核心价值追求是言论自由，司法的核心价值追求是司法公正。两种价值追求虽然本身不存在冲突，但在一个具体的情形下就可能发生冲突。一方面，从司法视角看，新闻媒体和网络舆论有时会冲击到司法中立，影响法官通过独立审慎判断实现司法公正；新闻媒体和网络舆论也可能触碰到法律规则的边界，对犯罪嫌疑人无罪推定的权利、未成年人的保护、当事人的隐私等造成侵害。另一方面，从传媒视角看，司法活动对传媒的排斥性会伤害到言论自由和公众知情权。从宪法层面看，言论自由和审判独立均属于重要的宪法原则；进一步上升到社会价值层面，二者分别代表着民主与法治两大价值目标。民主与法治这两大价值目标并非天然具有统一性，需要在融合中形成合力。

二、传媒与司法矛盾关系的统一性

（一）传媒与司法内在价值具有统一性

从传媒活动的价值追求来看，传媒有两个方向的基本功能。从主观上讲，传媒具有表达社会公众的言论观点的功能。普通的公民和社会组织要表达公共事务的观点看法，必须借助一定的传播媒介。即使在自媒体日益发达的今天，大众传媒仍然是最普遍、最常见、最有效的传播工具。从客观上讲，大众传媒具有提供权威信息、专业资讯的功能，这是大众传媒相比自媒体的优势。社会公众需要大众传媒作为渠道来获取资讯并表达意见。在自由、民主的社会中，社会成员获取必要信息的知情权应当得到国家的保障。大众传媒能够满足社会公众信息接收和意见表达的需求。在两方面基本功能的基础上，还可以衍生出许多其他重要的社会功能，包括思想交流、情绪宣泄、舆论引导、促进文明等等。从新闻媒体自身需求来看，也同样具有表达自由和获取信息的需要。新闻自由是言论自由在报刊媒体等大众传媒领域内的延伸，包括信息采集、信息发布、信息传播的自由。新闻自由是传媒赖以存在的生命，是传媒的内存价值。失去了新闻自由，传媒也就不复存在了。

从司法活动的价值追求来看，司法以国家公权力机关作为活动主体，司法机关具有国家赋予的强制性权力，依据法律规定的职责和程序处理社会矛盾、定分止争、惩恶扬善。司法活动是社会关系调整的重要手段，对遭到破坏的权利义务关系加以平衡和“重置”。司法活动以依法公正裁判为目的，司法体制改革的最终目标也是实现社会公平正义。在民主法治的国家，司法是维护社会正义和法律实施的最后一道屏障。公平正义是司法活动的本质要求，是司法工作的最本质的内在价值追求。自由女神也被法律界奉为法律女神，形象地提示了司法价值追求的深层含义。从自由女神的形象来看，一手持宝剑，一手持天平，意在通过强制性的权力实现公平正义。从深层次讲，传媒与司法分别代表着民主与法治两大价值目标，民主与法治这两大价值目标是社会主义社会建设的目标追求。在社会主义民主法治建设的旗帜之下，传媒与司法的价值追求必然相互渗透，相互尊重。

综合考虑传媒与司法各自的内在价值，二者具有终极统一性。从哲学上讲，人的社会属性是人的本质属性。人的社会属性表现出来的一个方面就是，让人们有了获取信息、发表和传播意见的需要，由此要求社会赋予人以知情权和表达权。前文已提到，传媒存在的基础在于新闻自由，其价值集中表现为为社会公众提供了获取信息和表达意见的渠道。司法活动以社会公正为终极价值追求。司法代表着社会公正，也以维护社会公正为己任，旨在使社会中的每一个个体在法律上得到公正的待遇。在法治社会里，每一个进入司法领域的社会个体，都能够通过一定的法律规则得到正当的法律评判。其中，有正向的权利实现、维护和救济，也有负向强行履行、赔偿和惩罚。司法活动的最终目的在于对社会个体的保障，让每一个参与到司法中的个体都能感受到公平正义，以可视化、看得见的方式实现社会公平正义的价值。不论是知情与表达的自由，还是公平与正义的追求，都是在现代法治、民主社会中社会个体的需要。传媒与司法在本质上并不存在立场上的对立，在社会生活的不同领域、不同层面都体现了作为社会属性的人的需要，统一于人的社会属性。

（二）传媒与司法内在需求具有互动性

在真正民主、法治的社会里，传媒与司法能够各行其是、和谐共处。一方面，真正的新闻自由和言论自由，要求传媒以正当的方式关注司法活动，表达对司法活动的意见和监督；正常、正当的新闻和舆论不会对司法的独立、公正产生不良影响，而且真正公正的司法活动也无需惧怕传媒和舆论的关注。另一方面，真正独立、公正的司法活动，最终一定经得起社会正义的尺度来衡量，根本不必担心来自传媒和舆论的干扰，正所谓“身正不怕影子斜”。因此，传媒与司法基于不同的价值追求，能够在互相尊重、互不侵犯的基础上和谐互动。

从传媒的内在需求来看，司法活动涉及许多社会中的焦点问题，是重要的新闻报道信息来源。关注司法活动是传媒活动的必然需求。现实情况就是如此，很多电视台都有法治频道，很多报纸都有法治专栏。此外，媒体本身也常常卷入司法活动，除了通过司法程序维护其自身权利之外，更多的情况下是作为被告参加到侵害隐私权和名誉权案件中来。因此，媒体在关注和监督司法的同时，也受到来自司法的监督，通过司法赔偿和惩罚促进其行业自律。

从司法的内在需求来看，司法活动需要外部监督是毋庸置疑的。司法活动所排斥的并不是正当的媒体关注和监督，而是来自于媒体的不当干扰。在信息社会，司法活动的需求亦与时俱进，对媒体的态度也从被动应对走向主动需求。司法不仅不需要惧怕媒体，反而可以利用传媒的工具将自身的公正价值在社会中放大和传播。司法活动通过媒体的传播能够增进社会公众的了解和理解，破除司法神秘感；司法活动也可以通过媒体传播法律知识和法律适用方法，从而有利于人民群众通过媒体接受普法教育；司法活动还可以通过媒体传播公平正义的法治理念，营造遵法守法的法治气氛。

因此，传媒与司法的内在需求决定了二者之间既可以实现互补，也可以实现互动。二者只有通过互补和互动才能够发展进步。

（三）传媒与司法对立冲突具有先行排除性

任何社会都没有绝对意义上的自由。在一个真正民主、法治的社会中，任何自由都是相对的，任何权利的行使都有不可触碰的边界，都须受到一定社会规则的限制。新闻自由与言论自由也必须在法治精神之下运行，必须受到真实、客观、中立、公正和保护他人权益的规制。在司法裁判最终作出之前，新闻和舆论对司法案件和司法活动的报道必须坚持真实、客观、中立的原则，不得进行可能误导公众的先行定论，或者作出不利于一方当事人的带有倾向性的评论。如此，在规范的轨道上运行的新闻舆论，具备了符合法治精神的内在要求，可以最大限度地排除对司法活动可能造成的负面影响，最大限度地避免对当事人及相关公民造成伤害。另外，法律面前人人平等，任何新闻媒体、任何个人都没有超越法律进行表达和传播的特权。新闻自由和言论自由止于法律实体规定与程序规定的边界。新闻传播必须在法律的范围内活动，必须遵循法治原则和法律规则。

司法活动也是同样，在民主法治的社会里，只讲法治不讲民主，最终法治也无从实现。法律神秘主义之下法不可知则威不可测是封建社会的思想，符合现代法治精神的司法活动必然是在阳光下的司法。司法权威来源于司法公信，是社会公众对司法的信任。这种社会公众对司法的信任，不是对法官个人的人格信任，而是对司法制度的制度信任。不论是传统媒体还是新媒体，不仅仅是社会公众实现对司法活动知情和监督的工具，也是司法公开的渠道。

综上，传媒与司法的冲突和对立，仅仅发生在特定情形下，也仅仅发生在特定的历史时期。特定情形下的矛盾背后，一定是违反司法规律或者违反传播规律造成的后果，根本上是民主精神和法治精神的欠缺。一方面，随着新闻媒体从业人士法律素质的不断提升和社会公众法律知识和法律精神的不断培育，另一方面，随着政法干警媒体素养的不断提高，传媒与司法的冲突和对立必然在数量上越来越少、在程度上越来越低，实现在司法规律和传播规律的指引下各行其是，和谐共处。

第二节　网络舆论对传统司法的挑战

一、网络舆论破茧法官传统固化思维方式

法官在审理具体的案件时，需要遵循法律思维，而社会公众并不关注案件中的证据认定与逻辑推理，往往习惯于运用道德思维评价与案件相关的议题。法律思维的突出特点是严谨的逻辑思维，一名法律人看待和思考问题，需要以法治理念和法学原理为指引，以现行的法律规范为标尺，对客观现实进行裁剪、加工，运用专业的法律术语对证据和事实进行提炼、作出法律事实的判断，运用逻辑思维进行严格的推理，最终得出规范的、体现法治精神的推理结论，并将这个结论适用于法律问题的解决。

道德思维，是人们以道德认知为基础的思考和推理。面对一个社会道德现象，运用社会道德规范去认知现象的本质特征、内部联系和发展过程。因法律思维与道德思维存在巨大差异，在面对同一个案件时，两种思维由于认知角度、认知路径不同，就会发生分歧。法官审理案件，必须严格按照法律程序，运用证据规则通过现有的证据来认知事实，而不能凭借猜测和同情来认定案件事实。运用证据推理出来的法律事实本质上属于对客观事实的主观认知，并不是客观事件本身。很多信访当事人及社会公众都质疑法官为什么只信证据不信事实，即使某个当事人亲历了事件，如果不能拿出证据来证明，也不可能因为“我信了”所以法官就得信。法官不是“机器猫”，不可能坐着“时光机”回到过去看看当时发生了什么，即使以证据来判断的法律事实与真正的客观事实不符，也只能归结于司法这种社会关系调整手段本身的局限性。

社会公众如果缺少法律专业背景，有时就会对这种法律认知的方式不理解，只能看到事实的表象，更加重视与案件相关联的社会道德现象，以社会正义的道德感对案件进行道德批判。如此，两种思维方式在对待同一案件时就会产生认知上的偏差。例如邓玉娇案，网民在同情弱者和仇官仇富两种道德情感的驱使下，一边倒地将邓玉娇塑造成“守贞操的弱女子”的道德形象，而她杀死了一个“炫富、好色的坏干部”，这样就让人联想起

梁山好汉替天行道式的“英雄壮举”。于欢案也是如此，网民出于朴素的道德情感，站在苏银霞和于欢母子一边，对高利贷逼债者表现出极大愤慨；从道德情感的角度认知，于欢成为了孝子和英雄，还有很多微信公号分析如果于欢案在古代应该怎么判。不论是邓玉娇案还是于欢案，网民都是进行道德评价，而对于当事人是否存在防卫过当的犯罪事实并不关心，而且对“恶人”的防止过当的法律评价本身与道德评价并不兼容。但是法律就是法律，法官不可能运用道德规则对案件进行枉法裁判。

二、网络舆论冲击司法公正、公信与权威

在中国传统法治观念中，更加重视实体公正。在现代法治理念里，实体公正需要程序公正的保障，可以说没有程序正义，就没有实体正义。有句非常有名的法谚，“正义不仅应当得到实现，而且应当以人们看得见的方式实现”①。实体公正和实体正义侧重“真实性”价值，而程序公正和程序正义侧重“正当性”价值。程序正义具有独立价值，即保证结果的实体正义成为“看得见的正义”。法律事实是对事实的主观性认识，是相对的真实，那么以法律事实为依据的裁判结果中的实体正义也必然是相对的正义。因此，发掘法律事实，发现实体正义，需要借助一定的程序来实现。诉讼程序就是用以发现法律真实和实体正义的正当程序，程序注重“按部就班”按顺序、按规则进行，要受到“不告不理”“谁主张，谁举证”等程序性规则的制约。法官在诉讼程序中只能根据当事人提供的有限证据进行审查和判断事实，没有进入诉讼程序的证据和事实无法作为司法裁判的依据。法律程序只能够发现法律意义上相对的真实，无法发现属于原始状态的客观事实本身。因此，司法公正的判断标准，首先应当是程序公正和程序正义，只有在程序公正和程序正义的基础上，讨论实体公正和实体正义才有意义。

但是，网络舆论对于案件的认知并不以严谨的程序为基础，而就是这样在法庭程序之外、在证据审查之外的舆论形成了对案件的“庭外预审”。舆论的审判运用的不是法律规则，而是道德规则；依据的不是通过证据推理出来的事实，而是道听途说、主观臆造的印象甚至是故意编造的谣言。来自“庭外预审”的舆论将给法庭上的司法活动形成强大的压力，对裁判的结果充满道德期待。如果处理不好这个矛盾，就会削弱司法的公信和权威，即使正当的司法裁判结果也会遭到舆论的批判。

三、网络舆论干扰司法权独立行使

从国家根本制度上讲，我国宪法规定了司法机关独立行使司法权，不

① 英文：“Justice must not only be done, but must be seen to be done.”

受任何组织和个人的干预。在制度层面，新闻媒体和社会舆论都无权干扰司法审判活动。但是我们也应该看到，我国正处于社会主义初级阶段，社会主义法治建设还在路上，社会主义法治理念的培育也在路上。网络舆论对司法活动指手画脚甚至越俎代庖的现象不可能在现实中消失。所有的自由都是有边界的，但也有一部分人片面理解公民的言论自由和媒体的新闻自由，以监督司法的名义滥用自由与监督的权利，不尊重司法程序，不尊重法律规则，不尊重犯罪嫌疑人、当事人及相关利害关系人的合法权益，对法院正在审理过程的案件随意发表倾向性意见；还有一些人借助言论自由的伪装制造、煽动舆论，故意给法院公正审判施压。

有的网络媒体为了追求"眼球经济"，故意使用一些具有刺激性、煽动性的词句，"标签族""标题党"在网络上泛滥，通过心理暗示来渲染负面情绪。更为可怕的是，如果"网络黑社会"介入到有关司法活动的舆论场，就可能形成网络舆论恐怖主义。这些"网络黑社会"的成员充当"网络打手""网络推手"，建立"网络水军"，能够在网络舆论场兴风作浪，制造网络舆论，煽动网民情绪。"网络黑社会"是一个专业性的网络组织，对于如何吸引网民眼球、如何煽动网民情绪、如何推高舆情，有非常专业的手段。司法机关要警惕"网络黑社会"和"网络恐怖主义"的现象，加强与互联网主管部门的协作，防范互联网舆论场的不利影响。

第三节　网络舆情危机对司法的影响

一、人民法院正在面临的网络舆情危机

当前，网络新媒体逐渐成为舆论场的主导力量，对人民法院产生了非常大的影响，使人民法院一次又一次迎战网络舆情危机。新媒体有狭义定义和广义定义之分别。狭义的新媒体概念只是指与传统媒体不同的新媒体。它主要包括被称为第四媒体的互联网媒体和第五媒体的移动网络媒体。广义的新媒体概念，涵盖了大量的新兴媒体，是基于互联网、移动通信、数字技术等新兴的电子信息技术的媒体形式。新媒体形式的具体运用领域非常广泛，包括电子邮箱、论坛（BBS）、即时通讯工具（QQ、微信等）、手机短信和彩信、博客、网络社区、微博。近一两年还陆续兴起了直播网站、弹幕网站、短视频等媒体形式。

人民法院面临的网络舆情危机，主要指负面和恶意的网络舆情聚集了大量的情绪能量后，在不明真相的网民群体中不断放大，将给人民法院造

成巨大的负面影响，甚至威胁到人民法院的司法权威和公信力。在新媒体语境下，人民法院面对的网络舆情危机非常复杂，主要有以下几类危机情形。

（一）社会矛盾类：反映社会矛盾的司法案件被舆论推向社会热点

我国每年都会有大量司法案件成为社会公众和网络舆论的关注热点，例如早些年的李某某案、药家鑫案、邓玉娇案、杭州飙车案、重庆“打黑”以及2017年的于欢案等。这些案件是社会转型期一些尖锐的社会矛盾的突出体现，案件的整个过程都受到社会公众的高度关注。由于案件中的敏感因素的敏感度极高，稍有报道便引来轩然大波，点燃底层民众的仇官、仇富情绪和对高利贷逼债、黑社会等黑恶势力的憎恨情绪。这些案件已经不是简单的法律问题，案件中裹藏的社会矛盾本不是法院审理案件时主要考虑的核心问题。但这些案件中的社会矛盾却引发了社会公众广泛而激烈的道德评价和情绪发泄，其“道德审判”的结果在案件进入正式的诉讼程序之前就已形成了“山雨欲来风满楼”的巨大压力。道德评价与法律评价的分歧、道德思维与法律思维的分歧在这样的案件中表现得非常尖锐，以道德审判干扰法律判断的形势对司法机关独立行使司法权形成巨大挑战。司法机关在这样的案件中，应该及时预判，提前介入，避免舆情发展到一定程度以后难以招架。

（二）社会民生类：舆论处置不当将引火烧身

近年来，收入分配不均、住房、食品安全、医疗卫生、行业垄断、子女教育等社会民生问题是社会公众持续关注的热点问题。虽然刑事案件的敏感度很高，但很多民商事案件也可能因涉及社会民生热点问题而成为舆情焦点。人民法院在审理与社会民生密切相关的案件时，除了法律问题外还应当关注社会公众的期待和关切，如果对法律之外的这些问题处理稍有不慎，就可能引发社会公众的不满情绪。例如河南省平顶山市中级人民法院的天价过路费案，错案纠正是由于兄弟两人“顶包”判错人引起，但是这并不是引发舆情的关键敏感因素。长期以来一直被社会公众诟病的高速公路收费不合理现象才是舆情的真正导火索，社会公众在这个问题上积压多年的不满情绪都借此案找到了意见和情绪发泄的突破口。又如许霆案能够在全国轰动，也是因为社会公众对我国银行系统很多问题的不满由来已久，该案成为公众发泄情绪的导火索。再如2017年最有影响力的舆情事件于欢案，能够积聚大规模的社会公众的愤怒情绪，也是由于近年来民间借贷火热、高利贷滋生漫延等社会问题中的矛盾长时间积累的结果。

（三）违法违纪类：个别政法干警违法违纪或不当言行被网络舆论放大

司法腐败一直是社会公众关注的焦点问题，也是社会舆论的主要议题。司法机关的工作职责具有特殊性，对涉案当事人和社会相关问题的影响非常大，社会公众对司法机关干警廉洁执法、廉洁司法的要求非常高。因此，政法干警的违法违纪问题很容易受到社会舆论的高度关注。例如原中央政法委书记周永康、最高人民法院原副院长黄松有、原副院长奚晓明等高级别政法机关领导干部，引起舆论的热烈关注，对司法机关的公信力也是很大的打击。《新京报》于2010年5月12日报道了山东省潍坊市一名法官收“黑”钱被偷拍，立即引发网民热议。第二天，《武汉晨报》又报道了题为《山东法官收“黑”钱，院长千里来善后》的文章。之后，又有人在网络上同步爆料了一段“山东法官收黑钱院长千里来善后”的视频，随后在全国范围内点燃舆情。央视等电视台、报纸、网站纷纷跟进关注和报道此事件。人民网海南视窗于2012年6月26日首曝《三亚中院花4000万元装修办公楼成危房》，之后引发了全国范围的强烈反响，各大电视台、报刊、网站纷纷关注报道。近年来，引发最大舆情关注的莫过于2013年8月2日被爆料的上海法院集体嫖娼事件，负面舆论带来的社会影响非常恶劣。

社会公众对政府和司法机关的三公支出问题也持续关注，因违反三公支出规定引发的网络舆情层出不穷。例如，2009年广州海事法院公款出国旅游的事件在当年的舆情非常火爆，引发了南方周末、新华网等各大媒体的关注和跟踪报道，时任广州海事法院院长罗国华也因此被免职。

（四）工作失误类：个别执法办案瑕疵或错误引发网络舆情

一些网络舆情是政法干警在执法办案中责任心不强、或者意识不到位造成一些工作错误或者瑕疵引发的。这些瑕疵或错误一旦被网民“晒”到网上，就会引发舆情。当年深圳某法院判决书中“双方在人民币法院执行庭主持下……”一处小小的笔误，被“晒”到网上，引起轩然大波。2006年湖南省娄底市中级人民法院的法官当庭睡觉的照片被上传到网上并广泛流传，辽宁省阜新市中级人民法院的书记员在庭审中玩游戏的照片也被传到网上，这些照片在当年都引发了很大的舆论关注，极大地损害了司法机关的形象和公信力。2014年，薄谷开来案“（2014）司燕减字第229号”提请减刑建议书中载明“建议将罪犯薄谷开来死刑缓期而年执行的刑罚减为无期徒刑。特提请裁定”。同时期的铁道部原部长刘志军案的“秦监减字（2015）1号”提请减刑建议书也载明同样的内容。对于其中出现的“而年”，虽然都能推出来是“二年”的意思，但在这样一个敏感度非常高的案件中出现这样的笔误，很难避免遭到网民的批评引发舆情。还有 2016 年涉及公安机关执法问题的雷洋案成为当年最热的社会热点事件。

（五）错案类：自我纠错、摆脱危机，重塑社会信任

错案，以司法机关的重大错误为前提。错案一被曝光，人民法院就会陷入舆论的危机。近些年来，一些重大错案和疑案被提起再审，引起全社会重大反响，不同程度地损害了原来办理案件的公、检、法机关的形象，甚至影响到整个司法体系的公信力。因此，每个冤假错案的再审不仅仅是法律错误的纠正，也是一场严肃的舆情危机公关。在认定事实和适用法律错误的背后，也反映出当年程序上以“侦查为中心”和实体上“有罪推定”的法律思想顽疾和阻碍司法不公的制度性障碍。我们看到，在本轮司法改革过程中，坚决推行以审判为中心的诉讼制度改革，就是为了改革之前的这些错误观念和落后的制度理念，让这些冤假错案不再发生。

（六）涉案当事人网上信访企图左右法院和法官审判和执行

“上诉不如上访，上访不如上网”的说法被一些当事人推崇。这样的做法都是以背离法治精神的手段，运用庭外的力量向司法机关施压，以申冤、维权、监督、报告等冠冕堂皇的名义企图实现不当的个人私利。在法院的大门外，我们时常能够看到打横幅、摆地摊、喊口号、穿壮衣、非法聚集的人群。在案件审理过程中，一些当事人和利益相关人，以舆论监督的名义发表倾向性言论、煽动网民情绪、散布谣言制造事端，借助舆论的风暴企图动摇司法机关独立、公正行使司法权。在案件宣判后，只要对其一方不利，一些人就会在互联网上发泄不满情绪，通过捕风捉影、歪曲事实、编造谣言来故意攻讦法官、随意抹黑法院，企图通过网络舆论的压力来实现再审的程序性不当利益或者“司法求助”实体性不当利益。

二、法律信仰与制度信任：网络舆情危机影响司法活动全过程

（一）审判前干预法官独立思考

司法审判具有相当的专业性、学术性，而网民仅以其生活中的常情常理来评判司法案例，并形成舆论导向，过度干预人民法院案件审理，有可能突破舆情监督的界限，干涉法官独立思考，妨碍其公正裁判。以万宁校长性侵小学生案件为例，该案引起社会高度关注，惊动各级领导和机关。全国妇联介入，要求法院提级审理该案。2013 年 6 月 4 日，中华女子学院的副教授张荣丽在《中国妇女报》发表文章《万宁校长强奸幼女案应由中级法院审理》，之后人民网等多家媒体转载。在此影响下，海南省第一中级

人民法院于6月8日对该案提级审理。在案件审理之前明显的舆论倾向就已经形成，众多网民要求严惩当事校长，呼吁对其判决死刑。

（二）审判中对司法公正“指手画脚”

网络媒体时代极大地方便了大众参与司法案件的讨论，公众的普遍关注形成共同认知时，其对法院审理活动就产生了不可小觑的影响。舆情监督在带来阳光的同时，也可能夹带了暴风雨。舆论不能代替法院行使审判权，网民所要求的公平正义可能与法律要求相差甚远。校长性侵小学生案件中，海南省一中院一审宣判后，舆情倾向为法院判决过轻，呼吁死刑。之后另一相关案件被告人提起上诉，海南省高院受理上诉后，舆情倾向为法院一审判轻了，二审应判死刑。省高院二审维持原判后舆情倾向为一边倒呼吁严惩。

网络舆论对审判中法院审理和裁判的“指手画脚”不一定都是妨碍和干扰，有的时候扮演了“监督员”的角色。例如“于欢案”，一审法院作出裁判后引发广大网民的强烈质疑。在高压的舆情危机下，二审法院更加慎重，裁判结果得到广大网民的认可。

（三）审判后挑战司法权威与司法公信

独立行使司法权，是司法机关公正办理案件的前提条件，也是《中华人民共和国宪法》确定的重要原则。在法律规范的框架内按一定的法律程序、运用一定的证据规则认定事实，适用一定的实体法规范做出裁判结果，不仅具有法律上的约束力，也应该得到社会公众普遍尊重和认同。在中国封建社会，公众对司法的信任来源于对法官个人的人格信任，由此产生“青天情结”。在现代法治社会里，司法活动被社会公众普遍信任，应该从人格信任转向制度信任，司法的权威和公信力需要以社会公众对法律的信任和对司法制度的信任为基础。在我们所见到的网络舆论中，对正在审理案件无依据、非理性的倾向性评价，对司法裁判的随意评判，对未成年人人格权的随意侵害，对当事人隐私的随意刺探和披露，对人民法院公信和法官名誉的随意贬损……这些与法治精神和法律规范相背离的言论随处可见。这些不负责任、非理性的言论不仅歪曲事实、违反法律，还挑动并加剧了社会公众对司法机关的不满情绪，损害司法公信力和司法权威，也必然阻碍社会主义法治进程。

三、从管控到融入：网络舆情危机重新定位司法公开的边界

在信息网络时代，信息传播方式发生颠覆性的变革。在这样的背景下，人民法院一方面加快司法公开的步伐，同时司法公开也面临新的挑战。在

当前的司法实践中，在司法公开领域面临的社会舆论压力已经从传统媒体转向自媒体的传播渠道。司法机关在这场新的信息博弈中，拥有公权力支撑下的某些强势，例如广东省委宣传部和广东省高级人民法院曾制定规定，约束媒体对法院案件的报道，并据此将6名记者列入黑名单，限制他们的采访权。

在信息网络时代的舆论，信息源呈散点化分布，话语权不再掌控在媒体手中，不可能仅仅依靠与几家媒体做好公关工作就可以高枕无忧。很多情绪反而往往发端于网络自媒体，继而传统媒体追随网络自媒体上的舆论热点。过去媒体引导舆论的时代一去不复返，现在变成了“舆论引导媒体”的传播格局。媒体作为司法机关与社会沟通的媒介，其发挥的作用日益下降。新媒体兴起以后，在互联网上蕴藏着巨大的社会动员能力和群体行动能力，这一巨大变化极大挑战了司法机关的智慧。司法与媒体之间的边界进一步模糊，司法机关需要从过去的“管控”思维转向“融入”思维，把自己变成一个自媒体参与到网民的讨论中去。

互联网引领了新一轮社会革命。与传统媒体对司法的冲击相比，来自网络的新的社会力量更加激烈地冲击司法的边界，更大范围地推动着司法公开，在网络空间内重建了新的话语权秩序。一个明显的规律是，现实世界的强者到网络世界就成为弱者，现实世界中的弱者到网络世界就成为强者。因此，在互联网空间，没有对公权力的敬畏，作为司法的公权力，只能通过互联网中的信息传播规律与网民真诚沟通才可能建立起司法权威。

对于司法公开，《宪法》第130条规定，人民法院审理案件，除法律规定的特殊情况外，一律公开进行。就像任何自由都有边界一样，司法公开也有边界，公开的边界止于法院公正、独立审判及当事人、公民的合法权利不受侵犯。三大诉讼法都规定涉及国家机密、未成年人等情况，都要依法不公开审理，这就是在案件审理中的司法公开边界。一些案件虽然依法不公开审理，但是依法不能被公开的司法信息还是被参加庭审的当事人和律师在网络上肆意公开，造成对未成年人权益和当事人隐私的严重侵害。但我们也应该看到，一些司法机关面对司法公开存在抵触心态，“恐媒”“拒媒”“防媒”心态盛行，人为制造信息公开门槛，例如限制旁听、拒绝采访，等等。还有人把这种落后的思维方式写入法官培训教材，例如“应当严格控制宣传报道，避免该类案件成为社会热点，影响案件的正常审理”①。在互联网时代，面对舆论的狂轰滥炸，龟缩在司法的围城里严防死守只可能形成被动局面、酿成司法舆论危机。司法机关应该以主动、积极、

① 金长荣主编：《基层人民法院法官培训教材技能卷》，人民法院出版社2005年版，第172页。

开放的心态，走向互联网的舆论场，打好四种情况下的战役：一是占领舆论高地的闪电战，二是应对各种言论的游击战，三是持续发布信息和舆情应对的持久战，四是不向负面舆论屈从的阵地战。

四、网络舆情危机重新平稳司法公正天平

（一）“司法地方化”的壁垒将被击破

阳光是防止司法不公的最好防腐剂。在互联网时代，司法公开的原有边界被突破了，无论是愿意还是不愿意，司法活动都必将最大限度地置于阳光下运行，从而使司法公正受到更大范围、更大程度的监督。当前，司法受到地方干预的“司法地方化”的壁垒引起社会公众极大不满。“司法地方化”是地方保护主义在司法领域的表现，甚至有的地方法院“实际上成为地方保护主义的工具”[①]，这将严重危害国家法治统一、阻碍法治进程，破坏司法公正与司法权威。

互联网时代传播方式的重要特点之一就是突破地域的限制，任何一个地方的司法案件和涉法涉警事件都可能在互联网上被发酵成在全国甚至全球具有影响的公共事件。互联网传播的无边界性，将成为破解“司法地方化”的巨大力量。一个司法案件或涉法涉警事件的处置和影响不可能通过行政的力量被限制在一定区域之内。例如浙江乐清钱云会案，来自全国的媒体、专家、“网络大V”借助互联网的力量迅速云集，对乐清当地官方形成巨大舆论压力。从之后的典型舆情案例中也可以看到，任何一个发生在地方的司法舆情，都会在全国范围内引起震动。例如2017年的于欢案，网民的愤怒之情除了针对高利贷逼债者，也将舆论的矛盾指向当地公安机关，质疑当地公安机关地方保护与不作为，甚至上演了一场“毛驴”与“济南公安大巴”的舆论战。

（二）在司法公开的道路上阳光与风雨同在

阳光与风雨同在。互联网带来阳光普照的同时，也裹挟了风霜雪雨。网络舆论对司法活动的关注的议论，一般都是从一个具体的司法案件开始。这与群体的特点有关，群体能够接受形象思维却不擅长抽象思维。单纯地在哲学层面探讨公平正义问题，难以引发舆论关注，而鲜活的司法案件中活生生的人和事才可能成为舆论关注的对象。因此，在后文的社会舆情分析中可以看到，涉及司法活动的舆情总是占到很大的比例。在关注个案的

---

① 王家福：《社会主义市场经济法律制度建设问题》，载《中共中央举办法律知识讲座纪实》，法律出版社1995年版，第104页。

过程中，在监督的阳光中也会夹杂着大量有损司法公正的杂音。

任何制度都有一个从不完善到完善的过程。我们对现在司法公开中的各种问题也没有必要过于苛责。在互联网发展的初期，必然有一个陌生的、被动的不成熟阶段，司法公开的边界不清晰，应对舆情的手段乏力。美国第九巡回法院在克雷格诉哈尼案①中有段经典判词，“藐视法庭罪不是为了保护那些对公众想法非常敏感的法官。法官应当保持坚韧，面对恶劣的大气候依然能够生机勃勃”②。在互联网时代的初期，司法机关需要坚持的首要原则是“坚韧”，能承受得起网民的“围观”。

第四节　网络舆论对司法的积极影响

一、司法对新媒体的积极需求与传媒对司法的积极作用

（一）网络新媒体是司法的防腐剂

不得不承认的是，司法不公一直是人民群众质疑司法工作的最大问题，主要针对司法神秘、司法专横、司法腐败等现象。司法在其应有功能的现实发挥上还存在着一定程度的不足，具体体现在：一是质疑司法活动暗箱操作、违反程序、枉法裁判，当事人认为有理无处诉，由此产生舆论中的“阴谋论”；二是质疑司法机关及司法工作人员对当事人不尊重、态度恶劣、手段蛮横，如雷洋案主要矛盾指向民警执法手段；三是质疑司法机关官本位思想，以公权力的强势地位产生职业优势，在与当事人、媒体、社会公众的交流沟通过程中，漠视社会公众的知情权、新闻媒体的采访权。如果不能解决公众对司法机关的这些质疑，司法机关就不可能完成维护社会公平正义的使命。在这个意义上讲，包括传统媒体与自媒体在内的社会舆论以其强大的影响力起到监督司法、维护社会公平正义的作用，成为促进司法公正的强大社会力量。

（二）网络新媒体是司法的通风口

“流水不腐，户枢不蠹。”在互联网时代，人民法院的司法活动受到网

① Standing Committee. on Discipline of the United States Dist. Court for the Cent. Dist. of Cal. v. Yagman, 55 F. 3d 1430, 1442 (9th Cir. 1995).

② Craig v. Harney, 331 U. S. 367, 372 (1947)，详见 Justia 网站，网址：https://supreme. justia. com/cases/federal/us/331/367/case. html，最后访问日期：2017 年 9 月 2 日。

络舆论的挑战，人民法院也必须主动运用网络新媒体与社会公众保持良性沟通，保证司法公正不腐不蠹。传媒与舆论的基本元素就是信息，以司法公开为基本原则的司法活动及司法案件是重要的社会公共信息，也是重要的舆论议题和媒体报道对象。传媒以社会公众为服务对象，传媒产业也是依赖于受众维系生命。新闻媒体要在舆论场中有竞争力，就要不断地挖掘新鲜的新闻素材，不断刺激广大公众的关注。司法活动涉及广泛的社会问题，是新闻素材的富矿，而且司法活动要处理的纠纷都是社会矛盾最尖锐的体现，使得很多司法案件必然成为广大公众的关注对象。新闻传媒产业和生存条件与司法活动的特性相结合，使得司法活动和司法案件获得了持久的社会关注。在媒体和舆论的持续关注之下，司法不可能是一座神秘而封闭的围城，媒体传播是司法活动的窗口。

（三）网络新媒体是司法的宣传队

近些年来，各级人民法院纷纷开通官方微信公众号，一些法官也成为网络的知名大V。新闻办也成为各级法院纷纷成立的内设机构，并发挥了重要作用。这说明了一个问题，在媒体关注司法的同时，司法也在逐渐关注媒体，对传媒的价值重新定位。民主社会中的人民法院需要社会公众更多的了解、理解和支持，希望与社会更为顺畅地沟通交流，希望将裁判的思维和法律的知识向社会公众传播。媒体的价值在于为法院提供一个广阔的宣传平台，人民法院越来越认识到媒体在推进司法公开和提升司法公信上的重要价值。通过大众传媒的工具，人民法院主动发声，主动延伸司法功能和社会责任。

二、信息化时代传媒与司法关系的新变化

（一）变与不变

在信息化时代，虽然信息化自媒体呈现一系列新特点，但是传媒与司法的基本矛盾关系没有改变，传媒与司法的基本矛盾相互作用的基本规律没有改变，仅仅是传媒与司法之间矛盾关系的表现形式和表现程度发生变化。传媒与司法各自代表的言论自由和司法公正两大基本的社会价值追求没有变，只是看问题方式、找对策的思路需要与时俱进。

（二）公共领域突显，解构传统二元关系

传媒与司法的关系本质上是公众与司法的关系，是市民社会与公权力之间在公共领域的对话。公共领域就是一个介于市民社会中私人利益与国家公权力领域之间的时空场域。在这个场域中，公民能够聚集在一起，讨

论他们共同关注的与他们切身利益相关的社会公共事务。传媒为公共领域提供了沟通的载体，将社会公众的意见刊发于媒体上向社会公众传播。由于当代信息网络技术的出现，传播形式发生了由实体空间到虚拟空间的转变。由此，传统意义上传媒与司法的关系被解构了。在传统媒体为主流的传播时代，公共领域的空间较为狭小，一个普通公民要想在公共领域发声是非常困难的事情；而且传统的信息传播方式是单向流动的，反馈机制比较弱，很难形成有效的沟通互动。由于信息网络时代新兴的自媒体具有散点化、交互性、裂变性等特征，而互联网空间又为公共领域提供了一个时空无限大的场域。由此，社会公众的话语权大大增强，由公权力占据舆论高地的局面已经解构，公权力与普通民众在互联网空间享有平等的话语权，司法机关等公权力机关面临前所未有的挑战。

（三）新旧媒体矛盾与融合

传媒内部产生新的矛盾关系，加剧了传媒与司法矛盾关系的复杂性。大众传媒与自媒体之间在公共领域产生的新矛盾，自媒体在传播方式上的交互性和迅捷性本身就产生了对传统媒体的冲突。在信息网络时代，传统媒体不得不与自媒体相融合，例如电视台、报刊等传统媒体纷纷开设官方网站、官方微博、官方微信公众号；传统媒体借助网络媒体发布信息并进行信息共享。互联网技术带来的传媒领域内部新的矛盾关系加剧了传媒与司法矛盾关系的复杂性。

三、信息化时代促成司法工作新格局

（一）新媒体加速司法公开进程

在传统媒体时代，信息传播速度慢、范围小，公权力可控性强，司法与传媒的矛盾并不十分突出。信息网络时代到来后，司法与传媒的矛盾关系加速运转，从而加速了司法公开的进程。司法公开在本质上是司法与传媒的矛盾关系运动的必然之举。公开是言论自由的必然需求，法院司法案件敏感因素的根源是社会公众的关注。社会公众对司法活动的关注度越来越高，对司法领域信息需求的程度越来越强。如果不解决好这个需要问题，公共领域的空白不由法院的正能量占据，就会被负能量充斥，质疑和谣言就会烽烟四起，最终会攻破司法的围城。

（二）新媒体加速迎战网络舆论

在真正审判独立的前提下，司法不会惧怕舆论的杀伤力。司法中立、司法权威，需要司法机关加强自身建设，迎接信息化时代的挑战。信息网络空间的公共领域成为新的舆论阵地，司法机关必须有所作为。一是有效引导，抢占舆论高地。如果司法机关无所作为，就会被其他的声音“先声夺人”，进而在大众心理表现出来的“羊群效应”作用下，导致有害于司法公正、司法权威的负面言论形成“先见”来引领舆论导向。接下来，在“强者愈强、弱者愈弱”的“马太效应”的作用下，一旦有害的舆论意见发酵起来，司法机关再来被迫迎战就会陷入非常被动的局面。法院已经建立起来新闻发言人制度，但在信息时代，新闻发言人还需要向互联网空间延伸，需要有一群能够在互联网上与社会公众即时沟通、能够有效回应社会公众关注的网络评论员，需要培养法院自己的“网络大V”直接参与到网络舆论中去。二是有效预警，建立起风险评估机制，法院必须建立起舆论风险预警和评估机制。在对网络舆情快速反应的前提下，对舆情的发展态势和可能造成的影响两个方面进行评估，从而做出准确的应对策略。

（三）新媒体加速司法能力提升

一方面，自媒体汇聚社情民意，提供裁判参考。自媒体的舆论虽然不一定就是民意，但是在信息化时代，民意最有效的汇集方式就是自媒体。媒体反应来自公众的利益诉求，是法官处理案件的重要参考。在此应当区分所谓的“媒体审判”。法官在处理具体案件时，应当在保证司法中立和法律效果基础上充分吸收正当的社情民意，从而实现法律效果和社会效果的统一。在信息网络时代的压力之下，如果对网络汇集的社情民意视而不见，裁判结果必然遭到质疑。另一方面，自媒体监督力度增强，倒逼法官提升司法能力。在自媒体时代，一点点的失误都会被无限放大。审判流程、裁判文书、执行信息公开于公众，促使法官不得不在流程和结果上提升司法的质效。

（四）新媒体加速法院信息化和“智慧法院”建设

在网络信息时代，司法与传媒的关系不再局限于舆论阵地，而具有向公共服务扩张的趋势。“互联网＋诉讼服务＋新闻舆论”的深度融合是大势所趋。根据2017年7月《第40次中国互联网络发展状况统计报告》，我国网民已经超过全国人口半数，达到7.5亿余人；其中手机网民超过7.2亿人，已经占到全体网民的96.3%。手机不仅成为第一大网络终端，而且近几年呈持续增长趋势，到2017年7月基本上在网民中全部普及。舆论阵地也随之从固定的PC端逐渐转向移动端。在满足当事人和社会公众网上诉讼服务的同时，法律服务类APP成为新闻舆论阵地的新延伸。自媒体不再是单纯的舆论工具，而是出现了在互联网平台之上公共服务与新闻舆论深度融合的趋势。司法机关不仅加强微博舆论阵地，还纷纷开设微信公众账号，有的司法机关及工作人员还及时回应“新新媒体”的发展趋势，在网络直播、弹幕网站开设账号。在此趋势下，在“互联网＋诉讼服务＋新闻舆论”深度融合的思路下加速信息化建设是时代的要求。

第五节　构建司法与传媒和谐互动关系的新思维

随着我国进入全面社会转型期和与之相伴的社会矛盾突显期，司法与传媒之间的关系开始变得微妙而复杂。人民法院在新的形势下加强和改进司法工作，就必须从大局出发来正确认识和准确把握二者之间的关系，最大限度地化解二者形成矛盾冲突的因素，最大限度地实现二者之间平衡与契合。这也是“四个全面”的深层次要求，尤其人民法院是落实党的十八届四中全会全面依法治国的重大理论和实践课题。

一、网络新媒体传播下的舆情新形势对司法工作提出的新机遇与新挑战

改革开放四十年以来，随着我国经济社会的快速发展，信息传播技术和手段不断进步，传统意义上新闻传播的格局已经逐渐被打破。我们每个人都能够感受到这种日新月异的变化，从都市媒体的兴起到网络媒体的壮大；在网络媒体领域内，传播形式不断多样化，总是有新的媒体形式不断诞生。早些年，在传统的党报刊、机关报刊和行业报刊基础上，诞生了发行量更大、覆盖面更广、更受社会公众欢迎的都市媒体和互联网媒体；近些年来，网络媒体从最初的网站到微博，再到现在移动终端时代到来以后的微信和APP客户端。这些新的媒体形式给司法工作提供了新的宽阔平台，让司法机关能够进行更高层面、更多渠道、更加丰富形式的司法宣传。

另一方面，由于现在占据舆论场主流地位的网络媒体自身所具有的即时传播、空间无界、高度交互、信息海量等新的传播特点，一旦有害信息引发负面舆情报道，就可能造成前所未有的爆炸式社会影响力，负面舆论效果难以以简单的手段快速平息。此外，在互联网这个自由的空间，境外势力渗透到我国舆论场也非常容易。舆情论不仅仅限于国内，而是“没有硝烟的世界大战”。有些境外敌对势力操纵、利用国内一些群体和个人，蓄意策划，利用一些司法个案大肆炒作、制造事端，将普通的司法案件扩大化、复杂化、政治化；甚至借司法案件中的相关社会问题，以抽象化的人权、自由、公正的社会价值理论为幌子，对我国社会主义政治制度和司法制度恶意攻击，对我国社会公众进行意识形态的误导。司法领域的意识形

态斗争必须引起司法机关和政法干警的高度重视。例如近些年出现的周世锋案、蒲志强案，都是赤裸裸的意识形态斗争；在民事审判领域，2016 年也出现狼牙山五壮士名誉权案、邱少云名誉权案等涉及历史虚无主义意识形态领域的案件。

总体而言，网络新媒体引发的舆论传播形势的变更给司法工作带来了新的机遇与挑战。

二、正确认识、准确把握司法公正与舆论自由、舆论监督的关系

关于言论自由与新闻自由，《宪法》第 35 条规定，中华人民共和国公民有言论、出版、集会、结社、游行、示威的自由。新闻舆论对司法公众的监督也有明确的政策法律依据。《宪法》第 41 条规定，中华人民共和国公民对于任何国家机关和国家机关工作人员，有提出批评和建议的权利。新闻媒体与社会公众据此具有对司法活动提出监督意见的权利。党的十七大报告也提出："确保权力正确行使，必须让权力在阳光下运行"，还提出"落实党内监督条例，加强民主监督，发挥好舆论监督作用，增强监督合力和实效"。据此，新闻媒体和社会公众对司法活动的监督具有明确的宪法依据和政策依据。但是我们也看到，近年来，新闻媒体与社会公众超越依法监督的合理、合法边界，严重干扰司法活动的中立与公正的案件、事例屡有发生。这样的结果已经背离了监督司法活动的初衷。党的十八届四中全会提出，"规范媒体对案件的报道，防止舆论影响司法公正"，强调新闻媒体报道案件、监督司法活动也不是没有约束的，必须符合法治精神和法律规定，不能造成对公正司法的不当干扰。因此，在信息互联网时代的舆论形势下，构建传媒与司法和谐互动的新型关系，是公民言论自由的需要，也是满足社会公众知情权的需要，更是公正审判和全面依法治国的需要。

（一）媒体监督和舆论监督必须尊重司法规律、遵守法律规范

社会舆论对司法活动的监督有明确的政策法律依据，同时也是必要的，这是不可否认的；但是监督的目的是为了司法公正而不是破坏司法活动的正常秩序，必须关注并尊重司法的内在规律，在法律规定的框架内进行意见发表与舆论监督。首先，司法活动必须依法独立行使，自觉排除外界不正常因素和不正当因素的干扰，以中立地位平等地对待各方当事人，公正地做出裁判结果。舆论往往热衷于炒作社会热点议题，虽然舆论可以有鲜明的主观立场，可以有强烈的意见情感，但不能以此强加到司法活动中，破坏司法公正就是破坏社会正义。其次，司法活动必须依照法定的程序进行，每一个环节、每一个步骤都必须遵循一定的程序和规则。没有经过法

定程序收集的证据，没有经过举证、质证、认定的事实主张，都是无效的。而传媒领域很多对案件的评判和报道都是根据自身收集的片面的素材进行的，没有严格的程序；而且由于时效性的要求，更不可能做到经过证据规则一样的审查后再进行事实报道。最后，司法权威和司法公信是司法权能够正常运作的前提基础。在互联网时代，仅仅依靠通过一个个司法案件的公正审理来赢得公正、廉洁的司法形象远远不够，还需要通过司法公开以社会公众看得见的方式、以当事人可视可感知的方式实现公平正义。还有一个深层次的问题，司法权威和司法公信不可能依靠司法机关自身努力就可实现。司法机关把每个案件办好，赢得的是社会公众对司法工作人员的人格信任，而从人格信任转型到对司法制度层面的制度信任，更基础的工作是社会主义法治理念的培育。媒体监督和舆论监督既然关注司法活动就不可能不关注司法规律，只有尊重司法规律、遵守法律规范，才可能形成监督到位而不越位。

（二）寻找互联网时代舆论传媒监督和公正独立司法的契合点

舆论监督和独立行使司法权是一对天然的对立统一矛盾关系，如何才能消除二者之间的不和谐因素，寻找到二者之间最佳的契合点？一方面，传媒与舆论对司法活动的监督是自由的，不应受到不合理的限制。但是，自由不可过度、不可超越法律的边界，任何新闻媒体和公民个人都没有可以超越法律规范框架进行监督的绝对自由。另一方面，司法面对来自新闻媒体和社会舆论的压力，必须秉持中立审慎态度，不屈从于舆论压力；但这并不意味着司法对传媒的排斥，司法公开依然是最基本要求。反思近些年来在司法公开与舆论监督方面的理论与实践，存在很多问题。

从司法机关的角度看，首先，一些司法机关和司法工作人员还没有树立司法公开的理念，在思想上对新闻媒体有很大的抵触情绪，把舆论当成洪水猛兽，认为只要媒体介入审判活动就是找麻烦、帮倒忙。在这种“恐媒”“防媒”“拒媒”的心态下，对记者采访设置障碍，违反司法公开、审判公开等基本原则。其次，一些案件司法程序不规范，阻碍了新闻媒体与社会舆论的正常监督。司法实践中，存在个别案件对应当公开审理的案件没有公开或公开不够的现象，对新闻媒体与社会公众设限或者变相设限。例如对于媒体高度关注的案件设置很少的旁听席，还提前安排“内部人员”占领旁听席，将新闻媒体和社会公众拒之庭外。再次，一些司法机关在舆情发生以后抱持“鸵鸟政策”，躲起来不发声，任凭负面舆论不断蔓延，任凭各种猜测和谣言满天飞，等到不得不出来应对时，早已错过舆情应对的最佳时机，舆情犹如熊熊大火难以扑灭。从后文的很多典型案件中都可以看到这种现象。

从新闻媒体与社会舆论的角度看，首先，新闻媒体和社会舆论监督缺乏广泛性和足够的理性。目前，新闻媒体主要是追逐社会热点，所谓的监督仅仅是着眼于具体司法案件和个别司法工作人员违法违纪现象，主要为了满足公众的猎奇心理或关于社会热点议题的信息需求。这种舆论监督并没有真正发挥全面监督法院工作的作用，很少涉及外界因素对司法活动的不当干扰以及办案过程中关于具体法律问题以理性思考等。其次，有些新闻媒体的报道和监督不够客观、理性、公正，引发不少负面舆情。在案件报道过程中，对具体的案件事实报道或者具体的司法工作人员的评论甚至抨击经常与事实出入很大，甚至颠倒黑白的情况也时有发生；或者对事实和问题的描述断章取义，只说其一不说其二，人为制造舆情。不专业、不规范甚至为了非法牟取不当利益的新闻报道行为不仅干扰了司法活动的正常进行，同时对新闻媒体的权威形象也造成了很大伤害。再次，新闻媒体和社会舆论忽视司法规律，漠视法律规则，越位干扰问题突出。有的新闻媒体在报道具体的司法案件时，没有处于中立地位，也没有进行平衡报道，而是对一方当事人具有明显倾向，有的对司法机关正在办理的司法案件妄自评论，干扰司法机关正常办案；更有甚者受一方当事人之托充当一方当事人的舆论代言人，故意歪曲事实、制造舆论影响进而向司法机关施压。在互联网时代更加突出的是，网络自媒体发声门槛低，利用互联网高度开放、共享、互动的特性，可能在一夜之间就掀起巨大轩然大波，从无到有地发酵出一个舆情事件，对司法工作形成了巨大舆论冲击。

三、努力提高应对传媒的能力是当前司法机关的一项紧迫任务

在当前信息网络时代新的舆论形势下，如何妥善应对舆情、正确引导舆论、改善舆论生态、重塑司法权威，实现传媒与司法的良性互动，是一项重大、艰难而又紧迫的任务。各级司法机关必须尽快转变观念，顺应时代要求调整思路、改变作风，努力提高司法机关与新闻媒体和社会公众打交道的能力。

（一）转变观念，更新思维，与时俱进

由于长期受传统思维模式影响，一些法院领导干部和工作人员在信息网络时代面对新闻媒体和社会舆论仍然奉行“鸵鸟政策”，对新闻媒体的采访态度冷淡、回避躲闪，形成了“防火防盗防记者”的严重认知误区。近年来，有关司法案件的负面舆情层出不穷，这与当地司法机关奉行“鸵鸟政策”、简单化处置、应对不及时不妥当有很大关系。另外，还有一些官本位思想在作祟，例如豫北监狱越狱事件反映了一些司法机关在舆情应对过程中，对有问题的干警包庇护短，极力封锁消息掩盖事实真相，信息不透

明，态度不诚恳，引发广大群众的极大反感。如果一直抱持这些落后的理念和错误的做法，就会错失扭转舆情危机的最佳时机，错失运用新媒体澄清事实和法治宣传的良好机遇，进而阻碍了正常的舆论关注和监督，人为加剧了司法与传媒的冲突，不利于营造积极良好的司法活动的外部舆论生态环境。在当前新的形势下，司法机关的领导干部和普通干警都必须正视互联网传播带动下的新的舆论形态，正视网络新传媒在社会舆论传播中不可逆转的历史潮流，切实转变观念，积极更新思维，消除“恐媒”心理障碍、“防媒”认识误区和“拒媒”错误做法，深刻认识网络新媒体在重塑司法公共关系、树立司法权威形象方面的重要作用，正确理解和处理好舆论传媒与公正司法的辩证关系，主动拥抱新科技、拥抱互联网，以积极的心态运用互联网新媒体，融入网络舆论中与网民真诚打交道。

（二）提高在互联网上与公众和媒体打交道的能力

处理司法机关与媒体和公众的公共关系的能力是司法能力建设中不可或缺的重要方面，各级司法机关和广大政法干警要适应当前网络新传媒高度发达、快速发展的态势。首先，关注新媒体舆论规律，提升运用新媒体的实际本领。加强新媒体素养的学习和养成，充分了解对新闻传播特别是互联网新媒体传播的特点和规律，建设一支既懂法律又懂传媒、法律素养与传媒素养都过硬的复合型司法干警队伍。其次，主动接受媒体和舆论监督，积极运用新媒体为社会答疑解惑、进行法律知识普及和司法工作的宣传，让社会公众能够全面、客观地了解司法机关和政法干警的工作，树立司法机关和政法干警的良好形象。再次，面对负面舆情，一定要在第一时间启动应急预案，真诚、积极、主动地面对传媒和舆论，即时发布信息、披露真相，吸附新闻媒体记者和网民的注意力，压缩谣言和有害言论的舆论空间，以正面信息引导社会舆论，有效对冲并不断消除负面舆情。

（三）加强与传媒领域的公共关系建设

司法活动所关联的社会问题非常丰富，对媒体和社会公众具有持续的吸引力，而现代网络媒体拥有惊人的传播力和社会影响力，司法机关绝对不可忽视网络新媒体与司法工作的良性关系。推进司法公开向更高水平发展，必然要求要建立好、维护好司法与媒体的良性互动关系，切实通过新媒体加强与社会公众的司法公共关系建设。各级司法机关不仅要注意加强与传统主流媒体的沟通和联系，更要加强与有影响力的网络媒体的沟通和联系，还要建设好自己的自媒体，发挥官方自媒体在网络舆论中的话语权，使这些司法公共关系的建设机制化、常态化、制度化。

（四）强化司法机关之间以及与网信部门的协调配合

互联网将传媒与舆论的辐射力、影响力无限放大，要把握好、处理好司法与传媒的关系，一定要有全国政法一盘棋的思想，上下左右协调联动，形成合力。如果单兵作战，有限的智慧和人力难以应对汹涌澎湃的网络舆情。首先，要加强上下级司法机关的沟通联系，建立健全全国法院司法宣传、舆情引导工作上下即时畅通的联动机制，实现最佳的舆论引导和司法宣传社会效果。其次，要适应互联网舆论传播跨界和无界性的特点，加强各地区之间司法机关横向联系和协同合作。某一个司法机关出现负面舆情，其影响不局限于一个机关和一个地区，而是影响到整个司法系统的形象；同时，互联网的即时性和无界性特点又为我们能够建立同一平台相互呼应提供了技术可能。再次，加强公、检、法机关之间协调联动。要将以审判为中心的制度建设和理念培育落实到位，首先做到避免在先程序的处置不当影响后续程序的进行。公安机关应当破除以侦查为中心的固有理念，一破案就进行“盖棺定论”的司法宣传，影响后续案件办理。尤其对于重大敏感案件，公、检、法机关之间在信息发布问题上的共识和协同非常重要。最后，司法机关应当与互联网信息主管机关强化协调配合，在司法舆情监测、有害信息控制、舆论引导等方面密切会商、紧密配合。

四、我国司法与传媒关系的前沿实践发展

（一）司法公开基本框架与推进历程

2007 年 6 月 4 日，最高人民法院印发《关于加强人民法院审判公开工作的若干意见》，意见规定：依法公开审理的案件，我国公民可以持有效证件旁听，人民法院应当妥善安排好旁听工作。因审判场所、安全保卫等客观因素所限发放旁听证的，应当作出必要的说明和解释。对群众广泛关注、有较大社会影响或者有利于社会主义法治宣传教育的案件，可以有计划地通过相关组织安排群众旁听，邀请人大代表、政协委员旁听，促进广大群众、人大代表、政协委员了解法院审判工作，方便对审判工作的监督。

2009 年 12 月 8 日，最高人民法院印发《关于司法公开的六项规定》和《关于人民法院接受新闻媒体舆论监督的若干规定》，旨在进一步落实公开审判的宪法原则，扩大司法公开范围，拓宽司法公开渠道，保障人民群众对人民法院工作的知情权、参与权、表达权和监督权；规范人民法院接受新闻媒体舆论监督工作，妥善处理法院与媒体的关系，保障公众的知情权、参与权、表达权和监督权，提高司法公信。《关于司法公开的六项规定》构建了立案公开、庭审公开、执行公开、听证公开、文书公开、审务公开六

板块为核心的司法公开体系框架。

2010年10月15日，最高人民法院印发《关于确定司法公开示范法院的决定》，旨在充分运用现代信息技术和科技手段，不断满足人民群众对司法公开的新要求、新期待，规范司法行为，实现司法公正，促进审判和执行工作科学、健康、有序发展。最高人民法院选定100个法院为“司法公开示范法院”，发挥示范法院的示范和引领作用。

2013年11月21日，最高人民法院印发《关于推进司法公开三大平台建设的若干意见》，旨在依托现代信息技术，打造阳光司法工程，全面推进审判流程公开、裁判文书公开、执行信息公开三大平台建设，增进公众对司法的了解、信赖和监督。到此，人民法院司法公开六大板块、三大平台的基本框架已经建立。

（二）庭审直播让公众与法庭零距离

1998年7月11日，中央电视台首次进行电视现场直播，直播了十大电影厂所提起的电影版权侵权损害赔偿案的法庭审理过程。2004年12月，北京市朝阳区人民法院进行了首次网络庭审直播，向社会公众直播了通惠家园噪声污染纠纷案审理过程。直播方式从电视走向网络，使网民在观看庭审直播过程中能够自由发表评论，充分保障社会公众自由决定观看时间，从而使更多的公众能够不到法院旁听，就可以深入了解司法审判活动。

随着司法公开的深入推进，庭审直播从各地试点走向全国整合。2016年9月28日，中国庭审公开网上线运行，成为全国各级法院庭审直播统一平台。截至2016年9月11日，全国累计直播案件1471181件，累计访问近100亿次。上线运行3年后，中国庭审公开网汇聚海量庭审视频资源。社会公众不需要到法院旁听案件，就可以随时随地在线收看当日直播庭审，也可以点播已经结束的庭审视频。司法过程的公开度、社会公众走进司法的亲密度，中国司法均走在世界前列。

（三）微博开启司法公开的新媒体窗口

2010年1月18日，湖北省恩施州中级人民法院开通了全国首例认证法院微博。随后，恩施州的两级法院和人民法庭集体上线51个官方微博，建成了全国第一个人民法院微博群。法院在微博上频频发布更新网络庭审直播预告、图片新闻、以案说法等司法信息；同时也通过微博与网友实现有效互动，对网友提出的问题耐心解答。2013年11月21日，最高人民法院的官方微博“@最高人民法院”入驻新浪微博，成为全国首例国家级的官方微博。同时，“全国法院微博发布厅”① 也在新浪微博平台独家上线，成为当时全国首个从国家级到全国31个省级机构的微博发布厅。近些年来，全国各地各级司法机关“两微一端”如雨后春笋遍地开花，并且在舆论场中的话语权、影响力日益提升。

（四）媒体工作室等创新举措完善传媒沟通平台

2011年10月9日，湖南省长沙市天心区人民法院成立媒体工作室，② 是全国法院成立的首家媒体工作室。法院安排专人负责媒体工作室的接待工作，并为新闻媒体提供必要的办公设备设施。有了媒体工作室以后，所有到该法院采访的新闻媒体记者出示记者证就可以使用媒体工作室。媒体工作室不仅为新闻媒体提供了工作方便，让媒体能够零距离接触和监督司法机关的工作，更重要的是标志着司法机关对新闻媒体开放包容和积极欢迎的态度。

近年来，司法机关创新做法不断推出，设置新闻中心、审判法庭设立记者席、开辟互联网法院、开展法院开放日活动等举措，拉近了司法机关与社会公众和新闻媒体的距离，让新闻媒体愿意来到法院而不是在“围城之外”通过道听途说搜集小道消息。这些举措在满足社会公众和新闻媒体对司法活动的知情权、参与权的同时，有效地压缩了负面舆情的空间，净化了司法机关的网络舆论生态环境。

（五）司法全流程公开，让当事人和社会公众感受公平正义

司法流程信息公开，是整合司法公开六大板块和三大平台的中枢和纽带。中国裁判文书网、中国庭审公开网已经汇聚海量信息，裁判文书公开和庭审公开已经深入人心。作为过程的庭审和作为结果的裁判文书，让程序正义和实体正义看得见，在关键节点上打通了司法与社会公众的沟通之桥。要不断满足新时代即互联网时代人民群众对司法工作的新需求，就需要把这些关键节点串联起来，实现司法公开与公众沟通由点到线再到面。司法流程信息公开是实现这一目标的前瞻性举措和系统性工程。

最高人民法院《关于推进司法公开三大平台建设的若干意见》（法发〔2013〕13号）（以下简称《若干意见》）和最高人民法院《关于人民法院在互联网公布裁判文书的规定》（法释〔2016〕19号）为司法流程信息公开打下基础和框架。2014年9月3日，最高人民法院印发《关于人民法院

---

① “全国法院微博发布厅”，网址：http：//focus. weibo. com/pub/i/zt/zuigaofayuan。

② 详见网易新闻，网址：http：//news. 163. com/11/1009/16/7FUGM22G00014AEE. html，最后访问日期：2016年10月3日。

执行流程公开的若干意见》（法发〔2014〕18 号），执行领域率先推进流程公开。经过四年来的实践探索，最高人民法院于 2018 年 3 月 4 日印发《关于人民法院通过互联网公开审判流程信息的规定》（法释〔2018〕7 号）。可感受的公平正义，一定是看得见的公平正义。审判流程信息公开，实现了司法工作全流程可视化。司法机关作为司法信息的供给者，顺应了互联网时代司法信息供求规律，顺应了新时代人民群众对司法信息的新需求，可以称为具有里程碑意义的司法信息供给侧改革。

2018 年 9 月 1 日，新的审判流程信息公开平台正式启用。展望未来司法信息供求关系的发展路向，除了案件当事人对案件流程信息公开具有迫切需求外，社会公众对司法工作全流程信息依法公开的需求将成为大势所趋。从公开到了解，从了解到认识，从认识到理解，从理解到信任，从信任到信仰，这是树立司法权威和法治信仰的根本路径。探索司法工作全流程信息依法向社会公众公开，是未来司法公共关系拓展延伸的重大课题。

度量衡

度量衡

- 第十五章　司法信息发布与媒体报道国际瞭望
  - 第一节　国际公约司法信息发布与媒体报道
  - 第二节　美国司法信息发布与媒体报道
  - 第三节　英国案件信息发布与媒体报道
  - 第四节　其他英美法系国家案件信息发布与媒体报道
  - 第五节　大陆法系国家和地区案件信息发布与媒体报道
- 第十六章　司法信息发布、报道、传播的规范指引
  - 第一节　司法信息发布与传播基本原则和基础任务
  - 第二节　司法机关信息发布规范
  - 第三节　司法案件信息报道规范
  - 第四节　司法案件信息网络传播规范
  - 第五节　司法信息发布与传播管理监督与法律责任
- 第十七章　网络舆情应对的理论与制度建设
  - 第一节　政法干警媒体思维与媒介担当
  - 第二节　敏感案（事）件信息源规范的四维度
  - 第三节　敏感案（事）件的处理原则
  - 第四节　敏感案（事）件的应对机制
- 第十八章　禁口令、藐视法庭罪、封闭审理立法镜鉴
  - 第一节　“禁口令”之辩证
  - 第二节　引入“禁口令”势在必行
  - 第三节　“禁口令”的制度设计
  - 第四节　创设符合中国国情的“藐视法庭罪”
  - 第五节　重大敏感案件封闭审理制度之例外插曲

第十五章　司法信息发布与媒体报道国际瞭望

第一节　国际公约司法信息发布与媒体报道

一、世界人权宣言

尊重人权是司法公开、敏感案（事）件信息发布与传播的基本理念。前面典型案例中反映出来的有罪推定式倾向性报道、电视认罪、泄漏未成年人信息和当事人隐私信息等表现，都是理念上缺乏尊重和保护人权的表现。世界人权宣言明确反对无视和蔑视人权，倡导尊重基本人权、人格尊严和价值，努力通过教诲和教育的方式促进对权利的尊重。对于敏感案（事）件信息的发布与传播，世界人权宣言具有如下两方面意义。

（一）司法公开的“通行证”

在联合国文件、地区公约、各国宪法和单项法律条约中都可以见到，司法公开已经成为世界各国普遍认可的诉讼原则。联合国《世界人权宣言》涉及了司法公开原则，在第 10 条规定：“人人完全平等地有权由一个独立而无偏倚的法庭进行公正的和公开的审讯，以确定他的权利和义务并判定对他提出的任何刑事指控。”1994 年召开的马德里会议形成了规范媒体与司法关系的重要会议文件《关于新闻媒体与司法独立关系的基本准则》，以下简称为《马德里准则》。该准则确定：在一个民主法治的社会中，新闻自由是非常重要的；包括新闻自由在内的言论自由是一个社会的重要基础；新闻媒体具有搜集信息并向社会公众传播这些信息的权利和职责；新闻媒体应当坚持无罪推定原则，在此前提下，可以对司法活动进行报道，包括庭审前、庭审中、庭审后的案件报道和评论；不应特别限制新闻媒体对司法活动的报道和评论的权利，除非报道和评论违背了《公民权利和政治权利公约》相关精神。

（二）传媒监督的“禁止令”

前述国际准则规定了关于公开审判和公开宣判的例外情形。这些情形包括：一是保护未成年人及其他特殊群体利益的需要；二是考虑到民主社会的其他利益，例如为了避免对被告人形成严重的偏见，或者为了避免对证人形成压力，或者为了避免对被害人和陪审员造成损害；三是有关国家安全的事件等。1948 年的联合国《国际新闻自由公约草案·第三公约》将妨碍法庭审判公正进行的新闻报道列入禁止刊载的范围，并且对新闻媒体规定了 10 项责任和限制条款。在普遍实行陪审制的英美法系国家，陪审员都是普通公民，很容易受到社会舆论和新闻报道的影响。因此，在英美法系国家，法院审判与新闻传媒之间的关系更为敏感，冲突更加常见。在这一背景下，英美法系国家在司法实践中发展出了“藐视法庭”相关制度规范，用于防止新闻媒体滥用新闻自由和言论自由以损害司法公正的行为。

二、公民权利和政治权利国际公约

在《公民权利和政治权利国际公约》第 14 条中，有关于司法问题的详细规定，这些规定表达了如下几个基本原则：

（一）法律面前人人平等

该公约规定，所有的人在法庭面前一律平等。在依法设立的独立的、中立的合格法庭上，每个人都有资格接受公正、公开的审讯。该公约第 17 条和第 26 条还规定了在权利保护上的人人平等原则。人人有权享受法律保护，以免受非法干涉或攻击；所有的人在法律前平等并有权受法律的平等保护，不被歧视。

（二）无罪推定原则和不得强迫自证有罪原则

该公约第 14 条第 2 款明确规定，凡受到刑事控告的人，在没有依法证实其有罪之前，其应当享有被视为无罪的权利。作为无罪推定原则的延伸，该公约第 14 条第 3 款庚项又规定了不得强迫自证有罪原则，即犯罪嫌疑人有权不被强迫作出不利于其自己的证言，或者有权不被强迫承认其自己犯罪。

（三）公开审判与不公开情形

该公约确定了公开审判为基本原则，同时也列举了一些不宜公开的具体情形：一是在民主社会中存在社会道德、公共秩序或者国家安全等事由；二是基于保护诉讼当事人隐私利益的需要；三是在一些特殊情形，如果公开审判会损害司法公正。对于这些情形，法庭可以要求记者和公民不得参加全部庭审活动，或者视具体情况不得参加部分庭审活动。

虽然庭审不公开，但是对刑事案件应该公开宣判。在此，也有例外情形：一是未成年人的利益另有要求，二是诉讼系有关儿童监护权的婚姻争端。

（四）保护未成年人原则

该公约 14 条第 4 款对未成年人案件进行规定，强调在程序上应顾及未成年人的实际年龄，还要考虑未成年人社会矫治问题，帮助他们重新做人。根据公约规定，未成年人案件属于不公开审理的情形，而且出于保护未成年人利益可以不公开宣判。

（五）尊重个人隐私和名誉原则

该公约第 17 条第 1 款规定了对个人隐私和名誉保护的原则，隐私包括私生活、家庭、住宅和通信。这些隐私利益不受任何人任意或非法干涉，任何人的荣誉和名誉也不得被非法攻击。

三、联合国少年司法最低限度标准规则（北京规则）

《联合国少年司法最低限度标准规则（北京规则）》于 1985 年 11 月 29 日由联合国第 96 次全体会议通过，是一份对司法程序中保护未成年人利益的专门规范文件。

（一）未成年人司法的目的

该规则第 5 条规定了未成年人司法的两个最重要的目的。第一个目的是增进少年的幸福，第二个目的是“相称原则”。

（二）未成年人在诉讼中的权利

该规则第 7 条规定，在诉讼程序各阶段应当保证基本的诉讼程序保障措施。需要保障的权利包括：未经审判被推定为无罪的权利，保持沉默权利，聘请律师的权利，未成年人要求父母或者其他监护人在场的权利，与证人进行对质的权利，向上级司法机关提出上诉和复议的权利……这些权利都是进行公平合理审判的基本程序权利，是诉讼程序保障的基本内容。现有的一些有关人权的国际文献已经承认了这些基本权利，例如《世界人权宣言》第 11 条和《公民权利和政治权利国际公约》第 14 条第 2 款都有关于无罪推定的内容。

（三）保护未成年人隐私

该规则第8条对未成年人的隐私保护作出明确规定，强调了保护未成年人罪犯享有隐私权的重要性。该规则强调，在诉讼程序的各个阶段，应当尊重和保护未成年人犯的隐私权利，要避免因为不适当的新闻报道或者对其加以点名而对未成年人造成伤害；而且对于有可能让人辨认出某一少年犯的资料，原则上应当保密而不应当公布。这是在案件信息发布和报道过程中尤其要注意的问题。在李某某案件中，这一点是最大的败笔。

（四）未成年人审判信息保密

该规则第21条是有关诉讼档案的规定。该规则特别强调要严格保密未成年人罪犯的档案资料，严禁这些资料被第三方利用。该规则对可以接触这些保密档案的人员范围进行严格限制，仅限于直接办理案件的人员以及其他得到正式批准授权的人员。规则还规定，在此后的成人诉讼案件中，不得引用未成年人罪犯的档案资料。

第二节　美国司法信息发布与媒体报道

一、美国联邦宪法

美国联邦《宪法第一修正案》（1791年）规定："国会不得制定关于下列事项的法律：确立国教或禁止宗教活动自由；限制言论自由或出版自由；剥夺公民和平集会和向政府请愿申冤的权利。"这是关于言论自由的基本规定。

在美国，《宪法第六修正案》有关于公正审判权的规定。这样，《宪法第一修正案》关于言论自由以及由言论自由引申出来的新闻报道自由就与《宪法第六修正案》有关公正审判权的规定存在冲突。为防止"媒体审判"，美国法官很少利用藐视法庭罪这个武器，从而保证言论自由和新闻自由。为了寻求言论自由和司法公正之间的平衡，美国法官通常采取一些措施保护被告人的合法权利，以防止由于审前舆论或新闻报道产生不利于被告人的影响。这些措施包括变更审判地点、更换陪审员、[①] 延期审理直到舆论偏见消除、把陪审团同社会隔离、严格审核陪审团人选，确保没有受到新闻

① 异地审判的典型案例是1997年6月对美国俄克拉何马城爆炸案的主犯麦克维的审判。

报道或审前舆论先入为主的人入选，还有法官发布“禁口令”① 的措施。如果当事人和新闻媒体拒不执行法院的命令，还是会受到处罚。

二、美国职业新闻记者协会（SPJ）职业伦理规范

1926年，美国职业新闻记者协会（Society of Professional Journalists, SPJ）正式通过了美国第一个有关职业新闻记者的伦理规范文件《美国职业新闻记者协会（SPJ）职业伦理规范》。该规范主要借鉴了美国报纸编辑协会于1923年发布的“新闻规约”。1973年，美国职业新闻记者协会（SPJ）制订了自己协会的伦理规范，并在之后进行过三次修订。第一次修订在1984年，第二次修订在1987年，最近的一次修订在1996年9月。该规范从追求真实、减小伤害、独立行动和可信四个方面对职业记者的行为进行详细约束，内容涉及记者的职业道德和职业伦理规范。

（一）追求真实并公正忠实勇敢报道

该规范对职业新闻记者提出了公正、忠实、勇敢地搜集报道和传播信息的基本要求。具体来说要做到如下方面：

一是信息的准确性要求。职业新闻记者必须对信息的准确性进行核检，谨慎避免疏忽与错误，绝对禁止故意扭曲信息并进行报道。报道要指明信息来源，让公众有尽可能多的信息来判断信息源的可靠性。

二是信源隐匿权的有关要求。该规范规定职业新闻记者在作出信息源匿名的承诺保证前，必须充分了解清楚信息源的动机。如果要作出一定的承诺才能换取信息，就要对各种可能的情况进行仔细分析并做出清楚详细的说明。

三是保证不形成误导。职业新闻记者必须保证包括标题、导读在内的所有需要突出处理的信息中的文字、图片、声音、影像、图表和引语等都不得出现表达错误，避免对社会公众形成误导。

四是公开信源优先原则。对社会公众至关重要的信息，尽量使用传统的方法和公开的途径获取，尽量不采用窃听式的方法、不通过秘密的渠道取得信息。如果确有必要不得不以非公开方式获取信息，应当在报道中做出交待说明。

五是价值观中立原则。职业新闻记者要检查自己的价值观，避免将自己的价值观强加给社会公众；新闻报道不受外貌、年龄、性别、宗教、民族、种族、地域等因素的干扰和局限，不因性取向、残障、社会地位等产生歧视和偏颇；以同样价值对待官方信息和非官方的信息，支持公开的意

① 限制案件所有当事人向新闻媒体做有倾向性的陈述和新闻媒介的报道。

见交流，关注无声的人们发出的声音。

六是区分原则。将客观性的新闻报道和主观性的评论文章区分开，对评论意见和分析性的文章应当明确标识，避免将事实报道和评论意见相混淆；区分新闻和广告，避免出现二者界限不清、模糊的“杂糅式”文章。

（二）避免和减少伤害

该规范对职业新闻记者提出的总要求是，要秉持职业操守，尊重新闻来源、采访对象和同事，把他们都视为值得尊敬的人。该规范对新闻记者提出如下具体的要求：

一是特别谨慎地对待特殊人群。如果新闻报道可能给他们造成负面影响，就要对他们表示同情；如果未成年人和没有经验的人作为信息源或新闻报道的主体，需要特别地谨慎小心；如果采访正在悲伤中的人或者使用他们照片时，需要特别谨慎小心。对未成年犯罪嫌疑人或性犯罪受害人进行采访和报道，需要非常谨慎小心。

二是尊重他人基本权利和隐私。新闻报道不能傲慢自大，要注意采集和报道信息是否会引起对他人的伤害或者让他人不适。不得侵入任何人的私人领域获取信息，除非遇到十分迫切的公共需要。

三是要有较高的品位修养。新闻报道应当避免低俗化，不迎合低级趣味。

四是禁止有罪推定的意见。在司法机关正式发布指控文书之前，如果要指明犯罪嫌疑人，必须非常审慎小心。

五是平衡报道原则。社会公众享有知情权，犯罪嫌疑人和被告人也享有被公正审判的权利，新闻报告应当在二者之间寻求平衡。

（三）独立的职业品格

该规范提出的总要求是，满足社会公众知情权是新闻记者的主要职责，除此之外不应该对其他任何利益负有责任。具体来说，该规范明确新闻记者应做到如下几点要求：

一是不伤害职业利益与职业荣誉。避免自己的现实利益或者可能的利益与采访发生冲突。珍惜自己所从事的新闻记者职业的公正和信誉，不参加任何有可能伤害到职业公正信誉的组织和活动。新闻记者应当秉持正直感，不接受可能有损于记者职业正直感的一切费用、好处、礼物、免费旅游和特殊对待；不从事第二职业，不涉足政治问题，不在公共办公机构或社区机构工作；如果上述冲突无法避免，那么应该将这些情况和事由披露出来。

二是保证新闻的独立品质，不得受不当利益干扰。要坚决拒绝广告商提供的特殊利益和优厚待遇，要坚决抵制广告商企图施压并影响新闻报道的行为。要警惕信息源是为了得到金钱或好处才愿意提供以换取利益。

（四）可信度与公信力

该规范提出的有关新闻职业公信力、可信度的总要求是，新闻记者具有社会公信力，在他们听众、观众和读者眼中是可信的。具体来说，规范要求新闻记者做到：就新闻界的某些行为，邀请社会公众参与媒体对话，以解释和澄清相关的新闻报道。鼓励社会公众将他们对新闻媒体的不满意见和情绪表达出来。对于新闻报道中的错误，应当勇于承认并及时加以纠正。发现新闻媒体和新闻记者身上发生的违反职业道德的行为，要敢于站出来向社会公众揭露。

三、美国报纸主编协会[①]（ASNE）原则声明

《美国报纸主编协会（ASNE）原则声明》从1922年开始，作为“新闻记者规范”被新闻媒体行业采用。该声明经过1975年的修订以后，被重新命名为《原则声明》。《原则声明》全文包括绪言和六条正文，包括责任、新闻自由、独立性、真实与准确、公正、正义性。关于责任，强调不得滥用新闻采访的权利寻求私利或者其他目的。关于新闻自由，声明强调对于社会公共事务，要在公开场合下进行讨论和解决；必须要保护新闻媒体自由不能受到任何组织和个人的侵蚀破坏。关于独立性，强调职业形象的正直性，不收受任何东西，避免不适当或利益冲突。关于真实与准确，强调三点要求，一是信息准确，二是没有偏见，三是平衡报道，要避免事实上的错误，发现错误尽快纠正。关于公正，强调把事实与意见区分开，属于观点和个人意见的要明确标识。关于正义性，强调尊重被报道人的权利，不要轻易承诺为信息源保密。

四、美国律师协会职业行为示范规则（美国的司法缄口令）

美国的司法缄口令（Judicial gag orders，Prior restraint），又称“禁口令”，是由法院事先发布的限制言论的命令，用以约束与司法相关的言论。针对发布对象，缄口令可以划分为三种类型：一是针对被告人的缄口令，二是针对媒体的缄口令，三是针对律师的缄口令。美国联邦法院在1976年以后废弃了对媒体的缄口令。现在的缄口令用途主要为了规范律师的言论。

---

① 美国报纸主编协会（American Society of Newspaper Editors，ASNE），另有译为美国报纸编辑协会、美国报纸编辑人协会、美国报业编辑协会等。1922年在美国纽约成立，与官方关系比较密切，在美国国内影响很大，起着重要的制造舆论的作用。

这并不是说要否定律师的言论自由，而是主要为了禁止律师与媒体讨论案件中可能出庭作证的证人、证供可能包括的内容、关于被告人是否有罪的推测和定性等有可能干扰法院独立、公正司法的内容。[①]

《美国律师协会职业行为示范规则》(2004)[②] 第3.6条“审判的宣传”中的第a项规定，“禁止律师知道或合理的应该知道有损害审判程序的实质可能性，正在参与或已经参与某一事务的调查或者诉讼的律师不能进行有关人员期望被大众媒介传播的法院外的声明”。该条规定包括了四项规则：一是有害性规则，限制“有损害审判程序的实质可能性”的程序外言论；二是安全港规则，即上述《示范规则》第3.6条第b项规定了律师可以进行媒体宣传的内容，这些内容是安全的；[③] 三是回应权规则，如果警方或检方发布了不利于犯罪嫌疑人、被告人的信息或者发布了不准确、不全面或者可能误导公众和法官形成有罪推定印象的信息，辩方律师有权回应、申辩和说明，以纠正错误、平衡报道；[④] 四是真实性规则，禁止说假话、在必要时勇于说真话，是律师群体的基本职业道德，也是新闻媒体报道的伦理规则底线。

---

① 陈弘毅：《从英、美、加的一些重要判例看司法与传媒的关系》，载北京大学法学院人权研究中心《司法公正与权利保障》，北京大学出版社2001年版，165页。

② 参见王进喜译：《美国律师协会职业行为示范规则（2004）》，中国人民公安大学出版社2005年版。

③ 安全港原则的内容：（1）诉讼、有关的违法行为和辩护，以及除却法律禁止时，有关人员的身份；（2）包含在公共记录里的信息；（3）某事务的调查正在进行中；（4）诉讼中任何一步的时间表或结果；（5）为得到证据和证据所必须的信息寻求帮助；（6）当有理由相信对某个人或公众利益造成重大伤害的可能性存在时，关于相关人员行为危险性的警告；（7）在刑事案件中，除分段（1）到（6）以外：（i）被告的身份、位处、职业和家庭情况；（ii）如果被告尚未被捕，必要的协助逮捕此人的信息；（iii）逮捕的事实、时间和地点；以及（ⅳ）调查和逮捕人员或机构的身份以及调查时间的长短。

④ 《美国律师协会职业行为示范规则》(2004) 第3.6条第c项规定了回应权条款：“尽管有条例（a），律师可以提出一个明智的律师将会相信的使客户从非律师或客户发动的最新宣传产生的相当过度的不利影响中得到保护的声明。依照这一条例所提出的声明只限于必要的平息最新不利宣传的信息。”

第三节　英国案件信息发布与媒体报道

一、英国刑事法院案件报道指南

（一）基本概要

《英国刑事法院案件报道指南》[①] 由司法领域的英国司法研究委员会与传媒领域的英国编辑协会、英国报业协会、泰晤士报业集团四家机构共同发布。指南全篇分成七个部分：首先是导读，一是司法公开原则，二是不公开审理的案件，三是对案件司法报道的法定限制，四是对案件司法报道的酌定限制，五是关于庭审报道的其他事项，六是脚注，七是参考资料。英格兰和威尔士首席大法官朱奇勋爵（LORDJUDGE）在首席大法官序言中指出，这份指南是司法与媒体两个领域相互之间充分尊重、协同合作、共商良策的成果，解决了英国王室法院和治安法院在规制英国的新闻媒体对司法活动进行的报道过程中可能发生的误解。刑事司法需要在阳光下运行，接受社会公众的监督。媒体是公共利益的反映渠道，司法公开基本原则是司法与媒体紧密的结合基础。

（二）一般提示

在导读部分，对司法公正与新闻自由做了一般性的提示。该指南指明，“法官在发布司法报道限制令前，应当深刻理解‘司法公开原则’的内涵。按照司法公开原则的要求，所有司法活动均应公开进行”。司法公开原则，具体包括如下方面：一是法庭审理案件公开，二是证据证明活动公开，三是法院禁止媒体报道的限制。法院不应当禁止媒体对案件进行公允、准确的实时报道，除非以维护司法公正为必要才能作出相应限制。

指南的一般提示问题还强调，司法活动必须要以“公众看得见的方式”来运行，还认为这个方式是法治的基本原则。法院首先考虑的因素是公平正义。在这个原则下，只有符合准许条件的情况下，法院才能禁止媒体报道。法院作出要求媒体离席、保留信息、延时报道或禁止报道等限制令时，必须听取征询他的法律助理或法律顾问的意见，审查拟采取限制令的法律依据，审查媒体报道司法活动的限制令对于维护司法公平正义是否确实有

① 林娜译：《英国刑事法院案件报道指南》，载《人民法院报》2013 年 11 月 29 日，第 5 版《法律文化周刊》。

必要性；而且，对媒体报道司法活动的限制必须在适度的范围内，应当寻找更低程度的限制措施以达到同样预期目的；如果一方当事人依法提出对媒体报道司法案件进行限制的申请，法院除了要求当事人必须提交该请求的证据及相关法律理由外，还应当邀请新闻媒体对此发表意见，并邀请检方出具在法律适用方面的专业意见。当庭口头宣布限制令的，随后应当尽快进行书面确认。

（三）司法公开原则

关于司法公开原则，指南规定如下几个要点：一是司法公开的基本要求，即司法活动必须以公众看得见的方式进行，社会公众和新闻媒体有旁听案件庭审的权利，新闻媒体有充分、实时报道司法案件的权利；二是以司法公开为原则，以限制报道为例外情形，在确有必要时才可以做出对新闻媒体报道司法案件的限制；三是限制新闻媒体报道司法案件，必须要有令人信服的合理、充分理由，而且采取的限制措施都要合理、适度，以满足相关目的的必要性为限；如果法院要求社会公众或新闻媒体离开法庭或者限制新闻媒体报道司法案件的，或者依职权变更、解除媒体报道限制令以便媒体实时报道，法院都应当听取新闻媒体的意见。

（四）不公开审理的案件

除了依法不公开审理的案件，其他刑事案件在一般情况下都应当公开审理，公开审理的案件应当允许社会公众和新闻媒体到庭旁听。但是，法院有规制诉讼程序的固有权力，如果公开审理案件确实具有有损于司法公正的可能性，就可能构成案件公开审理和司法公开原则的例外情形。考虑到如果司法活动不公开，将影响社会公众知情权的实现，所以提倡法院要采用相对宽松的限制措施。例如可以采取案件延时报道的办法，1981 年的《藐视法庭法》第 4 条第 2 款就是关于媒体对案件延时报道的规定。不公开的情形包括：如果公开质证将危害国家安全或泄漏国家秘密，就不应公开质证；18 岁以下的未成年证人在涉及违反公序良俗案件中进行作证；未成年人或处弱势地位的特殊成年证人在性侵案件中进行质证。

（五）对报道司法案件的法定限制

对于报道司法案件的新闻媒体及职业记者的法定限制是司法公开原则的例外情形，由法律自动发生限制效果，不需要法院再发出限制令。但是，法官可以提醒媒体和公众对案件信息的报道进行限制。关于法定限制情形，包括：1992 年性侵法令规定，性侵案件的受害人姓名终生不予披露；对于重大、疑难、复杂案件以及重大欺诈案件，需要进行预审的，也禁止新闻媒体报道案件预审的内容，但可以报道被告人的姓名及涉嫌的罪名等特定的信息；对于暴力犯罪案件、虐待儿童案件、性侵害案件、重大欺诈案件，如果法院驳回检方起诉或者驳回刑事自诉人起诉的，禁止报道；对于未满18岁的未成年人，新闻媒体不得在报道中公布未成年人姓名、性别、住址、学校以及其他可能披露其身份的相关信息；1926年《司法程序法》第1条对规范媒体报道问题作出规定，禁止新闻媒体报道涉及治疗、手术过程中或者生理细节中可能存在的有伤风化的内容材料。

（六）对报道司法案件的酌定限制

在坚持司法审判活动必须以公众看得见的方式进行这一基本原则的前提下，法院以公平正义作为首要考虑要素，在符合一定条件时可以行使权力禁止媒体以正式或非正式的形式报道案件，但在程序上应当适当听取媒体方面的意见。法院应当以审慎的态度适用限制令，在司法公开和言论自由中的公共利益二者之间做好关系平衡。法院对于有关禁止新闻媒体报道案件的申请，必须确认该申请符合作出酌定限制令需要具备的法律条件。限制令必须准确、清晰。新闻媒体及职业记者和编辑，如果违反报道司法案件的限制令，必须承担相应的刑事责任。

如果案件涉及未成年人，则法院有权作出司法报道限制令。1933年的《儿童和青少年保护法（CYPA）》第39条规定，法院有权对涉及18岁以下未成年人的司法案件发布限制新闻媒体报道的酌定限制令。法院禁止新闻媒体报道刑事案件中可识别未成年人身份的信息，包括不得公布其姓名、住址、学校及其他身份信息；法院禁止新闻媒体发布刑事案件中未成年人的照片。

关于对成年证人的保护，如果公众获悉其证人身份后会导致证人的恐惧和困境，法院可以决定终身禁止公开刑事案件中成年证人的相关信息。

1981年《藐视法庭法》第4条第2款规定了一项延时权。对于连续多次开庭审理的重大、疑难、复杂案件，为避免在先庭审过程中关于部分举证质证环节的媒体报道可能在此后庭审中对被告人产生不利的影响，法院有权作出限制令，但应当明确延时报道的具体事项和限制令适用截止时间。

二、英国藐视法庭法

1981年的《英国藐视法庭法》对藐视法庭行为进行规制，并将藐视法庭行为归为制定法上的犯罪行为。《英国藐视法庭法》规定了以下几种藐视法庭的具体行为：一是不服从法庭或法官指令，对法官发布的要求或者禁止某特定行动的禁令不服从者，可以视为藐视法庭的具体情形；二是不履行法律规定义务，例如陪审员自身行为违反法庭司法程序、证人不出庭作证、记者拒绝回答透露有关重要消息源等；三是侮辱妨害法官和诉讼参与人的行为，例如恶意侮辱法官、证人及对方当事人，恶意打断审判程序或者其他妨害法庭审理的行为；四是不当报道行为，包括违反推迟报道要求的行为；五是未经法院许可录音录像。[①]

能够列入藐视法庭罪的行为包括法庭上不当言行和法庭外的抗拒干扰。传统的藐视法庭罪又有刑民之分。刑事藐视法庭罪，是指法院为了排除对司法活动造成妨害而设定的罪名，对扰乱法庭秩序、当庭侮辱法官、法庭外骚扰证人、泄露审判秘密等行为处以监禁或罚金；民事藐视法庭罪，是指法院为了保护当事人的正当利益，对拒不遵守法律规定和拒不执行法院命令的藐视法庭行为予以处罚，具体包括拒绝出庭、拒绝履行等情形。该罪名是法院的尚方宝剑，但并非可以随意使用。藐视法庭罪的设立和适用，需要注重言论与新闻自由、司法公正、保护当事人合法权益和公民隐私等各种权利、自由、利益和价值之间的平衡，将重点放在维持法庭秩序和捍卫司法尊严上，从而最大程度地保障司法公正。[②]

第四节　其他英美法系国家案件信息发布与媒体报道

一、加拿大媒体、公众与法院关系实务指南（2004）[③]

《加拿大媒体、公众与法院关系实务指南（2004）》，由加拿大新斯科细亚省法院行政办公室于2004年发布。该指南针对媒体报道司法活动、公众查阅案卷材料等问题制定了一本详细、权威的规则，包括公开审判、进入法院和法庭、获取法院文件、诉讼档案、媒体相关规则、信息公开的禁止六个部分。

关于媒体相关规则，要求媒体不得对陪审团成员进行摄像或者公开其真实身份，将之作为一条法庭惯例。法庭正在开庭审理时，不得使用照相机、摄像机；未经法庭许可，不得在法庭休庭时对法庭进行照相或者录像。允许记者们将手机带入法庭，但必须关机并且严禁使用。允许使用电脑设备，但只能用于文字记录。

① 参见马永平：《英国藐视法庭罪及其借鉴》，载《人民代表报》2015年10月20日，第8版。

② 参见何帆：《藐视法庭罪的前世今生》，载《人民法院报》2015年8月28日，第5版。

③ 将惠岭译：《加拿大媒体、公众与法院关系实务指南（2004）》，载《人民法院报》2013年11月15日，第5版《法律文件周刊》。

指南要求，新闻媒体要秉持审慎态度对法律诉讼程序进行报道，要求职业记者必须要清楚自己所从事的职业要求、明白正在进行的工作内容；如果无法确定相关内容是否可以公开报道，在必要时要咨询相关的法律专家。法庭会在禁口令（又称封口令、缄口令）文件的封面进行标注，以特别标志提示新闻媒体注意。法庭会将一张表格单页插在案件卷宗的第一页，并将文件的名称、发出禁止令的法官姓名、发布的日期及一些具体情况详细载明。违反媒体公开禁令的法律后果非常严重。

二、加拿大不列颠哥伦比亚省媒体报道司法指南①

在媒体报道指南部分，确定了七项原则性的基本内容：

第一，新闻媒体记者在庭审现场进行案件报道时，必须严格遵守法庭纪律，特别要注意进出法庭的动作要轻。同时，要时刻注意是否存在需要限制新闻媒体报道的情形和规定，包括法律规定的限制和法庭要求的限制。

第二，本部分规定内容不具有权威性和强制性，既不是调整司法活动与新闻媒体之间关系的权威意见，也不是要求法官在审判中必须遵守的行为准则。

第三，本部分规定内容的范围，既适用于新闻媒体和职业记者，也适用于普通的社会公众。

第四，新闻媒体记者在获准进行司法报道后，必须将报道证随身携带，以备司法警察和其他法院工作人员进行核对检查。

第五，持报道证的新闻媒体记者可在法庭媒体席优先就座，但在媒体席进行司法报道存在威胁媒体记者人身安全的可能的情况除外。

第六，新闻媒体记者如果有对法庭审理进行录音的需要，必须提前向法庭书记官或者司法警察提出。

第七，如果新闻媒体记者违反上述规定，法庭社区参与委员会将对其进行处罚。一般情况下，法庭社区参与委员会只处罚记者所在的新闻媒体机构，不会涉及其他新闻媒体机构。

关于限制新闻媒体报道司法案件的规定，应当重申，法庭庭审过程应当向新闻媒体和社会公众公开是基本原则，限制报道只是特殊情形和例外情形。在法庭庭审方面的司法公开，有利于社会公众对司法审判活动进行监督；同时，还具有防范司法腐败、促进司法改革、实现司法公正的延伸作用。但是，特殊的例外情况在一定限度内实行的限制媒体报道措施，目的是为了确保司法公正、避免泄漏未成年被告人的身份信息、保护被害人

① 张来霞译：《加拿大不列颠哥伦比亚省媒体报道司法指南》，载《人民法院报》2014年1月17日，第5版《法律文化周刊》。

和证人的个人隐私和人身安全。

新闻媒体必须强化自我约束，违反限制报道规定可能构成犯罪，或因“藐视法庭”被提起诉讼。对于一些重大、疑难、复杂的案件，庭审次数较多，庭审持续时间可能比较长。对此，法庭要善意地提醒新闻媒体及职业记者遵守已生效的限制报道规定和禁令。限制媒体报道的规定主要有三种情形：一是法定限制，即法律明文规定了限制新闻媒体报道司法案件的条款，这些条款无须当事人申请或者法庭发布命令当然有效，必须严格遵守；二是依申请酌定限制，从程序上必须经当事人提出申请，由法官发出实施相关限制媒体报道的禁令；三是依职权酌定限制，即法官有权根据实际情况，不经当事人提出申请，径直发布限制媒体报道的禁令。

三、新西兰媒体报道法院审判工作指南（3.1版）①

关于媒体在法院采访报道应当遵守的规则，《新西兰媒体报道法院审判工作指南（3.1版）》对媒体作出一些提示：案情简介只是在被告人第一次出庭时提供，司法部的网站通知专栏会告知公众和媒体在何处取得案情简介；指控的罪行可能在被告人第一次出庭后修正甚至撤回；关注法院已经发布的限制媒体报道的禁令，还要关注依照某项法律规定而径直禁止、限制新闻媒体报道的那些内容，新闻媒体在正式发稿前，应当就稿件内容是否可以公开向法院工作人员核实。

为了平衡司法公开、公众知情权与个人隐私保护之间的矛盾，新西兰制定了关于获得法院文件资料的法律和规章。这些工作通常由书记官负责，有时也会由法官决定。

第五节　大陆法系国家和地区案件信息发布与媒体报道

一、法国新闻出版自由法

1881年7月29日，法国议会通过了《出版自由法》。这部法律是西方发达国家中较早的正式新闻法律，沿用至今。该法一方面确定了公民享有通过以印刷或其他复制手段制成的出版物公开表达和传播意见、思想、感

① 蒋惠岭译：《新西兰媒体报道法院审判工作指南（3.1版）》，载《人民法院报》2013年10月25日，第5版《法律文件周刊》。

情、信息、知识等的自由；另一方面又对新闻和其他出版物煽动犯罪、妨害公共事物、侵犯个人权利等行为规定了相应的界限、处罚办法和诉讼程序。

二、瑞士法院怎样和媒体打交道①

在瑞士，司法机关角色定位发生了变化，从原先的被动报道转向主动公开。瑞士法院在司法公开问题上有五个方面的职能：一是司法公正方面，保护当事人，防止司法暗箱操作和司法不公；二是司法权威方面，通过司法公开，建立起社会公众对司法工作的熟悉、理解和信任；三是司法中立方面，避免新闻媒体对司法活动的报道存在错误或形成误导，防止媒体报道干扰司法活动；四是法律发展方面，瑞士联邦最高法院的司法判例是瑞士的法律渊源，要通过司法公开发展这个法律渊源；五是法律适用统一裁判方面，确保联邦法律能够在各州统一适用。具体的公开措施包括法庭合议全程公开和裁判文书上网公布、设立新闻发言人及时回应社会关切、实行法律专栏记者派驻制度。

新闻媒体向法院派驻记者，要遵守法律规定、承担一定义务。例如，瑞士沃州高等法院有明确规定，要求媒体派驻记者必须遵守关于职业记者权利和义务的声明，尊重和坚持无罪推定原则，尊重和保护个人的重要人身权利，尊重和维护社会公共利益（包括尊重社会名人）；要求媒体派驻记者不向第三方提供在法院取得的信息资料。在尊重和坚持无罪推定原则方面，特别强调要区别被拘禁人和被判决人。

瑞士法院也关注到舆论审判的问题，规定法院裁判不屈从于舆论压力。不能为了与舆论进行时间赛跑而草率审理、草率结案，而应该按部就班进行审判活动，在规定时限内完成案件审理、文书撰写和宣判。

法官作出判决后如果遭受网民攻击，主审法官无须出面应对。可以由主审法官以外的其他合议庭成员出面解释，也可以由作出判决法院的上级法院的法官出面解释。但是，法院不能以重新宣读判决书内容的方式来解释本院作出的判决。对于同样的判决内容，应当采取不同的方式、变换一些视角进行解释。

三、欧洲人权公约

《欧洲人权公约》是很多大陆法系国家的法律渊源。《欧洲人权公约》第 6 条第 1 款规定："任何人都有权要求其案件在合理期限内，由依法组成

① 参见孙军工、朱健：《瑞士法院怎样和媒体打交道》，载《人民法院报》2016 年 1 月 22 日，第 8 版。

的独立、不偏不倚的法庭进行公正、公开的审查，或对其民事权利和义务作出确认，或对其遭受刑事指控是否成立作出决定。判决应当公开宣布。但是，基于对民主社会中的道德、公共秩序或者国家安全的利益，以及对民主社会中未成年人利益或者保护当事人个人隐私的考虑，或者是法院认为在特殊情况下的公开审判将损害公平利益的话，可以拒绝记者和公众参与旁听全部或部分审判。”

《欧洲人权公约》也确立了司法公开的基本原则，但也确定了一些例外情形，这些情形都是需要与新闻与言论自由进行平衡的重要人权和公共利益。概括起来，一是国家安全，二是公序良俗，三是未成年人利益，四是个人隐私。

四、欧洲各国司法——媒体——社会关系报告①

司法、媒体、社会三者之间的关系，是欧洲各国共同面临的新挑战。报告指出，欧洲各国司法机关存在故步自封、因循守旧、缺乏透明等问题，因而受到社会批评。关于“司法——媒体——社会”三者之间的关系，欧洲司法委员会联盟在2011～2012年期间，对欧洲地区20多个国家进行了全面、深入的调研。最终形成的调研报告涉及五个领域：一是法院的新闻发言人制度、新闻事务法官制度和传播顾问制度；二是法庭庭审录音录像及法院对自媒体和社交媒体的运用情况；三是裁判文书上网的情况；四是处理法院与媒体关系的工作指南；五是抢占先机、积极主动应对新闻媒体和社会舆论的措施。

关于新闻发言人，报告明确了新闻事务法官需要承担的任务，划清了其职责范围。新闻事务法官的职责包括向新闻媒体提供司法活动相关信息，还有对裁判结果与法律程序进行通报与说明。报告建议各国要统筹建立新型的司法新闻发言人制度，充分发挥新闻事务法官和传播顾问的角色作用。报告对新闻事务法官与传播顾问提出了具体要求：一是要具备必要的法律素养，熟悉本国的司法制度和法律程序；二是要具备较强的表达能力，语言要平实、通俗易懂，能够向社会公众准确、清晰地传达司法活动的信息；三是要具备较强的沟通能力，善于与社会公众和新闻媒体打交道。

报告关注了司法系统对社交媒体的应用，认为社交媒体是法院提高透明度、促进互动协作的新沟通渠道。与中国情况相似，近年来，欧洲的社会大众也开始选择使用不同于传统媒体的社交媒体工具。传统的交流方式已经不适应时代需要，社交媒体为司法系统提供了与公众实现有效互动的

① 参见欧洲司法委员会联盟（2011～2012年）：《欧洲各国司法——媒体——社会关系报告》，夏南、林娜译，载《人民法院报》2013年5月31日，第5版。

机会。这些社交媒体包括六种典型的形式：一是专业的社会网站，比较有影响的有“脸书”（Facebook）[①] 和“领英”（Linked In）[②]；二是微博，最有影响的莫过于“推特”（Twitter）[③] 等；三是博客（又称网络日志，Blog或Weblog），随着微博的兴起，博客的影响力减弱；四是互动百科，由网民共同创建和编辑词条，例如维基百科（Wikipedia），中国也有百度百科等互动百科；五是社会书签（Social Bookmark）[④]，例如“掘客”（Digg，又译为“顶格”）[⑤]；六是网络视频分享，如YouTube[⑥]。

该报告对社交媒体与法院的不同特点进行了提示：一是信息传播向度不同，社交媒体具有较松散、多向性特点，不同于法院的体制化、单向性；二是信息传播渠道不同，社交媒体具有个人化、私密性特点，不同于法院的权威化、独立性；三是信息传播方式不同，社交媒体以文字、图片、音

---

① Facebook（中文译名为“脸书”）是美国的一个社交网络服务网站，由马克·扎克伯格于2004年2月4日创立。“脸书”是世界排名领先的照片分享站点，截至2013年11月，每天上传约3.5亿张照片。截至2012年5月，Facebook拥有约9亿用户。2016年12月21日，Facebook推出音频直播。来源于百度百科，网址：https：//baike.baidu.com/item/Facebook，最后访问日期：2016年10月5日。

② Linked In（中文译名为“领英”），是全球最大的职业社交网站，是一家面向商业客户的社交网络（SNS）。“领英”于2002年12月成立并于2003年启动，于2011年5月20日在美国上市。该网站的宗旨是让注册用户维护他们在商业交往中认识并信任的联系人，俗称“人脉”。用户可以邀请他认识的人成为“关系”（Connections）圈的人。2014年2月25日，Linked In简体中文版网站正式上线，宣布中文名为“领英”。来源于百度百科，网址：https：//baike.baidu.com/item/LinkedIn/14074297，最后访问日期：2016年10月5日。

③ Twitter（中文译名为“推特”），是一家美国社交网络及微博客服务的网站，是全球互联网上访问量最大的十个网站之一。“推特”由杰克·多西在2006年3月创办并在当年7月启动，属于典型的微博客用，让用户更新限于140字符的消息，这些消息被称作“推文”（Tweet）。“推特”允许用户将自己的最新动态和想法以移动电话中的短信息形式（推文）发布（发推），可绑定即时通讯软件。目前，Twitter广受欢迎，在全世界非常流行，被喻为“互联网的短信服务”。来源于百度百科，网址：https：//baike.baidu.com/item/Twitter，最后访问日期：2016年10月5日。

④ 社会书签（Social Bookmark）是2004年起出现的一种新的内容标引方法，可以将网站随时加入自己的网络书签中，使用多个关键词标示和整理书签并与他人共享。来源于百度百科，网址：https：//baike.baidu.com/item/%E7%A4%BE%E4%BC%9A%E4%B9%A6%E7%AD%BE，最后访问日期：2016年10月5日。

⑤ Digg网站（中译名为“掘客”或“顶格”），由美国人凯文·罗斯于2004年10月创办。从2005年开始渐渐进入公众视野。该网站最初定位于挖掘科技类新闻，经2006年的6月第三次改版以后，扩充到所有门类的新闻，影响力迅速提升。掘客类网站是一个提供文章投票评论的网站，结合了书签、博客、RSS以及无等级的评论控制。Digg的独特在于它没有专门的网站编辑，全部由用户来决定。用户可以随意提交文章，由阅读者判断该文章的质量，文章的热度体现在收藏文章的用户人数上。如用户阅读了一篇文章觉得不错，就可以dig一下。当dig数达到一定规模，该文章就会出现在首页或者其他页面上。来源于百度百科，网址：https：//baike.baidu.com/item/digg/7165794？fr=aladdin，最后访问日期：2016年10月5日。

⑥ YouTube是全球最大的视频网站，由华裔美籍华人陈士骏等人于2005年2月15日创立。来源于百度百科，网址：https：//baike.baidu.com/item/YouTube，最后访问日期：2016年10月5日。

频、视频多媒体形式相结合传播信息，不同于法院信息传播形式的高度文本化。报告还建议法官使用社交媒体时应当受社会道德规范约束，同时建议使用最高隐私保护设置。

关于法院新闻事务工作指南，报告提出，法院新闻事务工作指南包括了法院与媒体和社会沟通的规划与报告，应当成为国家战略规划的一部分。如英格兰和威尔士等一些国家和地区认为，为了确保法院新闻事务工作指南能够顺利得以实施，应当采取法律手段对违反工作指南的行为进行制裁；对于敏感或保密案件信息，如果媒体违反法庭命令予以公布，法院以藐视法庭的规范限制其行为。报告建议法院厘清新闻媒体与法院司法的不同目标与不同利益，说清楚新闻媒体对法院工作人员可以有什么样的期待，还要说清楚面对新闻媒体在诉讼程序之前、之中和之后的需求，法院应当如何应对。不能有损于审判独立，一方面应当让法官清楚在与新闻媒体沟通中有什么样的职责和限制，另一方面又应当让新闻媒体和职业记者清楚他们能向法院提出什么样的要求和期待。

报告研究司法机构“主动出击”的传媒策略，包括审判案件与媒体积极沟通方式、法官个人接受采访、司法委员会和法院“主动出击”的传媒策略等问题。建议各国制定“主动出击”的传媒策略，每年至少组织一次与媒体的非正式会议。在法官与书记员的培训课程中，应当纳入司法公开透明的理念培育，还要教会法官和书记员如何与媒体打交道。重视对记者进行司法机构组织与法律知识的培训，司法机关应当参与这样的培训；司法机关应更多地举办让公众和大中小学学生参与的活动项目。

第十六章　司法信息发布、报道、传播的规范指引

第一节　司法信息发布与传播基本原则和基础任务

一、落实党的十八届四中全会确定的重要改革任务

司法案件的报道是新闻报道的重要组成部分，群众关注度高，对社会生活影响大，事关弘扬社会主义法治精神和树立社会主义法治理念，事关全面推进依法治国。党的十八届四中全会作出的《中共中央关于全面推进依法治国若干重大问题的决定》明确提出："司法机关要回应社会关切；规范媒体对案件的报道，防止舆论影响司法公正。"该报告提出了两方面要求：一方面对司法机关的信息发布提出要求，重点在回应社会公众的关切；另一方面对新闻媒体的案件报道提出要求，重点在于防止社会舆论干扰司法公正。司法案件信息的发布与报道两个方面都非常重要。

做好司法案件的信息发布和报道工作，对于创造良好司法生态环境、维护社会公平正义、弘扬社会主义法治理念、建设社会主义法治国家具有十分重要的意义。司法案件的信息发布和报道也是当前时期需要解决的突出社会问题，使司法机关、新闻媒体和社会公众之间的关系实现良性互动。"规范媒体对案件的报道，防止舆论影响司法公正"，是党的十八届四中全会规定的重要改革任务。这一改革任务需要司法机关、新闻媒体、网络新媒体共同努力，共同建立和谐有序的司法公共关系，妥善处理传媒与司法的矛盾关系，规范案件信息发布、报道和传播，加强对司法活动的监督，保障公民合法权利，维护和促进司法公正，不断适应信息网络时代新发展、新考验，不断满足人民群众新要求、新期待。

二、平衡并行，规范信息发布、媒体报道与网络传播并重

"规范媒体对案件的报道，防止舆论影响司法公正"这个改革任务是一

个敏感、复杂的社会问题。看待这个问题，不能仅仅从新闻媒体的角度出发，只研究如何规范新闻媒体的案件报道行为。从前面的典型案件中可以看到，司法机关是重要的信息源，很多媒体报道和网络传播的问题，根源在于司法机关信息发布有问题。在一些极端情况下，虽然司法机关没有正式发布信息，但作为信息源出了问题，一些内部人员成为秘密信息源，例如李某某案中公安机关内部工作人员向新闻媒体人士非正式透露信息。

因此，保持司法机关案件信息发布与媒体案件报道以及网络传播之间的平衡非常重要。从本质上讲，也就是要处理好、协调好、平衡好司法机关发布案件信息和接受社会公众和新闻媒体舆论监督之间的关系。如果将党的十八届四中全会提出的改革任务进行分解，那么，就应该同时着眼于司法机关案件信息发布与媒体案件报道两个方面，同时又要关注新媒体背景下案件信息的网络传播问题。

三、统筹协调，遵循司法工作规律和新闻传播规律

案件信息发布和报道涉及司法审判活动和新闻传播活动两个领域，做好案件信息发布和报道工作，既要遵循司法工作规律，也要遵循新闻传播规律。这个问题涉及几个不同价值之间的矛盾与统筹：一是保障司法机关依法独立公正行使职权；二是保障公民对司法活动的知情权和言论自由；三是保障公民和新闻媒体对司法的监督权；四是保障未成年人和合法权益及当事人的隐私利益等。

上述四个方面都是非常重要的社会价值，都需要保护，不能因为强调一种价值的重要性就忽视另一价值的实现。从前面的典型案例可以看出，出现的各种问题，从根本上都是这几种价值相互侵扰的结果。如果不加规范，几种价值之间的矛盾就会时有发生。关键的问题就是让这些方面的活动能够各行其是，互相尊重，在统筹协调中和谐共进。要在内心中培育一个根本的理念，就是要共同遵循司法工作规律和新闻传播规律。哪一个规律没有遵循都会出问题。

在遵循两个规律的理念指引下，需要进一步促进权威信息源与公众知情需求之间信息传播渠道畅通、信息供求关系平衡。案件信息发布和报道要做到客观、公正、平衡，把握时、度、效，努力实现法律效果、政治效果和社会效果的统一，努力让当事人和社会公众在每一个司法案件中感受到公平正义。

四、突出重点，做好重大敏感刑事案件的信息发布与媒体报道

观察上述涉法涉警舆情的敏感案（事）件的典型案例的类型，可以发现从三个类型划分层面上呈现符合“二八定律”的分布规律：

一是敏感案件与敏感事件的舆情呈现“二八定律”分布，司法案件占多数。应当区分清楚案件、事件与事故之间的不同。涉及舆情的更多是进入司法程序、由司法机关介入的敏感案件。案件舆情要远远多于事件和事故的舆情，故司法案件的信息发布是规范的重点。

二是刑事案件与其他案件的舆情呈现“二八定律”分布，刑事案件占多数。在涉及舆情的敏感案件中，刑事案件占绝大多数，民事、行政等类型的案件很少有舆情发生，故刑事案件的信息发布是规范的重点。这与刑事案件的特点有关，而且刑事案件的程序要远远复杂于民事案件和行政案件。刑事案件涉及公、检、法三家机关，个别案件还涉及监狱。因此，对刑事案件信息发布的规范也涉及公、检、法、司多个主体。

三是刑事案件中社会关注度高的刑事案件与普通刑事案件呈现“二八定律”分布，社会关注度高而容易引发舆情的刑事案件只占少数。每年全国有 100 多万起刑事案件，其中九成以上的都是 5 年以下刑期的案件，很少引起社会关注。因此，我们就要把有限的精力、人力放在重大刑事案件和具有敏感因素的刑事案件上，这些案件就是信息发布、报道和传播规范的重点。

五、依法依规，要坚持法治理念，维护司法权威

不论是司法机关进行案件信息的发布，还是新闻媒体进行案件报道，以及将案件信息在网络上进行传播，各主体都必须坚持法治理念，将法治的思维贯彻到案件信息发布和报道的各个环节，自觉遵守法律规定，共同维护司法权威。上述典型案件的信息发布和报道中很多失误和错误的做法都与欠缺法治思维和违反法律规定有关，也给我们留下了很多需要深刻反思的教训。

一是刑事案件信息的发布和报道，应当坚持无罪推定原则，未经人民法院依法判决，对任何人不得发表定罪定性的评论，努力推进以审判为中心的刑事诉讼制度改革。实体法上的无罪推定原则、程序法上的以审判为中心的刑事诉讼制度改革，是我们用很多惨痛的教训换来的认识。佘祥林、赵作海、聂树斌、呼格吉勒图等案件，在理念根源上，就是实体法上的“有罪推定”和程序法上的“侦查中心”这些错误观念的必然结果。这些根深蒂固的观念也直接影响到案件信息发布与媒体报道的领域，起到舆论推波助澜的负面影响。

二是不得发布和报道涉及国家秘密、商业秘密、个人隐私的案件信息。对于涉及未成年人、强奸等因素的案件，应当尊重和保护当事人和其他人的个人隐私。在案件信息发布与新闻报道的负面典型案例中，对未成年人保护的漠视和对公民隐私的不尊重是非常常见的情形。公正独立司法与言

论新闻自由应当各自做好各自的事，互相尊重、互不干扰。我们应该坚持：在法律程序之内，言论自由让位于公正、独立审判；在法定程序之外，司法权威不妨碍言论自由。

六、勇于担当，弘扬法治精神，传播社会主义法治理念和核心价值观

社会主义核心价值观和社会主义法治理念，是司法机关在信息发布和新闻媒体案件报道中共同的责任担当。培育和树立社会主义核心价值观和社会主义法治理念，是司法机关的职责。新闻媒体除了作为营利机构，更具有社会舆论“压舱石”的社会责任。对于社会广泛关注的案件，司法机关和新闻媒体在案件信息发布和报道过程中，要主动设置舆论议题，积极引导舆论方向，向社会公众及时解疑释惑、妥善化解矛盾，共同维护社会稳定和人心安定。

司法机关和新闻媒体在案件信息发布与报道过程中，要引导社会公众客观辩证地看待具体案件，正确认识主流和支流、全局和局部的关系，及时回应社会公众关心的问题，理顺群众情绪、平衡群众心态。要在案件信息发布与报道过程中宣传和培育社会主义核心价值观和社会主义法治理念，结合典型案例鞭挞假恶丑、弘扬真善美；通过对社会关注案件的舆论引导，努力把社会主义核心价值观和社会主义法治理念转化为全社会的群体意识和自觉行动。

在涉及社会意识形态的案件中，司法机关和新闻媒体工作人员更要牢固树立“四个意识”，打赢对西方反华势力没有硝烟的舆论战，承担起维护国家意识形态安全、保卫国家意识形态舆论阵地的伟大职责。

七、以人为本，加强队伍建设和教育培训，提升发布和报道的质量和水平

各级司法机关都要加强新闻发布队伍建设，挑选政治素质强、政策水平高、具备一定新闻宣传工作经验的同志负责协调案件报道工作。加强司法机关新闻发布与舆情应对业务培训，提高案件新闻发布水平，提高与媒体打交道能力，提高整个政法干警队伍的媒体意识与媒介担当。

各级各类新闻媒体要加强政法编辑记者队伍建设，选择政治立场坚定、法律素养高的编辑记者负责案件报道。加强政法报道专题培训，引导编辑记者熟悉法律程序、掌握法律知识、提高法律素养，恪守职业道德，坚守社会责任，切实提高案件报道和舆论引导水平。在新闻媒体一线，记者和编辑的压力非常大，要完成各种任务。但教育培训属于磨刀不误砍柴工，尤其是刑事诉讼法应该成为新闻媒体的基本法律行为规范，甚至可以说刑

事诉讼法就是司法案件信息报道领域的小宪法。

此外，应当高度重视人才培养和储备工作，在法学教育中应该融入基本媒体素养的理念教育；在新闻传播专业高等教育中应当加强社会主义法治理念、法律知识、职业伦理等方面的养成。

八、提高站位，提升国家治理与社会综治能力

首先，破除机械的维稳思想，提升政治站位。在涉法敏感案（事）件中的舆情应对，不是简单的“救火”。十九大报告提出了推进国家治理体系和治理能力现代化的要求。从更高站位来看，涉法舆情应对是一个司法领域的社会公共关系问题，是国家治理体系的一个局部，也是社会综合治理的一个部分。从舆情风暴中体察民情民意和群众需求，是因势利导、妥善应对的第一步。维稳固然重要，但是维稳不是简单地花钱买平安。如果丧失了从舆情中理解群众疾苦的能力，丧失了动员和组织人民的能力，就只剩下“从国库自上而下发慈善买平安的科层体系了”。①

其次，要处人所恶，持谦卑心态。党长期执政的根本，在于“处众为之所恶”。② 做好涉法舆论工作，就是甘愿投身众人不愿去的舆论漩涡、不敢去的舆论潮头，勇于担当又甘于放下架子。身为司法机关的工作人员，在社会公众面前放低自己，是一种格局。放低自己，才能够容纳风雨，也能装得下委屈。面对网络舆论中的误解、猜忌甚至谣言，“躲藏的鸵鸟”或是“怒怼的毛驴”，只会让情况雪上加霜。格局大一点，姿态低一点，直面问题，开诚布公，反而会收获来自社会公众更多的好评。

再次，要有互联网上的动员和组织能力。把群众组织成人民的能力，是我党组织路线的核心标准。③ “群众和人民有何区别？有组织的群众就成为人民。共产党不出头组织，其他势力就会来组织，因为群众渴望有组织。”④ 在互联网上，这个道理同样有体现。如果没有强有力的组织工作，网民就呈现为勒庞笔下的乌合之众。因为网民需求组织和归属，一个个“山头”就会自发形成。没有正确的引导，这些自发形成的“山头”就是无序的绿林山寨，甚至会发展为“网络黑社会”。2018 年 8 月 17 日晚，中央

---

① 参见潘维：《信仰人民：中国共产党与中国政治传统》，中国人民大学出版社 2017 年版，序第 9 页。

② 参见潘维：《信仰人民：中国共产党与中国政治传统》，中国人民大学出版社 2017 年版，序第 17 页。

③ 参见潘维：《信仰人民：中国共产党与中国政治传统》，中国人民大学出版社 2017 年版，序第 16 页。

④ 参见潘维：《信仰人民：中国共产党与中国政治传统》，中国人民大学出版社 2017 年版，第 147 ~ 148 页。

电视台东方时空播出节目《起底“网络大V”陈杰人——“家国情怀”旗帜下的双面人生》，主人公陈杰人运营自媒体发布文章博取眼球、吸引舆论关注，以舆论监督为名肆意抹黑、攻击党政干部、司法机关，企图牟取不法利益，对依法行政和公正司法造成极大的负面影响。打击这样的网络黑势力的根本之道，就是在互联网舆论场做好群众组织工作。坚持党对政法舆论工作的领导，最根本的是把党的组织路线和群众路线贯彻好，特别是在互联网舆论阵地上贯彻好。

第二节　司法机关信息发布规范

一、主动、即时、连续发布案件信息

前述很多负面典型案例都存在信息发布与舆情应对不主动、不及时的问题。这些教训启示我们，在很多情况下，消极拖延的“鸵鸟政策”是酿成舆情灾难的根源。因此，司法机关对于案件信息的发布，主动及时是首要的要求。

我们还应该注意到前述网民群体的数量和结构变化，关注到新媒体工具和传播方式的变化，对司法机关信息发布和舆情应对的及时性要求越来越高，甚至“及时”就需要与时俱进变为“即时”的要求更为准确。稍稍反应慢一点，几个小时内就可能被猜测和谣言占领了舆论高地。“即时”发布再引申一步就是“连续”发布，从供求关系来看，公众和媒体对案件信息的需求是持续性的，如果出现空档，猜测和谣言便又可能乘隙而入。

具体来说，应该做到：一是主动、即时、连续发布。对在全国或本区域有重大影响、社会舆论关注的案件，司法机关应当根据司法活动程序和案件的具体情况，在坚持真实和准确的前提下，主动、即时、连续发布权威信息。通过主动发布信息对负面舆论形成对冲，最大程度地减少和避免新闻媒体的不准确报道和社会公众质疑、猜测，有效引导舆论走向。[①] 二是落实“三同步”要求。对于可能引发重大舆情的案件，应当遵循依法处理、舆论引导、社会面管控“三同步”要求，及时向上级机关报告，按照统一部署发布相关信息。

---

① 参照中央对外宣传办公室国务院新闻办公室《关于进一步加强和改进突发事件新闻发布工作的意见》相关要求。

二、积极有效回应社会关切，通过信息供给侧改革实现有效沟通

从司法案件信息供求的角度看，只有司法机关提供的信息能够满足社会公众和新闻媒体的需求，才能形成信息的有效供给，实现舆论的有效沟通。从前述典型案例中可以看到，在“官本位”“冷处理”“压下去”等传统错误思维的影响下，不关注社会与公众关切，一厢情愿地进行信息发布，最终只能事与愿违。

司法机关在案件处理上有决定权，但是对舆情的走向并没有决定权。应该放下强势地位，顺应网络传播的规律，与网民真诚沟通。具体来说，应该做到如下几点：

一是关注社会公众的需求和期待，清楚公众和新闻媒体对哪些信息感兴趣。不论合法与非法、高尚与低俗、理性与非理性的需求，搞清楚是工作的第一步。

二是选择社会公众喜欢和接受的方式，及时回应社会公众关切的问题，提升信息发布的有效性。

三是注重沟通方式和效果，既要用好法言法语，又要用好群众语言，以清晰明白、通俗易懂的语言与新闻媒体和社会公众进行沟通，权威准确解析法律知识，深入浅出讲明法律事理。

四是讲究策略，认真策划，循序渐进，适时适度，确保案件办理工作的顺利开展，有助于公众正确了解案件信息。[①]

五是对于依法不能发布的案件信息，应当做好解释说明工作。可以官方说明，也可以邀请专家学者进行解读。

六是切忌不可“怼”网民。即使遇到误解、谣言等，也不可对网民产生敌对情绪，更不能以明示和暗示的方式打击报复。

三、刑事案件分阶段采取相应的信息发布措施

对于应当主动发布信息的刑事案件，应当依法依规发布案件信息，按照“谁办案谁负责、谁主管谁负责”的原则，根据刑事诉讼活动不同阶段采取相应的信息发布措施。在各个阶段的信息发布过程中，应当关注社会公众对案件办理不同阶段的需求和期待，及时回应公众关切的问题。对于社会公众需求和期待中包含的依法不能发布的案件信息，应当做好解释说明工作。

各级司法机关要严格做好信息源管理，不得在案件信息发布中详细披

① 参照《国家突发公共事件新闻发布应急预案》相关要求。

露破案细节和作案手段，不得发布可能诱发犯罪行为模仿效应及其他不适宜公开的案件信息。进一步建立健全案件信息发布保密审查机制，明确审查程序和责任，避免因披露应当保密的信息对特殊群体造成伤害或有损司法公正。

（一）案发、侦查阶段的案件信息发布

在案发阶段，公安机关新闻发布部门应当及时协调现场处置或办案部门，视情况适时发布信息。

在案件侦查阶段，因涉及侦查保密原则，为防止办案干扰，原则上不对外发布案件信息。对于社会关注度高的案件，在不影响正常办案的前提下，可以适时发布程序性的案件信息，向社会告知案件办理进展情况。

侦查终结并移送起诉后，侦查机关可以视案件性质、当事人情况及可能的社会影响审慎对外发布信息。禁止发布定罪定性的倾向性意见，尤其不能发布“盖棺定论”式的破案信息。

发布侦破过程的视频或者录制电视节目，应当注意保护犯罪嫌疑人人格尊严和个人隐私，严禁强迫犯罪嫌疑人在视频或电视节目中做认罪陈述。

（二）审查批捕、审查起诉阶段的案件信息发布

检察机关原则上不对外发布信息。对于社会关注度高的案件，在不影响正常办案的前提下，可以适时发布程序性的案件信息。

在向人民法院提起公诉或决定不起诉后，可视案件性质和社会影响对外发布信息，但要避免直接发布起诉书具体内容，避免向社会公众传递定罪定性的倾向性意见。

（三）审判阶段的案件信息发布

除依照《刑事诉讼法》的规定不公开审理的案件外，庭审应对社会公众和新闻媒体有序开放。对于依法公开审理的案件，人民法院应当依照关于旁听的有关规定，为新闻媒体提供必要便利。对于依法不公开审理的案件，人民法院可以根据实际情况为社会公众和新闻媒体提供依法可以公开的信息，同时对不能公开的信息作出解释说明。

对于社会关注度高的案件，在作出裁判之前应当适时发布程序性的案件信息，但要避免向社会公众传递定罪定性的倾向性意见。在依法作出裁判后，除法定禁止情形外，应当公开宣判；同时即时充分发布案件信息并充分回应社会关切。

（四）执行阶段的案件信息发布

对于减刑、假释、暂予监外执行等刑罚变更执行的有关信息，应当依法及时向社会公布并接受社会监督。对于监狱等监管场所内发生的袭警、越狱等恶性案件，可以视案件性质和可能造成的社会影响，适时、适度发布相关案件信息。对于突发事件，应当严格按照“三同步”要求，做好依法处理、舆论引导和社会面管控同步进行。

四、完善案件信息发布的制度化建设

各级司法机关应当明确案件信息发布的职责、程序和方式，提高案件信息发布制度化、规范化水平。建立健全新闻发布会和新闻发言人制度，加强机关网站、两微一端建设，提高案件信息发布的质量和水平。尝试创设新闻事务警官、检察官和法官制度与媒体顾问制度，提升信息发布与舆论应对的专业化水平。

建立健全案件信息发布内容把关和保密审查机制，不泄漏国家秘密、商业秘密和个人隐私，不披露侦查技术等工作细节，不发布有悖社会公序良俗或者犯罪手段模仿传习的案件信息。

建立健全案件信息发布舆论引导工作机制，对于可能引发重大舆情的案件，应当遵循依法处理、舆论引导、社会面管控“三同步”要求，及时向上级机关报告，按照统一部署发布相关信息。

五、畅通案件信息发布渠道，提高同媒体特别是新兴媒体打交道的能力

充分发挥各类网络传播渠道反应迅速、受众面广的特点，加强机关网站、两微一端建设，使之成为发布案件信息的便捷渠道和联系群众的桥梁纽带。各级司法机关及工作人员要善于运用媒体尤其是新媒体发布信息、解读政策、引导舆论、接受监督，提高同媒体特别是新兴媒体打交道的能力。

关注“新技术—新媒体—新舆论”的发展方向，关注近一两年来新兴的弹幕网站（如“A 站”Acfun 和“B 站”Bilibili）、网络直播平台（如 YY、花椒、斗鱼等）、知识分享社区（如知乎、分答等）、短视频（如抖音、火山、快手、梨视频等）、网络电台（如喜马拉雅）等新的媒体形式和传播特点，充分利用这些新兴媒体提升信息发布和维护司法公共关系的效果。

六、建立健全重大敏感案件舆情监测和舆论引导机制

针对涉及敏感人员、敏感事项、敏感地区的案件，或者严重危害国家

安全、严重影响社会和谐稳定、严重影响人民群众安全感、严重损害政法机关形象的案件，或者执法办案过程、结果可能引起公众广泛关注、重大舆论争议、境内外敌对势力攻击的案件，建立健全舆论监测和引导机制。

建立健全系统化的舆情监测制度，舆论炒作风险评估制度及舆论引导工作责任、预案、口径报告、沟通协调、提醒、专班等制度，最大限度地预防减少与司法办案和队伍建设有关的负面报道和舆论炒作，为司法机关依法履行职责和公正办理案件营造良好的舆论环境。

主动拥抱科技进步，充分利用大数据信息采集和分析技术，创新重大敏感案件舆情监测和舆论引导机制，提升在信息网络时代舆情监测和舆论引导的能力水平。

第三节　司法案件信息报道规范

一、坚持依法依规采访

第一，通过合法、正当的途径、方式进行采访，不采用非法或者违背职业道德的手段获取新闻素材。

第二，服从公安机关对案发现场的管理规范和管理要求，在指定的区域内采访和拍摄。不得逾越现场警戒线，不得因采访报道对现场公安、医护、消防等工作人员的正常工作造成妨碍。

第三，尊重司法机关和其他采访对象的合理要求，依法查阅、复制允许公开的案件材料。

第四，遵守法庭规则，不对庭审活动进行暗访，记录、录音、录像、摄影、转播庭审实况须经人民法院许可。

第五，避免新闻采访中与信息源形成利益关联。对于信息源是为获取某些利益才提供信息的，要避免与信息源形成利益交换和利益关联。对于信息源提出的隐匿信息源的要求，要十分谨慎地分析他的理由，不轻易作出承诺。对于一方当事人、代理人及其他利害关系人提供的信息，要谨慎使用，避免报道失实、偏颇、失衡，更不得由此成为一方当事人的媒体代言人。

二、确保报道内容合法合规

第一，坚持真实、全面、客观、公正的原则。认真核实报道内容，谨慎选择报道角度，确保事实准确、可靠，评论理性、公正。在报道时，要从法律的角度思考整个案件中的相关问题。

第二，以权威来源的信息作为报道依据。不得采用未经核实的新闻线索和新闻素材，不得传播道听途说、未经证实的信息。坚持媒体自律，不断增强报道的专业化，对案件“消息源”（包括 UGC、[1] OGC、[2] PGC、[3] 等）要坚持“多重佐证”。

第三，严格执行有关保密规定，严防在报道中泄露国家秘密。不得在案件报道中披露当事人和相关公民的隐私。在强奸案等涉及当事人隐私的案件中，注重保护被害人的人格尊严，不得为迎合公众猎奇心理披露案情细节。

第四，按照司法公开的法律法规和有关规定进行报道。不得擅自披露未决案件的侦查进展情况和尚未公开或依法不公开的法律文书，不得擅自公开侦查机关的情报来源、侦查手段、审讯策略、办案思路等信息。禁止报道公安看守所、监狱等监管场所的基础设施布局、警戒设施设备、警员警力分布和监管防范手段等信息。

第五，严格遵守保护未成年人的相关法律规定。不得披露涉嫌犯罪的未成年人的姓名、住所、学校等可能推断出其身份的信息资料，不得在报道中使用案件办理过程中未成年人的照片和图像。

三、自觉维护司法权威

第一，树立程序意识。正确认识和把握司法案件报道与司法机关法定办案程序之间的关系。不急于追问和刺探案件定性结论和调查处理进展，不干扰和妨碍司法机关依法办案。

第二，遵循司法规律和新闻传播规律，依据司法机关发布的信息，动态、连续报道案件诉讼进程和查办情况。

第三，恪守无罪推定原则，不超越司法程序自行做出有罪或者无罪的定性表述，不把未经司法审判的犯罪嫌疑人称为“罪犯”，不把未经审判监

---

① UGC（User Generated Content）指用户原创内容，是伴随着以提倡个性化为主要特点的 Web2.0 概念而兴起的。它并不是某一种具体的业务，而是一种用户使用互联网的新方式，即由原来的以下载为主变成下载和上传并重。来源于百度百科词条，最后访问日期：2017 年 9 月 28 日。

② OGC（Occupationally - generated Content）指职业生产内容。在视频、新闻等网站中，以提供相应内容为职业（职务），如媒体平台的记者、编辑，既有新闻的专业背景，也以写稿为职业领取报酬。PGC 属于 UGC；但 OGC 不属于 UGC，而是与 UGC 相对立的。来源于百度百科词条，最后访问日期：2017 年 9 月 28 日。

③ PGC（Professional Generated Content），又称 PPC（Professionally - produced Content），指专业生产内容（视频网站）、专家生产内容（微博）。用来泛指内容个性化、视角多元化、传播民主化、社会关系虚拟化。经由传统广电业者按照几乎与电视节目无异的方式进行制作，但在内容的传播层面，却必须按照互联网的传播特性进行调整。来源于百度百科词条，最后访问日期：2017 年 9 月 28 日。

督程序纠正的案件直接表述为“冤案”。在法院作出判决之前，不作定罪、定性报道和评论。不得强迫任何人自证有罪，不得制作、播放要求犯罪嫌疑人认罪的电视节目和网络视频。

第四，对有争议的司法案件，要全面、平衡、公正地报道案件信息。面对一方当事人、代理人的诉求，不得片面报道、片面评论，以避免误导社会公众。不搞“媒体审判”和“舆论审判”，不通过带有明显主观倾向性的报道向司法机关施加舆论压力，不发起以案件定罪定性为内容的网络投票。

第五，保护当事人合法权益。充分尊重当事人意愿，不过度采访和追问，不给当事人及其家属等利害关系人造成二次心理伤害。充分尊重当事人的人身权利和人格尊严，不侮辱、诽谤他人。

第六，不得因采访、报道干扰证人作证，不得因采访和报道对证人、被害人造成伤害。

四、注重报道的社会效果

新闻媒体要树立强烈的社会责任感，注重案件报道的社会效果。

第一，坚持客观报道、理性引导，不把个别问题普遍化，不挑动或者激化冲突、对立。不刻意突出身份、阶层、贫富的差异，不歧视特定性别、民族、地域、宗教，不使用“富二代”“官二代”“星二代”“穷二代”等标签化表述方式，挑动对特定社会群体的偏激情绪，不做吸引网民眼球、提高点击率的“标题党”。

第二，对犯罪行为特别是以爆炸、纵火、砍杀、投毒、驾车冲撞等恐怖主义方式报复社会的犯罪行为秉持正确、鲜明的立场，避免情绪化渲染和煽动。不得以社会问题为由，在报道中将犯罪行为合理化、悲情化甚至英雄化。对于存在情、理、法冲突的案件，不得将社会问题与司法裁判对立起来。

第三，避免过度展示犯罪细节。不得过度展示作案手法，特别是不得披露暴力恐怖犯罪、高智商犯罪、高科技犯罪的具体犯罪手段，以防止不法分子从中学习效仿。不渲染凶杀、暴力、色情、恐怖、强奸等情节和场景，不刊发血腥的图片和视频。

第四，警惕案件报道引发负面效应。不炒作恶意报复社会、伤害未成年人、个人极端行为等易诱发模仿效应的司法案件。

第五，防止涉贪腐案件报道低俗化倾向。报道要准确适度，注重传递打击腐败的成效和案件的警示性等正面信息。不渲染炒作含有奢靡、情色等不良内容的花边新闻，严防使严肃的反贪反腐主题的新闻报道产生娱乐化、低俗化倾向，甚至引发谣言传播，产生不良社会影响。

五、报道刑事案件的规范指引

新闻媒体报道刑事案件，应结合办案程序，按照司法公开的有关规定，依据司法机关发布的权威信息，动态、连续报道案件的诉讼进程。

第一，在案件侦查阶段，一般以报道立案、采取强制措施、侦查终结、移送审查起诉等程序性信息为主。报道涉及犯罪事实的实体性信息，必须有权威信息来源。

第二，在案件起诉阶段，可以依据检察机关发布的信息，报道案件提起公诉或者决定不起诉等程序性信息。提起公诉后，可以依据公开的法律文书，适度报道犯罪嫌疑人身份、涉嫌罪名、基本案情等实体性信息。

第三，在案件审判阶段，对公开审理的案件，可以客观报道法庭调查、法庭辩论等庭审情况。案件公开宣判后，可以依据公开的裁判文书，对案件的事实、情节、判决结果等进行全面报道，对案件涉及的问题进行公正评论。

六、报道民事、行政案件的规范指引

第一，新闻媒体报道民事、行政案件，应注意多源求证，客观平衡，不片面报道一方当事人、代理人的诉求，不通过带有明显倾向性的报道向司法机关施加舆论压力。

第二，严禁接受一方当事人、代理人请托进行倾向性报道，严禁帮助一方当事人煽动情绪、制造舆论，向法院施压、干扰法院独立行使审判权。

七、规范案件信息报道，从官媒开始

规范媒体对案件的报道，首先应该规范官办媒体。从典型舆情案件中可以看到，官媒有很多违背法治基本规则的传播。在一些有影响力、权威性的官办媒体中，违法传播也是经常出现，后果非常严重。比如常见的电视认罪，非常不合适，为了迎合观众的胃口，法律退到次要的地位。官媒是整个舆论场的“压舱石”，官媒以身作则，会影响到商业媒体和自媒体。官媒存在的违反法治精神进行报道的现象问题还有很多，例如死刑直播（央社现场拍摄“湄公河惨案”制造者糯康被执行注射死刑）、死刑投票（药家鑫案、贾敬龙案），有罪推定更是非常常见又反复出现的问题，在李某某案中达到极端。

第四节　司法案件信息网络传播规范

一、维护“绿色”互联网生态环境

互联网群组信息服务提供者和使用者，应当遵守宪法、法律、国家有关互联网新闻信息管理和意见关于规范案件报道的各项规定，坚持正确的舆论导向，大力弘扬社会主义核心价值观和社会主义法治理念，大力培育健康积极、理性乐观、向上向善的互联网文化，维护国家利益、社会公共利益，塑造良好的互联网生态环境，为广大网民特别是青少年成长营造风清气正的网络空间。①

1. 发布案件信息，应当以司法机关正式发布的权威信息为来源，真实准确、客观公正。

2. 传达正确立场、观点、态度，恪守新闻伦理，不得出现歪曲原意、断章取义、以偏概全、法律法规明确禁止的和明显违反社会公序良俗的内容。

3. 严禁恶意篡改标题炒作或蓄意制造舆论“热点”。②

4. 自觉抵制有害信息、虚假信息的渗透和传播，不传播、不转载网上流言、传言或猜测性信息。③

二、依法理性表达意见

具有一定影响力的网络“大 V”、论坛版主、微信群主、微信公众号等，应对其网络行为负责，依法、理性表达意见。强化法律意识与责任意识，通过网络平台表达意见不得侵害他人合法权益，不得发布或传播有关案件的虚假、失实信息，不得与现行法律法规和平台签订的协议公约相冲突。④

“互联网群组信息服务提供者应当落实信息内容安全管理主体责任，配备与服务规模相适应的专业人员和技术能力，建立健全用户注册、信息审

---

① 参照国家互联网信息办公室《互联网直播服务管理规定》《互联网群组信息服务管理规定》相关要求。

② 参照国家互联网信息办公室《互联网新闻信息标题规范管理规定（暂行）》相关要求。

③ 参照国家新闻出版广电总局（原国家广播电影电视总局）《关于加强新闻采编人员网络活动管理的通知》相关要求。

④ 参照《中华人民共和国网络安全法》《突发公共事件新闻报道应急办法》及国家互联网信息办公室《互联网直播服务管理规定》等相关要求。

核、应急处置、安全防护等管理制度。”①

“互联网群组建立者、管理者应当履行群组管理责任，依据法律法规、用户协议和平台公约，规范群组网络行为和信息发布。互联网群组成员在参与群组信息交流时，应当遵守法律法规，文明互动、理性表达。”②

三、以协议公约规范管理

互联网（网站、论坛、网络直播等）信息服务平台提供者与自媒体（博客、微博、微信、即时通信工具、应用程序等）信息服务平台提供者，“应当落实主体责任，配备与平台服务规模相适应的专业人员，健全信息审核、安全管理、应急处置、技术保障等制度”，③ 应当制定平台管理服务公约，并与服务平台使用者签订用户服务协议，明确双方的权利义务，要求平台使用者承诺并遵守相关法律法规和平台管理服务公约。

第五节　司法信息发布与传播管理监督与法律责任

一、统筹导向管理

全国各级党委宣传部门、党委政法委、司法机关、互联网信息内容管理部门、新闻出版广电管理部门以及各类相关行业组织，要加强统筹策划，按照“谁主管谁负责”和属地管理、分级管理原则，建立健全案件信息发布和报道沟通协调机制，④ 切实加强对媒体有关案件报道内容的导向管理，组织好案件宣传报道和舆论引导。

二、完善案件信息发布管理制度

各级司法机关应当规范推进案件信息公开，依法做好案件信息发布、舆论引导和媒体服务工作。对不回应社会关切、不发布重要信息的司法机关和相关责任人，要严肃批评并公开通报；信息发布不及时、不规范、不准确引发广泛质疑的，应当及时纠正。加强与媒体的沟通协调，尊重媒体

① 参照国家互联网信息办公室《互联网群组信息服务管理规定》相关要求。

② 参照国家互联网信息办公室《互联网群组信息服务管理规定》相关要求。

③ 参照国家互联网信息办公室《互联网直播服务管理规定》相关要求。

④ 参照国家新闻出版广电总局（原国家广播电影电视总局）《关于加强新闻采编人员网络活动管理的通知》相关要求。

采访报道权，正确对待舆论监督，提升互联网时代政法干警的媒介素养与担当，提高同媒体特别是新兴媒体打交道的能力。发现新闻媒体报道案件不实、不当或者违法违规时，可将情况通报有关主管部门并要求撤回或更正。

三、规范媒体宣传报道

各类新闻媒体应当强化社会责任与法治思维，充分重视案件报道的专业性，提高报道队伍的法律素养。要加强对报道内容的审核把关，媒体刊播失实信息，对社会造成负面影响的，要公开更正道歉；利用案件报道进行有偿新闻、有偿不闻，或捏造事实、传播谣言、制造虚假新闻等造成严重后果的，应当依法依纪追究有关单位和人员的责任，构成犯罪的，依法追究刑事责任。

四、规范网络平台传播秩序

互联网与自媒体等信息服务平台提供者与管理部门应当建立健全新闻信息内容管理责任制度，加强对案件报道的审核把关。平台提供者应当加强对平台使用者发布案件信息的巡查、管理，发现有关信息不实、不当或者违法违规的，应当及时处置，消除影响，并依照规定追究相关单位和人员责任。应当建立健全社会投诉举报渠道，公布举报网站网址、电话等，自媒体平台设置相应的便捷投诉举报入口，及时处理公众举报的违法和不良信息。①

五、鼓励加强行业自律规范

鼓励支持新闻媒体行业协会、互联网行业协会等行业组织制定行业公约，加强行业自律，建立健全行业信用评价体系和服务评议制度，定期评议、通报违法违规案例，促进行业规范发展。②

六、严格落实责任追究制度

第一，媒体、网络、自媒体平台案件报道与相关信息侵犯当事人名誉权、隐私权、肖像权等，当事人可向平台举报投诉，平台应当采取措施予以删除或者更正；③ 对于构成民事侵权的，鼓励被侵权人通过法律途径解

---

① 参照国家互联网信息办公室《互联网直播服务管理规定》相关要求。

② 参照《中华人民共和国网络安全法》、国家互联网信息办公室《互联网直播服务管理规定》相关要求。

③ 参照《中华人民共和国网络安全法》相关规定。

决，可向人民法院提起民事诉讼，司法机关应当及时处理。[1]

第二，案件报道中以侮辱、诽谤等方式损害当事人、司法机关人员权益，造成不良社会影响，构成违反治安管理行为的，由公安机关依法给予治安管理处罚。

第三，案件报道损害国家安全和社会公共利益，泄露国家秘密、商业秘密和个人隐私，恶意制造传播虚假、失实有害信息以及有其他严重违法违规情形的，应当依纪依法追究相关单位和人员责任，构成犯罪的，依法追究刑事责任。对通过媒体报道或利用信息网络干扰阻碍司法活动，威胁、报复陷害、侮辱诽谤司法人员及其近亲属的行为，应当依法从严惩处。

七、建立健全司法机关与新闻媒体双向沟通机制

第一，司法机关每年都会举行普法宣传，多是面向普通群众。实际上，进行法治报道的媒体记者也是需要进行普法的对象。可由中央政法委和中国法学会牵头，对进行法制类报道的记者进行轮训，规范法制类宣传报道的规范问题。

第二，司法机关积极配合媒体采访报道，在一些热点、敏感、复杂案件的报道过程中，主动参与并提供专业化的详实内容，避免因报道不规范造成报道失真和违法问题。

第三，定期对全国政法干警进行媒体素养与网络素养培训。针对不同岗位的政法干警，进行有针对性的舆情防控和处置、与公众和媒体打交道的技巧培训和能力训练。

---

① 参照国家新闻出版广电总局（原国家新闻出版总署）《关于采取切实措施制止虚假报道的通知》相关要求。

第十七章　网络舆情应对的理论与制度建设

第一节　政法干警媒体思维与媒介担当

一、顺应时势、勇于担当

当前，中国的司法改革已经向纵深推进，具有划时代的伟大意义和深远意义。员额制改革，不仅仅是一个百分比的问题，更是法官、检察官在职业化基础上精英化的进程。改革之后，进入员额的法官和检察官深知自己肩负着更重的司法责任，同时更加坚定了作一位名副其实的法官和检察官的信念，他们将以新的姿态和新的形象走向新的时代。员额的深远意义就是时势造英雄，这是时代使然。

新体制、新形势决定新任务，新的时代赋予了法官、检察官新的历史担当。中国司法近几年来的社会环境、冷静研判理念、社会公众追求公平正义的司法价值没有变化，公正司法、司法为民的主线没有动摇。诚然，我们每个司法人员都已深切地感受到，公民的交往方式、信息传播的方式却发生着深刻变化且不可预知。十五年前，各种论坛才刚刚兴起；约十年前，微博仅仅是各种娱乐的阵地；近五年前，微信还是一种时尚，人们感到幼稚而陌生。随着社会的发展，智能手机进入了寻常百姓的手中，手机网民“低头族”占据了统治地位，“两微一端”已经成为民众认知与交往的日常媒介，网络空间已经成为人们日常生活的另一块领地。

司法不可能是神秘的围城，法院不可能是封闭的堡垒。在信息网络快速发展的时代，尤其是近年来，越来越多的裁判文书、法院的司法案件在网络上被广大公众热议，在不经意中，司法已经成为网络舆论的热点和焦点。我们也清楚，在网络的空间里，既有失实的案情披露，也有偏执的舆论审判，更有疯狂的情绪宣泄……司法正面临着网络时代的冲击，在这样的大环境下，如何守得住公平正义？若仍然是仅仅问案于公堂之上，仅仅辛劳于案牍之间，即使是“白加黑”“五加二”，也可能终将司法权威、公平正义湮没于网络时代的洪流。

有的司法人员说，应对社会舆情网事，是新闻部门的活，不是我们法官和检察官应该做的事。可是，大家是否想过，所有司法案件，冲锋在审判第一线的是谁呢？每个司法案件都不可避免或多或少地隐藏着各种各样的敏感因素。在执法办案过程中，一线法官、检察官的每一个不妥当的行为、每一次不小心的疏忽，都有可能即刻点燃舆情的火药桶。新闻部门能做的仅仅是舆情的消防队，强化媒体意识，也只能依靠我们法官、检察官自己。在新的时代发扬“马锡五”精神，社情民意已经远离落后的存在形势，目前，已经从田间地头转移至网络空间。如何做好网络时代的审判工作，是司法改革后每一名法官、检察官需要认真思考的问题，也是在新时代理应标配的新担当。

“担当”意味着无畏无惧，不退缩。近几年来，网络舆论给公正司法带来的消极负面影响突显，网络传播谣言、“媒体审判”等事件屡见不鲜。面对新时代网络新媒体的冲击，司法人员滋生了畏难情绪，“恐媒、防媒、拒媒”抵触心态盛行。但是，不论见还是不见，它仍然在那里。越是不理睬，谣言将会成为事实；越是不发声，质疑将越会变成主流。最高人民法院为我们搭建的司法公开三大平台已经上线，司法的阳光在普照每一寸土地。新时代的司法人员，应该知道如何应对信息网络的冲击，有义务播撒公正司法的阳光。面临网络时代的冲击，作为一名法官、检察官，必须敢于担当，还须善于担当、更须乐于担当。

二、更新思维、敏锐洞察

司法改革后进入员额的法官和检察官，已经成为划时代的法律职业的精英群体。所谓精英化的法官和检察官，不仅是具备法律思维、自觉遵循司法规律的专业化法律人，更应该是把握传播规律、洞悉社会各界矛盾的职业化社会人。敢于实践“让人民群众在每一个司法案件中感受到公平正义”的目标，除具备道德修养、基本法律素养外，更需具备用传媒视角看待、分析和处理司法问题的能力，用以下四种媒体思维方式作为法官和检察官的新标配。

一是洞察媒介思维，也就是洞察案件敏感因素的媒介思维。每一件司法案件，在目前的网络环境下，都会藏有或多或少、或大或小的各种敏感因素。往往更多的敏感因素会隐藏在一件件比较普通的司法案件中，表面或许风平浪静，却有暗流在涌动。面对任何一件最普通的案件也不能掉以轻心。爆炸物藏在哪里？舆情引火索在何处？这里没有法律的逻辑，只有大众的心理和传媒的视角。

二是精品思维，也就是庭审裁判可接受性的精品思维。党在十八届四中全会提出了构建开放、动态、透明、便民的阳光司法机制的决定，最高人民法院搭建的司法公开三大平台日趋成熟完善。这些都体现了“让人民群众在每一个司法案件中感受到公平正义”司法工作不仅有制度约束，更有外部舆论的监督。如何让广大人民群众感受到公平正义？如何体现获得感？作为法官、检察官需要换位思考，需要注重司法过程与结果的“可接受性”与“精品化”。工作中一句失当的语言、一处简单低级的笔误，都有可能会被网络“蝴蝶效应”给予无限放大，甚至还会被无厘头地歪曲附会，其结果是让法官、检察官百口难辩。

三是公关思维，也就是如何与当事人、公众融洽沟通的公关思维。在当今的网络信息时代，司法公开的时代浪潮是不可逆转的。审判工作已经从就案办案方式，逐渐演变成为如何处理公共关系的社会治理活动。面对新形势下的司法公开，将司法工作的情形即审判流程、裁决文书、执行信息都公布于网络，再通过网络向社会公众辐射；在当今的自媒体时代，每一名当事人，都有可能会把自己所感受的法官、检察官的形象在网络空间传播。其法律效果与社会效果的有机统一，就是所讲的公共关系。我们在司法审判过程中，如何构建开放、融洽、和谐的公共关系，如何用所创建的公共关系的理论和方法服务于审判活动，是打通司法为民的“最后一公里”。

四是形象思维，也就是网络空间言论边界的形象思维。法官的形象需要自行修正，不仅只是一身法袍和一个法槌而已，而是在一言一行、举手投足之间向社会传递的公众形象。在现今的社会活动中，法官有职业行为规范和职业道德准则的约束。但是在网络空间里，行使作为普通公众的言论自由时，应当注意止于法官形象的边界。《联合国班加罗尔司法行为原则》确定了法官的言论自由应当尊重司法尊严和司法公正的原则。严格做到在网络中或其他场合言论谨慎，自觉修正或维护法官形象，也是现代合格法官的担当。

三、掌握规律、有胆有为

新形势下司法公共关系不再倚重传统媒体，进入网络信息时代以后，信息交互共享、即时传播型的新媒体异军突起，话语权不再局限于传统媒体掌控，而已经进入“人人都是麦克风”的自媒体新时代。司法审判工作不再是只囿于公堂之内，进入新时代的法官，将面临更复杂、更艰巨的考验。

作为新时代的司法人员，应当关注网络新媒体时代信息传播的新特点：一是信息来源点散化，话语权去中心化，时间上传播即时化，空间上信息高度共享化；二是信息传播方式交互性强，网民之间可以互动式、零距离地相互交流意见；三是信息传播速度存在裂变性。一旦进入网络的信息，就会在网络公共空间形成立体式传播，网络舆论的能量具有原子弹爆炸似的威力；四是网络空间门槛低，平民化，人人都可以有麦克风，处处都可以是通讯社；五是舆论没有“把关人”，公众素养参差不齐，言论真假难辨。法官还需要洞察公众心理的深层规律。诞生于一百多年前的社会心理学名著《乌合之众》一书提到，“群体具有冲动、急躁、易变、非理性、无逻辑、极端化、情绪化等特点”。时代虽变迁，人心将依旧。勒庞揭示出的一百多年前的公众心理，在当今网络时代依然具有借鉴意义。

严守司法防线，积极主动消除冲击司法的负面效应。摒弃“恐媒、防媒、拒媒”心态，摒弃简单迎合心态，直面司法舆情和网络炒作，愿意说就主动说、及时地说、实事求是地说、立场鲜明地说、准确妥当地说。紧紧抓住公众舆论形成前的黄金24小时主动出击，占领舆论制高点。若是无所作为，社会公众会在“羊群效应”的影响下，负面言论就会形成“先见”，引领舆论导向；再加上强者愈强的“马太效应”作用，谣言就会发酵为“真相”，偏激就会汇聚成“主流”，到这时，法院方面再来迎战就会非常被动，新闻部门面对网络舆论的洪流，即使是出动精兵强将也难以招架。

有效延伸司法功能，主动传播司法公正的正能量。可以借用法院已经建立起来的新闻发言人制度，有效运用网络信息，将司法功能向网络空间延伸，打造新时代的网军队伍并培养司法系统自己的“网络大V”。现代法官伟大的贡献不止于公正的裁判，而在于如何向社会公众传递伟大的思想。除做新闻发布、写外宣信息，新时代的法官，还必须善于利用网络空间与民众沟通，融洽地处理公共关系。网络公关需要遵守网络传播规律：一是要合理设置议题、口径统一，有效地引导网民“想什么”；二是发布的信息要碎片化和动态化、事实必须清楚、态度必须鲜明，尽量满足公众“要什么”；三是发布信息要及时准确不失语，做到“少吃多餐”有节奏，让公民感到“能吃饱”又“撑不着”；四是讲究沟通技巧和沟通效果，不要讲官话，不要说套话，需把握好在情感共鸣处和道德制高点去传递严密的法律逻辑。

随着网络信息与司法审判深度融合，司法人员要能经得起现时代的考验，赢得民众的赞誉，就需要有洞悉网络信息背景下的司法规律与传播规律的能力，新时代的司法人员必须与时俱进，有胆有为。这是新时代司法人员的担当。

第二节　敏感案（事）件信息源规范的四维度

十八届四中全会决定提出了“防止舆论影响司法公正”的原则性要求。首先需要明确的是，“防止舆论影响司法公正”不能简单理解为防止媒体报道影响司法公正，社会舆论与媒体报道不是一回事。媒体的职责是发掘信息源并传播信息，媒体报道的消息源非常重要，要看消息源给了媒体什么样的东西。防范敏感案（事）件被社会舆论不当干预，首先应该从规范信息源开始。

根据中国政法大学传播法研究中心执行主任徐迅的相关分析，可以归纳出规范信息源的四个维度问题。

一、维度之一：政务信息与案件信息要分开

司法公开中的信息公开包括政务信息与案件信息两部分。其中，作为司法机关的政务信息应该以公开为基本原则；但是，案件信息的公开需要有一定的条件限制，不得与相关的诉讼程序法相抵触，不得妨碍司法案件的正常办理，不得违反未成年人保护、公民隐私保护等实体法规范。从实践中来看，公安机关发布案件信息的数量是非常多的，但对警务信息与案件信息的发布要进行区分。《刑事诉讼法》历次修改的趋势是，程序中需要保密的信息越来越多。在现行《刑事诉讼法》案件侦查阶段，涉及“保密”“不公开”“不公布”的地方就有20条左右。我们没有明确提出刑事案件的侦查阶段以保密为原则，但是正在向这个方向发展。这种趋势与“以侦查为中心”向“以审判为中心”的诉讼制度改革精神是一致的，也与刑法的无罪推定原则和罪刑法定原则是一致的。

规范敏感案件的信息源，公安机关是刑事案件涉及的第一阶段的司法机关，首先就要规范公安机关的案件信息发布行为。侦查阶段的案件信息应当保密为主，但是现实中还是公开了很多。从舆情案件中可以明显地看到，由于公安机关在侦查阶段案件信息发布和保密问题发酵出涉法舆情以后，进入审判阶段以后就会让司法机关陷入非常被动的局面，法院面临着一碗难吃的“夹生饭”；如果之前一直没有出问题，进入法院审理阶段舆情才发酵，审判结果都没有什么问题，之后对审判结果也不会有太大的争议。

规范公安机关的案件信息发布，应当与公安机关司法宣传体制改革相结合，否则新闻媒体无法识别公安机关发布的哪些信息可以报道，哪些不可以报道。如果是公安机关提供的信息，新闻媒体不应承担过多的合法性

审查责任。像李某某案、邓玉娇案等一些重大敏感案件，公安机关提供了一些具有“有罪推定”的倾向性信息，就成为新闻媒体错误报道的源头。源头治理非常重要，甚至比规范媒体报道更加重要。在李某某案中，我们在质疑媒体报道之前应该先讨论信息源，如果警方不予证实，媒体也会小心一点；有公安在前面证实，媒体还需要怕什么。

还有一个不可忽视的信息源就是当事人和律师。李某某案舆情事件深刻的教训之一，就是对于不公开审理的案件，案件信息本身不应该向社会公众，却通过当事人和律师等环节向社会频频曝光。这种哗众取宠的做法不仅伤害了司法公正，也损害了律师队伍的形象。该事件以后，随着这个问题引起重视，全国律协发布了《律师办理刑事案件指引》；北京市律师协会发布了《北京市律师办理不公开审理刑事案件业务操作指引》《执业纪律与执业调处委员会第 9 号规范执业指引》两个文件。这些文件都对律师代理案件的言行规范作出了详细的规定，有力推动了律师行业自律，塑造了专业、理性的良好律师群体形象。

二、维度之二：程序性信息与实体性信息要分开

司法案件的程序性信息应当向社会公众公布，例如是刑事拘留还是行政拘留，涉嫌什么刑法规范、什么罪名，什么时候侦结，什么时候起诉，什么时候开庭审理，什么时候宣判，向公众发布信息有没有违反程序的问题。这也是司法信息公开的题中应有之义。另外，司法公开的意义中还包括公开的事由解释，对于依法不公开审理的案件，应该告诉社会公众为什么不公开。

公安机关是不是每个案件都要告诉大家？什么案件可以公布？案件中什么信息可以公布，是否有标准？最基本的标准就是刑事诉讼法和相关规定。李某某案很多不该公布的信息都公布了。该案涉及依法不应该公开审理的案件相关规定，还有对未成年人保护的法律规定。李某某案中记者向海淀警方求证，警方依法应该不予证实却予以证实了。这是因为该案涉及未成年人、强奸案件，涉及未成年人的人身信息以及强奸案件中的个人隐私不属于程序性信息，又是依法需要保护的信息，不能因为社会公众感兴趣就予以公布，对于这些信息，公安机关不应当予以证实。对于这样的案件不是不可以发布和报道相关信息，但是不能把未经证据证明的事实发布出来和进行报道。

对此，司法机关应当有“大雪压青松，青松挺且直”的法治精神，不向舆论压力低头，坚决捍卫法律的尊严，捍卫需要保护的公民人格权利。刑事诉讼法的规定不仅仅是司法机关应该遵守的，也是社会全体成员应当共同遵守和遵循的规则，任何新闻媒体、任何公民都没有超越刑事诉讼法

及相关规定的特权。同时，也不存在法不责众的特殊情形，不能因为需要回应社会公众的热烈关切就可以随意破坏法律秩序。

如果给新闻媒体提出规范指引，那就是作为司法机关的消息源和作为新闻媒体的传播渠道各自管好各自的事，各自承担各自责任。《刑法修正案(九)》新增了“泄露审判信息罪”“编造、传播虚假信息罪”两个罪名，就是针对泄漏不应公开审理的案件信息、报道不应公开审理的案件信息。①

关于程序性信息和实体性信息需要区分开。对于实体性案件信息，只要法院没有宣判，都不能随意下结论。律师在司法程序中自己调查的案件事实，也不能随意披露。这些信息未经过质证，还没有成为确定的法律事实，要不披露都不披露。公安机关和律师代表两个方向，是控辩双方从侦查阶段的向前延伸，要求公安机关和律师都不披露，这也是一种平衡。这种信息发布的平衡也是传播领域平衡报道的必然要求，平衡报道的源头就是信息源要平衡。只有公安机关和律师都做到不随意发布不该发布的案件信息，才会对社会公众产生影响，引导社会公众不再急于追求和推测案件实体结果，确保司法权独立行使和保证司法公正。

三、维度之三：程序之内和程序之外要分开

程序之内，即言论自由要让位于公正审判和独立审判。程序之外，即立案之前和判决之后，司法权威不妨碍言论自由。在案件判决作出后，案件已成定局，言论自由就不会再影响司法公正了。在程序之内，言论自由对司法活动的监督只能针对程序违法问题，不能对案件实体问题指手画脚。例如不提前三天发布开放公告、该公开审理和公开宣判的案件没有公开等程序性信息可以进行监督和报道，这些信息都是无损于司法公正的，反而还会有利于司法公正；这些信息也没有触及法院的审判权，不会干扰法院独立行使审判权。

① 《刑法修正案（九）》第36条规定新增“泄露审判信息罪”：在《刑法》第308条后增加一条，作为第308条之一：“司法工作人员、辩护人、诉讼代理人或者其他诉讼参与人，泄露依法不公开审理的案件中不应当公开的信息，造成信息公开传播或者其他严重后果的，处三年以下有期徒刑、拘役或者管制，并处或者单处罚金。有前款行为，泄露国家秘密的，依照本法第三百九十八条的规定定罪处罚。公开披露、报道第一款规定的案件信息，情节严重的，依照第一款的规定处罚。单位犯前款罪的，对单位判处罚金，并对其直接负责的主管人员和其他直接责任人员，依照第一款的规定处罚。”《刑法修正案（九）》第32条规定新增“编造、传播虚假信息罪”：在《刑法》第291条之一中增加一款作为第2款：“编造虚假的险情、疫情、灾情、警情，在信息网络或者其他媒体上传播，或者明知是上述虚假信息，故意在信息网络或者其他媒体上传播，严重扰乱社会秩序的，处三年以下有期徒刑、拘役或者管制；造成严重后果的，处三年以上七年以下有期徒刑。”

四、维度之四：客观事实与主观评论要分开

在媒体报道和舆论意见中，必须区分清楚事实与意见。前者是客观的叙述，后者是主观的评论。中国传统媒体具有一个独特属性，不仅仅是信息传播平台，还是宣传平台。如果将事实与评论混在一起，到案件报道中就不讲平衡了，容易变成替一方说话。在法院没开庭没宣判的情况下，定罪定性的意见与评论，一方面妨碍司法机关依法公正行使审判权，另一方面也妨害一方当事人受到公平审判的权利。将事实与意见分开，是中国新闻媒体的进步。

第三节　敏感案（事）件的处理原则

我国当前处在社会转型时期，也是社会矛盾凸显期，重大敏感案（事）件不断增多，类型不断丰富，敏感程度不断加深。法院的主要职责就是化解社会矛盾，因此成为社会各种尖锐矛盾的集散地。敏感案（事）件往往引起大众关注而成为舆论焦点，特别是网络舆情事件，还在影响着人民法院司法公信力。敏感案（事）件具有长期性、复杂性、艰巨性的特点。有效解决和应对敏感性的案件，首先要明确其基本原则，作为具有制度设计的总纲领。

一、处理敏感案（事）件的目的性原则

（一）态度不忧不惧，积极应对敏感案（事）件

敏感案（事）件客观存在又影响深远，不能以消极懈怠的态度对待敏感案（事）件。相反，应当积极应对敏感案（事）件，不应抱有惧怕、排斥、懈怠和侥幸心理。在敏感案（事）件中，法院、法官及其工作人员的所作所为、一言一行、角色扮演都在民众的关注之中。可以形象地把法官比喻成“刀尖上的舞者”。近年来出现的很多案件之所以具有“重大性”“敏感性”“影响性”等，正是因为在其处理这些案件时，社会效果与法律效果不能“鱼和熊掌兼得”。就一些极为敏感的重大案（事）件，若法院介入不当或在案件审理中稍有不慎，极易引发重大敏感事件，而影响社会的稳定。例如，重庆发生“最牛钉子户吴萍案”中，法院介入此案后，如果不是运用能动司法调节来促成庭外和解，而是坚持依法强拆，吴萍很可能会成为社会关注极高的人物。

（二）效果平衡统一，积极疏导社会矛盾

人民法院需要谨慎使用手中的裁判权和管理权，积极梳理社会矛盾，维护社会公平正义。这就需要审判结果达到法律效果与社会效果的统一，法官不能只负责案件审理，在依法办案的同时还要关注民意。敏感案（事）件，一般都是案件的判决结果可能与公民渴望的结果不同、与公众的认知不符而产生的舆论风险。因此，法官和法院在审理某些案件过程中，首先，要强化树立人民司法为人民的意识；其次，必须立足案件的基本事实，权衡法律效果和社会效果的统一，实实在在为民做实事，依法公平正义地解决实际问题；再次，要发挥集体的智慧，群策群力，周密安排，通过庭务会、审委会等形式进行集体讨论确定。

（三）提升司法能力，促进保障公正司法

近年来出现的敏感案（事）件中显现出来的问题都与法院自身内部问题有关。人民法院在办理敏感案（事）件过程中，尤其要注意到：第一，严格审理期限的管理与控制，避免和杜绝超审限，程序操作与运行要符合法律规定，做到程序无瑕疵。审判业务部门要细化各节点时限要求，严格审批程序。法院内部的相关庭室处，要及时梳理和解决关乎案件质量的重点问题，研究提出解决问题的办法和整体方案。第二，加强裁判文书的说理性，裁判文书要做到被认定的证据扎实确凿，事实清楚，文字表达逻辑清晰，准确客观。对争议的焦点，说理要充分，逻辑清晰，条理清楚，有理有据。适用法律法条必须正确且不能有漏项漏洞。要求司法文书不能出现错别字和逻辑上的错误。裁判结果一定要能彰显出对社情民意、司法公正的尊重，努力做到情、理、法的有机统一。第三，恰当选择裁判时机，尽量避免在不适当的时间和环境下的“机械宣判”或“机械裁判”，以防止矛盾的升级和不稳定因素的增加。在解决方式上，法院在受理和审判敏感案（事）件时一定要慎之又慎，应当尽量采取调解、和解等非诉讼方式处理案件。第四，在裁判结论作出前，要对裁判结果进行全面分析和考量，从不同角度考虑分析裁判结果是否还存在不合法、不合理、不合情之处，是否还存在其他的漏洞甚至严重的错误，是否能引发新的矛盾、网络舆论或意想不到的连锁反应。如果处理不当，当事人一旦将文书发到网上，广大公众是否认同和接受。要充分灵活地适用法律规则，有机平衡案件当事人之间的利益，在依法公平办案的同时，也要兼顾法律效果和社会效果，以达到在现有证据条件状态下的相对合情合理。第五，要作出单位内部与外部单位的联动。内部联动主要是指法院内部各个庭室处部门之间在协调沟通、秩序维持、物质保障、协同接访、信息互换等方面予以配合。外部

联动主要是指人民法院与行政机关、企事业单位、人民团体、兄弟以及上级法院等部门的统筹互动，为了使得案件能够及时稳妥的解决，互相之间要进行协同作战，借助相关部门的协助与配合，以达到稳妥解决案件的目的。在正常情况下，协调单位是比较支持法院工作的，但有时也不能排除会提出一些不利于求助方的处理要求或意见，有些意见甚至还与法律相抵触，不可避免在配合上出现消极或推诿。这就需要多做解释工作，勤于相互沟通。

（四）防止“舆论审判”，禁止司法权威不当侵犯

一般而言，对于进入诉讼程序的矛盾与纠纷，群众就会希望通过法律来解决，因此，群众对法院的期望值过高，难免出现试图通过网络舆论施加影响，干扰法院的公正裁决来实现自身利益最大化的需求等行为。而当前情况下，我国法院独立行使审判权缺乏有效的制度保障机制，部分当事人试图制造和利用强大的公共舆论来干预司法权力以达到自身利益最大化。因此，人民法院和法官应当充分认识到这种通过新闻媒体“炒作”“马甲跟帖”等形式干预、干扰正常司法的行为，防止“舆论审判”代替法庭审判，防止用民众在网络上的“普遍道德观”来代替法律，要坚持人民法院只服从法律的信仰与做法。虽然媒体对法院的督促有着不可忽视的功能，但是，强大的社会“舆论”会给审判工作带来巨大压力，使法院公正执法受到影响。近几年来的司法实践表明，有些利益主体往往是从一个很简单的案件开始，先通过媒体表达来影响公众舆论，再用公众舆论来左右有关领导及政府的态度，最后通过领导和政府部门的态度去改变案件的裁判决定。这种简单的发展模式，表现出公众舆论间接干预司法的严重问题。并且，通过媒体舆论炒作过的敏感案（事）件，给有限的司法资源带来极大的浪费，与司法经济效率的目的相违背。因此，依法审判是不可突破的底线，应努力防止“舆论审判”代替法庭审判。

二、处理敏感案（事）件的实践性原则

（一）坚持依法审判原则不能动摇，努力实现法律效果与社会效果的统一

法院在审理各类案件中，依法办案的同时，应当强调司法公开。第一，以提高审判质量和效率、确保司法公正为中心，应主动向社会公开法院的审判工作，接受社会舆论的监督，做到统筹兼顾，扎实案件审理，不断推进司法作风的改进，使法院的审判工作更加公正高效廉洁。第二，敞开大门，公开审理。通过公开审理，充分利用官方微博平台、网络视频、微博

直播庭审过程等网络形式，及时发布包括开庭时间、开庭地点、合议庭组成人员、采访流程等最新信息，回应网民呼声；司法从来不排斥民意，但案件事实与判决结果理应由法官经法定程序对案件进行有效审理之后方能做出判决。第三，抓住信息发布的主动权，最大限度地挤压可能产生负面影响的信息传播空间，公众的知情权通过人民法院的官方发布得到最大限度的保障，使公众对该案件所持的不同意见得到了充分表达，并使网民亲身“参与”到审判过程当中。

在办案效果方面，坚持实现法律效果与社会效果的有机统一。在审判活动中，不能片面考虑裁判结果是否能化解社会矛盾，能否被社会公众所接受，能否维护社会稳定和推动地方经济发展。当今社会和司法环境要求法院针对敏感重大案（事）件的处理，需要妥善运用利益衡量的方法和策略去平衡案中当事人之间的利益。多年的司法实践，特别是在各重大敏感案（事）件的司法实践中，法律的效果与社会接纳的效果常常有不一致的地方，在法律的效果与社会接纳的效果产生不一致时，如果简单粗放地依靠法律条文进行判决，很可能得不到社会的认同，比如，一个简单的判决造成了一家工厂破产，因而工厂工人大量失业，甚至还引发了局部的骚乱。例如南京“彭宇案”，争议也非常大，办案法官通过单纯的推理形式，导致无法解决争议问题，在这种尴尬的情况下，社会效果显得更有价值，我们应该改变过去刻板地执行法律的习惯，慎重把握敏感案（事）件的受理时机，在原则性与灵活性之间寻求有机的平衡，既尊重司法纪律的严肃性和法律的原则性，也要在法律适用的弹性范围内，慎重掌握好实际工作的灵活性，从而尽量合理地平衡当事人的利益，以实现案件的公平正义，最终达成情、理、法的有机统一。

（二）坚守法律底线原则，实现法律思维与道德观念的统一

人民法院应当依照法律程序，依法公正审判案件，既尊重民意但又不被民意所左右，新时代的法院和法官，更不能放弃的就是“依法”和“公正”这个底线。特别是在新的形势下，在网络时代、信息时代条件下，更要防止网络上的“道德审判”与法庭审判相混淆，在法院审理案件中，一定要按照法律规定进行，法律是“最低限度的道德”，一般是最基本的道德和秩序才能在法律层面得到维护。而网络舆论是按照广大公众所认知的道德规范来判断善恶与否、公正或偏袒、正义与邪恶、诚实与不诚实、高尚与低劣等，其道德观标准有着较大差异，所以，司法裁量和公众网络舆论之间必然会产生一定错位及冲突。不同的价值观、伦理道德观、风情习俗、法律意识及价值运用等诸多矛盾交织于某一个诉讼案件中时，网络舆论的关注就会无法控制，而这时人民法院应当坚守法律底线原则，通过公开审

判程序、释法答疑等形式宣传法律的基本原则与精神，而不能被舆论“牵着鼻子走”，更不能以网络上的“道德审判”取代法庭审判。

在坚持法律原则底线的前提下，面对舆情应当不惧怕、不回避、不推诿、不掩饰，以诚恳的态度坦然接受社会舆论的监督，满足社会公众对司法审判工作的新期盼。以积极的姿态导引舆论，使广大公众信任法院和法官，相信司法机关会公平公正地处理案件，借此展现司法公平正义，维护社会秩序稳定。对于舆论高度关注的案子，做到认真负责分析案情，准确运用法律，有错误的地方，积极通过司法程序纠正错误。没发现错误的，坚持公平公正判决，以宽容的态度应对社会舆论，借此做好相关法律的解释工作，消除广大公众对法院的误解。通过积极努力实现法律思维与道德观念的统一。

（三）坚持沟通协调原则，实现司法公正与司法策略的统一

法院在办理群体性及重大敏感性案件时，一定要时刻保持头脑的清醒，保持政治头脑、政治敏感性，从有利于社会稳定、有利于维护当事人的合法权益出发，做好沟通协调工作。一要主动做好与当事人的沟通工作，做好释法析理和思想稳定工作，引导当事人理性表达意见。二要做好与相关单位的沟通工作。主动沟通、协调所在地地方政府和主管部门，尽量通过协商的方式化解矛盾或依照法律规定程序解决纠纷。三是做好与公安机关的沟通工作。对于可能造成社会影响的重大敏感案（事）件，与敏感地区的派出所联动配合，化解矛盾。敏感案（事）件在形式表现上与司法问题相近，从本质上研究则应该是社会问题，因此，妥善解决好敏感案（事）件，非一蹴而就或单依靠法院或某一个部门就能够解决的，需要通过全社会各部门的配合与协作，也是一项系统工程。人民法院在处理敏感案（事）件时，在采用普遍适用的司法对策外，还应该深入探寻有别于一般案件的个性化司法策略，为妥善处理解决敏感案（事）件寻找出路。与此同时，由于敏感案（事）件当事人多数态度蛮横、难以面对，作为新时代的职业法官，要勇于面对和担当，这不仅是审判业务的职责，也是法官的政治责任。在沟通协调中，还可以充分发挥律师的法律服务中介作用。正确引导群众理性合法地表达诉求。一些地方的领导在处理敏感性及群体性案件时，当事群众聘请了律师为代理人，律师在代理敏感性及群体性案件时，只要正确办理案件，不但不会给政府添乱，而且还会为政府化解矛盾，对解决问题起着重要的作用。因为律师除拥有专业的法律知识外，其执业过程有相对中立性，这些都导致律师在社会成员中具有较强的亲和力及公信力。法院可以充分利用律师独立的“民间性”中介身份，消除群众“官官相护”的顾忌，律师的法律意见群众也易为接受，进而引导广大公众理性地认识

利益冲突，培养更多群众用理性合法思维表达诉求，矛盾自然会得到及时化解，合法利益也会真正得到维护。所以，对于敏感性、群体性事件，有代理律师的比没有代理律师的更易于得到解决处理。

（四）坚持国家声誉原则，实现个案公正与维持大局的统一

法院在审理涉及执法、国内立法以及敏感案（事）件和矛盾纠纷时，一定要考虑事件在国际上是否能产生一定的影响，做好应对预案，及时应对境外已经出现的反应和媒体炒作。在处理社会矛盾中，要立足于国际、国内两个大局。在经济全球化、社会网络信息化、中国全方位对外开放的大背景下，国内国际诸多因素相互影响、互相作用、相互交织，国际上的问题有可能引发国内问题，国际影响有可能是国内问题导致的，只有立足国际国内两个大局，才能有力维护社会和谐稳定。参与处理国际事务时，需关注国内公众的感受和社会的和谐稳定。司法机关在党的统一领导下，要与各界加强协调配合，形成合力，确保国家安全稳定和利益不受损失。

涉外事件关系到国内立法、执法，审理敏感案（事）件以及矛盾纠纷时，首先要考虑此案件在国际上可能产生的影响，做好应对境外反应和炒作的准备。在促进我国全面对外开放过程中，司法机关既要依法保护外商和在境外非政府组织的正当活动，也要严格依法管理，以防危害中国国家安全的渗透破坏活动发生。要注重研究国际事件、关注国际问题可能在国内引起的反应，严密监视社会动态，强化舆论引导，在及时处置突发事件、应对各种复杂情况方面做好充分准备。在扩大国际警务合作、司法合作、与有关国家在非传统安全领域的合作中做好自己。

第四节　敏感案（事）件的应对机制

敏感案（事）件的敏感之处往往不在于法律问题，可能涉及的领域有方方面面。因此，对于敏感案（事）件不能采取常规的方法来处理，而应当认清敏感因素的主要矛盾所在，并分析矛盾之间的关系，根据矛盾的不同性质和矛盾涉及的不同的利益关系，采取积极的应对措施化解矛盾以适应社会的发展。作为审判机关，在应对敏感案（事）件中，应突出做到依法、及时、审慎、多方联动互动的特点，通过多元纠纷解决方式，最终实现案结事了，达成法律效果与社会效果的有机统一。在坚持敏感案（事）件处理原则的基础上，应当根据当前敏感案（事）件的特点设置一套有效应对机制。

一、敏感案（事）件风险评估机制

最高人民法院《关于新形势下进一步加强人民法院基层基础建设的若干意见》（法发〔2011〕4号）明确提出要“完善问题的发现、反馈、分析和解决机制；在全国各级法院建立重大敏感案（事）件风险评估制度”。派出法庭和基层法院与群众接触相对比较直接、联系也最为紧密，重大敏感案（事）件网络风险评估制度的重点应放在基层法院上。要注重对重大敏感案（事）件风险评估，切实做好重大敏感案（事）件、群体性诉讼等案件的风险评估、预警工作，全面分析在审理、执行、信访案件中可能存在的对社会产生不稳定的因素，尽早做出评估预案，以备及时应对。对案件的风险评估，指的是该案风险发生之前或者案件虽已经发生风险但还没有结束之前，此案件对群众的生活、生命、财产等各个方面有可能造成的影响和损失，也就是对可能性进行量化评估，通过测评量化手段，来确定此案件有可能会带来的损失或影响。因此，风险评估是对任何一个具有潜在风险事件的评估，即有事前评估、事中评估。事前评估，一般多用于法院敏感案（事）件的特殊性，事前评估多用于立案阶段的风险评估，防微杜渐、未雨绸缪。敏感因素若发生在审判阶段，应及时启动评估预案，首先确定此案达到敏感案（事）件的程度，据此采取对案件相应的处理措施。最高人民法院《关于新形势下进一步加强人民法院基层基础建设的若干意见》将事关群体利益和民生利益、需要政府部门和相关单位配合的案件，有可能给社会造成影响、破坏和谐稳定的群体性案件、民间债务案件、集团诉讼案、破产案、婚姻家庭经济纠纷或继承等民事案件，案情情节复杂、形成证据难度大的案件，当事人之间纠纷已经严重激化的案件，特别复杂的案例找不到相关法律依据或者规定不太明确、适用有一定困难的案件，判决后执行难的案件，社会关注度高的敏感案（事）件以及再审的案件，列举为敏感案（事）件的信访案件，最高人民法院要求各地人民法院对上述这些案件，一定要作为法院调解工作的重点范围。从长期司法实践来看，所有敏感案（事）件，不仅涉及当事人的利益，还会涉及个别部门、特殊群体、个别企业、地方政府的利益，还有可能涉及国家的利益，甚至还会涉及人民法院系统自身的利益等。稍有不慎便会牵一发而动全身，引发各方不满和争议，有可能造成不堪设想的后果。2008年最高人民法院《关于人民法院信息工作的若干规定》工作原则部分，特别强调了信息应当及时，体现时效性。第16条规定：“动态类、案件类信息应当在情况发生后48小时内报送。重特大案件的审判情况应当在案件审理后24小时内报送。已经作出判决的，裁判文书应当在作出后24小时报送。”第17条规定：“重大紧急信息随时上报，最迟不得晚于事发后2小时，并应及时续报发展动态及处理情况。”第 18 条规定：“各级人民法院应当建立重大紧急信息报送制度。发生重大紧急信息，可以通过电话上报，并及时报书面信息。”因此，对于敏感案（事）件，人民法院应当及时应对，建立起一整套及时应对机制：

一要建立敏感案（事）件报告备案制度。首先是加强立案排查工作，从入口即开始排查；在加强组织领导的基础上，该院注重加强对重大敏感案（事）件、可能引发社会不稳定因素的矛盾纠纷的排查。坚持定期排查和集中排查相结合，敏感时期重点排查，扎实做好摸底排查、分析研判、请示汇报工作。其次是建立并实行登记备案和流转制度，对重大敏感案（事）件做到及时登记备案及流转。使每个环节都能严密监视异常问题的存在，从立案到庭前调解再到送达、审理全过程和各个环节都要建立注意排查异常因素并及时向主审法官反馈的工作机制，能在第一时间发现敏感案（事）件现象，为后续工作有效控制局面和及时化解问题提供时间保障。凡出现敏感案（事）件（或群体性案件）苗头的，应及时向主管部门和上级部门书面报告备案；根据案件的进展情况，分阶段向上述部门汇报工作情况；案件结案后，应及时将情况报告上述部门。

二要建立敏感案（事）件逐级上报制度。凡涉及敏感案（事）件（或群体性案件）的，合议庭应在本庭内展开集体讨论研究；集体讨论中无法达成一致意见的，合议庭意见及分歧点要上报审判委员会，由本院审委会进行研究决策；对在敏感案（事）件（或群体性案件）、接访工作和有可能导致社会矛盾激化的案件中的政策问题把握不准的，要及时向所在地党委、政府进行请示；对于法律问题把握不准的，上报上级审判机关进行研究。

三要建立敏感事件排查制度。审判机关应当着重关注有关政府项目极为敏感性的群体性事件、本地重大刑事案件，尽早掌握第一手资料，全面了解案件情况，审理中的案件一旦发现存在敏感因素，及时由主审法官遵照有关规定向本庭领导及有关部门报告，在新的事态下，法庭主审法官要认真听取各方当事人的诉求，对案件形成的讼争焦点、现实的原因和历史背景做到全面准确掌握；积极与基层有关组织、相关单位协调沟通；注意监控事态的发展势态。每个案件的形成、发生、发展都有着不同的人文背景、历史背景，背景的不同会给当事人造成心理状态的不同，尤其是群体性案件，形成群体利益冲突的矛盾和背景以及死结更具有复杂性、不稳定性及社会性。因此，如何找到造成矛盾死结的成因和背景、分析出形成矛盾的直接及间接原因才是缓解和化解的重要途径，从而依据分析结果确定具体的处理预案。

四要建立突发事件的应对程序机制。对于突发性事件，要注意采取行动的时效性。优先做到及时赶赴现场；快速实现分离控制现场人员、对当事人情绪方面的控制；其次采取措施就地化解矛盾，避免势态升级。在现场，法官首先要采取措施控制局面，根据当事人的情绪状况、思想动态、法律意识、现场人数等现场情况，尽快确定带头闹事的人，也可以让当事人推选自己信任的代表商谈，由当事人代表向法院反映诉求，从案情实际出发，认真仔细倾听当事人诉求的目的，耐心讲解法律常识，向当事人说明，哪些工作范围是法院可以做的，哪些是法院可以为其积极协调的，来缓解激动、不满的对抗情绪，用专业性的指导意见，引导当事人用法律的途径说明合理诉求、理性维权，促使当事人自愿放弃采取过激行为群体上访等违法维权观念。待当事人的情绪缓解以后，与其协商，可以推举当事人代表与法院继续协商解决，最终达到现场人群撤离。事后，法院还要继续有效跟进，让当事人感到被关注、被重视，切实做好矛盾化解工作，以防止事件再次发生。

二、建立健全敏感案（事）件风险预警机制

2006 年，国务院下发了《国家突发公共事件总体应急预案》。该规定对突发性公共事件做了较详细的说明，包括基本概念、适用范围、基本类别、应急预案体系、工作原则等，还对设立应急预案的运行体系、组织形式、预测预警机制、预测预警系统、风险分析做了详细阐述，为实现早期发现、尽早报告、快速处置等作出了科学的规划。比如，“国务院和各应急管理机构要建立各类专业人才库，可以根据实际需要聘请有关专家组成专家组，为应急管理提供决策建议，必要时参加突发公共事件的应急处置工作等”。国务院还制定了《大型群众性活动安全管理条例》，各地区、各部门据此也都制定了相关地方的立法和规范性文件等，同时，还借鉴了国外的关于风险评估经验和成果，对风险的概念、风险评估、风险控制点及安全等级评估、安全因素及等级评定、风险等级划分、风险评估方法、风险评估流程及要求等做出了明确规定。在风险评估方面国务院及相关部门的做法和成就，使人民法院系统在建立敏感案（事）件风险评估制度中有了非常成熟的可以借鉴的宝贵经验。人民法院可以借鉴国务院及相关部门的经验，建立敏感案（事）件风险预警机制。

法院可根据案件的风险程度和基本情况，来确定案件的风险等级，制定处置预案。法院风险案件情况应包括：社会舆论信息的来源，舆论的发展趋势，舆论对审判工作可能造成的影响。风险处置预案首先应包括案件的整体解决思路即对案件基本裁判的想法，这是处理风险案件的根本性方向。其次是风险预案的具体措施、执行主体和对内、对外联动的部门、目的等。在内部，主要是准备庭审的事项：例如，落实法警值勤准备，制作发放旁听证，采集庭审影像资料工作，合议庭和法官拟写的庭审提纲，此

案件的风险评估预测方案，庭审全过程的庭审记录准备，预测到的其他紧急事项；特别是矛盾冲突激烈且当事人人数较多的案件，细化程度甚至要做到庭审笔录按顺序签名及当事人离开法院时的路径和秩序等细节问题；判决后可能产生的社会效果预评以及判决后应对措施、化解矛盾方式及司法建议等。对外部，主要是与基层组织的协调沟通，与案件相关的单位沟通；对于重大敏感案（事）件，法院自己控稳难度大，要及时与上级法院对口部门沟通、协调，还要向地方政府、党委汇报等。做好外部联动，目的是可以获得相关部门的理解和支持，同时也要争取建立良好的对外联动环境。

在当前大数据、信息化技术日新月异的时代背景下，可以借助人工智能进行大数据采集和云计算，升级敏感案（事）件风险预警机制，提升风险预警的快速反应能力。商业领域已经开始尝试应用实时舆情数据、智能语义分析、搜索指数及全网画像等数据分析技术，以准确、及时把握舆情脉搏。目前已经出现很多利用大数据和云计算技术进行舆情风险监测的应用，例如“百度舆情API”“新浪舆情通政务舆情专家”“智慧之光舆情专家”“发现舆情监测”等。

三、敏感案（事）件网络舆情应对机制

在自媒体时代，每个公民都有发布消息的自由，都可以使用各种方式通过网络把个人所见所闻、看法意见随时发布到网上。而网络技术也实现了可视频、图文、音频同步直播，更加完善了新闻报道效果，可以更及时地报道突发事件的负面消息。因此，在这一新的形势下，人民法院应当建立及时的网络舆情应对机制。

（一）完善网络舆情快速反应机制

建立网络舆情监测系统，掌握现代化的舆情监控手段。如广东省高级人民法院于2009年5月建成开通的“广东法院宣传工作管理与舆情动态网”，集宣传管理与舆情监控于一身，通过24小时搜集400多个国内主要网站、论坛上有关法院判决执行工作及队伍建设的新闻报道和网民反馈，为全省法院实时掌握舆情、回应民意提供了帮助。同时，完善预防和处置突发事件及舆情监测机制，为有效预防、及时控制和妥善处置涉法突发事件的发生，应当制定相关应对机制制度，明确突发事件的工作原则，防范、指挥、信息报送及表彰奖励和责任追究，提高法院有效应对影响审判执行安全稳定事件的能力。切实做好网络监测和舆论引导工作，建立网络舆情快速反应机制，从具体的操作方式上：一是坚持每天跟踪监测网络，及时捕捉信息，及时向相关业务部门反馈，重要信息要及时向院领导报告，做

到积极、沉着、审慎应对，迅速处置，防止舆情发酵；二是纵观来看，任何舆情事件，只要涉事方及时回应都会使舆情起到降温效果，使舆情关注不致于推动理性。所以，争取涉事方早些回应，是有效处置舆情事件的治本之策；三是准确判断涉事方，尽早介入事件，可掌控舆情走势；四是对事件题材、所发帖子标题、使用网络表达的手法等，做到有针对性地回应，注重回应的效果。

（二）完善庭审网络直播机制

庭审网络直播可以有多种形式，可以通过网上视频、官方微博、微信公号等直播庭审现场并允许网民互动。早在2010年10月8日，我国上海法院28家审判机构在同一时间开通了微博。他们开始通过网络来体察民意，在微博上与网友进行互动，使履职法官进一步了解公众司法诉求，更方便地了解社情民意，因此，促进了法院的审判执行工作。2012年，广东高院一年就对11宗经典案例进行了微博直播。自2012年7月开始，广州市中院与金羊网合作，开通了“庭审直击”的全程视频直播。截至目前，已经直播了149期，基本实现了“天天有直播”。民告官、茶水费、保护伞等“敏感案（事）件”都出现在直播之列。目前，最高人民法院和地方各级人民法院都建起了庭审直播平台，加大庭审直播的力度，薄熙来案、快播案等一系列有广泛社会影响力的大要案都通过庭审网络直播的方式向社会展示。但是，我们也应该从中发现一些问题，例如快播案，由于对重大敏感案件庭前准备不充分，第一次庭审直播变成了辩护人的哗众取宠的“现场脱口秀”。庭审网络直播不是娱乐化的舞台，而应当成为传播法治精神、普及法律知识的大课堂。一个有效的路径是，深入学习和运用要件审判方法，实现高效、清晰、互动、流畅的庭审效果。对于重大敏感案件，更应该运用要件审判思维做足功课。

（三）建立舆情风险的网络信息共享平台

互联网是一个无界的空间，网络舆情虽然涉事于局部地区，但是其影响却通过互联网在全国、全球瞬间扩散。在信息网络时代，一个地区的舆情风险不可能被控制在局部范围，一个基层法院的敏感案（事）件就可能很快震动全国。因此，应当充分运用新时代网络优势，风险案件评估要全国上下一盘棋。

一是全国法院系统要建立健全对敏感案（事）件进行风险评估的内部沟通系统，进而可提高法院系统对重大敏感案（事）件风险评估工作的准确性、体现重要性、权威性。基层法院在工作中遇到的困难和问题，可以通过系统及时上行下达，及时转达上级法院的指导意见，并且可以使各级法院之间对风险评估工作的动态进行有效的互动交流，方便利用更多的资源，联手共计，做好敏感案（事）件全国法院的评估工作。

二是搭建人民法院和地方各机关之间的网络沟通，做到资源共享。在案件评估工作中，基层法院要仅仅抓住关键点，第一，密切关注本地区有关重大刑事案件；第二，要关注政府项目事件及群体性事件；第三，深刻了解相关部门对事件的处理情况，尽早掌握敏感案（事）件第一手资料；第四，不能轻易忽略认为不可能的疑似敏感案（事）件。凡是被确定为重大敏感案（事）件的，应确定相应的风险级别，快速完成应对预案及启动应对机制。

三是充分运用网络渠道，通过网络渠道可以了解民意，借鉴民智，有利把握敏感案件的准确程度。在工作中，当遇到疑似敏感案（事）件却把握不准的情况时，借助人民法院官方网络平台，进行虚拟化处理，再把相关案件情况公布给大众，借此来了解民意。如河南省高级人民法院建了 QQ 群，群的网名是“爱说话的朋友们”，QQ 群建起以后，效果显著，已经成为河南省高级人民法院的“第二个信访大厅”，使广大民众多了一条反映问题的快速通道。也有部分法院，借助网络的优势，在网络论坛、留言板、讨论区、聊天室等工具上即时书写评论、发布帖子、聊天互动等，这些现时代的方式，对风险评估的准确性起到了积极的作用。

四、敏感案（事）件新闻发言人机制

新闻发言人不是“救火队员”，应该定位于司法机关与新闻媒体和社会公众的信息交互机制。敏感案（事）件一旦出现在社会公众视野，应当及时引导社会公众，使之能够尽快寻找到主流声音，避免主流声音缺失导致社会公众迷失于各种猜测、谣言和煽情报道之中。还可以把具有影响性的诉讼案件制作成法治教育的宣传教材，把案件的事实真相、法律适用情况还原于广大民众，借此消除社会公众对司法权威的不信任。

建立并充分发挥司法机关新闻发言部门及其发言人的重要作用。中国的司法系统，对新闻发言的重要性和必要性还不够重视，训练有素的职业新闻发言人处在欠缺状态。司法系统新闻发言人制度的建立，关系到重要敏感事件民众的知情权是否能得到保障，事件是否可以得到有效的舆论监督，同时也会让广大民众更清楚地了解事件真相所在，对消除舆论谣言和对司法的误解以及弘扬正能量起到了积极作用，对于实现规范执法行为、个案的公平正义以及培育公民法律意识都起到了重要的推进作用。

同时也要注意到新闻发言制度与司法判机关的独立性、中立性的协调与配合。毕竟新闻发言制度不能妨碍司法审判的独立与司法权威的树立，要防止行政权和话语权对司法权独立行使的侵害，尊重法律，尊重司法权威。

在网络信息环境下，新闻发言人制度可以合理延伸，除新闻发布会、新闻通气会等面对面形式外，新闻发言人还可以通过官方微博、微信的平台发声；随着“新新媒体”不断兴起，新闻发言人还可以出现在网络直播平台中成为网络主播，可以在当前火爆的知乎上开一场 Live，还可以出现在当下流行的 A 站（Acfun）、B（Bilibili）站等弹幕视频网站中。

五、尝试建立新闻事务官和传播顾问制度

《欧洲各国司法——媒体——社会关系报告》在第一个领域除了新闻发言人以外，还提到了新闻事务官和传播顾问制度。我国可以尝试引进新闻事务官和传播顾问制度，提升信息发布与舆情应对的专业水平。新闻事务法官的主要职责包括两个方面：一是甄选司法活动相关信息并向新闻媒体提供；二是对裁判结果与法律程序进行通报与说明。传播顾问为法院进行司法信息发布与舆情应对提供专业咨询意见。

新闻事务官与传播顾问应当具备如下基本素质：一是具备基本的法律素养、熟悉的司法制度和法律程序；二是具备较强的表达能力，语言平实、通俗易懂，能够向社会公众准确、清晰地传达司法活动的信息；三是具备较强的沟通能力，善于与社会公众和新闻媒体打交道。

六、敏感案（事）件内部通报机制

最高人民法院和地方高级人民法院应当对敏感案（事）件定期进行内部通报。在通报中介绍案件的基本情况和处理方式，形成内部教育和警示机制。

第一，敏感案（事）件内部通报可以提高干警的敏感意识，通过参阅敏感案（事）件，对其中的敏感因素有清楚的认识。

第二，敏感案（事）件内部通报可以提高干警对敏感案（事）件的处理能力，通过借鉴、学习通报案件中的做法，吸取经验，总结教训，提高应对能力。

第三，敏感案（事）件内部通报可以对干警形成警示。重大敏感案（事）件中不乏司法行为和司法程序不当引发的敏感事件。通过案件警示规范司法行为，引导干警注意工作态度和言辞、程序合法性、时效性等问题，同时应对敏感案（事）件过程的失误也具有一定的警示作用。

第四，敏感案（事）件内部通报可以为敏感案（事）件的统计与调研形成案例素材，进一步为敏感案（事）件司法应对提供决策参考。

第十八章 禁口令、藐视法庭罪、封闭审理立法镜鉴

第一节 “禁口令”之辩证

一、公开之限，自由之止

“禁口令”从表面上看是对司法公开的限制。但是，如果将司法公开原则绝对化，法庭审理案件的正常秩序如何保障？法官的中立地位和独立审判如何保障？当事人接受法院公正审判的基本人权如何保障？与案件相关的未成年人权利和公民隐私如何保障？

因此，新闻媒体报道司法案件，一定是有的可以说，有的不能说。新闻自由和公民言论自由都应当止步于法律规范的边界，止步于保障公正司法的边界，止步于维护国家利益和社会公共利益的边界，止步于让当事人充分享有接受法院公正审判权利的边界，止步于维护未成年人人身权利的边界，止步于保护公民隐私的边界，止步于保护证人和被害人合法权益的边界……

二、制约新闻言论自由的“禁口令”亦有制约

在这些边界上，新闻媒体与社会公众应当“禁口”。实现正当的“禁口”，仅仅依靠新闻媒体行业自律和社会公众的道德自觉，力量非常有限。赋予法院以发布“禁口令”的权力，是行业自律、道德自觉的补充和后盾，并非是对新闻自由和言论自由的打压、扼杀。作为制约新闻自由和言论自由的“禁口令”也是有制约的，要受到司法公开基本原则的指引，受到实施“禁口令”特定情形和特别条件的限制，还要受到实施“禁口令”特定方式、程序和限度的规范，而且新闻媒体可以参与其中。

三、表面上限制司法公开，根本上保障司法公开

有限度的正当限制是自由真正实现的保障。“禁口令”表面上看限制了

司法公开、限制了新闻自由和公民言论自由，但是“禁口令”却真正为新闻自由和公民言论自由保驾护航，让自由在新闻报道以及社会舆论在合法、正当的轨道上运行，保证其不脱轨、不越界。进一步而言，有“禁口令”保驾护航，司法公开就不用担心媒体和舆论的不当干扰。“禁口令”是坚持司法公开原则下的例外情形，以辩证的眼光来看，一个表面上与司法公开相对立的例外情形，反而形成了促进司法公开真正实现的保障机制。

第二节 引入“禁口令”势在必行

一、形势要求：落实党和国家政策

党的十七大报告提出：“确保权力正确行使，必须让权力在阳光下运行。”司法公正需要以司法公开作为监督保障机制，但是司法公正也需要司法机关依法独立行使司法权，不受新闻媒体与社会舆论的干扰。近年来，新闻媒体与社会舆论影响司法机关独立行使司法权的事例时有发生。党的十八届四中全会提出，“规范媒体对案件的报道，防止舆论影响司法公正”，强调新闻媒体报道案件、监督司法活动并非没有约束，必须符合法治精神和法律规定，不能造成对公正司法的不当干扰。据此，新闻报道对司法案件的报道需要在法治的边界内进行。有很多国家和地区为了防止正在进行的司法活动受到干扰，实行“禁口令”（又称为“缄口令”“封口令”）制度。我国对于新闻媒体和社会舆论干扰司法活动的情形，应对办法相对有限。应当考虑是否可以借鉴境外有益经验，在案件报道和舆论引导方面建立符合我国国情的司法保障机制。

“他山之石，可以攻玉。”世界上很多国家和地区都经历了长期的司法实践，发展出成熟的在媒体报道案件过程中的“禁口令”制度。由于我国缺乏类似的措施，使得我国司法系统缺少防止媒体曝光当事人和相关公民隐私、公布未经审查和认证的事件以及“舆论审判”等现象发生的有效措施。这样不仅增加了新闻媒体报道司法案件不规范、不合理的现象，而且事后救济和应对的难度非常大，司法公正无法得到有力保障。

二、思维更新：行政化粗放管理转向精确化、互动式司法指引

现有关于规范新闻媒体报道的规范性政策文件大多是原则性的规定，以秩序维护为基本导向，以管理规制为基本模式。这样行政化的管理方法过于简单，无法适应互联网时代的新闻舆论新形势。而且由于欠缺报道内

容、报道方式、报道时段的精细化区分，新闻媒体有时遇到具体情形便无所适从。由此导致要么就一律禁止报道，要么就放任媒体报道不应当报道的案件信息（例如定罪定性倾向意见、犯罪细节、少年犯姓名与照片等）。

面对一个具体的案件，哪些内容可以报道，哪些内容不可以报道；哪些内容可以在案件审理中报道，哪些案件只能等到案件宣判后才能报道；哪些内容可以直接报道，哪些内容需要征求当事人的同意后报道，哪些内容需要咨询法官的意见后报道；哪些报道可以进行实名报道，哪些报道需要隐去当事人姓名等身份信息；哪些报道会影响司法公正，哪些报道不会影响司法公正……我国目前没有一个规范性文件提供系统、明确、具体、详尽的规则指引。如此，新闻媒体在报道案件时遇到具体情况就可能出现界限不清、方向不明、拿捏不准的情形。前面很多典型案件中暴露出来的新闻媒体的失误大部分并非有意为之，而是因为欠缺专业指引所致，而且同样的错误又会在不同案件中反复出现。

因此，司法机关和新闻媒体都急需一部能够为媒体报道司法案件提供详细指引的规范性文件，划清司法报道的“雷区”和“边界”。而且在新闻媒体行业自律和社会公众道德自觉基础上，需要给法官一把尚方宝剑，以备“踩雷有后果”“越界有惩罚”。

三、机制改革：事后追责“马后炮”转向事前规制预防

新修订的《刑事诉讼法》和最高人民法院《关于人民法院接受新闻媒体舆论监督的若干规定》都有限制新闻媒体对案件作不适当报道的相关规定，但是具体情形、规制方法不明确，缺乏可操作性。最高人民法院《关于人民法院接受新闻媒体舆论监督的若干规定》第9条①规定新闻媒体应当承担责任的一些情形。该条规定存在两个重要问题：一是规制方法有限，虽然看起来列举了很多情形，但是可以使用的措施只有建议权和原则性的规定去依法追究相应责任；究竟是否要承担责任、法院可以采取什么措施，都没有可供操作的细则。二是仅有事后追责无事前预防，该条规定的出发点显然是出于事后的责任追究，没有赋予法院可以事先指引和干预的权力。

① 最高人民法院《关于人民法院接受新闻媒体舆论监督的若干规定》第9条规定：“人民法院发现新闻媒体在采访报道法院工作时有下列情形之一的，可以向新闻主管部门、新闻记者自律组织或者新闻单位等通报情况并提出建议。违反法律规定的，依法追究相应责任。（一）损害国家安全和社会公共利益的，泄露国家秘密、商业秘密的；（二）对正在审理的案件报道严重失实或者恶意进行倾向性报道，损害司法权威、影响公正审判的；（三）以侮辱、诽谤等方式损害法官名誉，或者损害当事人名誉权等人格权，侵犯诉讼参与人的隐私和安全的；（四）接受一方当事人请托，歪曲事实，恶意炒作，干扰人民法院审判、执行活动，造成严重不良影响的；（五）其他严重损害司法权威、影响司法公正的。”

实践中，几乎没有发现法院对媒体不当报道进行司法干预的事例，结果导致司法手段在规制新闻媒体报道方面完全缺位。而被新闻媒体和社会舆论广泛批评的事前干预的事例，大多都是无正当理由拒绝、阻挠新闻媒体报道的事例。这些事前干预的手段基本就是采用“藏”和“堵”的做法，反而激起媒体和公众的极大反感。由于缺少科学的事前指引和干预，新闻媒体报道影响司法公正的事例时有发生，现有的民事侵权责任、行政法上的责任还是刑法上的刑事责任等，都是“马后炮”式的责任追究方式，而且相关规定还较为粗略，难以真正起到促进新闻媒体提高行业自律和提升法律素养的作用。

针对一个具体的刑事案件的特点，进行事前的新闻报道司法指引和司法干预是非常重要的制度。如果缺乏指引又毫无限制，诸如犯罪作案手段的细节、犯罪嫌疑人的隐私、未成年被告人的身份信息、证人身份信息等就可能被刺探、挖掘和公布，法院难以控制。缺乏合理的引导和管控，不当报道的损害后果就会不断扩大，等到产生严重、恶劣的社会影响，事后救济难度将呈数倍甚至千百倍增加。

第三节　“禁口令”的制度设计

一、“禁口令”制度的基本原则：自由公开之例外

（一）司法公开的例外情形

法律应当慎重赋予法官发布司法报道“禁口令”的权利，必须要让每一位法官深刻理解司法公开原则的内涵，主动欢迎新闻媒体和社会公众的关注和监督；要让法官明白“禁口令”是在坚持司法公开原则基础上保障司法秩序的例外情形，而不得将“禁口令”滥用为拒绝采访、封锁消息的工具。法官无权以“禁口令”来限制新闻媒体对案件进行公允、准确的实时报道，只有以维护司法公正为必要时才能使用这个“尚方宝剑”。归结到一点，不论是司法公开、媒体报道还是实施“禁口令”，宗旨只有一个，就是促进和实现司法公正。几个原则措施之间貌似存在冲突，但实际上却统一于维护社会公平正义的价值观。

（二）保障新闻言论自由为前提

“禁口令”制度应当充分尊重宪法赋予社会公众的言论自由以及由此延

伸的新闻舆论自由，不能将之当成限制、打击言论自由和新闻自由的“杀手锏”。适用“禁口令”，应当以尊重和保障社会公众对司法活动的知情权以及言论自由和新闻自由为前提，尽量限缩“禁口令”的适用范围，尽量降低“禁口令”的适用限度。

（三）实现权利平衡制约为目的

宪法赋予公民的言论自由不是绝对的，在媒体报道司法案件过程中，还涉及其他多种权利和价值的保护。除了公正司法的价值以外，还包括被告人得到法院公正审判的权利、未成年人的人身权利、性侵等案件中当事人的隐私权、证人出庭作证和生活安宁不被干扰的权利等等。为了防止代表公民知情权和言论自由的新闻媒体在报道中侵害到其他的权利，“禁口令”就是一个有力的“平衡器”。当言论自由与其他合法权利发生冲突并可能对其他权利造成极大伤害时，就应当发布“禁口令”限制其自由。

（四）防止“禁口令”不当适用

“禁口令”是一把双刃剑，剑虽利，却不可轻易出鞘。实施“禁口令”一定要给实施对象一个可信服的合理理由，而且采取的限制措施要合理、适度。兼听则明，法官实施“禁口令”，或者依职权变更、解除“禁口令”，都应当听取新闻媒体的意见，这样有利于提升“禁口令”的说服力。

二、“禁口令”类型（发布对象）

针对发布对象，“禁口令”可以分为三种类型：

一是针对新闻媒体和职业记者的“禁口令”；

二是针对刑事案件被告人及其亲友的“禁口令”，也包括民事、行政等其他类型案件中的当事人及其亲友；

三是针对刑事案件被告人辩护律师的“禁口令”，也包括民事、行政等其他类型案件中的诉讼代理人。

上述三种“禁口令”应当使用不同的法律文书样式。

三、适用“禁口令”的情形：法定为主自律＋酌定补充衡平

（一）法定“禁口令”的适用情形

1. 禁止报道或披露依法不应当公开审理的案件中的信息，包括国家秘密、当事人隐私等在不公开审理案件程序中需要保密的信息。

2. 禁止刺探或披露未成年人案件中的身份信息，包括其姓名、学校、住址等可识别其身份的信息，也包括不得使用未成年人的照片和影像资料。

3. 禁止刺探或披露性侵害案件中被害人的身份信息和个人隐私信息，也包括不得公布性侵害过程的细节。

4. 禁止刺探或披露刑事案件中可能对侦查人员、证人、鉴定人、专家辅助人等办案人员和诉讼参与人的人身安全形成威胁的信息，包括他们的身份信息及可以识别其身份的其他信息。

5. 禁止报道刑事案件中暴力、血腥、色情或报复社会等恶劣行为。

6. 禁止报道犯罪手段的细节等可能引发犯罪传习和效仿效应的具体犯罪情节。

7. 禁止挖掘或报道刑事案件中的侦查手段及其他对侦查活动可能造成妨碍的案件信息。

8. 禁止媒体挖掘、披露、索要、追问人民陪审员在案件评议中的观点、论据及就事实认定问题的投票情况等审判秘密信息。

9. 禁止报道未经证据证明、未经法院确认的案件事实；严禁报道不实、虚假信息；严禁造谣传谣。

10. 禁止违反“无罪推定原则”的报道，禁止在报道中发表针对犯罪嫌疑人、被告人定罪定性的倾向性评论意见，或者进行网络投票等变相的倾向性采访报道，避免侵害刑事被告人接受法院公正审判的基本人权。

（二）酌定“禁口令”的适用情形

酌定“禁口令”是对法定“封口令”的补充，赋予法官适度衡平的权力，对绝对禁止与绝对公开之间灰色地带的情形进行有限度的限制，从而平衡各种利益和价值之间的关系。酌定“禁口令”属于柔性限制措施，是针对特定事项和特殊措施的，也能弥补法定“禁口令”内容和程度上刚性限制的不足。具体而言，包括：

1. 法院在必要时可以要求新闻媒体延迟对刑事诉讼实时报道的发布时间，避免相关报道影响诉讼程序和公正裁判。法院在必要时可以要求新闻媒体延迟对特定减轻处罚的被告人的负面报道的发布时间，避免相关报道影响依法公正量刑。

2. 法院在必要时有权依法对诉讼期间（特别是公开质证环节）法官、人民陪审员、司法辅助人员、公诉人、律师等相关人员的姓名或其他事项信息予以保密，禁止诉讼参与人和新闻媒体披露相关人员的姓名或其他事项信息。

3. 法院在必要时可以禁止披露被害人（特别是未成年被害人）、证人或被告人的身份信息；出于保障被害人的人格尊严和证人的人身安全的需要，可以终身禁止披露他们的身份信息。

法院在作出酌定“禁口令”时，必须严格把握适用条件，以平衡各方利益为限；在程序上应当及时通知新闻媒体和诉讼参与人等限制对象，并听取他们的意见。

四、“禁口令”时间效力：起始时间、终止时间

（一）起始时间

“禁口令”原则上适用于进入审判程序的司法案件。对于敏感度较高或者已经引发舆论的刑事案件，可以赋予当事人在侦查开始后、法院受理前申请先予执行禁令的权利；法院经审查认为有必要的，应发布诉前“禁口令”。“禁口令”发布后立即生效。

（二）终止时间

法院在发布“禁口令”时可以载明终止时间；未载明终止时间的，“禁口令”的效力自裁判文书生效时终止。因对相关人员人身权利保护的必要性不因案件审结而终止，故涉及相关人员人身权利保护的“禁口令”一经作出永久生效。

五、“禁口令”的方式和内容：隐匿信息、延时报道、技术处理

“禁口令”可以以裁定的方式作出，也可以设计单独的诉讼文书类型。“禁口令”文书文本原则上不在互联网上公布，限制对象应当对“禁口令”文书内容保密。“禁口令”应当载明如下必要内容：

1. 一般应当载明适用对象、限制依据、限制理由、限制内容、限制方式及时间效力等内容。可以依法制作令状式诉讼文书，将上述内容表单化。

2. 对于需要隐匿案件中相关人员姓名、住址、所在单位或学校及相关的案件细节，应当在“禁口令”中明确指明。

3. 需要延时报道的，应当指明延时报道的内容和可以报道的时间。

4. 需要对图片、声音、视频等多媒体形式的信息进行技术处理的，应当指明需要处理的对象、方式和程度，同时指明目的是为了避免公众辨别出哪些人员的哪些身份信息。

六、“禁口令”的程序：启动、审查、复议、撤销与变更

（一）“禁口令”启动程序

启动“禁口令”包括依申请启动和依职权启动两种方式。

一是依申请启动“禁口令”程序。在法院作出判决之前，当事人可以

向法庭提出发布“禁口令”的申请。“禁口令”申请人必须提供法律要求的申请书、书面材料及相关证据。申请书应当载明适用对象、限制依据、限制理由、限制内容、限制方式及时间效力等内容；法院可以制作“禁口令”要素式申请表单，方便当事人填写。书面材料包括检察院、新闻媒体等机构出具的专业意见。

二是法院依职权启动“禁口令”程序。根据法律规定的法定“禁口令”和酌定“禁口令”适用情形，法院认为新闻媒体报道或者诉讼参与人披露案件中的某些信息可能违反法律规定，或者可能损害国家利益、社会公共利益或者相关人员的人身权利，或者影响案件公正审理，可以依职权决定发布“禁口令”。

（二）“禁口令”审查程序

法院在收到当事人提交的“禁口令”申请之后，或者依法决定发布“禁口令”之前，应当通知新闻媒体、检察院、当事人、律师及其他必要的诉讼参与人到庭，充分听取他们的意见并允许他们提供相应的材料和证据。法院在充分听取各方意见后作出是否发布“禁口令”的决定。

法院发布“禁口令”应当作出书面的诉讼文书，向“禁口令”的适用对象送达，告知“禁口令”的适用依据、适用范围和适用期限，对特别重要的内容要进行特别提示并保证“禁口令”适用对象已经知悉并充分理解。“禁口令”作出后，允许新闻媒体、当事人、律师及其他诉讼参与人申请复议，申请复议应当说明理由。复议期间不停止“禁口令”执行。

在紧急情况下必须立即作出“禁口令”的，可以不听取各方意见直接发布“禁口令”。紧急情况下发布的“禁口令”亦应当采取书面形式，事后应当及时听取新闻媒体、检察院、当事人、律师及其他必要的诉讼参与人的反馈意见，以决定是否需要撤销或者变更“禁口令”。

（三）“禁口令”的撤销与变更

与“禁口令”的启动程序相似，撤销、变更“禁口令”包括以下三种方式。

一是依复议申请撤销、变更“禁口令”。法院发布“禁口令”之后，新闻媒体、当事人、律师及其他诉讼参与人可以提出复议申请，并说明理由。法院认为复议申请成立的，可以根据复议申请决定作出撤销、变更“禁口令”的决定。

二是依独立申请撤销、变更“禁口令”。如果“禁口令”实施以后客观情势发生变化，或者当“禁口令”作出时权利衡平考量因素发生变化，新闻媒体、当事人、律师及其他诉讼参与人可以提出撤销、变更“禁口令”

的申请，并说明理由。

三是依职权撤销、变更“禁口令”。法院应当在发布“禁口令”后持续关注“禁口令”实施以后客观情势的变化，或者“禁口令”作出时权利衡平考量因素的变化。如果客观情势或者相关因素的变化已经打破原有权利均衡状态，法院可以依职权撤销、变更“禁口令”。

法院在作出撤销、变更“禁口令”决定前，应当参照“禁口令”审查程序征求各方意见。因情况紧急必须立即撤销、变更“禁口令”的，可以不听取各方意见直接发布撤销、变更“禁口令”的决定。撤销、变更“禁口令”的决定发布后，亦应当允许新闻媒体、当事人、律师及其他诉讼参与人申请复议。

七、违反“禁口令”的“避风港”申辩与免责规则

（一）创设“禁口令避风港”之必要

“禁口令”的宗旨在于维护各方利益的平衡状态。因此，应当在特殊情况赋予相关人员以“避风港”，允许他们以法律规定的“避风港”规则提出复议和申辩意见。“避风港”规则适用于由于不实、片面的信息发布与媒体报道导致其处于不利的舆论地位时，可以允许其发表对冲性的意见以达到纠正错误、平衡报道的目的。

（二）“禁口令避风港”规则适用情形

《美国律师协会职业行为示范规则》（2004）① 第3.6条第b项②规定的安全港规则及第3.6条第c项③规定的回应权规则，分别对应针对媒体报道和信息发布两方面问题。可以由此借鉴设计两项我国的“禁口令避风港”规则：

---

① 参见王进喜译：《美国律师协会职业行为示范规则（2004）》，中国人民公安大学出版社2005年版。

② 安全港原则的内容：（1）诉讼、有关的违法行为和辩护，以及除却法律禁止时，有关人员的身份；（2）包含在公共记录里的信息；（3）某事务的调查正在进行中；（4）诉讼中任何一步的时间表或结果；（5）为得到证据和证据所必须的信息寻求帮助；（6）当有理由相信对某个人或公众利益造成重大伤害的可能性存在时，关于相关人员行为危险性的警告；（7）在刑事案件中，除分段（1）到（6）以外：（i）被告的身份、位处、职业和家庭情况；（ii）如果被告尚未被捕，必要的协助逮捕此人的信息；（iii）逮捕的事实、时间和地点；以及（iv）调查和逮捕人员或机构的身份以及调查时间的长短。

③ 《美国律师协会职业行为示范规则》（2004）第3.6条第c项规定了回应权条款：“尽管有条例（a），律师可以提出一个明智的律师将会相信的使客户从非律师或客户发动的最新宣传产生的相当过度的不利影响中得到保护的声明。依照这一条例所提出的声明只限于必要的平息最新不利宣传的信息。”

1. 如果司法机关发布了失实、片面、未经证据证明的案件事实，可能误导法官、检察官及新闻媒体和社会公众形成有罪推定印象的，受到不利影响的当事人及其代理律师可以发表言论，以对冲、平衡不利信息。

2. 如果新闻媒体报道了失实、片面、未经证据证明的案件事实，或者组织和个人通过自媒体发布上述信息，可能误导法官、检察官及新闻媒体和社会公众形成有罪推定印象的，受到不利影响的当事人及其代理律师可以发表言论，以对冲、平衡不利信息。

（三）“禁口令避风港”的限制

1. 利用“禁口令避风港”规则发表言论，应当遵循真实性原则，不得以虚假信息进行对冲、平衡。

2. 利用“禁口令避风港”规则发表言论，应当尊重合法性原则，不得为了对冲、平衡不利信息而发表侵害他人权利、影响公正司法的不当言论；更不得滥用“禁口令避风港”规则进行恶意报复。

3. 利用“禁口令避风港”规则发表言论，应当以达到对冲、平衡不利信息的目的为限。

八、违反“禁口令”的法律后果：多元责任，建议对接增设“藐视法庭罪”

（一）多元的责任体系

“禁口令”是多方利益和价值之间的“平衡器”。因此，违反“禁口令”必然会打破“禁口令”旨在实现的平衡状态，使某一方面的利益或价值受损。由于利益和价值的多元性，“禁口令”的法律后果也必然形成一个多元的责任体系。

（二）民事侵权责任

违反“禁口令”进行“大嘴”报道和披露不应当公布的案件信息以后，可能直接侵害到相关人员的私权利，例如未成年人的人格权、当事人隐私权以及被害人和证人隐私权、名誉权、身体权等。这就会引发次生民事侵权纠纷。

（三）行政责任

包括传统媒体和自媒体平台在内的新闻媒体在违反“禁口令”的同时，也可能违反国家关于新闻、宣传、媒体、互联网管理的相关法律和行政法规，依法承担相应的行政责任。

（四）刑事责任

违反“禁口令”可能承担的刑事责任根据所侵害法益的不同，可以分为三种类型：

一是侵害国家利益和社会公共利益的刑事责任。例如泄露国家秘密、发表了危害国家政权的煽动性言论等等，都可能触犯相关的刑法规定。

二是侵害司法权威，承担拒不执行判决、裁定的责任。《刑法》规定有拒不执行判决、裁定罪。①“禁口令”应当以裁定方式作出，如果违反“禁口令”，就是拒不履行法院裁定的行为，应当依法承担刑事责任。

三是侵害司法公正，承担干扰法庭秩序和法院依法独立行使审判权的相关责任。《刑法》第309条规定了扰乱法庭秩序罪，在《刑法修正案（九）》实施后，虽然增加了一些新的法定情形，但是仍然没有将媒体报道干扰诉讼、当事人和律师泄露审判秘密等情形列入，使得这些情形仍然逍遥法外。如果“禁口令”制度得以在中国确立，那么就应当与之配套，将违反“禁口令”的情形纳入扰乱法庭秩序罪中。另一条思路是，借鉴世界各国关于“藐视法庭罪”的制度，在刑法中增设“藐视法庭罪”，将违反“禁口令”的行为以及其他影响、干扰、破坏法庭秩序和公正司法的行为纳入刑法规范的范围内。

上述三种责任类型背后是三种不同的法益。前两种类型有明确的法律规定，需要加强惩治力度。而第三种类型对应的法益，是法院依法独立行使审判权的程序正义以及由此实现的实体公正。前些年，在重实体、轻程序的传统理念影响下，对这种程序性的法益不加重视；而且一旦提出审判独立与法官独立，就会遭到很多人的反感和批评。从这些年来负面典型案例中反映出深刻的教训，就是对司法的监督和对法官的监督不能通过干预和干扰的方式实现，而是应当以法定程序监督的方式实现。法官在不受任何组织、个人干预和干扰的环境下独立判断，是司法公正的前提。这种程序正义是通往实体公正的制度保障。《刑法修正案（九）》对《刑法》第309条的增补已经迈出了一大步。但是未来还有很长的路要走。

---

① 《刑法》第313条规定：“对人民法院的判决、裁定有能力执行而拒不执行，情节严重的，处三年以下有期徒刑、拘役或者罚金；情节特别严重的，处三年以上七年以下有期徒刑，并处罚金。单位犯前款罪的，对单位判处罚金，并对其直接负责的主管人员和其他直接责任人员，依照前款的规定处罚。”

第四节　创设符合中国国情的“藐视法庭罪”

一、《刑法修正案（九）》前对“藐视法庭”行为的规定

在《刑法修正案（九）》实施前的《刑法》原第309条规定：“聚众哄闹、冲击法庭，或者殴打司法工作人员，严重扰乱法庭秩序的，处三年以下有期徒刑、拘役、管制或者罚金。”对应的罪名是扰乱法庭秩序罪，主要功能是维护法庭审判活动的现场秩序。具体情形只有两种，一是聚众哄闹和冲击法庭，二是殴打司法工作人员。

旧《刑法》规定的“藐视法庭”情形仅仅指的是扰乱法庭的现场秩序，而且从条文中看，还有很多扰乱法庭现场秩序的行为没有包含在内。例如，《刑事诉讼法》第194条[①]规定扰乱法庭秩序除了上述两种情形外，还包括“侮辱、诽谤、威胁司法工作人员”和“侮辱、诽谤、威胁、殴打或者诉讼参与人”的情形，并规定这些情形要依法追究刑事责任，但这些情形并没有在刑法中体现；根据罪刑法定原则，具有这些扰乱法庭秩序行为的人员只能逍遥法外了。

二、党的十八届四中全会决定惩戒藐视法庭权威等违法犯罪行为

党的十八届四中全会作出《中共中央关于全面推进依法治国若干重大问题的决定》，对推进司法改革、维护司法公正做出伟大决策。该《决定》在“保证公正司法，提高司法公信力”部分提出了“完善确保依法独立公正行使审判权和检察权的制度”的总要求，并进一步指出：“完善惩戒妨碍司法机关依法行使职权、拒不执行生效裁判和决定、藐视法庭权威等违法犯罪行为的法律规定。”近年来严重干扰司法机关独立公正行使司法权的藐视法庭权威行为受到了四中全会的关注，被《决定》明确为需要惩戒的对象。

---

① 《刑事诉讼法》第194条规定：“在法庭审判过程中，如果诉讼参与人或者旁听人员违反法庭秩序，审判长应当警告制止。对不听制止的，可以强行带出法庭；情节严重的，处以一千元以下的罚款或者十五日以下的拘留。罚款、拘留必须经院长批准。被处罚人对罚款、拘留的决定不服的，可以向上一级人民法院申请复议。复议期间不停止执行。对聚众哄闹、冲击法庭或者侮辱、诽谤、威胁、殴打司法工作人员或者诉讼参与人，严重扰乱法庭秩序，构成犯罪的，依法追究刑事责任。”

法庭是讲理的地方，“让每一个案件当事人都能感受到公平正义”，需要一个公正的良好法庭环境和舆论环境作为基础。惩戒妨碍司法机关依法独立公正行使职权，坚决扰乱法庭秩序等惩戒藐视法庭权威的行为，将有利于当事人及其他诉讼参与人行使诉讼权利。提到惩戒藐视法庭行为，总会有一些人反对，认为给了法官这么大的权利，担心可能侵害到当事人及其他诉讼参与人的诉讼权利，滋生司法专横。这是一种片面、极端的认识。藐视法庭行为的惩戒对象仅仅是违法犯罪行为，如果纵容这些违法犯罪行为，公正的司法环境遭到破坏，让每一位当事人及诉讼参与人感受到的只能是“非正义”。

仅仅看干扰法庭秩序这个层面的问题，律师群体非常容易成为扰乱法庭秩序的受害者。一线审理案件的法官经常遇到在庭审中当事人迁怒于律师的情形，因为律师极力为一方当事人说话，就会触怒于对方当事人，打断律师发言并侮骂律师说瞎话等，有时还会动手打对方律师。如果大家都认为这样没什么，不会遭到惩戒，法庭就会成为暴力的“角斗场”。把惩戒藐视法庭行为的尚方宝剑交给法官，可以用制度制约来限制法官滥用权力的可能，但不可因噎废食，纵容庭内和庭外的非理性的干扰。绝对不能依靠纵容当事人和诉讼参与人“越界的自由”来制约法官行使职权。

三、《刑法修正案（九）》的进步与遗憾

《刑法修正案（九）》第37条[①]对《刑法》第309条规定的扰乱法庭秩序罪的法定情形进行了重大扩充。除了原来规定的“聚众哄闹、冲击法庭”“殴打司法工作人员”的情形外，将《刑事诉讼法》第194条规定的殴打手段以外“侮辱、诽谤、威胁司法工作人员”和“侮辱、诽谤、威胁、殴打或者诉讼参与人”纳入其中，还增加了一些新的情形。这种变化可以归结为两个方面：第一个方面是把保护对象的范围从司法工作人员扩展到诉讼参与人；第二个方面是把法定情形扩展为五种：一是聚众哄闹、冲击法庭，二是殴打相关人员，三是侮辱、诽谤、威胁相关人员不听制止，四是毁坏法庭设施，五是抢夺、损毁诉讼文书、证据。

当前司法实践中不断出现诉讼参与人与一方诉讼参与人利益相关的旁听人员无视法庭权威、扰乱法庭秩序的事件，甚至还有在法庭上打砸抢、行凶伤人和杀人的恶劣行为。《刑法修正案（九）》第37条对扰乱法庭秩序

① 《刑法修正案（九）》第37条将《刑法》原第309条修改为：“有下列扰乱法庭秩序情形之一的，处三年以下有期徒刑、拘役、管制或者罚金：（一）聚众哄闹、冲击法庭的；（二）殴打司法工作人员或者诉讼参与人的；（三）侮辱、诽谤、威胁司法工作人员或者诉讼参与人，不听法庭制止，严重扰乱法庭秩序的；（四）有毁坏法庭设施，抢夺、损毁诉讼文书、证据等扰乱法庭秩序行为，情节严重的。”

罪进行了重要的丰富和完善，无疑是维护司法权威方面巨大的立法进步，对于维护法庭和司法权威、捍卫司法和法治尊严具有重要的历史意义。立法进步的背后也反映出社会主流意识形态对法治问题认识的重大进步，反映出对维护司法权威重要性的普遍社会价值认同。

然而，关于上述法律修订，仍有很多杂音和误解。例如有学者认为法官的状态具有两面性，既“专横”又“庸懦”，认为现在不是创设“藐视法庭罪”的时机，担心引起“死磕派律师”的抗争和反弹，还认为“死磕派律师”之所以“死磕”，就是因为抓到了法官的把柄。有学者把法官和检察官喻为“在朝的法曹”，把律师喻为“在野的法曹”，提出应该给“在野的法曹”一点撒野机会，“在朝的法曹”对此应该有点宽容的态度和包容的气度。① 类似的言论并没有以中国真实的国情和真实的法律实践为出发点，将法官和律师群体中存在的个别负面现象主观臆断地普遍化，把法律和律师个别情形下的冲突无限夸大，把“藐视法庭罪”的立法问题放在法官与律师对立斗争这个极端的视角来考虑，没有在法官与律师作为职业共同体的站位上看到他们对公正司法和法治权威的共同追求。一个可以随意被扰乱的法庭秩序、一个可以随意被踩踏的司法权威，是对整个法律共同体和案件当事人的共同伤害，只有肆意破坏者能够从中牟取私利。

《刑法修正案（九）》丰富和完善了扰乱法庭秩序罪，在推进维护司法权威方面无疑做出巨大的进步。但也有一些没有完成的遗憾。还有很多扰乱法庭秩序的行为没有被关注到，例如：法庭外干预、骚扰、威胁证人，泄露审判秘密（包括案件相关的国家私密、当事人隐私和不应当公开的相关人员身份信息），故意发布、传播虚假、片面、煽情的案件相关信息以制造舆论压力，必须出庭的当事人拒绝出庭，故意隐匿、损毁案件重要、关键证据……

四、由“扰乱法庭秩序”扩展到“藐视法庭权威”之必要

《刑法修正案（九）》关于扰乱法庭秩序罪的更大的遗憾之处在于没有把“扰乱法庭秩序”扩展到“藐视法庭权威”，从而与党的十八届四中全会《决定》的要求相对接。

党的十八届四中全会《决定》提出的是惩戒“藐视法庭权威”等违法犯罪行为，但是法律修正仍然局限在“扰乱法庭秩序”这个范围内。固然，“扰乱法庭秩序”作为“藐视法庭权威”的典型表现，需要重点惩治；但是“扰乱法庭秩序”无法涵盖所有的“藐视法庭权威”的违法犯罪行为。“藐

① 详见《司法如何权威——聚焦刑法修正案（九）之扰乱法庭秩序罪》，载“蓟门决策”第45期，网址：http：//news. sina. com. cn/c/z/sifaquanwei/，最后访问日期：2016年10月8日。

视法庭罪”从世界各国几百年的法律实践中发展而来，其中蕴含的司法规律具有普适意义。我们可以大胆改革、敢于创新，借鉴其他国家司法的历史和实践经验，将党的十八届四中全会《决定》提出的是惩戒“藐视法庭权威”这一典型的违法犯罪行为创设为“藐视法庭权威罪”，或者直接表述为“藐视法庭罪”，将扰乱法律秩序以外的其他“藐视法庭权威”的违法犯罪行为纳入其中，更大程度地尊重和保障人权，树立和维护司法公正与法治权威。

五、以“藐视法庭罪”对接违反“禁口令”的法律责任

除了扰乱法律秩序外，当前法律实践中“藐视法庭权威”最典型的问题莫过于媒体和舆论影响司法公正。党的十八届四中全会《决定》同时提出“规范媒体对案件的报道，防止舆论影响司法公正”的要求。前面的论述已经谈到，有必要设计出一套针对司法信息发布、媒体报道、网络传播的规范指引。但是，仅仅有软性的规范指引远远不具备有效的执行力。毕竟仅仅依靠新闻媒体的行业自律和社会公众道德自觉无法提供充分的保证，无法完全落实党的十八届四中全会《决定》提出的上述要求。就此，为了明确划定具体司法案件和事件中的言论自由和媒体自由的边界，平衡司法程序中各方利益和价值，“禁口令”制度势在必行。进一步要解决的问题就是，如果违反了“禁口令”，应当承担什么样的法律责任。前面论述已经分析了违反“禁口令”的多元法律责任。其中，侵害司法程序正义以及由此实现的实体公正，应当承担藐视法庭权威、破坏司法权威的法律责任，严重者应当承担相应的刑事责任。在“藐视法庭罪”的最终保障下，就形成了一套完整的“规范媒体对案件的报道，防止舆论影响司法公正”的“规范指引（软规则）—禁口令（硬规则）—藐视法庭罪（法律责任）”的制度体系。

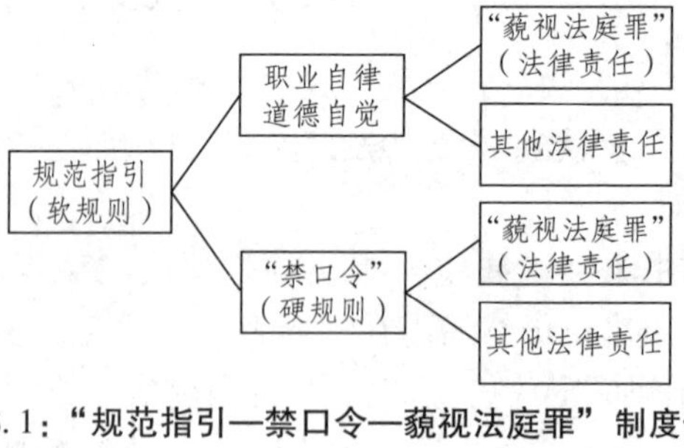

图 18.1：“规范指引—禁口令—藐视法庭罪”制度体系

六、符合中国国情“藐视法庭罪”的程序设计

（一）法官亲历，无需普通刑事案件的侦查和公诉程序

普通刑事案件以侦查和公诉作为审判的前置程序。侦查程序的目的是为了搜集证据、查明事实；之后再经过公诉机关的审查后向法院提起公诉。“藐视法庭行为”具有不同于其他犯罪行为的特殊性，即犯罪行为的场景就是法庭审理，在审判程序之内。干扰法庭秩序的行为就发生在法官面前，违反“禁口令”的违法行为也是直接违反法院的指令。对于这些违法犯罪行为，主审法官及合议庭成员比任何人都清楚，没有必要交给公安机关再侦查一遍、再转给检察机关提起公诉。而且违法犯罪行为本身的相关证据不需要特别的侦查手段进行采集。全国法院法律录像和数字法庭基本普及，干扰法庭秩序的行为视频资料都能够记录下来；而且随着庭审直播等司法公开活动的推进，这些行为可以被社会公众看得到。对于新闻媒体和相关人员违反“禁止令”的情形，相关报道和网络发文就是现成的证据资料，无需特别侦查手段取得。

（二）启动程序

考虑到上述法官亲历性和无需特别侦查手段两个方面，“藐视法庭罪”不需要以传统的方式经过公安机关侦查和检察机关提起公诉再进入审判程序。按传统方式办案时间较长，难以实现快速制止违法犯罪行为并恢复正常进行的庭审的效果。对于“藐视法庭罪”审理程序如何提起，可以有三种模式：一是由承办案件的合议庭或独任法官提起“特别公诉”；二是由承办案件的法院提起“特别公诉”；三是采取“无公诉”直接审理。

（三）审判程序

可以在承办案件的法院审理和由承办案件法院的上级法院审理两种方式中进行立法选择。在当前的国情下，建议在“藐视法庭罪”设定初期，由上级法院审理为宜。首先，承办案件的法院和法官是“藐视法庭罪”的直接受害者，为了避免中立性受到主观因素的影响，可以交上级法院来判断是构成“藐视法庭罪”还是按照普通的干扰法庭秩序来处理。其次，“藐视法庭罪”的反对声音担心承办法官滥用权利，那么交由上级法院判断可以有效避免这种担心。再次，“藐视法庭罪”设立初期社会关注度较高，社会影响较大，而且数量不会很多，由中级以上人民法院审理为宜。

（四）宣判程序

对“藐视法庭权威”行为的制裁应当更加注重效率，可以考虑如下三个方面：一是需要及时恢复正常的案件审理秩序；二是需要尽快减少和避免由此造成的损失；三是此类案件的证据相对清晰，主要是法律判断问题。由此，建议“藐视法庭罪”原则上应当当庭宣判。

第五节　重大敏感案件封闭审理制度之例外插曲

一、国外封闭审理制度考察

O. J. 辛普森是二十世纪八九十年代美国橄榄球超级巨星，还曾在美国洛杉矶奥运会上点燃奥运圣火。著名的辛普森杀妻案在世界法律界和传媒界均产生深远影响，被喻为“世纪审判”。因该案主人公就是体育界的当红人气巨星，又涉及凶杀、种族、婚恋等敏感因素，一时间在美国引发巨大轰动，成为全民关注的司法案件。在该案刑事诉讼的审理过程中，法庭一直对新闻媒体和社会公众持开放态度，而且在宣判当日让新闻记者进入法庭进行了现场直播。

由于辛普森刑事诉讼被过多地进行娱乐化报道，而且报道中多有失实信息，美国司法界对于司法公开开始出现“开倒车”的倾向。在辛普森案后来的民事诉讼庭审中，主审法院就采取封闭庭审的态度，所有的摄像机都被拒之庭外，连漫画家要在法庭进行速写也遭到主审法官的禁止。而且主审法官还发布“禁口令”，不允许该案当事人、律师和证人接受新闻媒体的采访。[①]

辛普森案件成为美国庭审从开放到封闭的标志性案件。虽然在美国仍然以司法公开为基本原则，但是在辛普森案件之后，很多社会关注的大要案的庭审开始持封闭态度，仅仅进行有限度地开放。例如2003年NBA巨星科比性侵案，除了一台摄像机和一台照相机外，其他媒体记者都被拒之庭外，而且对该案的新闻报道进行了限制。

在2005年的美国摇滚乐巨星迈克尔·杰克逊性侵男孩案中，主审法官发布禁令，将该案重要的诉讼材料进行保密，而且将所有电子采访设备拒之庭外。

① 参见［美］文森特·布廖西：《无法无天——辛普森无罪获释原因五探》，徐珍、阚方宇、杨冀译，内蒙古人民出版社1997年版；另参见罗斌、宋素红：《庭审报道娱乐化后果不可忽视——美国杰克逊案件中封闭诉讼原因探析》，载《中外交流》2006年第3期，第33～34页。

二、封闭审理的考虑因素

关于美国主审法官对案件封闭审理的考虑因素，可以归结为如下几个理由：一是防止陪审员受到新闻媒体和社会舆论的影响对案件或者某个特定的案情在庭审前形成固定偏见；二是证人因害怕新闻媒体报道而不敢出庭；三是担心法庭变成法官和律师的“现场秀”；四是新闻娱乐化倾向损害法庭审理的严肃性。①

这些问题在我国也同样存在，从前面的大量案例中可以看到，我国法院面对这些事由并不是采取封闭审理的方式进行，而且也没有“禁口令”等其他措施，使得这些问题没办法妥善地解决。

在我国，一些大要案也进行封闭审理，例如原铁道部部长刘志军案。②但是，从相关报道来看，我国的封闭审理制度并非解决舆论影响的问题，考虑的因素主要是让办案团队能够集中精力办大案，不受法院其他事务的干扰。

三、阻断舆情干扰：封闭审理的必要性探讨

前述分析构建了“规范指引——禁口令——藐视法庭罪”制度体系。“藐视法庭罪”就是这个制度体系的最后一环，“藐视法庭罪”为重器，不可轻用。而且刑事责任仍然是事后惩治，无法起到事先预防的作用。因此，在上述链条中，“禁口令”与“藐视法庭罪”之间就存在一个制度隐患。

如果负面舆情已经达到干扰公正司法的程度，“禁口令”的措施无法起到有效预防的作用；或者事先已经预料到仅仅依靠“禁口令”也难以避免舆论干扰公正司法的危险，我们怎么办？这时候，必须采取措施将法庭审判与舆论影响进行阻断。例如在周永康案、薄熙来案等重大案件中，都采用了异地审理的方式，避免舆论的干扰。但是我们应该看到，随着互联网时代自媒体舆论场的日益扩张，舆论已经突破了地域的限制，因为互联网是无界的。在网络舆论背景下，异地审理已经无法实现阻断舆论干扰的功能。在特定的情形下，有必要把法庭封闭起来，尝试封闭审理制度。

四、必须严格限制适用封闭审理

封闭审理仅仅是防止舆论影响司法公正的补救性、替代性措施，不能

① 参见宋素红、罗斌：《近年美国法庭封闭诉讼理由的辨析》，载《新闻记者》2005 年 9 月刊，第 30 ~ 32 页。

② 参见张玉学：《法官邱波为审刘志军案“闭关”月余》，载搜狐新闻网，网址：http://news.sohu.com/20131114/n390103023.shtml，最后访问日期：2016 年 10 月 8 日。

成为法院应对网络舆论的常态。应当认识到，司法公开依然是基本原则，封闭审理是例外情形，也是保障措施。因此，封闭审理的适用条件和决定程序要严格限制。

封闭审理的适用条件有：第一，必须是公正司法已经受到了新闻报道和社会舆论的严重影响，或者公正司法有受到新闻报道和社会舆论严重影响“明显而即刻”的危险；第二，穷尽异地审理、“禁口令”等措施仍无法避免上述困境和危险。

封闭审理的程序包括：第一，考虑到封闭审理构成公民知情权这一基本权利的克减，又是司法公开基本原则的例外情形，必须在启动决定程序上严格限制。一种思路是由本院审判委员会决定，另一种思路是报上级法院决定。第二，封闭审理必须尽量采取最小限度的措施，例如对于需要多次庭审的案件，没有必要全程封闭的就不要全程封闭。限度以实现目的为必要，例如如果为了解决证人不敢出庭的问题，完全可以只就证人陈述和交叉盘问程序进行封闭审理。第三，封闭审理仍然要关注社情民意，将负面舆论与真实的社情民意区分开。如果案件有必要实施全程封闭，不让审理案件的法官接触社会舆论，那么也有必要开设一个窗口，由司法辅助人员搜集社会舆论中有关证据和事实线索、适用法律的理性分析等信息，为审判人员提供参考。

兵法书

兵法书

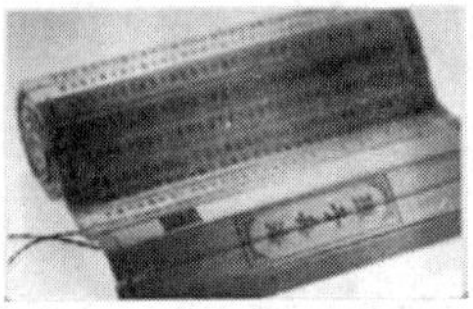

第十九章　发现舆情风暴的引爆点

第一节　舆情引爆三特点和三法则

第二节　关键人物法则

第三节　附着力因素法则

第四节　环境威力法则

第二十章　敏感案（事）件信息发布的供给侧改革

第一节　信息供给侧初阶探索

第二节　信息供给侧进阶沉思

第三节　司法公开与信息供给侧的冷智慧

第四节　个案策略选择的SWOT分析方法

第二十一章　司法机关舆情危机能动应对

第一节　司法机关舆情危机能动应对基本原则

第二节　舆情危机公共关系处理中的辩证思维

第三节　人民法院舆情危机能动应对的策略

第二十二章　人民法院秘密信源隐匿权的司法应对

第一节　秘密信源隐匿权的意义

第二节　隐匿权的法经济学引申

第三节　秘密信源的司法实践

第四节　秘密信源隐匿权的边界

第十九章　发现舆情风暴的引爆点

第一节　舆情引爆三特点和三法则

一、“星星之火，可以燎原”

为什么一些司法案件会引发舆情风波甚至舆情风暴？很多引爆重大舆情的司法案件只不过是普普通通的“小案子”，并不是看上去就具有重大敏感因素的“大要案”。如于欢案，只是一件普通人的普通刑事案件，谁也想不到会引发了2017年最大的舆情风暴。彭宇案也只不过是一件普普通通的民事案件，仅仅从案情看，与其他大量民事案件没有什么本质区别。谁能想到就是这样一件不起眼的小案子，成为了社会转型期道德滑坡的标志性案件，十几年过去了余波仍在。就是这样一个小案子，让人们不敢扶老人、不敢做好事，以冷漠、无助为关键词的新闻屡见不鲜。

“星星之火，可以燎原。”舆情风暴都是发端于案件或事实中某一细小环节擦出的小火星。在舆情酝酿期之初，这样的小火星具有很大的偶然性，是否能够引发舆情也具有很大的偶然性。在我们每天发生的各种社会事实和司法案件中，存在大量可能引发舆情的小火星，但大部分只是转瞬即逝，只有很偶然的一小部分才可能点燃舆情。像彭宇案中老人倒地的事件，只是社会生活中最常见的小摩擦，很多发生了也就过去了。基层民事法官也会把这样的案子当成司空见惯的普通案件，案结了也就事了了。

就是这样万分之一甚至亿分之一的星星之火可以形成可怕燎原之势。星星之火隐藏于无形，再先进的舆情监测也无法看到，只能在这些星星之火已经酝酿出舆情的苗头后才会发现。星星之火是否可以燎原，是让人难以捉摸的难题。众多不可预知的偶然性因素，主导了舆情的爆发和进程。

二、探索偶然中的必然

与司法舆情事件一样，各种社会流行事件都具有不可预知的偶然性。格拉德威尔在《引爆点》一书中开篇讲到暇步士鞋的例子。暇步士品牌一直默默无闻于偏远乡镇，每年也就卖出3万双，用我们现在的眼光看就是地摊货。谁也不会想到一个地摊货品牌在1994年底至1995年初突然引爆。至今又二十多年过去了，我们仍然能够在各大商场中看到暇步士品牌的专卖店。在引爆点来临之前，暇步士的老板自己也没有预见到自己的品牌会火起来，正在考虑是否要停产的时候，听说暇步士鞋在曼哈顿商业区的各俱乐部和酒吧里突然成为时髦品牌。

引发流行的过程就是这样偶然，这样不可思议。如果说李某某作为名人之子被推上舆论的风口浪尖还情有可原，那么彭宇作为一个普通的老百姓，连他自己也不会想到自己会“火”起来，被塑造成落难英雄的“道德雕像”。除了舆情，所有的社会风潮都是看上去如此难以预见又难以捉摸。起初几个练气功的人，谁也想不到能掀起一场法轮功政治风波，余波尚存。起初几个吃果子狸的人，谁也想不到他们引发“非典”的流行……这些偶然真的仅仅只是偶然吗？或者说偶然中的必然被偶然隐藏起来看不见。历史上也有一些远见灼见的伟人能够察觉到偶然中必然的端倪。毛泽东同志能够在纷繁复杂的国际国内战局中洞见中国的红色政权能够存在，并且坚信经过坚苦的持久战，星星之火终可燎原。所有的流行风暴中，是否存在共同的规律？

三、流行风潮的三特点：共情效应，蝴蝶效应，突发剧变

包括社会舆论在内，任何一种流行潮都具有三个重要特点：一是有传染性或感染性；二是微小的变化引发巨大的效果；三是突发式剧变而非渐变。①

第一，共情效应——传染性。这个词通常会与流感等传染性疾病联系在一起。舆论等社会风潮的兴起与流感的传播具有十分类似的特点。流感的传播需要有感冒病毒作为基本因素，通过一定的传播媒介在人际中进行扩散。舆论传播也需要具备像病毒一样具有传染效力的因素，这样的因素不可能是理性的逻辑，只可能是感性的情绪和情感。只有人类共有的最为原始的情绪、情感才具有传染性，产生心理学上的“共情”效应，② 从而跨越不同职业、不同阶层、不同地域、不同民族和藩篱，在最广泛的人际中传播。

第二，蝴蝶效应——微小的变化引发巨大的效果。燎原之火，起于星星点点的小火花；暴风骤雨，起于云端的小小水滴。大多数舆情风暴和社

---

① ［美］马尔科姆·格拉德威尔：《引爆点》，中信出版社2006年版，导言第18～20页。

② 《韦氏大词典》对共情的定义是：“理解到、意识到、感受到或替代体验到另一个人现在或过去的情感、想法和体验的行为，而不以客观明确的方式充分传达出该情感、想法和体验的行为。”引自［美］萨默斯·弗拉纳根：《心理咨询面谈技术》，陈祉妍等译，中国轻工业出版社2001年版，第162～169页。

会风潮都是如此，谁也不会想到很多不起眼的小事件和小人物会掀起惊涛骇浪，因为这些普通人的普通事儿都是司空见惯。这种微小变化引发巨大效果的规律就是著名的“蝴蝶效应”。起初不起眼的微小变化如何引发巨大的风波？可以借一个联欢会上常见的游戏类比说明。给你一张大报纸，让小组成员都站在上面；然后对折一下，看看大家还能不能都在站在上面；可能折叠三次就站不下了。如果我们反复折叠下去，折叠50次，假设人站在上面，这个人会有多高？大多数人会猜测有桌子那么高，或者一层楼高，大胆一点也不过是几层楼那么高。很少有人想到，如果真的有人站在上面，他已经到达了太阳。舆情传播的效果同样如此惊人。一条微博博文如果成功地被转发50次，其威力要远远超出折纸游戏，因为每一次传播都不仅仅是折叠式的效果。如果传播路径中的节点有一个“大V”出现，其效果更难以想象。可以说，想深入了解包括舆情在内的各种社会风潮的威力，就要对这种初始原因与最终结果之间不成比例的天壤之别做好心理准备。

第三，剧变。社会风潮都有一个引爆点，引爆点是量变积累促成质变前的关键一点，犹如烧开水的沸点。剧变是引爆点的核心。达到引爆点，就不再是渐进式的变化，而是突发性的剧变。舆情事件发生到舆情爆发，需要一个酝酿期。一旦酝酿成熟，引爆点来临，社会舆情就会一触即发。在互联网环境下，信息传播速度快、范围广、交互性强，舆情酝酿的时间大大缩短。在各种要素俱备的情况下，像50次折纸那样的传播效果可能在几个小时内就完成了。为什么舆情应对的首要原则是及时？就是因为引爆点来临以后，舆情风暴已经形成，舆情阵地的制高点被占领，其他异见都会成为“沉默的螺旋”。

上述三个特征中，最后一个是本质特征。当我们意识到了舆情风潮以剧变的方式爆发，我们就会探讨背后的形成机制，从而洞察到“共情效应”下的传染性和“蝴蝶效应”下的微小变化引发巨大效果两个特点。

四、引爆点三法则：关键人物法则、附着力因素法则和环境威力法则

一场流行病爆发，需要三个条件：一是要有携带病毒的人并且在人际中传播，即携带病毒的人要与其他人建立联系；二是病毒本身能够附着在未被传染的人身上，如果病毒很容易被免疫无法附着就不具备传播能力了；三是病毒传播需要的环境和媒介，包括自然环境（如空气、水等）与人际环境（如人群密度、人群流动性）。如果三个条件失去了平衡，流行病就会爆发。

不论是社会舆论，还是其他社会风潮，其引爆的方式和条件与流行病非常类似。形象化类比流行病爆发的三个条件，从而抽象出引爆点的三个

法则，即关键人物法则、附着力因素法则和环境威力法则。① 其中，前两个法则属于引爆点的内因，环境威力属于引爆点的外因。在内因中，个别人物法则属于主体视角，附着力因素法则属于客体视角。一场社会舆情的爆发，内因中要有舆论制造者和传播者，还要求信息内容本身具有附着力；在一定的外因环境条件下，舆情就可以引爆，而互联网为舆情传播的速度、广度和烈度提供了一个无比优越的环境。接下来，将对引爆点三个法则展开论述。

第二节　关键人物法则

一、骑马夜行的启示

在美国独立战争为什么会爆发？美国人为什么能够战胜英国人？除了大家熟知的英雄华盛顿，还有一个同样不可忽视的关键人物——保罗·里维尔（Paul Revere）。在1775年4月18日的一个下午，波士顿的一个小伙儿在马房干活时无意听到英国军官之间说“明天要严厉惩罚”等话，随即把消息告诉了银匠保罗·里维尔。里维尔之前也听说了类似的传闻，他和他的朋友约瑟·沃伦越来越觉得这些谣传可能真的要发生了，预测到英国人可能马上要进军列克星敦镇（位于波士顿西北），逮捕北美殖民地领袖约翰·汉考克（John Hancock）和塞缪尔·亚当斯（Samuel Adams），之后进军康科德镇夺取当地民兵军火库。

当晚10点，里维尔和沃伦见面后决定赶快把消息传递给波士顿周边地区的居民和民兵，提前做好应对。里维尔穿过波士顿港，在查尔斯顿轮渡口开始了著名“骑马夜行”，一路奔向列克星敦。沿途路过了查尔斯顿、麦德弗德、北康桥、麦诺托密等小镇，里维尔都敲门通知当地民兵领袖。得知消息的民兵领袖也迅速组织骑马夜行，传播这个警报。次日上午，英国人真的进军列克星敦，却没有料到会遇到有组织猛烈反击。之后，这场冲突点燃了“美国独立战争”。

可以说，如果没有保罗·里维尔骑马夜行，就没有美国独立战争，或者说美国人因没有及时做好准备而使得独立日推迟不知多久。保罗·里维尔具备了什么样的天赋？首先，他敏锐地洞察并搜集有关英国人的行动迹象；当他察觉到战争一触即发，在正确的时机采取行动；他认识很多民兵

① ［美］马尔科姆·格拉德威尔：《引爆点》，中信出版社2006年版，第4页。

领袖，而且这些人又非常信任他提供的信息并在他的推动下迅速组织民兵做好应战准备。

二、关键人物：内行、联系员、推销员

保罗·里维尔具备了关键人物法则的三个天赋。首先，他关注并搜集了很多关于英国人可能要行动的消息，扮演了一个“内行”的角色，而大多数人可能对此没有敏感的洞察力。其次，里维尔骑马夜行能够成功，还在于他在各地民兵首领中有广泛的人脉，扮演了一个“联系员”的角色；否则，当一个陌生人半夜敲门，谁愿意给他开门？即使开门，谁愿意相信他呢？再次，里维尔是一个出色的“推销员”，他能够成功说服他遇到的人相信他，马上采取行动。相比之下，另一位制革工人威廉·戴维斯也与里维尔同时进行骑马夜行，同样是经过许多城镇，传播相同的信息，但是他却没有引起当地民兵领袖警惕，更没有点燃他们的反击行动。因为戴维斯并没有具备关键人物法则的三个特点。

舆情等社会风潮的兴起，只有少数人在其中起到了关键的作用。首先要有一个人关注特定领域的信息，挖掘其中的“料”并愿意无私地与大家分享，这些人可被称为“内行”；“内行”爆料以后，在信息迅速扩展过程中，一定会有人具有非凡的社交能力或者在网络上拥有非凡人气，这些人就是“联系员”；还有一类关键人物，他们善于形象化表达，善于给他人洗脑，被称为“推销员”。这三类人有时是不同的人，也可能某些关键人物具备其中两种或三种特征，就像保罗·里维尔这样。

社会舆情的引爆，是信息在人际中的传播过程。在此过程中，人和信息是两个基本要素，此外还需要情绪情感这个关键要素。内行、联系员、推销员在推动社会风潮的过程中给予不同方面的推动力。其中，内行推动人与信息之间建立关联，联系员推动人与人之间的关联，推销员推动人与情感的交融。

三、内行

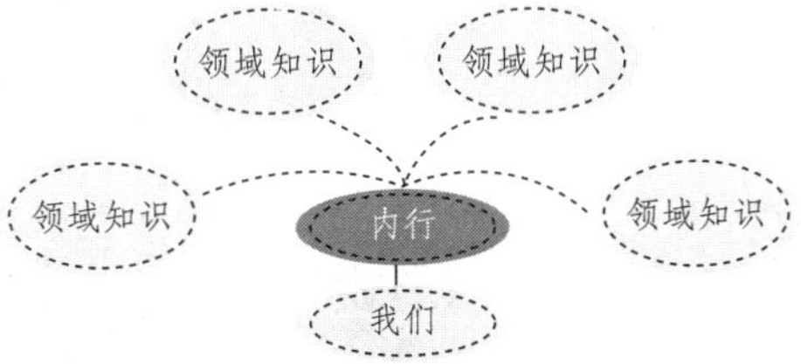

图 19.1：关键人物法则之内行

舆情风潮始于信息被爆料，这个有料又愿意爆料的人就扮演了内行的

角色。李某某案中的“王丰 - SCMP”、雷洋案中的知乎网友“山羊月”、药家鑫案中的《扬子晚报》都是属于特殊人物中的内行；有的当事人本身就扮演了内行的角色，例如彭宇本人亲自找到媒体进行爆料。

扮演内行角色的，需要具备两个基本素质：第一，他们是了解内情的人，掌握一些不为人所知的信息。一些内行被动地、偶然地接收到了信息；还有一些人喜欢挖掘“找料”，最典型的就是新闻记者。在传统媒体占主导的时代，往往是报刊等媒体扮演内行角色；进入互联网时代，人人都是麦克风，人人也可能成为内行，只要他们遇见、看到，他们就可以成为内行。第二，他们是愿意分享信息，把信息传播出去的人，他们会把信息介绍得非常详细，其中包括了可能引爆舆情的“痛点”。

内行也并非全能，他们不需要具备联系员的特点，不需要认识很多人，不需要有百万粉丝。只要有联系员能够接收到这样的信息，内行的作用就完成了。内行也不需要具备推销员的角色，他们并不一定善于做说服工作，他们只是信息的经纪人，热衷于与他们共享和交流信息。

四、六步分离法则

联系员在舆情引爆中扮演十分重要的角色。在了解这个角色之前，我们首先关注一下“六步分离法则”。可以做一个实验，例如我们指定在中国某个法院的一名法官，或者指定某个城市某个律师事务所的一名律师，让你通过你的人脉关系联系到这个指定的人，最多通过五个中间人就可以联系到与你素不相识的陌生人。

我们几十亿人生活在这个地球上，有十几亿人生活在这个伟大的国度。有实验证实，在茫茫人海中，地球上的每一个人与其他任何一个陌生人只有六步之遥，即最多通过六步，就可以联系上任何一个人。其实，我们就是通过几个中间人物与这个世界联系起来。不可思议的“六步分离法则”，让我们认识到，我们生活的世界很大，其实这个世界又很小。一条消息，只要经过六个步骤，就可以让全世界人知道。

五、联系员的特点：粉丝数，影响力，弱关系

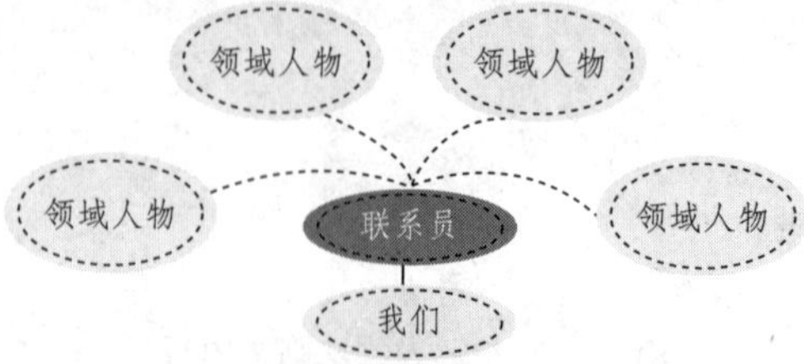

图 19.2：关键人物法则之联系员

想成为一名保罗·里维尔这样的联系人，需要具备什么样的素质？首要的素质是最显而易见的，他们结识的人非常多。尤其在互联网兴起之前，谁认识的人多，谁的传播力就强。在当今互联网时代，谁在网络上最有影响力？一定是粉丝数量最多的那个人吗？

联系员的第二个基本素质就是影响力。影响力并不取决于他们认识多少人。考虑一下“六步分离法则”，是什么因素让人们需要一步一步地传递才能联系到一个陌生人？地域因素是首要因素，而在互联网时代，地域的限制被打破，不同的文化和亚文化人际圈起到重要的作用。一个有影响力的人，不仅仅在一个领域，他可能在若干个不同的亚文化领域都有影响力。一个有影响力的人，可能不需要六步就可以联系到陌生人，他与陌生人之间的人际距离大大缩短。因此，我们很难用粉丝数量来评价哪个“大V”更有影响力，还要看粉丝职业、年龄、文化程度等结构性因素。谁的人群结构跨度大，谁就拥有更高的影响力。

联系员的第三个基本素质就是微弱关系的威力。在我们的朋友中，家人、闺蜜这些经常联系的人非常少，大部分的联系人处于“弱关系”状态。不要小看这些“弱关系”，它们可能产生比“强关系”更可怕的威力。与我们经常联系的人，与我们的信息高度同质化。因为经常联系，“强关系”朋友圈处于信息共享状态。“强关系”的圈子实在太小了，信息传播力有限。有时候，弱就是强，强反而弱，这是一个有意思的辩证关系。假设一个人从事法律职业，但他兴趣广泛，在音乐、写作、医疗、金融等领域都有涉足，他因此就有了广泛的“弱关系”。这些领域本来没有太多联系，就是因为有了这样的拥有广泛“弱关系”的联系员，不相关的领域之间实现了信息传递。近几年来，微信对于传播信息和引发舆情发挥的作用越来越大。微信的特点不同于微博的广场式传播，而是通过朋友圈、群聊等不同的圈子进行传递。在微信传播过程中，拥有广泛“弱关系”的人具有不可小觑的传播威力。

六、推销员：警惕西方反华势力

在舆情风潮中，内行们就是“爆料人”，他们为社会公众提供信息。联系员纺织了一个信息传递的网络，他们通过广泛的人脉和影响力四处传播信息。但是，引起一场舆论流行潮，只有这两类人就足够了吗？如果人们对获得的信息不相信怎么办？还需要有一群专门的“推销员”，这个角色非常重要，他们有说服别人相信的能力，也有煽动广大社会公众爆发一种情绪情感的能力。

推销员能够说服他人相信的秘诀是什么？是因为他们说的有逻辑吗？首先要端正的认识是，不论是舆论还是其他社会风潮，都不是逻辑推理和理论传播的结果，社会风潮的兴起更多依靠非理性、非逻辑的力量。在舆论兴起过程中，有三种非理性力量值得关注。

一是非文字性暗示。相比文字性暗示，非文字性暗示同样重要甚至更为重要。当前，微表情心理学、微反应心理学、微情绪心理学、微行为心理学、微人格心理学非常流行。[①] 这种微妙的周边环境在谈话中发挥的作用可能比内容本身更重要。有一个“文化微观节律分析”的研究发现，一个人说话的时候，实际上会按照其说话的节奏进行同步舞蹈；听众也会受到舞蹈节奏的影响，跟着他以同样的节奏运动起来，即使这个动作非常微小。人们的态度会发生变化，受到语言内容本身影响的力量非常有限，这些微妙的、隐蔽的、非逻辑的“微力量”潜移默化地影响着听众的态度。在互联网上，除了直播可以看到说话者的微表情、微行为等，在更多情况下，各种非文字的形象化表达方式起到比文字更重要的作用。

二是情绪和情感的传染。推销员的特长就是具备超强感染力。从推销员的角度看，情绪和情感的感染作用表现为由内向外的流露；从信息接收者的角度看，则表现为由外向内的触动。在这个由内向外又由外向内的过程中，推销员就把某种情绪发送给信息接收者。情绪附着在信息之上，信息被接收的同时，情绪也被接收了。成功的推销员就是成功的情绪发送者，通过发送情绪让人感觉到一种微妙却又强大、触动人心又难以抗拒的感染力量。在互联网平台上，推销员大部分情形下不能走上前台面对面地交流，他们就利用各种文字渲染情绪，引导人想象一个特定虚拟形象，从而激发一种情感，例如邓玉娇的烈女形象、药家鑫和李某某等“X 二代”的形象、彭宇落难英雄的形象。这些形象都是情绪化的产物，一旦形成，就具有了超越理性和逻辑的力量。这些形象成为了正面情绪情感或者负面情绪情感的寄托，真相已经不再重要。

三是负面情绪情感的破坏力。我们能够直观地感受到，最吸引眼球的，往往不是正能量的东西，而是隐私八卦、色情暴力、甚至反社会反政府这些负能量的东西。出于猎奇心理，反主流、反常规、反传统、反道德等信息更能够吸引人的注意。我们都知道，破与立相比，破比立的难度要大得多，正能量的传播远比负能量的传播要难得多。我们不能小觑负面情绪情感的破坏力，一个彭宇，让几千年来建立起来的团结互助的传统美德瞬间滑坡。在社会负面舆情的引爆过程中，隐藏着很多这样的负能量推销员。

---

① 参见陈璐：《微反应心理学全集》，中央编译出版社 2013 年版；陈璐：《微表情心理学全集》，中央编译出版社 2014 年版；陈璐：《微情绪心理学全集》，中央编译出版社 2015 年版；陈璐：《微行为心理学》，中国商业出版社 2015 年版；陈玮：《微行为心理学》，中央编译出版社 2015 年版。

西方反华势力就是通过这个手段，煽动反社会反政府的情绪，将普通的社会事件和司法案件政治化，妄图激化社会矛盾、破坏社会主义核心价值观。每一名政法干警，都必须有这样的政治敏感性，对舆情背后的推销员保持清醒意识。在这个舆论战场上，敌人或隐藏于无形，却又设好了无形的“局”，挖好了无形的陷阱。如果没有清醒意识，就很容易掉入“局”中，使得司法机关的公信力遭到破坏。只有头脑清醒、目光敏锐，才可能找到“破局而出”、打赢舆论战的有效对策。

第三节　附着力因素法则

一、附着力是信息核心竞争力

进入互联网时代，人与信息的关系从寻找信息变成了每天都要被海量信息的洪流冲得晕头转向。由于人对信息的注意和接收能力存在局限，而信息量又在爆炸式增长，一条信息能够进入公众眼球就越来越难，能够入脑入心者难上加难。由此，社会公众就患上了“信息免疫症”，深度阅读减少，碎片化阅读泛滥。

面对社会公众的“信息免疫症”，信息之间呈现激烈竞争之势。如果不能吸引人注意并附着在其头脑中，很快就会被其他信息湮没。信息竞争的背后，就是内行、联系员、推销员之间的激烈竞争。什么才是竞争力？首先是“标题党”之间的竞争，这是竞争的第一步，否则根本不会被人理会。大部分的“标题党”只是止步于标题，点击进去发现没有什么，让公众产生被标题忽悠的感觉。只有一小部分“标题党”能够最终胜出，他们掌握了信息竞争中的核心竞争力——附着力。附着力最终决定一条信息是否能真正深入人心并促成舆论格局的变化，进一步激发人们新的思想和行动。

二、舆情信息附着力的来源：诱导性因素，形象化表达，共情效应

附着力是什么？简单来说，就是一种能够让人记住的力量。在海量信息的竞争中，必须有特别的方式才能够使一条具有传染性的信息被看过的人记住。这种特别的方式一定不是理性和逻辑的方法，只要对信息内容的修辞和表达做一些简单的调整，其影响力就可能显著不同。

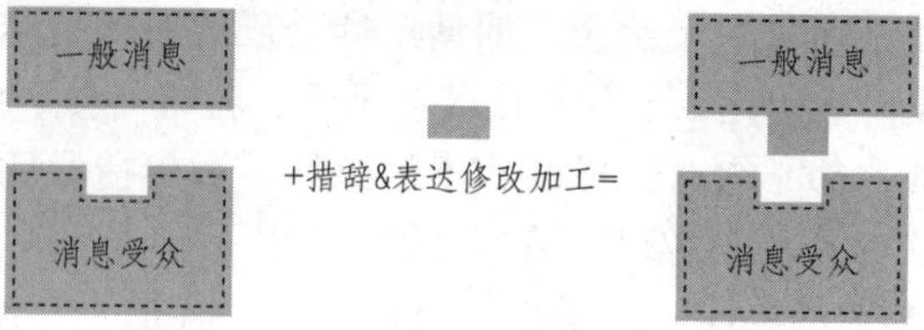

图 19.3：附着力因素法则

增加附着力因素，有三种常用手段：

一是诱导性因素。《引爆点》一书中提到一个实验：用宣传册宣传破伤风的危害性，不论如何渲染，结果只有 3% 的学生去医务室接种疫苗；而在宣传册中加了一副圈出医务室位置的地图，列出接种的具体时间安排后，接种疫苗的学生达到了 28%，这里的地图和时间表就是附着力因素。这样的因素具有很大的诱导性。危害性宣传还停留在论证是否要接种疫苗层次，如何具有诱导性的信息就直接形成强大的心理暗示，不再去考虑是不是要接种，而是什么时间到哪里去。在社会舆论中，像彭宇案这样的案件就具有很大的诱导性，暗示公众遇到老人摔倒不要扶，遇到危难的人不要帮。我们要十分警惕舆情中负能量的引诱因素。从这个角度上看，彭宇案一审判词和二审秘密调解的方式都是不妥当的；相比之下，2018 年的电梯劝吸烟老人案的二审改判结果，一定程度上扭转了彭宇案引发社会道德滑坡的流毒。

二是形象化表达。《引爆点》举了一本杂志的成功例子，把一个小小的金盒子放在广告的左下角，就使人们难以抗拒。在排斥和接受之间、在沉默与引爆之间的分野，有时只差一点点包装，即一种形象化表达。与文字相比，图片更有附着力，而视频可能胜过图片。很多引爆舆情的帖子，其中必然包含了形象化的表达。即使仅仅是文字，也只有绘声绘色的细节性、故事性描述才能产生强大的附着力。像李某某、邓玉娇等涉性案件，公众更喜欢看细节性的描述，更喜欢扒一些隐私性信息；引爆舆情的绝对不是法理分析的信息，而是形象化的人物塑造和故事描述。

三是共情效应，① 即情绪和情感的传染。情绪为什么会传染？尤其是负面情绪的传染性很强。这源于心理学中的共情效应，简单来说，如果你看到一个人悲伤，你也会同时悲伤。站在道德的制高点上争取情感共鸣，是增加附着力而引爆舆情的重要手段。例如发生在 2018 年春节期间的张扣扣

① 《韦氏大词典》对共情的定义是："理解到、意识到、感受到或替代体验到另一个人现在或过去的情感、想法和体验的行为，而不以客观明确的方式充分传达出该情感、想法和体验的行为。"引自［美］萨默斯·弗拉纳根：《心理咨询面谈技术》，陈祉妍等译，中国轻工业出版社 2001 年版，第 162 ~ 169 页。

杀人案，负面舆情正是站在违反道德的立场上，引发一部分人观念中残余的封建社会复仇心理的共鸣。李某某、药家鑫等案件就是利用了社会仇官、仇富的焦躁情绪点燃了舆情的火焰。于欢案也是由于杨白劳与黄世仁故事的情结才由普通的刑事案件演变成重大舆情事件。当一个事件和案件被附加了一种社会公众普遍存在的情绪和情感，就可能在广泛的社会范围内引起"共情"。很多舆情风潮能够被点燃为熊熊烈火，就是社会公众为议题提供了朴素的情绪情感作为燃料。

第四节　环境威力法则

一、互联网让舆论引爆更有威力

环境是孕育社会流行风潮的土壤，社会舆论的土壤就是信息传播媒介。不要小看环境的威力，流行风潮的发生与一定的条件、时间、地点等环境因素密切相关。环境的威力在于，环境的变化对于社会风潮的影响非常敏感。从本书的舆情案例可以看出环境对舆论风潮的显著作用。十五年前，传统媒体还占据主流地位，舆论大多始于报刊等传统媒体的推动。十年前，互联网支撑下的自媒体开始挑战传统媒体的地位，很多舆情发端于微博和BBS，在传统媒体与自媒体的交互影响中引爆。五年前，互联网媒体开始扮演了酝酿舆情的主角，由于互联网即时传播与交互共享等突出特点，舆情引爆时间大大缩短，舆情范围和烈度空前加强。近一两年来，互联网媒体多元化，打破前些年微博和 BBS 的垄断格局。微信、知乎、直播平台等，都可能成为舆论的"暴风眼"。

二、"150 法则"与微信的传播力

群体规模的大小是一个微妙的环境因素，可以对舆论风潮产生重大影响。从结果意义上看，社会舆情涉及广泛；但是从过程意义上看，在每一个信息传播环节中，如何实现最大的传播力？一个群体的规模越大，传播的效果就越好吗？一个群体的规模越小，沟通效果就越好；但是在小规模的群体中，信息获取来源和传播范围也会受到限制。大与小的矛盾，如何平衡？在此不得不需要考虑一个重要的人际交往规律，即"150 法则"。这个理论认为，当一个群体的规模超过 150 人时，群体中个体之间的沟通就存在问题。150 这个数字就是人际沟通的上限，在这个限度内，群体成员才能够保持顺畅的社交关系。

为什么会有150这个神奇的数字?“150法则”的心理学基础是“通道容量”理论。英国人类学家邓巴认为,[①] 大脑进化就是为了应付不断变大变复杂的人际关系。两个人之间只有一对人际关系;如果变成三个人,除了自己分别与另外两个人的人际关系外,还包括那两个人之间的关系。人类的大脑是所有灵长类动物中最大的,只有人类才能够拥有复杂的社会交往关系。邓巴发现计算大脑皮质与活动量的关系,智人的结果是147.8。因此,150这个数字就是人类能够保持联系的社会关系的最大值。

观察一下近些年有关司法案件的舆情引爆路径,微博和BBS正在呈现衰退趋势,微信的舆情传播力日益突显。这种基本的深层规律在哪里?这个神奇的邓巴数字提供了一个非常好的解释。微博是完全开放性的,就像一个大广场,难以形成一个社交群体,沟通效果也因此弱化。BBS虽然能够形成一个相对封闭的社群,但其封闭性太强,很难在不同的社群中实现互通互联。微信就克服了微博和BBS在信息传播效果上的缺陷,实现了相对固定的社群和无障碍的互通互联。

可能有人会质疑,既然有“150法则”,为什么微信群是以500人为上限,而不是150人。早期使用微信的用户知道,微信一开始限制群聊人数以150人为限,后来扩大到500人为限,但对于人数多的群设置了确认和认证的环节。为什么500人的大群仍然可以实现顺畅的沟通效果?我们发现大多数人都在潜水,从不说话;群聊加得多了,我们甚至连看都不看就把群聊信息清理了。这样,一个群聊中活跃的人就不会超过150人了。

微信的特点为舆论风潮的兴起提供了一个得天独厚的环境。第一,公众号作为活跃的自媒体,提供了很多信息来源。第二,大大小小的微信群可以实现充分的沟通效果,发起许多小规模的舆论风潮。第三,朋友圈又使“弱关系”的威力充分发挥,通过朋友圈的信息转发实现了多个群体之间的互联。如此,“六步分离法则”在微信传播中可能瞬间就实现了。从信息源到任何一个陌生人,只需要不超过六步的分享或者转发,这个过程几分钟就可以完成了。一个舆论热点一旦形成,就会形成刷屏的效果,形成信息的反复刺激。

三、破窗理论:防微杜渐,小处着手

环境威力法则中还有一个重要的表现就是,犯罪心理学领域的“破窗理论”或者称“破窗效应”。这一理论认为,犯罪是秩序混乱的必然结果,犯罪也是可以传染的,可以由一扇破玻璃窗蔓延至全社会。

---

① 参见[英]罗宾·邓巴等:《进化心理学——从猿到人的心灵演化之路》,万美婷译,中国轻工业出版社2011年版,第108页。

20 世纪 80 年代，纽约暴力犯罪非常猖獗，尤其是地铁里的犯罪行为非常泛滥。美国人是从乱涂乱画和逃票这样的小问题开始治理，却收到不可思议的效果。涂鸦不就是一件小事吗？事实上一处涂鸦就是一扇破窗，如果没有人管，涂鸦就会越来越多，还会蔓延到其他问题上。环境的破坏就会引起秩序的混乱，给人们一种负面心理暗示，不论做什么都没有人管。2017 年以来，北京开始从开墙打洞、广告牌这样的小问题着手治理城市病，很多人不理解。了解了环境威力法则，就可以理解了。

互联网舆论环境也是如此。为什么网络谣言一定要坚决治理？为什么侮辱英雄人物要坚持打击？如果不治理互联网环境，任何人都可以假借言论自由的名义随意对司法机关恶意攻击、造谣抹黑。如果让这样的“网络恐怖主义”风潮引爆，司法机关的权威难以树立，舆情沟通难以进行，公共关系难以维系。可以说，只有绿色的网络生态环境，才会有和谐的司法公共关系。

第二十章　敏感案（事）件信息发布的供给侧改革

第一节　信息供给侧初阶探索

一、司法公开与信息供给的是与否

李某某强奸案在公开过度、信息泄漏两方面发人沉思。舆情的导火索是司法机关内部人的爆料，折射出办案人员保密意识与法律意识不到位。涉及未成年人身份等隐私信息是不能公开的，过度公开违反了未成年人保护的实体规定和不公开审理的程序规定。公安机关急于回应舆情关注，通报了不该披露的未成年人和受害人身份信息。司法公开的基本方面是信息公开，即什么样的信息可以公开。我们应当引以为鉴。另外，当信息被当事人、律师等诉讼参与人不当公开时，法院何去何从？

以“好吃的”作为一个形象的比喻，可以设定如下几种情形：一要“吃饱”。如果司法机关让媒体与公众“吃不饱”，他们就会转向“路边摊”，吃到的是谣言，吃病了还会互相传染。看看彭宇案，司法机关媒体素养不够，媒体公关缺位，造成了网络造英雄，这个虚幻的英雄形象影响至今。二要“吃好”。司法公开不是一味地开门迎客，有些东西，公众和媒体都想要，但是不能给。就像有毒有害又没营养的食品，即使好吃，也不能向媒体和公众提供，李某某案是一个典型的反面例证。如果司法机关供给了不该给的东西，伤害的是法律和社会。

二、司法公开与信息供给的多与少

司法公开就是法律之门四敞大开吗？如果媒体和公众要什么就给什么，要多少就给多少，甚至给的比要的还要多，这样效果就一定好吗？天价过路费案和快播案给了我们深刻的警示。没有任何技术应对预案，完全放任不加管控的庭审，未经法定程序确认的内部研究意见……虽然表达了我们司法公开的决心和宽容开放的态度，但同时也将我们的缺陷弱点、突发尴尬、审判秘密等暴露无遗。在当前的法治进程阶段，看得见的副卷和看不见的“副卷”，是不能丢弃的。

在司法信息的供给过程中，多与少如何把握取决于当前时点的供求关系和未来时段供求关系的变化。例如，崔慧案，没弄清楚不公开；马彩云案，统一口径，掷地有声，前期暂时信息管控，就是防止胡乱公开什么都说；秦志辉案，根据即时舆情一点一点地供给。

三、司法公开与信息供给的快与慢

一般来说，舆情要尽快回应，彭宇案错过了最好的公关沟通良机，导致舆情之火熊熊燃烧，至今未灭。但是我们也看到了，天价过路费案，舆情反应与观点公开之神速令人惊叹。但是效果如何呢？我们除了感受到法院推进司法公开的积极性，留下的几乎都是负面效应，具体来说：一是过分迎合舆论，完全顺应媒体要求采取措施，取悦于公众，缺乏审慎的思考；二是急于公开意见、公布答案，给公众留下草率鲁莽的印象；三是快刀斩乱麻，同时也伤害了实体公正与程序公正。

好听的音乐，要有节奏感；好吃的东西，要慢慢品尝。司法公开中的信息供给也是如此。司法公开是快是慢，不能被舆论牵着鼻子走，而是要审时度势，掌控好与媒体和公众对话的节奏。有时候，急于“灭火”，急功近利，欲速则不达。崔慧案、马彩云案，都没有急于应对，而是在做好充分准备后有节奏地“灭火”，最终打赢舆情反转的翻身仗。我们应当快速反应，但不能草率发声。毛泽东同志论持久战的核心要义具有借鉴意义。

第二节　信息供给侧进阶沉思

一、司法公开，我们为了什么

在满足公众与媒体知情需要的过程中，我们需要的，是公众的理解、百姓的口碑和法治的信仰。这些都集中于司法公开过程中展现的法官和法院的形象。法官形象如何体现出来？借助传播学理论，法官的形象可以体现在三个维度：一是法官的本质形象，即“法官实际上是什么形象”。对应传播学上客观现实或客观真实。二是法官的媒介形象，即“法官传递的是什么形象”。对应传播学上符号现实或媒体真实。三是法官的公众形象，即“法官在公众心中什么形象”。对应传播学上主观现实或受众真实。

三个维度，处于由内而外的三个层次上。我们在司法公开过程中出现各种问题，病根可能存在任何一个维度上。首先，本质形象是根本。如果法官自身政治素质和业务素质有问题，不论如何粉饰都是无用功。大的问题如冤假错案，小的问题如薄谷开来减刑案“二年”写成“而年”，问题出在自身。其次，媒介形象是关键，也是最容易忽视和出问题的维度。不管法官本质形象如何，都要通过庭审等活动，以言行予以传递，以文书予以展现；如快播案，展现出来的法院与法官形象并不理想。再次，公众形象是核心。法官在社会公众中的形象，是法官本质形象借助法官言行等媒介形象传播后的最终结果。公众形象受到多方面因素影响而形成，包括主观上的法官因素、法院因素，也包括客观上的社会因素、历史因素等；可能是真实的，也可能是扭曲的。塑造良好的公众形象是司法公开与公共关系的核心。

二、信息供给侧改革，谁来供给

有人认为，舆情网事是新闻部门的职责，与法官没有关系。可是，每个案件都或多或少地隐藏着种种敏感因素。法官冲锋在司法审判第一线，在执法办案过程的每一个不小心的疏忽、每一个不妥当的行为，都可能点燃舆情的火药桶。新闻部门只不过是消防队而已，加强媒体意识，是新时代法官的担当。在新时代发扬“马锡五”精神，关注社情民意，需要从田间地头转向网络空间。适应网络时代审判工作的新要求，提高应对舆情网事的能力，是改革后新法官理应标配的新担当。①

三、当前的历史条件下，我们如何供给

一方面，毋庸置疑，新时代法官应当具备新时代的媒体思维与媒介担当，但是罗马不是一天建成的，媒体素养也不是一天养成的。另一方面，前述的典型案例也暴露出传统媒体不专业、传媒自媒体理性不足、与法院相配合的其他机关表现失当等外部环境问题，这些问题需要随着法治进程逐步改善；然而，在当前的历史条件下，我们必须正视和面对这些不完美而不抱怨，在司法公开的是与否、多与少、快与慢的辩证平衡中寻找最佳效果。

① 李俊晔：《新时代法官的媒体思维与媒介担当》，载《人民法院报》2016年7月12日，第2版。

第三节　司法公开与信息供给侧的冷智慧

之前的部分从典型案例入手，剖析了司法公开中信息供给侧与需求侧的信息传播规律。这些规律正是司法公开策略选择的必要因素。如何打开法律之门？需要在是与否、多与少、快与慢之间辩证平衡。

一、是与否的辩证智慧

第一，有形的副卷和“无形的副卷”。保密原则是政法工作的生命线。受到历史条件和法律进程的制约，有形的副卷和“无形的副卷”都必不可少。司法公开的是与否之间存在深刻的价值判断命题。公众知情需求不是最高的利益，司法公开亦非最高的价值。除了知情与公开，还有国家利益、社会公德、个人隐私、未成年人保护等更加需要保护的价值。

第二，积极防止不公开信息泄露。近年来，不论是刑事案件还是民事、行政案件，当事人与律师泄露不公开审理信息和当事人隐私信息，甚至利用这些信息进行媒体炒作的事件屡屡发生。李某某案是一个深刻的教训。司法机关不仅要保证自己不泄密，还应当严惩诉讼参与人的泄密行为，维护司法权威。

二、多与少的辩证智慧

第一，主观可控性和客观必要性。主观上的可控性要求，在当前的历史条件下，应当正视法官群体媒介素养的现有程度，正视公众、媒体及其他机关的现实状况，在可控的范围内进行司法公开。不合时宜地一味追求司法公开程度，展现司法公开的决心，必然导致舆情失控，事与愿违。客观上的必要性：司法公开的程度，公开信息的多少应当以满足公众的信息需求为必要。天价过路费案警示我们，过多公开，反而会画蛇添足。

第二，少讲理论多谈感情。根据网民个体的现实情况与网民群体的心理规律，赤裸裸的逻辑分析与理论说教只会招致公众的反感。司法需要讲逻辑、讲理论，但是只有在道德的制高点以德服人，在情感的共鸣处以情动人，才能打动网民的心。

第三，“少吃多餐”。在手机网民已占统治地位的当前形势下，不论是视频还是文字，只要篇幅冗长必然被人抛弃。公众喜欢“少”而厌烦“多”。信息只有碎片化才会达到沟通效果。

三、快与慢的辩证智慧

网络公共空间传播的信息包括了事实与意见。事实是客观的，我们不怕揭示真相，就怕捏造谣言。意见是主观的，不怕理性分析，就怕情绪传染。对待事实与意见，策略应有不同。

第一，事实需要快澄清。如果信息需求侧在于事实本身，就要快速回应，否则满足不了公众的需求，事实就必然在猜测和捏造中变成谣言。一旦谣言占领舆论高地，就会发生可怕的“蝴蝶效应”。关于谣言传播的影响因素，克罗斯提出了一个公式：“谣言的杀伤力 = 事件的重要程度 × 事件的模糊程度 ÷ 公众批判能力”，即与事件的重要性和模糊性成正比，而与公众的判断能力成反比。在三个变量中，只有（事件的）模糊性是我们可以掌控的。因此一个重要启示就是，及时澄清事实是削弱谣言的杀伤力的有效手段。一些虚假事实，如崔慧案，往往通过嫁接“有图有真相”，不仅有理有据地及时澄清，还指出了虚假证据与虚假事实之间的逻辑谬误。对于真实的负面事实，应当敢于及时承认错误，否则就会引发“阴谋论”盛行。

第二，意见可以慢回应。事实需要快澄清，但是事件原因和处理结果不一定要急于给出答案，否则就会掉入天价过路费案一样的陷阱。根据前述分析，意见的表达需要注意如下几点：一是掌控节奏，根据舆论中的社会公众需要适时回应；如果事件原因尚未查清、处理结果尚未作出，就要向社会公众回应当前的进展情况，避免因不透明产生公众猜忌。二是态度鲜明果断，网民群体多数时间是非理性的，对逻辑分析不感兴趣，更容易接受简明有力的断言；即使是法理分析也要讲究方式方法，尽量用可视化方式进行。三是可以重复，只有重复才会加强，才会产生传染的效果，但不可机械重复，需要变换角度、变换方式。

第四节　个案策略选择的 SWOT 分析方法

一、SWOT 策略分析

面对个案，如何实现是与否、多与少、快与慢的辩证平衡？可以借助 SWOT 策略分析方法。

从信息供给侧（法院）来分析，包括“发挥、加强优势（S）”和“改善、扭转劣势（W）”两个基本策略。对于优势，拿得准的，应当以“多”为原则，引领舆论导向；对于劣势，拿不准的，应当以“少”为原则，三思谨言慎行。

从信息需求侧（网民）来分析，包括“抓住、争取机会（O）”和“降低、减少威胁（T）”两个基本策略。对于机会，应当以“快”为原则，及时抓住，迅速占领舆论高地；对于威胁，应当以“慢”为原则，掌握节奏，打好持久战。

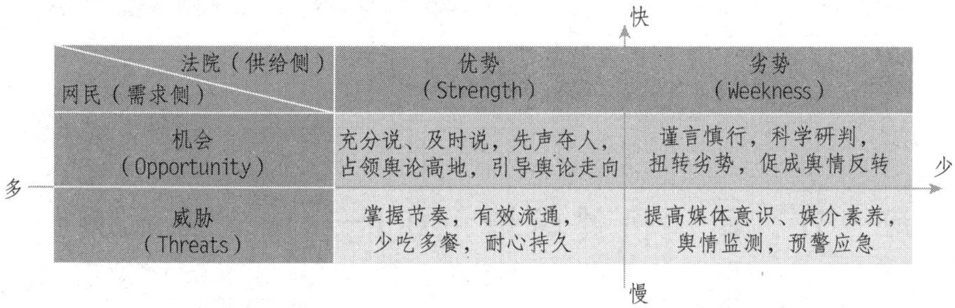

图 20.1：司法公开与信息供给的 SWOT 策略分析矩阵

将信息供给侧和需求侧的策略结合起来就形成了完整的 SWOT 策略分析矩阵，其中包含了“多—少”“快—慢”两个维度。对于具体个案，都可以在 SWOT 分析基础上选择适当的策略。

二、SWOT 策略选择

四种 SWOT 策略组合中，前三者可谓“策”，根据个案情势进行矛盾分析，把握好舆情信息应对的量与节奏，做出妥当选择；WT 可谓“略”，是人民法院的长远谋略，一方面从供给侧提升队伍的媒体意识与媒介素养，另一方面居安思危，做好舆情监测、应急预警、新闻发言人等制度建设。

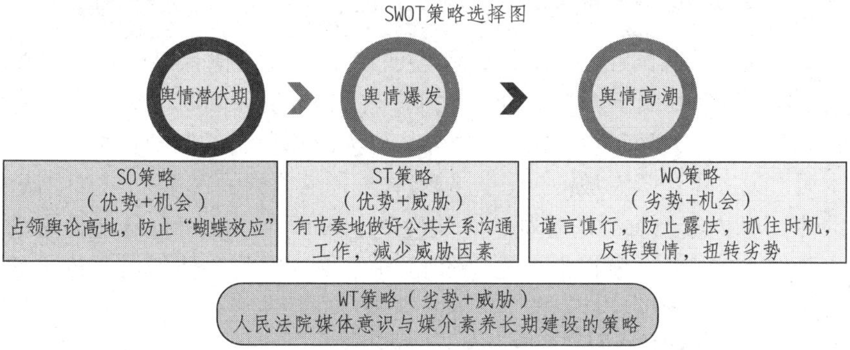

图 20.2：司法公开与信息供给的 SWOT 策略选择图

第二十一章　司法机关舆情危机能动应对

第一节　司法机关舆情危机能动应对基本原则

一、主动积极、快速反应原则

应对舆情，要第一时间做出反应，速报事实，慎报原因，谨慎定性，在最短的时间内让公众了解事情真相。必须直面正面意见与负面意见，在舆论场的激烈竞争中，争取让第一个正面的声音深深烙在公众的脑海里，抢占虚假信息传播泛滥的时间及空间。印刷时代的传播思路是，什么事情都要搞清楚了再说，尽量发布准确信息。但在信息时代，“先声夺人”的效果很明显，不论是谣言还是真相，第一轮公布的信息相比较而言，更易获得信任。① 司法机关要认识到这一传播规律，一定要尽早公布真相，且不能简单粗暴地辟谣，发布的信息要比谣言更加精确具体，才容易获得信任。

二、公开透明的原则

不言而喻，我国在立法层面，已经明确了宪法法律保障人们的言论自由的基本原则，由此延伸出新闻自由这一社会价值。同时，法律又规定了“诽谤罪”等制度为言论自由划定边界，作为言论自由的制约与平衡。从司法本质上说，司法具有被动性。托克维尔在《论美国的民主》一书中认为，被动性是司法权最重要的特征，“从性质上来说，司法权自身不是主动性的。要想使它行动，就得推动它”。② 这种气质从审判延伸到司法机关的对外沟通上，暴露出响应社会能力不足的积弊。

法学家马丁说：“在一个秩序良好的国家中，司法部门应得到人民的信

① 中国人民大学新闻学院传播学教授陈力丹认为，最先散播的虚假信息令人印象深刻，后来出现的辟谣帖和真相反倒被淹没，不为人知。

② ［法］托克维尔：《论美国的民主（上卷）》，董果良译，商务印书馆1991年版，第110～111页。

任和支持。从这个意义出发，公信力的丧失就意味着司法权的丧失。”[①] 事实上，司法的被动性并不意味着法院就要闭塞视听。“法官应力求自己的视线不被遮蔽。蒙住双眼不偏不倚固然不坏，但是如果不用纱布蒙住公正的慧眼，情况就会更好。”[②] 司法公开程度越大，寻求与社会力量互信机会就越多。在信息网络时代，司法公正应当以“看得见的方式”实现，这也是司法权威得以维系的前提，更是当前的第一要务。

在网络时代最早期，许多司法机关已经进行了初步尝试，使微博成为司法公开的新载体。实践证明，这些举措与社会形成了良性的互动。通过这些尝试，有部分司法机关通过微博公开审判业务，如：微博上公开重大案件开庭信息、直播庭审过程、直播执行结果，还有普法教育内容，通过微博还承担一定的对外公关职能。从目前反馈看，法院在微博上的创新尝试普遍获得社会的好评，使司法机关公开和司法公平正义的形象有了进一步提升。现在，很多司法机关运用微博与社会公众沟通的能力越来越强。近几年来，司法机关开通官方微信公众号的越来越多，影响力也越来越强；随着裁判文书上网和庭审直播的力度空前加大，大部分案件的审理过程和裁判结果都置于公众视野中。及时公开信息是遏止谣言最直接的方式。应对舆情危机最好的方法就是实事求是，公开真相，不给小道消息和谣言蔓延和传播的机会。让大众弄清事情的真相，阻断网络群体性事件的爆发。

三、顺势而为原则

相较于传统媒体，在传播方式和效果上网络的可控性大大削弱，网络自由很难被界定在一个大致确切的范围，但是在针对特定事项进行信息传播和表达时往往会自发地形成优势意见。司法机关危机公关必须把握这种信息优势，有意识地营造优势，顺势而为，乘势而上，转危为机。网络舆情即时、互动的特点，要求司法机关不仅要动态及时公布信息，还要注意答疑解惑，及时就社会关切的热点议题有所回应。要正视媒体披露的问题和不足，不断提高司法能力。要善于运用责任“切割”方法，对一些个性化问题尽可能做到不包庇、不袒护，根据工作责任事实果断依法处理，引导网络舆论对个人行为谴责，防止舆论事件被无限放大，影响到司法机关的整体形象。

四、深刻把握新媒体传播规律和社会公众信息需求规律原则

从实际情况来看，受多种因素影响，不少舆论表达和评价有失偏颇，

① 朱锡松：《论司法公正》，载《法制与社会》2010 年 12 月中旬刊，第 138 页。

② 王水明：《程序正义：正当程序的法律价值》，载《人民法院报》2016 年 3 月 18 日，第 7 版。

缺乏理性。对于舆情我们既不能无动于衷，也不能为之所左右；而是要高度重视舆论、舆情，更要关注舆论对法官裁判行为是否会产生影响，深入研究在新媒体环境下如何依法独立行使审判机构的审判权。关于舆情中的不完整、不准确、断章取义问题，应该及时通过发布完整准确的信息，作出明确回应，消除公众误解、澄清事件真相，化解不良影响。准确掌控社会公众对信息需求的规律，主动积极地回应社会大众对法院工作的关切，充分运用媒体，做好宣传，形成主流舆论态势，抑制舆情危机的作用空间。

五、舆情应对应遵守的“四明”法则

第一，情况要“明白”。知己知彼，百战不殆。“SOWT”模型是知己知彼基础上进行对策选题的结构化思考工具。对于知彼，要以公众的视角关注事态进展及未来走向，体察社会公众的关切，从中解析出舆情应对的机遇与威胁。对于知己，对于舆情事态与公众关切中隐藏的机遇与威胁，要分别结合自身优势与劣势具体分析，实现对主客观方面的条分缕析。

第二，态度要“明确”。对待涉法舆情，司法机关的态度要明确，力争在最快的时间表态，不要采用任何手段逃避问题。在互联网时代，信息透明度高、传播迅速，传统官僚主义下的“鸵鸟政策”会沦为掩耳盗铃的结果，不仅不会使事态实现“冷处理”的预期，反而将舆论高地拱手让与负面、虚假言论。

第三，信息要“明朗”。司法机关发出的信息要明晰，避免朝令夕改，否则会引发公众对事件的更多臆测。前后不一致的信息只能使公众产生更多的质疑和猜测，加深对司法机关的信任危机。

第四，思路要“明晰”。在表明态度、发布信息的基础上，法院在制定延伸问题处理意见时，思路必须明晰，要针对审判机构现实情况，采取得力有效措施做好“善后”工作，最大限度避免类似舆情再次发生。对于复杂激烈的舆情，要做好持久战的准备，以最大耐心和智慧掌握好火候，引导好节奏。

第二节　舆情危机公共关系处理中的辩证思维

一、乐观与警惕并重

涉法舆情，一方面可以促进司法公正，一方面也可以对司法公信力构成威胁。在网络时代的背景下，司法机关在推动法院信息公开的同时，依

法独立理性行使侦查权、检察权和审判权的难度也会同时增加。当今时代，互联网已经成为即时反映社情民意的主渠道；但也不可否认，网络同时会成为社会公众不满情绪宣泄的平台。虽然对司法机关舆论监督加强了，但也有影响司法机关正常办案特别是干扰审判机关独立行使审判权的问题，存在“媒体审判”的巨大风险。互联网虽然有利于扩大普法的效果与范围，同时也会出现以道德观念和朴素情感对专业化的法律规则和法律问题进行误读和误解的现象，进而影响司法判决的可接受性和司法权威。因此，面对涉法舆情，司法机关尤其是握有审判权的人民法院应保持既乐观又警惕的态度。

二、直面与善用并举

对于产生舆情的各类媒体，应当做到不惧怕不躲避。以司法公共关系的站位来看待涉法舆情问题，就应当认识到各类媒体是司法机关处理社会公共关系的沟通渠道和空间。在敢于面对的同时，还要善于利用媒体借力给力，让媒体成为法院主动发声和与公众沟通的桥梁。首先，利用媒体建立信任渠道。信任依赖于沟通，通过媒体沟通是最有效、最经济、最快捷的方式。其次，通过媒体公布处置信息。在出现舆情时，法院应边做边说，在公众面前树立起负责任的形象，通过媒体使民众知道法院所采取的积极措施。最后，借用媒体力量收复失地。借助媒体开展工作，迅速扭转公众对司法机关的敌视态度，最大限度地减少舆情对司法公信力的危害，并通过对舆情的有效应对从正面提升法院形象。

三、敏感性与前瞻性兼备

司法案件是社会舆情的热点，舆情监测是司法机关的重要工作。司法机关的舆情监测部门对于可能成为涉法舆情的社会热点事件应具有敏感性，并且对于事件今后可能衍生的问题舆情具有前瞻性，这是做好舆情应对的基础。

四、严谨性与及时性兼顾

信息网络时代的涉法舆情传播速度快、扩散影响大。因此要求司法机关在进行舆情应对时要特别注重回应的及时性。但应注意的是，绝不能以牺牲应对内容的严谨性为代价。因为一个漏洞百出的仓促回应只会引来更多的次生舆情，使司法工作更加被动。解决舆情应对内容和时效问题的根本办法，就是平时对政法干警进行持续的媒体素养与舆论应对培训与训练。

五、主动引导与被动解释相结合

对于先期预测到的涉法舆情，应采取主动发声的方式引导舆论走向，通过信息的及时公开防止不负责任或非理性的偏激言论混淆公众视听。对于突发性舆情，应在严密应对方案的基础上做出解释。引导与解释是一对辩证矛盾。一方面，成功的舆论引导，是未来舆情走向的合理解释，主动引导消解了未来被动解释的压力。另一方面，妥当的解释又会引导舆论未来走向，一个回应公众关切的解释、一个具有说服力的解释，将有效疏导负面情绪和言论，将公众的思考路径引向正轨。

六、不同级别司法机关差异化

基层法院面对的涉法舆情多出现在针对个案立案、执行等审务领域，其中案件以民事案件占多数，也存在涉及法官言行、公车私用等政务领域的舆情。中、高级法院面临的涉法舆情以刑事案件居多，且以涉及重罪错案的舆情最易导致重大社会影响。就涉法舆情产生的影响广度与深度来看，基层法院整体上比中、高级法院要小。但随着信息网络技术的发展，一点点小事就可能很快引发网络舆情“蝴蝶效应”，最典型的就是山东于欢案，在一审阶段就发酵出全国轰动的舆情，再如抚顺望花区法院迟夙生律师死磕事件。同时，舆情应对和应急处置，还应当区分司法机关层级分级管理、上下联动。

第三节　人民法院舆情危机能动应对的策略

危机一般可以划分为突发期、扩散期、爆发期及衰退期。根据罗伯特·希斯危机管理的4R模型[①]及诺曼·R. 奥古斯丁的六阶段论，[②] 危机的应对一般也分为四个阶段，即危机的缩减阶段（Reduction）、预备阶段（Ready）、反应阶段（Reaction）、恢复阶段（Recovery）。结合涉法舆情危机的特点及危机发展的一般规律，可以将司法机关舆情危机应对分为危机

① 罗伯特·希斯危机管理的4R模型：即缩减阶段（Reduction）、预备阶段（Readiness）、反应阶段（Response）、恢复阶段（Recovery）。参见［美］罗伯特·希斯：《危机管理》，王成、宋炳辉、金瑛译，中信出版社2001年版。

② 诺曼·R. 奥古斯丁的六阶段模型论：第一阶段，危机的避免；第二阶段，危机管理的准备；第三阶段，危机的确认；第四阶段，危机的控制；第五阶段，危机的解决；第六阶段，从危机中获利。参见熊卫平编著：《危机管理：理论实务案例》，浙江大学出版社2012年版，第75页。

潜伏期的预防阶段、危机爆发期的处置阶段、危机蔓延期的应对阶段及危机恢复期的重塑阶段，并针对不同阶段提出应对策略。

一、舆情危机潜伏期的预防

（一）深刻把握司法工作规律，履行法律赋予职责

司法机关应以司法信息发布和传播为手段，延伸审判职能，应以广大公众关注、关心的事件内容为核心，努力研发社会公众容易接受、乐于倾听的语言形式，通过网络渠道以及各种形式进行有效的法制宣传教育，不断提升公民的法律意识，以有力弘扬社会主义法治精神，引导社会公众树立社会主义核心价值观。通过庭审直播展现法院维护司法公正、保障人权的实际行动；通过公正廉洁的裁判活动展现公平正义的法治理念；通过公正高效的审判执行维护司法权威。司法机关应当全面客观地公开法院工作信息，把法院工作中依法可以公开的内容客观真实地向社会公开，自觉主动地接受舆论监督，通过扎扎实实的工作，使司法办案过程成为开展法治教育的过程；通过司法公开，将法庭塑造成法治教育大课堂，将裁判文书塑造成法治精神的教科书。

（二）司法机关以身作则，通过自律来倡导尊重法律的社会风尚

司法机关必须严格依法办案，遵守法律程序，尊重当事人和其他诉讼相关人的基本权利，并以最大限度排除各类干扰。人民政府更需要尊重法律。例如，美国的一名大法官布兰代斯说："在任何地方，我们的政府都是最有说服力的教员。不论是好是坏，它的榜样教育着全体人民。如果政府本身成为犯法者，那么它就孕育了对法律的蔑视；它鼓励所有人'各自为法'，从而助长混乱。"[①] 我们应当正视"司法地方化"的社会问题，正视可能遇到的地方权力干扰司法的现象。排除干扰和干预是正在深入推进的司法体制改革的重要任务之一，而解决这个问题的深层理性就是公开。除了司法机关主动公开信息，互联网为社会公众对抗地方干预提供了有力的公开渠道。只要司法机关以身作则，就会征得民心，以群众的民意来对抗法外因素的干扰。

① Supreme Court Justice Brandeis, Olmstead v. United States, 227U. S. 438 (1928), P485.

（三）通过舆论引导培育法治精神，将法律信仰内化为社会公众精神品质

如果一个社会失去了公众对法律的信仰和尊重，无论有多少完善的法律制度也没办法促成一个国家法治精神的形成，实现法治社会，建立公正、合理的法治秩序只能是一个空想。法治教育，不仅仅是对广大普通民众普及法律的教育，也应该包括对司法人员进行法学教育。通过多方面强化法治教育，让整个社会、各个阶层人人都能知法、懂法，实现司法公正并不遥远。在信息网络时代，应当掌握法治宣传的方式方法，简单的说教只会引起网民的反感。可以将法治理念培育融入到舆情引导中，在于欢案等事件的引导中，把一个舆情危机变成了生动的法治公开课，效果非常好。还应当注重利用新媒体技术，以全媒体的方式展开鲜活生动的法治教育，才能深入人心。在当前网络直播火热的形势下，一些司法机关开通网络直播平台账号，都是有益的尝试。

（四）惯用议程设置确定司法公共话题

司法机关应主动适应新媒体舆论的发展变化，结合不同媒体受众需求，主动设置议题，把司法机关需要公开的信息与媒体关注的问题、社会公众感兴趣的话题有机结合起来，有意识地吸引公众注意力。可以通过“举案说法”“大家看法”“庭审直击”“百姓陪审员”“法律大棚车”等具有鲜明特色的法律专题栏目或益智类法律游戏节目，以大众参与、通俗易懂的形式宣传法院和法官，以取得公众对司法的“共识”。定期将一些司法热点、疑难案件等公共话题主动摆到公众面前，引发讨论和思考，普及司法理念和知识，获取民众的了解与理解，为未来处理可能引发争议的案件奠定了一定程度的正面舆论基础，相当于建立了预警机制，在处理案件审理工作中可以从容面对公众，削减潜在的对抗。北京市第二中级人民法院还引入“三师一团”①助断“家务事”，是引入社会力量、增强公众参与性的“商谈司法”的创新举措。

（五）完善司法机关舆情危机应急处置系统

司法机关应当建立、完善从预警、启动、处置到问责究查整个环节的舆情危机应急处理机制。一是成立专门的网络舆情应对机构，负责对涉法

---

① “三师一团”，即心理咨询师、社会工作师、律师及百姓评理团，将法官审判的法理性、权威性与“三师一团”的情理性、群众性相结合。参见《“三师一团”助断“家务事”》，载《中国纪检监察报》2016年8月2日，第4版。

院舆情的监测、研判、分析及应对。中国警察网、法制网舆情监测中心、检察日报社网络信息中心等，都是非常有影响力的政法类舆情监测研判机构。二是建立网络舆情预防监测机制。加强源头管理，通过案件风险评估、风险排查等一系列措施，加强舆情排查化解和监测研判工作，收集媒体及网民对司法工作的报道及言论。三是以省级司法机关为单位，建立辖区司法机关框架下的互联网舆情信息分析系统，集成舆情的搜索、采集、监测、智能分析、预警、辅助生成报告、信息自动提醒、事件动态图表统计分析等功能。同时借助舆情信息分析系统，可自动分析负面舆情并做出提示，利用舆情中的专业词典，深入透析每个维度；再利用“舆情漏斗”计算方法，来实现把互联网“读薄”，透过动态图表分析，了解势态变化规律。四是进一步完善网络舆情应对处置机制。及时上报上级司法机关及相关部门，组织网评员发表评论并与社会公众进行互动沟通；启动应急预案，查明真相、澄清事实；启动追责机制，及时追究相关人员责任。坚持“属地管理、分级负责”，健全重大敏感舆情引导整体联动机制，形成舆论引导“上下联动、一呼百应”的大工作格局。

二、舆情危机爆发期的处置

（一）迅速回应，及时平息事态，防止舆情蔓延

针对网民诉求和关切，要把握“黄金四小时”原则，以最高效率及时回应、平息事态。应当及时公布案（事）件真相，但未经审判不得公布事实认定和定罪量刑的倾向性意见，不得未经审判就对案件盖棺定论，也不得为了迎合网民猎奇性关切而公布与当事人隐私相关、侵害当事人权利、违背法律原则的事实。如有涉及司法机关工作人员失职失误，应放下身段，尽早表态，尽早道歉，不能遮遮掩掩、故意回避。要善待媒体，善用媒体，进行适度舆论引导，形成正面主流意见；争取民意认可，培育司法主流民意，遏制流言传播。

（二）及早启动问责机制，稳定公众和网民情绪

如“赵作海案杀人碎尸案”舆情发生后，河南省高级人民法院及时依照法律程序启动责任问责机制，并于当天召开新闻发布会，向社会通报赵作海案的再审情形，定性为冤假错案。商丘市政法委书记立即率领当地司法机关领导登门向赵作海道歉，并对当年审理“赵作海案”的三名法官停职调查。商丘市检察院对该案侦查阶段三名案件承办人决定刑事拘留，并追究查处政法系统相关人员的失职行为。立即启动国家赔偿程序，对当事人予以赔偿，安排其出狱后的生活。这些措施有效地稳定了网民情绪，妥

善处理了该起舆情危机事件。但也应当注意到，不能无原则地问责，让合法履职的干警无辜受到责罚。例如某法院法官外出办案，因错过中午吃饭时间就在路边小店自掏腰包吃午饭，被舆论炒作为开公车吃农家饭。对于别有用心者“黑”司法机关和工作人员的负面舆情，应当鲜明立场，第一时间以事实回击负面舆论，切实保护干警合法权益，维护司法机关公正形象；还可以利用 SWOT 分析方法，从此类负面舆情的威胁中看到机遇，借力进行正面宣传，征得社会公众理解和支持。

（三）启动疑问案件处置程序，解决实际问题，消除舆情危机

对存疑案件，引导当事人通过申诉、再审、重审等正常司法途径维护其合法权益。如天价过路费案，经过一审、二审，判决结果受到网民的高度关注，不满情绪暴涨；还有聂树斌案，当“真凶”出现后舆论一片哗然，最终都是由法院依据相关规定提审，作出终局判决，舒缓民怨，稳定民心，重塑法院形象，最终消除舆情危机。应当注意的是，这类案件启动法律程序受到舆论高度关注，前一阶段舆情危机的消除，是下一阶段舆情沟通的开始。

三、舆情危机蔓延期的应对

（一）善用意见领袖和政法机关自媒体，培育司法主流民意

意见领袖，也就是俗称的“大 V”，是在互联网上具有一定影响力、掌握权威话语的个人或组织。意见领袖，具有优越的信息来源、一定的知识背景、丰富的生活经验、较高社会地位或专业技能，所以意见领袖更受社会公众的信任。因此，意见领袖基本掌控了对某一事件的权威话语。为此，精英律师、资深法官、权威法学家、专业法律媒体人都有可能成为司法界的“意见领袖”。司法机关要善于发现和培养意见领袖，采取多种形式与他们保持交流合作，充分发挥他们在司法公关中的独特作用，通过他们专业而理性的意见，变“严把关”为“巧指路”，变让人们“看什么”为教人们“怎么看”，变以“堵”为主改为以“导”为主，使网民在正确的引导下思考问题，以清晰的分析、耐心负责的指点和灵活睿智的预示，指导网民尽快走出视角盲区和认识误区。司法机关在加强建设网站的进程中，通过设立网络首席评论员、管理员和专业论坛版主等，在影响力较大的网站及时关注舆情，疏导舆论，与网民在互动中营造健康的舆论环境。近些年来，微博、BBS 等媒体传播力减弱，意见领袖主导舆论走向的时代逐渐消退；微信传播的影响力与日俱增，政法类公众号这样的自媒体在舆论引导中起到越来越重要的作用。

（二）吸纳理性民意，积极回应公众对法院工作的关切

群众路线一直是中国共产党的成功法宝。公正司法、司法为民是审判工作追求的目标，必须深入挖掘舆情民意所蕴含的合理性因素，把其合理意见建议作为改进工作的风向标，吸纳内化为司法机关及工作人员的思维自觉与行动自觉，使合理民意在司法决策过程中得以有效实现。同时，我们要对民意进行准确识别，不被伪民意左右。舆情中的非理性、情绪化甚至有违法治精神的意见情感，是司法机关需要着力关注和引导的领域。例如，在“张扣扣复仇案”中，出现了现代法治精神与传统孝道和复仇观念的冲突。面对历史传统的惯性，需要运用智慧在司法裁判说理与社会舆论引导中柔性消解。

（三）依法处置虚假舆情恶意制造、传播者，防止舆情危机扩大化

根据《刑法》《侵权责任法》、最高人民法院《关于审理名誉权案件若干问题的解答》等，追责于发布和传播虚假信息的人员、机构，即发帖人或网站的责任。要加大对虚假信息制造者及恶意传播谣言者的惩处力度，对众多无恶意的网络信息接受者予以理性对待，防止被恶意制造虚假信息者所利用。

四、舆情危机恢复期的重塑

（一）对事件处置过程中的承诺积极予以兑现

兑现承诺是维护司法权威和司法公信的重要保障。如“赵作海案”的处理，法院、检察院及时对错案责任人员追究了相关责任，绝不护短。舆情处置中做出承诺并不算结束，重要的是能及时兑现。如若承诺只是权宜之计，不予兑现，那将使得矛盾激化，危机升级。近些年来，关于执行难、“老赖”的舆情此起彼伏，最高人民法院向全国人民作出两到三年“基本解决执行难”的庄严承诺。当前，全国各级法院在执行工作信息化建设、人力资源配置、引入第三方评估、工作方法创新等方面取得很多成效，向社会公众传递了兑现承诺的最大诚意。在此基础上，人民群众对执行难的怨言开始消减，对法院推进执行工作、打击“老赖”的理解支持声音开始增强。

（二）关注案件当事人及社会公众的心理需求，对舆情余热进行疏导校正

很多涉法舆情案（事）件的舆论长尾非常明显，最典型的是“彭宇案”，“扶不扶”的话题热度十几年未减，各种类似事件屡屡刺激公众的道德神经。2018 年的“电梯劝烟案”引发全国范围的巨大舆情风潮，这与彭宇案的舆论长尾效应有很大关系。该案从一审的赔偿到二审的免责，出现了舆情反转，顺应了社会公众对好人好事不受责罚的道德期待，强力止住了因“彭宇案”引发的十几年来的社会道德滑坡，大大安抚了社会公众的不安情绪，是树立和维护社会主义核心价值观的强心剂。再如，在“赵作海案”的处理中，法院对其进行了细致的心理疏导，使其能够趋于平静、理性，最终赵作海在赔偿协议上签字致谢。舆情危机爆发阶段处理得当，并不代表危机彻底化解，必须关注当事人实际困难及需求，积极进行疏导，冷却舆情余温，彻底消除舆情危机复燃的可能。

（三）发挥媒体形象修复功能，重塑司法机关公信与权威

媒体既是舆情危机的制造、传播者，又是舆情危机的破灭、修复者。司法机关应当不断提高自身司法能力，以更加开放、自信和包容的心态，根据媒体舆论的关注点、社会公众的热点内容，有热情、有针对性地开展司法工作，以满足广大公众日益增长的司法知情权需求。要不断完善新闻发布会、公众开放日等工作制度，建立和完善媒体策划会、新闻联络人、新闻发言人、新闻协调会、舆情商会等工作机制，充分发挥司法机关自有媒体、官方网站特别是自媒体的作用，以维护好司法机关与社会公众之间公共关系的理念和站位，全面推进司法公开，做好舆论引导工作。力争使一件司法审判案件都能让人民群众感受到司法的公平正义，努力在实现中国梦的伟大征程中唱响依法治国的主旋律。

第二十二章　人民法院秘密信源隐匿权的司法应对

第一节　秘密信源隐匿权的意义

一、隐匿权问题的形成

在司法实践中，近年来多发秘密消息源保密与法庭作证问题。这一问题主要表现在，在法院审理的媒体侵权案件中，可能会涉及媒体报道的来源的调查问题，而新闻界存在一个惯例，即除了公开消息来源外，要保护秘密消息来源；新闻界对此提出一个隐匿权的概念。秘密信源与法庭作证问题引发了法学与新闻学领域的共同关注。

新闻学提出的隐匿权概念包括了两个问题，即新闻作者的匿名权和消息源的匿名权。其中，消息源的匿名权是焦点问题。新闻隐匿权的问题早在19世纪就提出了，逐渐成为新闻传播行业的惯例。1842年，马克思时任《莱茵报》的主编。因《莱茵报》匿名发表了两篇关于农民生活贫困的报道，遭到当时莱茵省总督的指责，指责报道歪曲事实和诽谤政府。为此，马克思进行解释："我确信不署名是由新闻业的实质所决定的……不署名不仅可以使作者自己，而且还可以使读者更加公正、更加自由，因为这样读者就不是着眼于说话的人，而是着眼于这个人所说的事。读者就摆脱了作为经验的人而存在的作者的影响，而仅以作者的精神人格作为自己判断的尺度。"① 这一事件是新闻隐匿权问题的典型案例，而从马克思的解释中可以看出，匿名发表报道是作者对自己的保护，同时也是传媒对消息源的一种保护。

对匿名消息源进行保护，在一定程度上是新闻传播行业的底线。消息来源即消息的提供者，和著作权类似，有公开和匿名之分。一些消息源需要匿名，是因为这些消息来源一旦公开，消息提供者就会遭到来源于社会

① 陈力丹、曹文星：《论新闻隐匿权》，载《新闻前哨》2012年第1期。

的压力，或者遭到来自其所爆料对象的打击报复。可以说，匿名消息源经常会提供具有价值的消息。选择使用经匿名的秘密信源而不采用其他信源，本身就说明了匿名消息源可能提供更为有价值的信息。如果在特定情形下不能对匿名消息源进行保护，则会极大影响新闻传播行业的发展，一些重要而有价值的信息难以被获取。

二、隐匿权的法律分析

模型：两对基本矛盾。

新闻隐匿权主要针对秘密信源而产生和发展。如果将新闻隐匿权理解为一项法律意义上的权利，则首先需要对其进行定义。隐匿权是指新闻媒体及其工作人员为消息提供者保密的权利和义务。作为新闻媒体及其工作人员，其享有的隐匿权是两方面的：一方面，对于消息提供者来说，隐匿权表现为义务，即未经消息提供者的同意，有责任对消息来源进行保密，不能擅自把消息来源向第三人披露；另一方面，对于社会公众来说，新闻隐匿权就是一种权利，即替消息提供者进行身份保密和来源保密的权利。

由上述法律分析可见，新闻隐匿权实际上包含了两对权利义务，其中也同时隐含了两对权利冲突。一个是新闻媒体与消息提供者之间的矛盾；一个是新闻媒体与社会公众之间的矛盾。对这两对矛盾进行进一步分析，就超出了法律分析的范畴，跨越到法经济学领域。

第二节　隐匿权的法经济学引申

一、新闻媒体与消息提供者之间的矛盾

一条新闻得以报道，得益于新闻媒体与消息提供者之间的合作关系，同时，二者之间在特定条件下也存在冲突。新闻媒体与消息提供者之间的矛盾就包含了冲突与合作两个方面。为什么二者之间在冲突与合作中选择了通过隐匿权的方式解决矛盾？从博弈论角度分析，可以非常清楚地看到，隐匿权就在二者之间的矛盾博弈中产生。新闻媒体与消息提供者之间的冲突与合作是典型的囚徒博弈。下面根据实际情况将二者之间的策略选择构建一个博弈模型。“博弈的标准式表述包括：（1）博弈的参与者，（2）每一参与者可供选择的战略集，（3）针对所有参与者可能选择的战略组合，每

一个参与者获得的收益。”① 据此，若不考虑社会公众和被报道对象的权益，在只有媒体和消息提供者两方参与的情况下，可以列出博弈模型如下：

		消息提供者	
		拒绝合作	提供消息
媒体	披露信源	0，0	r，R－D
	允许匿名	0，0	r，R

图 22.1：媒体和消息提供者两方博弈模型之一

在这个模型中，“参与者”新闻媒体的“战略集”为｛披露信源，允许匿名｝，消息提供者的“战略集”为｛拒绝合作，提供消息｝；双方选择一种战略后的收益列入表中，为（媒体收益，消息提供者收益）。如果消息提供者选择了拒绝合作，则双方的收益都是0，即（0，0）；消息提供者选择提供消息的策略，双方才可能有收益。如果模型中仅有媒体和消息提供者参加而不考虑其他因素，不论是否对信息进行隐匿，媒体的收益都是 r（receive），而消息提供者的收益可能是有差别的。如果媒体披露信息，消息提供者除了有收益 R（Receive）外，还会有一定的损失（理由如前所述）D（Damage）；如果媒体允许匿名，消息提供者的损失就不存在了。因此，（r，R）就成为了纳什均衡。②

二、新闻媒体与社会公众之间的矛盾（外部矛盾）

社会公众与新闻媒体之间的矛盾实际上就是知情权与隐匿权之间的矛盾，是公开与不公开之间的矛盾。一方面，社会公众不仅需要通过媒体了解报道的内容，还希望了解其信源；另一方面，新闻媒体通过上述博弈中的纳什均衡，希望能够隐匿信源。

虽然消息提供者不是新闻媒体与社会公众之间矛盾的参与者，但消息提供者的隐匿权直接影响新闻媒体在其与社会公众之间矛盾关系的策略选择。消息提供者的隐匿权在新闻媒体与社会公众之间的矛盾中就衍生出新闻媒体的隐匿权，从而形成了社会公众知情权与新闻媒体隐匿权之间的权利冲突。

如何解决知情权与隐匿权之间的权利冲突？这就需要划定其边界。在民法领域，公共利益是重要的权利行使边界。即使西方所崇尚的私权神圣，

---

① ［美］罗伯特·吉本斯：《博弈论基础》，中国社会科学出版社 1999 年版，第 3 页。

② 纳利均衡是一种策略组合，使得每个参与人的策略是对其他参与人策略的最优反应。参见［美］弗登博格等：《博弈论》，姚洋等译，中国人民大学出版社 2002 年版，第 10 页。

也不能突破公共利益而使权利成为可怕的利维坦。以物权法为利，公共利益成为合法征收的标准；以合同法为例，公共利益是合同效力的基本判决标准。这里的公共利益应当广义理解，包括国家利益、社会公共利益、当事人以外第三人的合法利益。

因此，从法学意义考虑，知情权与隐匿权之间的商谈边界在于真实性和伦理性。首先，新闻报道必须是真实的，否则对社会公众来说是无价值甚至是具有负价值的；在特别情况下，失实的新闻报道还会伤及被报道的社会个体的合法权益。在新闻报道真实性的基础上，新闻报道还需要兼顾国家秘密、商业秘密、个人隐私、公序良俗等方面。不论是真实性还是伦理性出问题，都会使得国家、社会或特定的个体受到伤害，由此产生法经济学意义上的外部性问题。①

三、外部矛盾内部化

如前所述，一旦新闻报道逾越了真实性和伦理性的边界，就可能损害到国家、社会或特定的个体，进而有可能面临诉讼，最终面临损害赔偿。以新闻媒体作为被告的案例汗牛充栋，如果新闻媒体被法院最终判令承担赔偿责任，则上述外部性问题就内部化②了。

外部性问题内部化的最终方式可能是由新闻媒体承担赔偿责任，也可能是由消息提供者承担赔偿责任。经过外部性问题的内部化，新闻媒体与社会公众之间的矛盾又转化为新闻媒体与消息提供者之间的矛盾。这样，损害赔偿就与消息提供者的隐匿权相关了。一般情况下，如果消息提供者披露其身份信息，就可能最终承担赔偿责任；如果消息提供者隐匿其身份信息，按照新闻传播行业的行规，新闻媒体对消息提供者的身份亦不披露，故新闻媒体可能要自行承担赔偿责任。在一些现实的案例中，新闻媒体宁愿自己承担赔偿责任，也不愿意披露秘密信源。

再来看看下图中博弈模型，外部矛盾内部化以后，新闻媒体的收益就不可能恒定为r，在选择允许匿名的情况下，就可能承担损害赔偿的风险，因此原告的纳什均衡（允许匿名，提供消息）的收益就变成（r－d，R）。

---

① 外部效应，指的是当某一经济主体消耗某一资源的行为给另一资源生产力带来了影响，而没有被补偿，且没有在任何私人的成本收益计算中表现出来。详见［德］汉斯－贝恩德·舍费尔、克劳斯·奥特：《民法的经济分析》，江清云、杜涛译，法律出版社2009年版，第104页。另参见［德］Hans－Bernd Schäfer und Claus Ott，Lehrbuch der ökonomischenAnalyse des Zivilrechts，4. Alflage，Springer－Verlag Berlin Heidelberg，2005，pp. 109。

② 外部效应内部化，详见［德］汉斯－贝恩德·舍费尔、克劳斯·奥特：《民法的经济分析》，江清云、杜涛译，法律出版社2009年版，第104页。另参见［德］Hans－Bernd Schäfer und Claus Ott，Lehrbuch der ökonomischenAnalyse des Zivilrechts，4. Alflage，Springer－Verlag Berlin Heidelberg，2005，pp. 109。

		消息提供者	
		拒绝合作	提供消息
新闻媒体	披露信源	0，0	r，R-D
	允许匿名	0，0	r-d，R
	拒绝合作	0，0	0，0

图 22.2：媒体和消息提供者两方博弈模型之二

在这个博弈模型中，因为在新闻媒体选择披露信源的策略时，消息提供者在拒绝合作与提供消息的策略选择之间需要进行利害权衡，即比较 R 与 D 的大小。对于新闻媒体而言，选择披露信源的策略总是优于允许匿名的策略，但是如果消息提供者坚持匿名，新闻媒体亦面临利害权衡，即 $r-d$ 是否大于零，如果其可能遭受的损害 d 要超过收益 r，即最终收益 $r-d<0$，则可能取消报道该条信息。

第三节　秘密信源的司法实践

一、隐匿权之法理错位

在新闻学界，隐匿权问题早在 17 世纪就出现了。然而，在法学领域尚无隐匿权的概念。新闻学所讨论的隐匿权与法律上的权利并不处于同一层面。放在法学视野中，新闻学领域的隐匿权的性质是什么呢？

同样是权利、利益这样的词汇，在不同的语境中具有不同的含义。法的本质是多层次的，法的本质，在任何一个层次讨论都可能会涉及权利的概念。被奉为法律的统治阶级的意志，是法的第一级本质；被一定历史条件所决定的人们的行为自由与纪律，这种自由和纪律表现为一种事实上的社会权利与义务为法的第二级本质；社会生活，特别是经济发展的客观需要，人们的行为自由和纪律、直接的社会权利和义务，归根到底决定于社会生活特别是经济生活的客观需要，这是法的第三级本质。新闻学所讨论的隐匿权处于法的第二级本质范畴，尚未上升为成文法。

如果隐匿权不能被成文法所吸收，则仅仅停留在学理讨论层面。卡尔·拉伦茨将权利定义为“法律为了满足某人的需要而赋予他的一种‘意思的力’或者‘法律的力’”。[①] 中国的法理学教材中也对此描述，权利与满足人的需要不可分割，也与人的利益不可分割，权利是“保证权利人利益的法律手段，权利与利益有着密切的联系，而权利则是这一内容的法律形式”。[②] 可以说，权利就是“利”和“力”的结合。一方面，权利可以描述为人的需要、利益、价值；另一方面，权利可以描述为法律的力、法律赋予的意思能力、法律的认可。因此，仅有“理”而无“力”，就只能是书生意气，纸上谈兵。

二、隐匿权之适用规范

新闻学领域的隐匿权在成文法中尚无一席之地，那么关于隐匿权的法律问题就无法可依了吗？从实践来看，在实体法上，隐匿权相关问题或者与人格权法相关联，或者与侵权责任法相关联；在程序法上，隐匿权的焦点问题是法庭作证问题，以下展开讨论。隐匿权在人格权法和侵权法上具有实际意义，但是目前尚未制定人格权法，而侵权责任法中也没有新闻侵权的专门规定。即使如此，新闻侵权问题也并非无法可依，可以适用侵权责任法的一般规定。隐匿权主要存在于新闻侵权案件中，是否构成新闻侵权，应当参照一般侵权责任的构成要件来判断，即侵权行为、侵权结果、因果关系和过错。[③]

第一，侵权行为，即新闻报道已经被发表，不仅是新闻媒体的发表行为，媒体爆料人的爆料行为在一些情况下也可能构成共同侵权。

第二，关于侵权结果，须特定的组织和个人的合法权益受到侵害，新闻侵权所侵害的法益主要是名誉权和隐私权。在此特别强调的是，遭受侵害的一定是合法权益。非法利益不仅受法律保护，而且正是新闻媒体应当揭露的抨击的对象。

第三，因果关系强调的是遭受侵害的合法权益与新闻报道直接相关。

第四，关于过错，过错有故意和过失之分，新闻侵权主要讨论的是过失问题，即新闻媒体的注意义务。在消息的真实性与伦理性问题上，新闻媒体所负有的注意义务不能仅仅采用“理性人”的谨慎标准，而应当达到更高的注意程度。这种注意程度可以归纳为行业规范，例如陈力丹教授编写的《中国新闻职业规范蓝本》。

---

① ［德］卡尔·拉伦茨：《德国民法通论（上册）》，王晓晔、邵建东、和建英、徐国建、谢怀栻译，法律出版社 2003 年版，第 210 页。

② 孙国华、朱景文主编：《法理学》，中国人民大学出版社 1999 年版，第 368 页。

③ 参见杨立新：《侵权法论》（第二版），人民法院出版社 2004 年版，第 147 页。

三、法庭作证之困——证据法问题

鉴于新闻报道存在侵害名誉权和隐私权的可能性，名誉权纠纷和隐私权纠纷在所难免。法院在审理此类案件过程中，不可避免地要涉及对秘密信源的调查。法官可谓威严但难谓神圣，因为法官不可能完整地还原案件的事实。事实查明的扑朔迷离是一个哲学问题，即客观事实不可能等同于人对客观事实的主观认识。“任何过去发生的‘事件’都无法百分之百地加以复现，相关信息的流失不可避免。”[①] 因此，法官需要借助包括证人证言在内的各种证据来查明客观事实。很多新闻的信源就是被采访人。因此在新闻侵权案件中，被采访人的证人证言是重要证据，也是还原事实真相的重要线索。

由于新闻隐匿权的存在，新闻媒体不愿在法庭上公开秘密信源，由此产生了法院查明事实的必要性和新闻隐匿权之间的冲突。这一冲突其实并非在同一层面上。如此所述，隐匿权处于法的第二级本质，没有上升为成文法；而“谁主张，谁举证”的证据规则是成文法的规定，处于法的第一级本质。冲突的双方在本质上不存在真正的法律意义上的冲突。这种冲突只存在学理层面。

新闻隐匿权在法庭作证问题上其实并不玄妙，就是存在举证责任问题。《民事诉讼法》第65条规定：“当事人对自己提出的主张应当及时提供证据”。最高人民法院《关于民事诉讼证据的若干规定》第2条规定：“当事人对自己提出的诉讼请求所依据的事实或者反驳对方诉讼请求所依据的事实有责任提供证据加以证明；没有证据或者证据不足以证明当事人的事实主张的，由负有举证责任的当事人承担不利后果。”就信源问题，新闻侵权的双方当事人处于信息不对称地位。只要原告方提供了新闻报道内容及与其合法权益相关的基本证据就完成了举证责任。接下来，与信源相关的深层次举证问题将会转移到新闻媒体一方。所谓的隐匿权、拒证权，在法律上没有规范意义，其后果只能是由新闻媒体承担可能存在的举证不能的风险。

因此，在现行的法律体系内，新闻隐匿权只可能存在于新闻传播行业的范畴内，难以对抗现行的程序法律规范。进一步讲，新闻隐匿权也不可能上升为可以免于证明责任的程序特权。果真如此，将违反证据法的基本原则。原因在于，如果新闻隐匿权成为豁免证明责任的程序特权，其后果必然是将举证不能的后果加诸原告；而原告是不可能完成证明信源具有违

---

① 张志铭：《裁判中的事实认知（三则）之“解读‘以事实为根据’”》，载中国民商法律网，http：//www. civillaw. com. cn/article/default. asp？ id =29689。

法性的举证责任的。这一程序特权只会导致侵权事实难以证明的事实推定，在原、被告双方信息不对称的情形下，有违最为基本的公正。程序上的不公正必然导致实体上不公正。

四、矛盾破解之路——不公开审理

新闻媒体不应当阻止法院对秘密信源的调查，因为秘密信源新闻媒体对信源的承诺，不能由此产生程序上的特权。面对新闻界保护秘密信源的行规与法律调查的冲突，除了直接让新闻媒体承担举证不能的法律后果，真的没有别的办法了吗？新闻隐匿权真的在民事诉讼程序中毫无意义吗？

应当注意到，民事诉讼法中规定了不公开审理的制度，完全可以通过不公开审理的方式达到对秘密信源的保护。《民事诉讼法》第 134 条规定："人民法院审理民事案件，除涉及国家秘密、个人隐私或者法律另有规定的以外，应当公开进行。离婚案件，涉及商业秘密的案件，当事人申请不公开审理的，可以不公开审理。"新闻侵权案件主要集中于名誉权纠纷和隐私权纠纷两个案由，而这两个案由大多涉及原告方的个人隐私或者商业秘密，可以依法申请不公开审理。在不公开审理的程序中，秘密信源完全可以向法庭提供。

因此，新闻隐匿权的司法保护解决之路，不应当采纳证明责任豁免的方式，而应当尝试不公开审理的途径。可以在程序设计上进行进一步的规范。例如：第一，将新闻隐匿权纳入不公开审理的范围；第二，规定原、被告双方对秘密信源均有保密义务，尤其是原告方不得在庭审结束后公开披露秘密信源；第三，授权法官自由裁量权，将秘密信源包括身份信息等信息内容区分为可以不公开、仅向法院公开、可向当事人公开等级别，对于仅向法院公开的信息，应当允许法官进行背对背审理，并将相关诉讼材料载入副卷。

第四节　秘密信源隐匿权的边界

一、隐匿权的理由与质疑

新闻传播行业主张隐匿权的理由主要有两个方面：

从信源角度，强调公民享有表达自由的权利。媒体在一定程度上独立于社会公众而存在，社会公众不掌握传播媒体。如果需要对社会传达信息，必须借助新闻媒体作为媒介。公民的言论自由是宪法权利，包括匿名的言论自由。例如在出版行业，署名权作为著作权的基本权利，允许作者不署真名。同理，在新闻行业，也应当允许匿名的言论自由，因此，新闻媒体需要对秘密消息来源进行保护。

从媒体角度，强调新闻媒体的生存和发展。如果媒体不能为消息来源保密，社会公众因惧怕被媒体出卖而远离媒体，社会公众的知情权也会打折扣，新闻行业的存在都会成为问题。[①]

上述两个角度分别强调了信源的言论自由和媒体的生存发展，但是进一步讨论隐匿权，不能局限于这两个角度，亦不能将这两个角度任意夸大。一个巴掌拍不响，前文已经提到过隐匿权存在于两对基本矛盾中，即新闻媒体与消息提供者之间的矛盾（内部矛盾）和新闻媒体与社会公众之间的矛盾（外部矛盾）。因此，前面提到的隐匿权外部性问题和内部化以后的损害赔偿问题在所难免，进而产生的问题就是隐匿权边界止于何处。

二、禁止滥用隐匿权

关于滥用权利问题，应当注意有两点启示："一是不受限制的权利是不存在的，这个结论应验了英国人洛克的预言：哪里没有法律，哪里就没有自由。二是权利在行使之前必须设想三方面利益：自己的利益，与自己对应的义务人的利益，权利人、义务人之外第三者的，即社会的利益。只有这三种利益互不冲突、和谐一致，权利才能真正得到实现，否则，就将走上滥用的歧途。"[②]

不论在哪个层次探讨隐匿权，作为权利，隐匿权不可能没有边界，也不可能成为一项绝对不受约束的权利。上面启示中提到的三种利益互不冲突、和谐一致，在新闻行业就是新闻媒体、消息提供者即信源、包括报道对象在内的第三人或社会公众之间的互不冲突、和谐一致；也就是新闻媒体与消息提供者之间的矛盾（内部矛盾）和新闻媒体与社会公众之间的矛盾（外部矛盾）这两对基本矛盾的互不冲突、和谐一致。

因此，新闻界有保护秘密信源的行规，但不可能绝对化，否则就可能出现新闻侵权的可能。采访和报道的对象一旦涉及特定的主体，就存在侵权可能。如果滥用隐匿权，最容易侵害的是名誉权和隐私权。

三、使用秘密信源的社会责任

使用秘密信源就可能存在隐匿权滥用的风险，造成的外部性问题主要

① 参见陈力丹、费杨生：《隐匿权·新闻真实·审判公正——从水门事件中的"深喉"说开去》，载《当代传播》2005 年第 6 期。

② 张文显主编：《法理学》（第二版），高等教育出版社 2003 年版，第 119 页。

是名誉权和隐私权问题。

关于名誉权问题，主要与新闻报道的真实性相关，如果记者对秘密信源提供的消息的真实性不加确认，就可能由于歪曲事实而损害了特定主体的名誉。如果特定主体向法院提出名誉权诉讼，法院为查明案件事实，可能涉及对秘密信源的调查。媒体掌握信息来源，从证据规则来看，负有提供信源的举证责任，否则承担举证不能的后果。

关于隐私权问题，存在两个隐私权的冲突问题，一个是被报道主体的隐私权，即使新闻报道的内容真实，一旦触及他人的隐私，就可能出现侵害隐私权问题；这个意义上的隐私还可能进行扩大理解，即商业秘密和国家秘密。另一个是新闻曝料人的隐私权，不愿意提供其姓名、身份等信息，但爆料人隐私权保护的前提是不侵害被曝料主体的隐私，包括商业秘密甚至国家秘密。法律上有几种豁免侵害隐私权的情形，与新闻侵权相关的主要有经权利人同意、依法向社会公开、正规消息来源三类[①]。

鉴于此，在新闻报道涉及特定主体的时候，尤其是负面报道，应当意识到可能存在侵权可能。首先，应当对新闻报道内容的真实性进行审查，虽然不可能像法官审理案件一样，但也不能人云亦云。其次，在对事实的真实性确认基础上，还应当注意是否触及到他人隐私以及商业秘密甚至国家秘密。新闻报道对社会具有巨大影响力，确认报道真实性及保护他人隐私也是新闻记者的社会责任。

---

① 参见唐柏树、龙翼飞主编，李俊晔副主编：《侵权责任法审判前沿问题与案例指导》，苏泽林审定，中国法制出版社 2011 年版，第 22 ~ 24 页。

余音

望远镜

余音　望远镜

- 第一节　司法信息供求的可视化视角
  - 一、可视化：看得见的正义
  - 二、可视化对司法信息管理的作用
  - 三、可视化引领司法公开和信息供给未来路向
  - 四、上善若水：可视化是司法公共关系的根本之道
- 第二节　司法信息供求不可视问题
  - 一、法治精神价值理念不可视
  - 二、信息发布报道规范不可视
  - 三、社会公众信息需求不可视
  - 四、司法信息发布渠道不可视
  - 五、社会公众沟通方式不可视
  - 六、信息发布回应时机不可视
  - 七、违规和失误的责任不可视
  - 八、司法公共关系管理不可视
  - 九、司法信息供求矛盾和供给侧症结不可视
- 第三节　司法信息的可视化供给
  - 一、树立可视化、精细的司法信息管理理念
  - 二、舆情预警、民意监测可视化
  - 三、舆情回应可视化
  - 四、信息发布管理标准化、可视化
  - 五、案件报道规则标准化、可视化
  - 六、信息发布和案件报道的责任可视化
  - 七、审判过程可视化促进司法行为问题和校正可视化
- 第四节　“AI智能网民机器人”与“AI+VR”“AI+AR”模拟练兵
  - 一、AI机器人从司法办案走进网络舆论
  - 二、“AI智能网民机器人”用于舆情应对实战演习和日常训练
  - 三、“AI+VR”“AI+AR”人机交互模拟练兵

结语：一场可视化司法信息供给侧改革

结语：一场可视化司法信息供给侧改革

第一节　司法信息供求的可视化视角

一、可视化：看得见的正义

习近平总书记曾深刻指出："司法是社会公平正义的最后一道防线。公正是司法的灵魂和生命。"他强调："要努力让在每一个司法案件中的当事人都感受到公平正义，所有司法机关都要围绕这个目标来改进工作，重点解决影响司法公正和制约司法能力的深层次问题。"习近平总书记在党的十九大报告中明确提出："深化司法体制综合配套改革，全面落实司法责任制，努力让人民群众在每一个司法案件中感受到公平正义。"司法体制改革，不论有多少制度创新，都必须以"可感受的公平正义"为根本依归。法谚曰："正义不仅要实现，而且要以看得见的方式实现。""可感受的公平正义"就是看得见的公平正义，就是"可视化"的公平正义。"可视化"的公平正义是整个司法体制改革乃至整个司法工作的总目标，是人民法院的根本职责使命。

二、可视化对司法信息管理的作用

如前所述，有关司法活动的信息发布、媒体报告和网络传播，从根本上讲就是司法信息的供求关系问题。在这个司法信息的供求关系中，司法机关起到主导作用。信息内容的真伪和合法性、信息传播的方式和效果，都需要透明化和可视化。这就需要对司法信息进行可视化管理。之前的典型案例暴露出大量有关司法机关在信息发布和舆情应对过程中的各种问题。事后诸葛亮，只是对后来人形成一定的警示。如何从事后诸葛亮转向事中诸葛亮或事前诸葛亮，就需要运用可视化的思维和手段，及时发现问题苗头，找到解决方法，并形成长效机制。

可视化可以在司法信息管理中发挥重要作用。首先，可视化的司法信息管理有助于预警舆情、防患未然。可视化就是让问题和情况能够及时浮出水面，变得一目了然，有利于问题抓早抓小，防患于未然。通过可视化的管理，可以抓住舆情应对的最佳时机，提前进行舆情干预，把舆情风险消灭于舆论的发酵期或者潜伏期的萌芽状态。其次，可视化的司法信息管理有助于发现舆情发生根源和司法机关舆情应对失误的根源。再次，可视化的司法信息管理有助于找到舆情应对的有效方法和形成信息发布、舆情应对的长效机制。最后，可视化的司法信息管理有助于提升公共关系沟通效果。利用图片、图示、视频等可视化的沟通方式更符合网民的胃口；可视化的沟通内容让网民能够了解到司法案件的审理进度和涉法事件的处理进度。

司法机关的司法信息在供求关系中居于主导地位。随着以互联网技术为载体的新媒体舆论日新月异的变化，一场可视化司法信息供给侧改革势在必行。

三、可视化引领司法公开和信息供给未来路向

如何让案件当事人感受到司法案件的公平正义？如何让人民群众感受到司法工作的公平正义？可视化让公平正义看得见。社会公众对司法领域的需求主要是以司法信息的需求，从过去对公平正义的需求提升到如今对公平正义可视化的需求。在司法公共关系领域，新时代的主要特点是互联网媒介的发展。互联网媒介作为新的社会生产力形式，是可视化需求的根本推动力。社会公众对裁判结果可视化的需求逐步提升为对裁判过程可视化的需求，裁判文书公开和庭审公开正是在这种需求的推动下日益深化。

最高人民法院于2018年3月4日印发的《关于人民法院通过互联网公开审判流程信息的规定》开启了司法工作全流程信息依法向当事人公开的新时代。在互联网媒体生产力的牵引下，司法工作全流程信息依法向社会公众公开，将是新时代大势所趋。流程信息公开，对司法信息发布具有革命性意义，使信息发布从片段走向全景，从主观选择走向客观呈现。客观化、全景式的信息发布，彻底打破司法机关与社会公众之间信息不对称壁垒，打下最扎实、最有效的沟通基础。全流程信息公开是司法机关最大诚意的信息发布，能够最大限度地消解社会公众对司法工作的陌生、误解、揣测和猜疑；同时，让司法工作流程对社会公众可视化，能够让社会公众在对司法机关了解的基础上建立理解与信任；进而，以润物细无声的方式培育社会公众对法律程序的尊重和对法律原则的遵守，培育社会主义法治理念的群众基础。

四、上善若水：可视化是司法公共关系的根本之道

进入互联网时代，话语权回归社会公众，人人都有麦克风。随之而来的是，舆论议题议程设置由过去的自上而下权威模式被自下而上的倒逼模式取代。为什么现实中的强者会成为舆论场的弱者，而现实中的弱者会成为舆论场的强者？在互联网传播的环境中，这种强弱反转又在加剧。强弱反转的秘密，就在于中国的古话“上善若水”。老人说：“水善利万物而不争，处众人之所恶，故几于道。”① 水的道理有两重：一是以弱为强，二是以卑为贵。

以弱为强，循可视化沟通之道。在理念上要将舆情应对上升为舆情沟通，通过可视化沟通对话建立和维护公共关系。可视化沟通之道，就是“流水不腐，户枢不蠹”的道理。“问渠哪得清如许，唯有源头活水来。”一方面，积极主动有节奏地供给信息，让情况对社会公众可视。要摒弃“鸵鸟心态”，把自己藏起来、把信息藏起来，只会让情况越来越糟。“江河之水藏污纳垢，却荡涤反动”，② 描述了一个辩证之理。信息如果不能像流水一样源源不断地流动起来，就会让误会、猜测和谣言滋生。另一方面，社会公众的关切要可视，舆情信息的供求矛盾要可视。需求是信息供给的基础，在互联网上走群众路线、做群众工作，同样不能简单粗暴。“知我者，谓我心忧，不知我者，谓我何求。”③ 社会公众的期待和需求，既是舆论工作的出发点，也是落脚点。舆情走向、沟通效果遵循客观规律，绝不会以自诩为强者的意志为转移。

以卑为贵，可视化沟通之术。俗话说，“山低成海，人低为王。”反思涉法舆情应对反面典型案例，透过原因把脉症结，脱离群众的官僚主义、脱离实际的形式主义是社会公众沟通、公共关系维护的最大拦路虎。“政法机关不只将工作局限于生产正义，更要将正义这个公共产品投递到每一位用户手里。”④ 公正司法仅仅是司法机关实现公平正义的第一步；公平正义的最终实现，需要打通供与求两个环节建立司法与公众的公共关系。社会公众的可接受性是舆论工作的最终检验标准。司法机关是人民的机关，司法机关工作人员必须放下身段，把自己当成人民群众的一员进行沟通。打官腔、说套话，必然事与愿违。要学会运用一定的可视化表达和沟通技巧，实现一图胜千言的效果。在全媒体时代，文字说教的作用越来越弱化，多

---

① 老子：《道德经》第八章。

② 潘维：《信仰人民：中国共产党与中国政治传统》，中国人民大学出版社2017年版，序第6页。

③ 《诗经·王风·黍离》。

④ 苏航：《昨天中央政法委开了次会，与手机屏幕前的你我有关!》，载微信公众号京法网事，转载时间：2018年9月5日。

媒体形象化表达才是群众喜闻乐见的形式。

第二节 司法信息供求不可视问题

一、法治精神价值理念不可视

司法信息发布与报道很多问题都根源于法治理念的欠缺，突出表现在四个方面：一是实体上的无罪推定，二是程序上的以审判为中心，三是证据意识，四是遵守法律规范，尊重司法权威，尊重和保障公民基本权利。这些法治理念在宪法、刑事诉讼法及其他相关法律规范中都有明确规定，但是违反法治精神的事例屡有发生。当前的法律体系基本上实现了有法可依，但仍然存在法律规范的边界不可视，保障公正司法的边界不可视，维护国家利益和社会公共利益的边界不可视，让当事人充分享有接受法院公正审判权利的边界不可视，维护未成年人人身权利的边界不可视，保护公民隐私的边界不可视，保护证人和被害人合法权益的边界不可视……必须运用可视化的手段，将包含在法律规范条文中的这些边界提炼出来，让边界清晰可见。

二、信息发布报道规范不可视

长期以来，我国一直欠缺一套针对司法信息发布与媒体报道问题的系统、清晰的规范指引。与司法活动、司法案件相关的哪些信息可以发布、可以报道？发布和报道的流程是什么？在信息发布和报道过程中还应当注意什么，避免逾越法律边界？这些问题一直处于无序状态。同样的问题在不同的司法案件中反复出现。司法机关的工作人员、新闻媒体的记者和编辑没有一套可供操作的规范指引，发生了越界不当行为却意识不到，反正因为大家都这样做就熟视无睹了。

而且，司法机关与新闻媒体之间的互动非常欠缺，使得媒体报道的法律边界和司法机关信息发布的方式时机均不可视。一方面，司法机关没有对新闻媒体对某个具体案件应当如何报道进行明确的指引，让新闻媒体遇到具体问题时无法拿捏尺度，甚至进行了违法报道无意识。另一方面，司法机关没有建立起来新闻事务官和传播顾问制度，在信息发布与舆情回应过程中没有做出如何能够符合传播规律的专业指引。

三、社会公众信息需求不可视

党的十八届四中全会提出“司法机关要回应社会关切；规范媒体对案

件的报道，防止舆论影响司法公正。”除了注意到媒体报道和社会舆论影响司法公正的问题，更应该高度关注司法机关信息发布的内容、方式能不能回应社会公众关切的问题。有些时候，司法机关发布了一些信息，但是网民“不感冒”，仍然追逐小道消息。发布什么信息，以什么表达形式、什么语言风格、什么发布平台发布信息和回应社会，不是司法机关的一厢情愿。在信息网络空间里，司法机关并不具备现实世界中的强势话语权，与网民享有平等的话语权。因此，必须摒弃官本位、官僚化的思想，主动融入互联网舆论中，把自己当成一个普通的网民，与网民平等地对话。司法信息发布，必须关注网民需求什么，哪些是可以提供的，哪些不能提供。可以提供的信息以什么方式、什么节奏、什么平台发布？不能提供的信息怎样做出说明？只有遵循信息供求规律和信息传播规律，才能实现有效的司法信息供给。如果对社会公众的需要看不见，就无法实现有效的信息供给，无法实现有效沟通。

四、司法信息发布渠道不可视

信息发布必须让社会公众看得见、有效果。从上述案件实证分析中可以看出，司法机关信息发布渠道单一，过分依赖官媒，不善于通过新媒体发布信息、回应舆情，未能适应信息网络时代全媒体发布。新闻发布主体单一，传播信源被垄断，不利于广泛动员媒体报道积极性。过分控制、垄断传播媒体的信息源，使得民间声音被压制。这些被压制的声音就在互联网的舆论场爆发，甚至产生对官媒和官方声音的抵触和反感。司法机关处理一起舆情事实时，如果对这些问题视而不见，单方强调管控，那么就会造成管控力度越大，舆情反弹越猛烈。

五、社会公众沟通方式不可视

在互联网传播中，公众更喜欢有图、有声、有影的全媒体形式，更喜欢通俗、鲜活的语言风格，传统的官样文章式的新闻通稿越来越难以起到引导舆论的作用。在信息网络时代，司法机关必须积极使用全媒体发布形式，尤其是充分利用近一两年来流行的网络直播、短视频、斗图、弹幕等形式进行信息发布与舆情回应，实现最佳的沟通效果。

应当适应互联网信息传播互动性的特点，进行持续性、互动性的信息发布与回应。如果对近年来信息网络空间社会公众交往方式看不见，仍然采取传统的广场广播式的信息发布形式，不注意双向沟通反馈，就无法产生有效的沟通效果。

网络上的互动沟通，不必一味采取传统的义正辞严的对立反驳形式。司法机关应该以普通网民的地位参与到网络舆论中去，有时可以以官方身份出现，有时也可以以民间身份出现。例如，在案件审理过程中，一些知名法学学者在网络上发表定罪定性的分析文章。我们不必与其针锋相对，完全可以以学生的身份与老师进行讨论，把老师在课堂上、教材里讲授过的司法机关独立行使司法权、无罪推定原则、证据规则与证明标准等内容“扒”出来，与老师的言论放在一起晒一晒。这样，违反法律程序、缺乏证据认定的定罪定性分析文章自然不攻自破。

六、信息发布回应时机不可视

很多负面网络舆情都是由于司法机关错失时机、信息发布不及时造成的。一方面，涉事司法机关对信息发布的最佳时机看不见，对猜测、谣言满天飞看不见，对负面舆论占领舆论高地的形势看不见；另一方面，一些涉事司法机关即使看到了，仍然奉行“鸵鸟政策”，装作看不见，不发声、不回应，等被迫发声时已经难以挽回局势。

在部分司法干警对待媒体和网络舆论的态度中，“恐媒、拒媒、防媒”心态盛行，被动回应和消极逃避多于主动发布，看不见主动回应的良好效果，也看不见被动回应的不利局面。邓玉娇案就是明显的例子，政府未能以开放姿态接受媒体采访，引来社会公众的不满，此后的回应也都是被迫做出。

七、违规和失误的责任不可视

目前，关于司法活动信息发布与媒体报道的责任追究制度还没有建立起来。司法机关在信息发布中违规发布不应当发布的信息、错失信息发布良机导致负面舆情蔓延、舆情回应不当引发次生舆情等行为，涉事司法机关和相关工作人员应当承担什么样的责任，处于不可视的状态。新闻媒体报道中侵害未成年人权益、侵害公民隐私权、定罪定性报道侵害被告接受公平审判等现象，也罕有被追究的情况。相关的责任承担情形和责任追究方式不可视，使得这些违法违规现象被熟视无睹，被认为是很正常的事情。责任不可视是一个非常可怕的问题。

八、司法公共关系管理不可视

目前，对司法活动信息发布、媒体报道和网络传播仍然缺少完备的管理规范。2017 年，国家网信办两周出台四部新规《互联网跟帖评论服务管理规定》《互联网论坛社区服务管理规定》《互联网用户公众账号信息服务管理规定》《互联网群组信息服务管理规定》，继续扎紧规范网络传播的篱笆。相比之下，对司法机关信息发布和新闻媒体报道案件的管理仍然非常滞后。相关政策规范大部分属于原则性的规定，无法做到管理的可视化。

在信息发布方面，缺少按案件办理流程的信息发布规范指引，缺少舆情回应的时间、方式、内容等精细化的指引，缺少新闻发布会召开时机、具体流程、口径准备、常见场景的回应方式等详细的指南，缺少全面系统化、可操作的舆情监测制度、舆论炒作风险评估制度及舆论引导工作责任、预案、口径报告、沟通协调、提醒、专班等制度。

在媒体报道案件方面，缺少诸如《英国刑事法院案件报道指南》这样详细的规则指引。详细的规则指引能够让媒体报道案件时，知道哪些信息可以报道、以什么方式报道清晰可视，避免因边界不可视产生误解和误报。

九、司法信息供求矛盾和供给侧症结不可视

打铁还须自身硬，作为信息源的司法行为，是决策司法信息供给质量的最终因素。综合分析涉法舆情案（事）件，可以发现司法公共关系的和谐程度与司法公开的程度和水平呈正相关。司法公开程度不高，不仅会造成社会公众对司法行为的误解和猜疑，司法行为本身也在一个司法公共关系的恶性循环中无法得到改善。由于缺少审判流程信息，司法行为存在的问题不可视，其深层症结更不可视，司法供求关系矛盾也不可视；接下来，司法行为校正和完善路径不可视；在这种情形下，自然会形成不敢公开、不愿沟通的“鸵鸟心态”，导致信息供给不可视；司法信息供给不足，审判流程不可视，就为各种猜测、谣言甚至“阴谋论”留下滋生和蔓延的空间；如此形成了信息不可视情境下司法公共关系恶性循环态势。

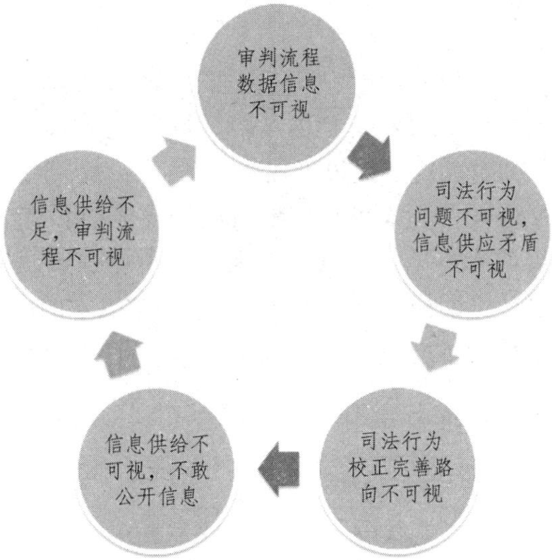

图 23.1：信息不可视情境下司法公共关系循环图

第三节　司法信息的可视化供给

一、树立可视化、精细的司法信息管理理念

针对法治理念不可视、法律与权利边界不可视、传播规律不可视等问题，原则性的规定没有太大意见，应当坚持问题导向，制定具有系统性和可操作性的规范指引，让为与不为的边界可视化。将司法信息作为信息资源，以可视化、精细化的理念实现司法机关与社会公众之间信息供求的顺畅和平衡。

二、舆情预警、民意监测可视化

一是开发以运用大数据和云处理为特点的人工智能，加强舆情预警的可视化。通过可视化舆情监测让舆情风险及时浮现。

二是在舆情风险预警的同时，进行民意监测，及时发现、准确把握社会与公众关切，使社会公众对司法信息的需求可视化。

三、舆情回应可视化

一是运用全媒体、可视化的方式进行舆情回应，使回应的内容和方式能够被公众接受和喜欢，达到互动沟通的效果。坚决摒弃“官本位”思想，不用官样文章、官话套话回应群众。

二是舆情回应的效果可视化。坚决摒弃“冷处理”“压下去”等传统错误思维的影响，及时回应又注意把握节奏。回应之后要持续关注回应的效果，通过信息化手段让回应的效果可视化。

三是让舆情回应效果提前可见。事后监测属于事后诸葛亮，如何让回应效果可视化，提前看得见？可以引入现在在商业领域使用的舆情回应模拟系统，开发可以模拟网民的“AI 机器人”，根据真实的网络议题、网络环境模拟出高仿真的虚拟舆情形势。

四、信息发布管理标准化、可视化

在原则性的禁止规定和行动要求之下，应当配套可供操作的信息发布管理标准化行为指南。政法干警日常的媒体素养培训很重要，相关标准化的指南更加重要。缺少标准化的行为指引，对于信息发布、新闻发布等，只能进行分别的经验性摸索，无法实现知识共享、经验共享。如信息发布和新闻发布制度、舆情监测制度、舆论炒作风险评估制度及舆论引导工作

责任、预案、口径报告、沟通协调、提醒、专班等制度等，都能形成一套标准化的行动指引，使一个完全没有经验的干警按照指引去操作就可以达到预期的效果。建议制定可以全国范围通用的信息发布和新闻发布及相关管理制度的“国标”，以指导性的规范动作、规范语言避免各自为战，因经验不足而产生失误。

五、案件报道规则标准化、可视化

我国目前还没有一套系统指导新闻媒体如何报道司法案件的标准化规则，使得很多新闻记者由于缺乏具体可见的指导，对于一些信息是否可以报道无所适从。固然现有的法律规定已经很健全了，但要求一个非法律专业的媒体记者从浩如烟海的法律规范中把与案件报道相关的法律边界都一一挑出来，实在是强人所难。因此，诸如《英国刑事法院案件报道指南》这样的行动指南对新闻媒体非常受用，也是势在必行。这样，新闻媒体如何进行司法案件报道，就有看得见的专业指导了。

再详细的指南也难免在某个具体问题上百密一疏。对于一个具体的司法案件，法官有必要根据具体案情，对新闻媒体提出具体的指导意见。在此，非常有必要创设符合中国国情的“禁口令”制度，让新闻媒体在具体案件中哪些可以报道、哪些不可以报道都清晰可见。

六、信息发布和案件报道的责任可视化

责任追究必须以职责清晰为前提。首先要解决的问题是明确司法机关以及其中哪些具体的人员应当在何种情形、何种程序中承担什么样的信息发布与舆情回应职责。这些职业可以在上述全国范围通用的信息发布和新闻发布及相关管理制度的“国标”中予以明确，便于各机关、各人员的职责清晰可见。在此基础上，应当明确因信息发布与舆情回应违规和失职应当承担的责任，明确应当追究责任的具体情形和责任形式。

案件报道违法违规的相关责任应当清晰可见。首先要解决的前提是，需要从现有的法律规定中将与案件报道相关的法律禁止边界和权利保护边界提炼出来，重新汇总成一个体系。而且根据这些法律规范，明确各种违法违规情形可能承担什么样的刑事、行政和民事责任。新闻媒体不必在遇到问题时才去研究相关的法律规范，而是将所有的边界和责任都置于眼前。此外，还应当创设符合中国特色的“藐视法庭罪”，以弥补责任不清的弊端，相关的研究可见具体章节。

七、审判过程可视化促进司法行为问题和校正可视化

透明、规范、公正的司法审判过程，是获得当事人和社会公众理解、

认同的根本之道，审判流程数据信息可视化，司法行为的问题和症结才能得以呈现，司法信息供给与需求之间的矛盾才得以显露；进而，司法行为完善路径才得以呼之欲出；只有如此，司法机关才有勇气、有自信加大信息供给、提升司法过程的透明度；司法信息供给充足了，司法的过程得以充分展现，审判信息数据就得以充分挖掘。如此，形成司法公共关系的良性循环态势。

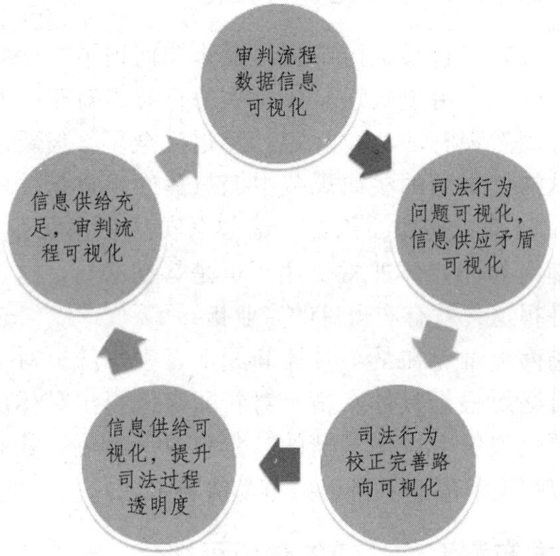

图 23.2：信息可视情境下司法公共关系良性循环图

第四节 "AI 智能网民机器人"与"AI + VR""AI + AR"模拟练兵

一、AI 机器人从司法办案走进网络舆论

当前，依靠信息化技术的大数据分析在司法工作中大量应用，例如一些法院开发了 AI 智能机器人，甚至可以代替法官写判决。这些创新、大胆的尝试具有重要意义，但是目前司法机关对人工智能应用的领域还是比较窄，开发的深度也不够。在未来，应当拓展 AI 人工智能的应用范围，从司法办案领域向舆情应对、公众沟通领域延伸。当前对司法公正影响最大的网络舆情就是互联网技术发展的产物，在网络舆情面前，传统的人工应对已经捉襟见肘。解铃还须系铃人，解决以信息网络为载体的舆情网事，必

须以信息网络技术为支撑。

二、“AI 智能网民机器人”用于舆情应对实战演习和日常训练

（一）人机互动模拟实战演习

运用大数据、信息化技术开发“信息发布—舆论反馈—舆情应对”实战模拟系统。设定一个具体案（事）件或者涉法议题场景，选择一个信息网络平台模拟发布信息；然后由系统针对发布内容自动模拟生成网民的言论；再由司法机关工作人员继续发声互动。如此往复进行模拟实战演习，一方面可以应用于日常训练，另一方面可以作为正式发布信息的预发布研判。

（二）个性化设置

具体来说，可以进行很多个性化设置：一是设定平台，可以设定在现实中的某个论坛/BBS、博客、微博等信息网络平台进行互动；二是设定账号，可以设定用现实中真实的官微发声或者个人账号发声；三是设定“时间经过”，例如设定经过了 4 小时，看看网民在 4 小时内都说了什么；或者设定经过了若干天，看看如果不及时发声网民会把舆论炒成什么样、造成什么样的后果。

（三）全媒体识别和回应技术支持

在技术上，应当具备全媒体识别和回应技术。例如发一个“毛驴怼大巴”的图片再配上文字，“AI 智能网民机器人”能够看得懂，也会从网络上搜索或者合成出一些图片进行回应。在信息处理中的视频和语音识别技术更不是什么难题。上述技术支持并不超前，利用现有的技术完全能够实现。

（四）机器学习技术

“AI 智能网民机器人”应当具备机器学习技术，将现实的互联网中的各个信息网络平台中的海量信息作为“课本”，不断学习新的舆情议题、网民的语言风格及表达方式等，实现实时的知识更新、资料更新，从而一直保持模拟现实的真实性。

（五）他山之石

我们应当注意到，类似的应用已经在商业领域有所尝试，例如“百度

舆情 API”① 等。一些企业也在利用类似的系统训练企业员工的舆情应对能力。② 开发和运用“AI 智能网民机器人”是解决政法干警舆情素养参差不齐、舆情事件频发问题的新型利器。

三、“AI + VR”“AI + AR”人机交互模拟练兵

（一）“AI + VR”人工智能虚拟现实模拟练兵

在“AI 智能网民机器人”的基础上，我们可以尝试将 AI 人工智能与“VR 虚拟现实”③ 技术相结合，开发出一些模拟真实场景的信息发布与舆情应对实战模拟系统。利用这个系统，我们带上 VR 眼镜，就可以进入虚拟的新闻发布会、新闻通气会、庭审现场、事故现场等多种场景，在其中扮演新闻发言人、主审法官等角色，与虚拟场景中的人进行互动。

“AI + VR”人机交互模拟练兵就类似玩 VR 游戏一样，但这场游戏的设计是非常复杂的，需要与人工能力、大数据分析、机器学习等技术相融合，将前述“AI 智能网民机器人”的功能从电脑、手机端搬到“VR 虚拟现实”世界里。从目前的技术水平来看，这样的设想完全可以实现。

（二）展望未来“AI + AR”人工智能增强现实模拟练兵

随着 AR 增强现实技术④的发展，我们可以设想在未来将“AI + VR”人

① 网址：https：//cloud. baidu. com/product/byapi. html？track = cp：nsem | pf：pc | pp：opinion | pu：yuqing | ci：| kw：102400，最后访问日期：2017 年 9 月 8 日。

② 例如新闻：《华能集团公司举行系统首次突发舆情处置模拟演练》，网址：http：//www. chinapower. com. cn/guonei/20160715/39625. html，最后访问日期：2017 年 9 月 8 日。

③ VR 虚拟现实技术，是一种能够创建和体验虚拟世界的计算机仿真系统。该技术利用计算机生成一种模拟环境，产生多源信息融合的、交互式的三维动态视景和实体行为的系统仿真，使用户沉浸到该环境中，产生身临其境的真实感受。VR 虚拟现实技术能够实现四种模拟现实的特性：一是多感知性，除了一般计算机所具有的视觉感知外，还有听觉、触觉、运动感知，甚至还包括味觉、嗅觉等。理想的虚拟现实应该具有一切人所具有的感知功能。二是存在感，是用户感到作为主角存在于模拟环境中的真实程度，理想的模拟环境应该达到使用户难辨真假的程度。三是交互性，指用户对模拟环境内物体的可操作程度和从环境得到反馈的自然程度。四是自主性，指虚拟环境中的物体依据现实世界物理运动定律动作的程度。来源于百度百科，网址：https：//baike. baidu. com/item/% E8% 99% 9A% E6% 8B% 9F% E7% 8E% B0% E5% AE% 9E/207123？fr = aladdin&fromid = 764830&fromtitle = vr，最后访问日期：2017 年 9 月 8 日。

④ AR 增强现实技术（Augmented Reality，简称 AR），是一种实时地计算摄影机影像的位置及角度并加上相应图像、视频、3D 模型的技术。这种技术的目标是，在屏幕上把虚拟世界套在现实世界中，并进行互动。这种技术 1990 年提出。随着随身电子产品 CPU 运算能力的提升，预期增强现实的用途将会越来越广。AR 系统具有三个突出的特点：一是真实世界和虚拟的信息集成；二是实时交互性；三是在三维尺度空间中增添定位虚拟物体。来源于百度百科，网址：https：//baike. baidu. com/item/% E5% A2% 9E% E5% BC% BA% E7% 8E% B0% E5% AE% 9E/1889025？fromtitle = AR&fromid = 3404706，最后访问日期：2017 年 9 月 8 日。

工智能虚拟现实升级为“AI + AR”人工智能增强现实，从而实现更为真实的模拟练兵场景。例如，我们来到一个真实的会场，戴上一副看上去与普通眼镜区别不大的 AR 眼镜，我们仍然能够看到眼前会场中的坐席，而且座位上还坐满了虚拟的记者，就与看到真人一样，与现实世界融为一体。这些与现实会场场景中没什么两样的记者有的拿着照相机、摄像机对着你，还有人问你问题让你回答，你的回答还能够引起他们或点赞或嘘声的反馈……一切都和现实中一样。

将“AI 智能网民机器人”与 AR 增强现实技术结合起来，在技术上其实已经可以做到，但囿于 AR 增强现实技术的推广范围，目前应用于司法舆情应对模拟练兵还有很大难度，但相信只要有目标，在不久的未来就能够实现。

参考文献

一、马克思主义经典文献

1. 中共中央马克思恩格斯列宁斯大林著作编译局：《马克思恩格斯全集》，人民出版社 2008 年版。

2. 中共中央马克思恩格斯列宁斯大林著作编译局：《马克思恩格斯选集》，人民出版社 1995 年版。

3. 中央文献研究室和新华社编：《毛泽东新闻工作文选》，新华出版社 1983 年版。

4. 中国社会科学院新闻与传播研究所编：《马克思恩格斯论新闻》，新华出版社 1985 年版。

5. 杨春华、星华编译：《列宁论报刊与新闻写作》，新华出版社 1983 年版。

6. 李清芳编：《斯大林论报刊》，新华出版社 1985 年版。

7. 新华社新闻所编：《邓小平论新闻宣传》，新华出版社 1998 年版。

8. 陈力丹编：《马列主义新闻学经典论著》，人民日报出版社 1987 年版。

9. ［德］马克思、恩格斯：《德意志意识形态》，人民出版社 1982 年版。

二、中文著作

1. 匡文波：《网络传播新概论》（第四版），高等教育出版社 2015 年版。

2. 匡文波：《新媒体舆论：模型、实证、热点及展望》，中国人民大学出版社 2014 年版。

3. 李良荣：《新闻学概论》（第五版），复旦大学出版社 2013 年版。

4. 陈力丹：《世界新闻传播史》，上海交大出版社 2002 年版。

5. 陈力丹：《舆论学——舆论导向研究》，中国广播电视出版社 1999 年版。

6. 魏永征：《新闻传播法教程》，中国人民大学出版社 2002 年版。

7. 徐迅主编：《依法审判与舆论监督》，世界图书出版公司 2015 年版。

8. 徐迅：《暗访与偷拍——记者就在你身边》，中国广播电视出版社 2003 年版。

9. 刘建明：《基础舆论学》，中国人民大学出版社 1988 年版。

10. 刘建明：《舆论传播》，清华大学出版社 2001 年版。

11. 程世寿：《公共舆论学》，华中科技大学出版社 2003 年版。

12. 法制网舆情监测中心：《政法舆情危机应对实务手册》，经济管理出版社 2013 年版。

13. 蒲红果：《说什么怎么说：网络舆论引导与舆情应对》，新华出版社2013年版。

14. 李伟权、刘新业：《新媒体与政府舆论传播》，清华大学出版社2015年版。

15. 许静：《舆论学概论》，北京大学出版社2009年版。

16. 韩运荣、喻国明：《舆论学原理、方法与应用》，中国传媒大学出版社2013年版。

17. 邹碧华：《法院的可视化管理》，法律出版社2017年版。

18. 邹碧华：《要件审判九步法》，法律出版社2010年版。

19. 郑琳：《首席舆情官2013~2014热点舆情响应百例》，电子工业出版社2015年版。

20. 丁俊杰、张树庭主编：《网络舆情及突发公共事件危机管理经典案例》，中国中央党校出版社2010年版。

21. 周滨主编：《“微博问政”与舆情应对》，人民出版社2012年版。

22. 赵刚：《公开与公平的博弈》，法律出版社2012年版。

23. 郑保卫主编：《新闻法制学概论》，清华大学出版社2009年版。

24. 吴秋余：《表达自由视野下的新闻侵权研究：以美国宪法第一修正案为参照》，法律出版社2013年版。

25. 王利明、杨立新主编：《人格权与新闻侵权》，中国方正出版社2010年版。

26. 于海涌等：《新闻媒体侵权问题研究——新闻媒体侵权的判定、抗辩与救济》，北京大学出版社2013年版。

27. 张维迎：《信息、信任与法律》，生活·读书·新知三联书店2003年版。

28. 郭卫华主编：《网络舆论与法院审判》，法律出版社2010年版。

29. 陈婴虹：《网络舆论与司法》，知识产权出版社2013年版。

30. 刘京林：《大众传播心理学》，中国传媒大学出版社2005年版。

31. 阴卫芝：《选择的智慧——职业传播者网络传播伦理问题、案例与对策》，中国政法大学出版社2014年版。

32. 王俊一等：《涉法舆情引导研究》，法律出版社2015年版。

33. 史安斌：《全媒体时代的新闻发布和媒体关系管理》，五洲传播出版社2014年版。

34. 夏凡：《基层新闻发言人实践》，五洲传播出版社2017年版。

35. 李雪慧主编：《政法干警媒介素养读本》，中国长安出版社2012年版。

36. 杨兴坤：《舆情引导与危机处理》，中国传媒大学出版社2015年版。

37. 时永才、高一飞主编：《人民法院独立审判与舆论监督关系研究》，法律出版社 2015 年版。

38. 燕道成：《群体性事件中的网络舆情研究》，新华出版社 2013 年版。

39. 刘海涛、郑金雄、沈荣：《中国新闻官司二十年：1987 ~ 2007》，中国广播电视出版社 2007 年版。

40. 李金慧、武建敏：《媒介与司法：一种理论的视角》，中国传媒大学出版社 2009 年版。

41. 李缨、庹继光：《法治视野下的司法传媒和谐论》，巴蜀书社 2009 年版。

42. 姚广宜：《中国媒体监督与司法公正关系问题研究》，中国政法大学出版社 2013 年版。

43. 胡泳、范海燕：《网络为王》，海南出版社 1997 年版。

44. 闵大洪：《数字传媒概要》，复旦大学出版社 2003 年版。

45. 甄树青：《论表达自由》，社会科学文献出版社 2000 年版。

46. 陆定一：《我们对于新闻学的基本观点》。

47. 周振想主编：《法学大辞典》，团结出版社 1994 年版。

48. 《法学辞典》编辑委员会编：《法学辞典》，上海辞书出版社 1984 年版。

49. 喻国明、刘夏阳：《中国民意研究》，中国人民大学出版社 1993 年版。

50. 孟小平：《揭示公共关系的奥秘——典论学》，中国新闻出版社 1989 年版。

51. 杜骏飞：《中国网络新闻事业管理》，中国人民大学出版社 2004 年版。

52. 马新福：《法律社会学导论》，吉林大学出版社 1992 年版。

53. 吴顺长、张凤：《民意学》，天津人民出版社 1991 年版。

54. 陈林林：《裁判的进路与方法》，中国政法大学出版社 2007 年版。

55. 金长荣主编：《基层人民法院法官培训教材技能卷》，人民法院出版社 2005 年版。

56. 张国良主编：《20 世纪传播学经典文本》，复旦大学出版社 2009 年版。

57. 孙国华、朱景文主编：《法理学》，中国人民大学出版社 1999 年版。

58. 张文显主编：《法理学》（第二版），高等教育出版社 2003 年版。

59. 杨立新：《侵权法论》（第二版），人民法院出版社 2004 年版。

60. 人民网舆情监测室编著：《36 计跳出舆论漩涡》，人民日报出版社 2014 年版。

61. 人民网舆情监测室：《如何应对网络舆情？——网络舆情分析师手册》，新华出版社 2011 年版。

62. 潘维：《信仰人民：中国共产党与中国政治传统》，中国人民大学出版社 2017 年版。

63. 唐柏树、龙翼飞主编，李俊晔副主编：《侵权责任法审判前沿问题与案例指导》，苏泽林审定，中国法制出版社 2011 年版。

64. 李俊晔：《不动产财产权利价值论》（法律科学文库），中国人民大学出版社 2016 年版。

三、研究报告

1. 喻国明主编：《中国社会年度舆情报告（2015）》，人民日报出版社 2015 年版。

2. 喻国明主编：《中国社会年度舆情报告（2014）》，人民日报出版社 2014 年版。

3. 喻国明主编：《中国社会年度舆情报告（2013）》，人民日报出版社 2013 年版。

4. 喻国明主编：《中国社会年度舆情报告（2012）》，人民日报出版社 2012 年版。

5. 谢耘耕主编：《中国社会舆情与危机管理报告（2016）》，社会科学文献出版社 2016 年版。

6. 谢耘耕主编：《中国社会舆情与危机管理报告（2015）》，社会科学文献出版社 2015 年版。

7. 谢耘耕主编：《中国社会舆情与危机管理报告（2014）》，社会科学文献出版社 2014 年版.

8. 谢耘耕主编：《中国社会舆情与危机管理报告（2013）》，社会科学文献出版社 2013 年版。

9. 王一俊等：《涉法舆情引导研究》，法律出版社 2015 年版。

10. 法制网舆情监测中心：《政法舆情危机应对实务手册》，经济管理出版社 2013 年版。

11. 欧洲司法委员会联盟（2011～2012 年）：《欧洲各国司法——媒体——社会关系报告》，夏南、林娜译，载《人民法院报》2013 年 5 月 31 日，第 5 版。

12. 孙军工、朱健：《瑞士法院怎样和媒体打交道》，载《人民法院报》2016 年 1 月 22 日，第 8 版。

13. 孙军工、朱健：《英国法院怎样和媒体打交道》，载《人民法院报》2016 年 1 月 15 日，第 8 版。

14. 《媒体人新闻业务守则》编写组编著:《媒体人新闻业务守则》，中国政法大学出版社 2015 年版。

15. 《媒体人新闻业务守则》编写组编著:《〈媒体人新闻业务守则〉释义》，中国政法大学出版社 2015 年版。

16. 中国广播电视协会《广播电视节目审议规则》课题组编著:《广播电视节目审议规则（建议稿）》。

17. 国家新闻出版广电总局部级社科研究项目:《中国互联网视听节目自律准则》。

四、期刊论文

1. 倪寿明:《司法公开问题研究》，中国政法大学 2011 年博士学位论文。

2. 徐迅:《中国媒体与司法关系现状评析》，载《法学研究》2001 年第 6 期。

3. 高一飞:《国际准则视野下的媒体与司法关系基本范畴》，载《东方法学》2010 年第 2 期。

4. 卞建林:《媒体监督与司法公正》，载《政法论坛（中国政法大学学报）》2000 年第 6 期。

5. 何帆:《藐视法庭罪的前世今生》，载《人民法院报》2015 年 8 月 28 日，第 5 版。

6. 马永平:《英国藐视法庭罪及其借鉴》，载《人民代表报》2015 年 10 月 20 日，第 8 版。

7. 李俊晔:《新时代法官的媒体思维与媒介担当》，载《人民法院报》2016 年 7 月 12 日，第 2 版。

8. 王水明:《程序正义: 正当程序的法律价值》，载《人民法院报》2016 年 3 月 18 日，第 7 版。

9. 严献文:《法院人如何同媒体打交道》，载《人民法院报》2014 年 6 月 7 日，第 2 版。

10. 周瑞壬:《增强与媒体打交道的能力》，载《人民法院报》2017 年 7 月 22 日，第 2 版。

11. 杨若:《自媒体时代媒体与司法关系辨析》，载《新闻知识》2013 年第 2 期。

12. 杨凯:《新媒体时代的司法公开与司法公正》，载《法治论坛》2014 年第 1 期。

13. 叶汉杰:《自媒体时代下保障独立审判的应对方略——以体系化应对思路为逻辑起点》，载《全国法院第 25 届学术讨论会获奖论文集: 公正司法与行政法实施问题研究（上册）》。

14. 李真：《理性与人情的博弈——大众传媒对司法的影响探析》，载《新闻战线》2015 年第 9 期（上）。

15. 王家福：《社会主义市场经济法律制度建设问题》，载《中共中央举办法律知识讲座纪实》，法律出版社 1995 年版。

16. 甘延享：《自媒体时代坚守司法公正的路径选择》，载《公民与法：法学版》2013 年第 3 期。

17. 李贺：《对三种自媒体司法舆情的引导与规制》，载《新闻战线》2015 年第 9 期（上）。

18. 牟绿叶：《司法公开论——兼议司法公开与媒体监督》，载《甘肃联合大学学报（社会科学版）》2011 年第 1 期。

19. 吴金水、郑重：《民商事审判的风险管理研究“破窗理论”视角下风险评估预防机制的建立》，载全国法院第 23 届学术讨论会获奖论文集。

20. 张艳：《变动中的媒体角色与司法》，载《黑龙江省政法干部学报》2004 年第 2 期。

21. 王方玉：《从马德里准则看媒体与司法关系的基本原则》，载《新闻与法律》2007 年第 3 期。

22. 朱昆：《论法院建立敏感案件风险评估制度的必要性》，载《人民司法》2012 年第 11 期。

23. 朱昆：《网络视野下的法院重大敏感案件风险评估制度》，载《上海政法学院学报（法治论丛）》2011 年第 4 期。

24. 牛锦红：《近代中国新闻立法规制“媒体审判”的历史析论》，载《南京社会科学》2015 年第 3 期。

25. 赵利：《媒体监督与司法公正的博弈》，载《中山大学学报（社会科学版）》2010 年第 5 期。

26. 毛宇健：《网络传媒对司法影响的评价》，载《社会科学研究》2013 年第 1 期。

27. 孙国华：《再论法是“理”和“力”的结合》，载《河南省政法管理干部学院学报》2001 年第 1 期。

28. 孙国华、黄金华：《法是“理”和“力”的结合》，载《法学》1996 年第 1 期。

29. 杨治：《网络舆论与司法公正的冲突与协调——以司法个案的分析为视角》，载《法律适用》2009 年第 1 期。

30. 陶文昭：《网络意见领袖群体崛起与挑战》，载《人民论坛》2012 年第 6 期。

31. 谭伟：《网络舆论概念及特征》，载《湖南社会科学》2003 年第 5 期。

32. 梁蓬飞：《弱势样态：因特网舆论功能的环境描述》，载《当代传播》2002 年第 4 期。

33. 韩立新、霍江河：《蝴蝶效应与网络舆论形成机制》，载《当代传播》2008 年第 6 期。

34. 杨意菁：《民意理论与研究取向——一个微观与巨观多元层级观点的整合》，载《民意研究》1998 年第 209 期。

35. 周泽：《舆论评判：正义之秤——兼对“媒体审判”“舆论审判”之说的反思》，载《新闻记者》2004 年第 9 期。

36. 王鸿谅：《解密彭宇案从诉讼到调解的扑朔细节》，载《三联生活周刊》。

37. 杨兴培：《若在国外，李昌奎判决书该如何写》，载《法制日报》2011 年 7 月 12 日，七日谈版。

38. 陈弘毅：《从英、美、加的一些重要判例看司法与传媒的关系》，载北京大学法学院人权研究中心《司法公正与权利保障》，北京大学出版社 2001 年版。

39. 林娜译：《英国刑事法院案件报道指南》，载《人民法院报》2013 年 11 月 29 日，第 5 版《法律文化周刊》。

40. 朱锡松：《论司法公正》，载《法制与社会》2010 年 12 月中旬刊。

41. 徐利梅：《法律信仰的中国问题》，载《信阳农业高等专科学校学报》2011 年第 1 期。

42. 张志铭：《裁判中的事实认知（三则）之解读“以事实为根据”》，载中国民商法律网，网址：http：//www. civillaw. com. cn/article/default. asp? id =29689。

43. 《司法如何权威——聚焦刑法修正案（九）之扰乱法庭秩序罪》，载“蓟门决策”第 45 期，网址：http：//news. sina. com. cn/c/z/sifaquanwei/。

44. 宋素红、罗斌：《近年美国法庭封闭诉讼理由的辨析》，载《新闻记者》2005 年 9 月刊。

45. 罗斌、宋素红：《庭审报道娱乐化后果不可忽视——美国杰克逊案件中封闭诉讼原因探析》，载《中外交流》2006 年第 3 期。

46. 陈力丹、曹文星：《论新闻隐匿权》，载《新闻前哨》2012 年第 1 期。

47. 陈力丹、费杨生：《隐匿权 · 新闻真实 · 审判公正——从水门事件中的“深喉”说开去》，载《当代传播》2005 年第 6 期。

48. ［美］斯蒂文 · 里本（Steve Leben）：《法官应对媒体之十大技巧》，

张国香编译，载《人民法院报》2013 年 5 月 31 日，第 8 版。

五、中文译著

1. ［古希腊］亚里士多德：《政治学》，吴寿彭译，商务印书馆 1965 年版。

2. ［英］丹宁勋爵：《法律的正当程序》，李克强、杨百揆、刘庸安译，法律出版社 2011 年版。

3. ［英］丹宁勋爵：《法律的正当程序》，李克强、杨百揆、刘庸安译，群众出版社 1984 年版。

4. ［英］约翰·密尔顿：《论出版自由》，吴之春译，商务印书馆 1958 年版。

5. ［英］约翰·密尔：《论自由》，商务印书馆 1959 年版。

6. ［英］罗素：《西方哲学史》，马元德译，商务印书馆 1976 年版。

7. ［英］罗宾·邓巴等：《进化心理学——从猿到人的心灵演化之路》，万美婷译，中国轻工业出版社 2011 年版。

8. ［美］马尔科姆·格拉德威尔：《引爆点》，中信出版社 2006 年版。

9. ［美］李普曼：《舆论学》，林杉译，华夏出版社 1989 年版。

10. ［美］沃尔特·李普曼：《公众舆论》，阎克文、江红译，上海世纪出版集团 2006 年版。

11. ［美］玛格莱特·苏丽文：《政府的媒体公关与新闻发布：一个发言人的必备手册》，董关鹏译，清华大学出版社 2005 年版。

12. ［美］保罗·纳尔逊、斯科特·蒂茨沃思、朱迪·皮尔逊：《演讲圣经一本书爱上演讲》，董关鹏、鲁心茵译，人民邮电出版社 2016 年版。

13. ［美］唐·R·彭伯：《大众传媒法第十三版》，张金玺、赵刚译，中国人民大学出版社 2005 年版。

14. ［美］戴扬、卡茨：《媒介事件》，北京广播学院出版社 2000 年中文版。

15. ［美］戴维·迈尔斯：《社会心理学》（第八版），侯玉波、乐国安、张智勇译，人民邮电出版社 2016 年版。

16. ［美］萨默斯·弗拉纳根：《心理咨询面谈技术》，陈祉妍等译，中国轻工业出版社 2001 年版。

17. ［美］道格拉斯·肯里克、史蒂文·纽伯格、罗伯特·西奥迪尼：《自我·群体·社会：进入西奥迪尼的社会心理学课堂》，谢晓非、刘慧敏、胡天翊等译，中国人民大学出版社 2011 年版。

18. ［美］道格拉斯·肯里克、史蒂文·纽伯格、罗伯特·西奥迪尼：《西奥迪尼社会心理学》，谢晓非等译，北京联合出版有限公司 2017 年版。

19. ［美］罗伯特·西奥迪尼：《影响力》，陈叙译，北京联合出版有限公司 2016 年版。

20. ［美］罗伯特·西奥迪尼：《先发影响力》，陈叙译，北京联合出版有限公司 2017 年版。

21. ［美］菲利普·津巴多、罗伯特·约翰逊、薇薇安·麦卡恩：《津巴多普通心理学》，钱静、黄珏苹译，中国人民大学出版社 2016 年版。

22. ［美］罗纳德·德沃金：《认真对待权利》，上海三联书店 2008 年版。

23. ［美］罗斯扎克：《信息崇拜》，对外翻译出版公司 1994 年中文版。

24. ［美］罗恩·史密斯：《新闻道德评价》，新华出版社 2001 年版。

25. ［美］詹姆斯·西瑟：《自由民主与政治学》，上海人民出版社 1998 年中文版。

26. ［美］亚历山大·米克尔约：《表达自由的法律限度》，贵州人民出版社 2003 年版。

27. ［美］布里格斯、［英］皮特：《混沌七鉴》，陈忠、金纬译，上海科学教育出版社 2001 年版。

28. ［美］约翰·W. 金登：《议程、备选方案与公共政策》，丁煌、方兴译，中国人民大学出版社 2004 年版。

29. ［美］文森特·布廖西：《无法无天——辛普森无罪获释原因五探》，徐珍、阚方宇、杨冀译，内蒙古人民出版社 1997 年版。

30. ［美］罗伯特·吉本斯：《博弈论基础》，高峰译，魏玉根校，中国社会科学出版社 1999 年版。

31. ［美］弗登博格等：《博弈论》，姚洋等译，中国人民大学出版社 2002 年版。

32. ［美］加里·胡佛：《愿景》，薛源、夏扬译，中信出版社 2003 年版。

33. ［美］彼得·德鲁克：《管理的实践》，齐若兰译，机械工业出版社 2009 年版。

34. ［美］霍姆斯：《法律的道路》，李俊晔译，中国法制出版社 2018 年版。

35. ［法］孟德斯鸠：《论法的精神》，商务印书馆 1961 年版。

36. ［法］托克维尔：《论美国的民主》，商务印书馆 1991 年版。

37. ［法］古斯塔夫·勒庞：《乌合之众：大众心理研究》，波洛译，中国华侨出版社 2013 年版。

38. ［法］卢梭：《社会契约论》，何兆武译，商务印书馆 1997 年版。

39. ［法］古斯塔夫·勒庞：《乌合之众：大众心理研究》，冯克利译，中央编译出版社 2004 年版。

40. ［德］伊丽莎白·诺尔－诺依曼：《沉默的螺旋舆论—我们的社会皮肤》，董璐译，北京大学出版社 2013 年版。

41. ［德］鲁道夫·冯·耶林：《为权利而斗争》，胡宝海译，中国法制出版社 2004 年版。

42. ［德］汉斯·贝恩德·舍费尔、克劳斯·奥特：《民法的经济分析》，江清云、杜涛译，法律出版社 2009 年版。

43. ［德］哈贝马斯：《交往与社会进化》，张博树译，重庆出版社 1993 年版。

44. ［德］哈贝马斯：《公共领域的结构转型》，曹卫东等译，学林出版社 1999 年版。

45. ［德］卡尔·拉伦茨：《德国民法通论（上册）》，王晓晔、邵建东、和建英、徐国建、谢怀栻译，法律出版社 2003 年版。

46. Bernard C. Hennessy：《民意》，赵雅丽、张同莹、曾慧琦译，台湾地区五南图书出版公司 2000 年版。

47. ［日］远藤功：《可视力——实现可视化管理的 5 种方法》，林琳译，中信出版社 2007 年版。

48. ［日］若松义人：《大野耐一的十条训诫》，崔柳译，机械工业出版社 2011 年版。

六、中外古籍

1. 《国语·晋语三》。
2. 《左传·嘻公二十八年》。
3. 《三国志·魏书·王朗传》。
4. 《荀子·哀公》
5. 《尚书·泰誓》。
6. 《管子·牧民》。
7. 《孟子·梁惠王》。
8. 《圣经·马太福音》。

七、外国法资料

1. 赵雪波等编：《世界新闻法律辑录》，社会科学文献出版社 2010 年版。

2. 中国社会科学院新闻与传播研究所、北京新闻学会编：《各国新闻出版法选辑》，人民日报出版社 1981 年版。

3. 孙旭培等编：《各国新闻出版法选辑（续编）》，人民日报出版社 1987 年版。

4. 蒋惠岭译:《加拿大媒体、公众与法院关系实务指南(2004)》,载《人民法院报》2013 年 11 月 15 日,第 5 版《法律文件周刊》。

5. 张来霞译:《加拿大不列颠哥伦比亚省媒体报道司法指南》,载《人民法院报》2014 年 1 月 17 日,第 5 版《法律文化周刊》。

6. 蒋惠岭译:《新西兰媒体报道法院审判工作指南(3.1 版)》,载《人民法院报》2013 年 10 月 25 日,第 5 版《法律文件周刊》。

7. 林娜译:《英国刑事法院案件报道指南》,载《人民法院报》2013 年 11 月 29 日,第 5 版《法律文化周刊》。

8. 王进喜译:《美国律师协会职业行为示范规则(2004)》,中国人民公安大学出版社 2005 年版。

八、互联网资源

1. 美国司法部:https://www.justice.gov/。

2. 美国联邦最高法院(Supremecourt):https://www.supremecourt.gov/。

3. 美国联邦司法中心(Federal Judicial Center - FJC):http://www.fjc.org/。

4. 美国州法院中心(National Center for State Courts - NCSC):http://www.ncsc.org/。

5. 美国联邦案例网(FindLaw):http://caselaw.findlaw.com/。

6. 美国法典网:http://www.cit.uscourts.gov/。

7. 美国法律资源在线:http://www.lawsource.com/also/。

8. Legifrance:https://www.legifrance.gouv.fr/.

9. OYEZ:https://www.oyez.org/.

10. 维基百科:https://www.wikipedia.org/。

11. 百度百科:https://baike.baidu.com/。

九、政策法律法规

(一)党和国家政策文件

1. 中共中央办公厅《党委(党组)意识形态工作责任制实施办法》。

2. 中共中央办公厅《党委(党组)网络意识形态工作责任制实施细则》。

3. 中共中央办公厅、国务院办公厅《关于全面推进政务公开工作的意见》。

4. 国务院办公厅《〈关于全面推进政务公开工作的意见〉实施细则》。

5. 中共中央办公厅、国务院办公厅《关于深化政务公开加强政务服务的意见》。

6. 中共中央办公厅、国务院办公厅《突发公共事件新闻报道应急办法》。

7. 中共中央办公厅《关于建立党委新闻发言人制度的意见》。

8. 国务院办公厅《国家突发公共事件新闻发布应急预案》。

9. 国务院《国家突发公共事件总体应急预案》。

10. 国务院办公厅《关于进一步改进和加强政府新闻发布制度建设意见》。

11. 中共中央办公厅、国务院办公厅《关于建立健全信息发布和政策解读机制的意见》。

12. 国务院办公厅《关于在政务公开工作中进一步做好政务舆情回应》。

13. 中共中央办公厅《关于进一步加强和改进舆论监督工作的意见》。

14. 国务院办公厅《关于进一步加强政府信息公开回应社会关切提升政府公信力的意见》。

15. 中共中央对外宣传办公室、国务院新闻办公室《关于进一步加强和改进突发事件新闻发布工作的意见》。

16. 中共中央宣传部《关于规范重特大事故信息发布工作的意见》。

17. 中共中央宣传部办公厅《近期群体性事件舆情处置引导工作方案》。

18. 中共中央宣传部新闻局关于《涉法报道应当注意把握的问题》。

19. 中共中央宣传部、中共中央政法委印发《关于进一步加强和改进刑事案件报道工作的意见》。

20. 中共中央政法委员会《关于建立健全敏感、重大案（事）件舆论引导工作制度的意见》。

（二）法律

1. 《中华人民共和国宪法》。
2. 《中华人民共和国突发事件应对法》。
3. 《中华人民共和国政府信息公开条例》。
4. 全国人民代表大会常务委员会《关于加强网络信息保护的决定》。
5. 《中华人民共和国网络安全法》。
6. 《中华人民共和国刑法》。
7. 《中华人民共和国刑法修正案（九）》。
8. 《中华人民共和国刑事诉讼法》。
9. 《中华人民共和国民法通则》。
10. 《中华人民共和国行政诉讼法》。
11. 《中华人民共和国民事诉讼法》。
12. 《中华人民共和国侵权责任法》。
13. 《中华人民共和国保守国家秘密法》。
14. 《中华人民共和国妇女权益保障法》。

15.《中华人民共和国未成年人保护法》。
16.《中华人民共和国预防未成年人犯罪法》。
17.《中华人民共和国证券法》。
18.《中华人民共和国著作权法》。
19.《中华人民共和国公务员法》。
20.《中华人民共和国法官法》。
21.《中华人民共和国人民法院组织法》。
22.《中华人民共和国检察官法》。
23.《中华人民共和国人民检察院组织法》。
24.《中华人民共和国人民警察法》。

（三）规章、规范性文件及其他

1. 国务院《互联网信息服务管理办法》。
2. 国务院新闻办公室信息产业部《互联网新闻信息服务管理规定》。
3. 国务院关于修改《信息网络传播权保护条例》的决定。
4. 国务院《出版管理条例》。
5. 国务院《广播电视管理条例》。
6. 中央宣传部、广播电影电视部、新闻出版署、中华全国新闻工作者协会《关于禁止有偿新闻的若干规定》。
7. 国家保密局、中央对外宣传小组、新闻出版署、广播电影电视部《新闻出版保密规定》。
8. 国家新闻出版广电总局《关于加强新闻采编人员网络活动管理的通知》。
9. 国家互联网信息办公室《即时通信工具公众信息服务发展管理暂行规定》。
10. 国家互联网信息办公室《互联网直播服务管理规定》。
11. 新闻出版总署《新闻记者证管理办法》。
12. 新闻出版总署《报刊记者站管理办法》。
13. 新闻出版总署《报纸出版管理规定》。
14. 新闻出版总署《期刊出版管理规定》。
15. 新闻出版总署《关于保障新闻采编人员合法采访权利的通知》。
16. 新闻出版总署《关于进一步做好新闻采访活动保障工作的通知》。
17. 新闻出版总署《关于严防虚假新闻报道的若干规定》。
18. 新闻出版总署《关于采取切实措施制止虚假报道的通知》。
19. 新闻出版总署、中国证券监督管理委员会《关于加强报刊传播证券期货信息管理工作的若干规定》。

20. 新闻出版总署《报刊刊载虚假、失实报道处理办法》。

21. 新闻出版总署《新闻采编人员不良从业行为记录登记办法》。

22. 中国记者协会《中国新闻工作者职业道德准则》。

23. 中国互联网协会《举报互联网和手机媒体淫秽色情及低俗信息奖励办法》。

24. 中国证券业协会关于发布《中国证券业协会会员单位参与整治利用网络等媒体从事非法证券活动工作指引》的通知。

25. 中国残疾人联合会《关于在近期组织新闻媒体集中对残疾人事业进行宣传报道》的通知。

26. 北京市律师协会《北京市律师办理不公开审理刑事案件业务操作指引》。

27. 北京市律师协会《执业纪律与执业调处委员会第9号规范执业指引》。

（四）中央政法机关文件

1. 最高人民法院《人民法院新闻发布制度》。

2. 最高人民法院《关于司法公开的六项规定》。

3. 最高人民法院《关于严格执行公开审判制度的若干规定》。

4. 最高人民法院《关于进一步加强和改进人民法院敏感案（事）件新闻发布工作》的通知。

5. 最高人民法院《关于进一步加强敏感事件舆论引导工作的意见》。

6. 最高人民法院《关于人民法院接受新闻媒体舆论监督的若干规定》。

7. 最高人民法院《关于进一步加强人民法院宣传工作的若干意见》。

8. 最高人民法院《关于人民法院在互联网公布裁判文书的规定》。

9. 最高人民法院《关于庭审活动录音录像的若干规定》。

10. 最高人民法院《关于人民法院直播录播庭审活动的规定》。

11. 最高人民法院《关于切实加强人民法院微博客管理工作的通知》。

12. 最高人民法院、最高人民检察院《关于办理利用信息网络实施诽谤等刑事案件适用法律若干问题的解释》。

13. 最高人民法院、最高人民检察院公安部《关于严格依法办理利用信息网络实施诽谤等违法犯罪案件的意见》。

14. 最高人民法院、最高人民检察院公安部《关于严格依法办理利用信息网络实施诽谤等违法犯罪案件的意见（二）》。

15. 最高人民法院《人民法院接待媒体记者采访规范用语（试行）》。

16. 最高人民法院关于印发《法官行为规范》的通知。

17. 最高人民法院《关于切实践行司法为民、大力加强公正司法、不断提高司法公信力的若干意见》。

18. 最高人民法院《关于建立健全防范刑事冤假错案工作机制的意见》。

19. 最高人民法院《关于深入整治“六难三案”问题加强司法为民公正司法》的通知。

20. 最高人民法院《关于审理名誉权案件若干问题的解答》。

21. 最高人民法院《关于审理名誉权案件若干问题的解释》。

22. 最高人民法院《关于审理未成年人刑事案件的若干规定》。

23. 《最高人民法院院长周强在2013年全国法院新闻宣传工作会议上的讲话》。

24. 最高人民法院、最高人民检察院《关于审理强奸案件应慎重处理被害人出庭问题的通知》。

25. 最高人民检察院《检察机关新闻发布制度》。

26. 最高人民检察院《人民检察院案件信息公开工作规定（试行）》。

27. 《最高人民检察院职务犯罪大要案信息发布暂行办法》。

28. 最高人民检察院《关于自觉接受舆论监督加强和改进涉检网络舆情引导处置工作的通知》。

29. 最高人民检察院《关于做好检察机关重大、敏感案件宣传工作的通知》。

30. 最高人民检察院《关于进一步严肃检察新闻宣传纪律加强检察媒体管理的通知》。

31. 最高人民检察院《检察机关舆情引导及应急处置暂行办法》。

32. 最高人民检察院《检察机关接待媒体记者采访参考用语》。

33. 最高人民检察院《关于深入贯彻落实党的十八大精神进一步加强检察文化建设的决定》。

34. 《公安部新闻发布制度》。

35. 公安部《关于做好涉警信息发布政策解读和舆情回应工作的意见》。

36. 公安部《关于进一步严肃新闻宣传纪律切实规范刑事案件报道工作的通知》。

37. 公安部《公安机关处置突发敏感案（事）件舆论引导工作规范》。

38. 公安部《关于进一步加强和改进公安舆论引导工作》的通知。

39. 公安部《公安机关涉警舆情处置规程（试行）》。

40. 公安部《公安机关办理刑事案件程序规定》。

41. 公安部《公安机关接待媒体记者采访参考用语》。

42. 公安部《关于加强公安微博建设管理工作的意见》。

43. 公安部《关于组织开展全国公安微博检查、考核、评选工作》的通知。

插图与附表清单

一、插图

二、附表